21世纪全国本科院校土木建筑类创新型应用人才培养规划教材

房地产法规

主　编　潘安平

内 容 简 介

本书本着"理论够用、强调实践、重在技能"的精神，以培养学生能力为出发点和落脚点，对现有的房地产法规教材进行了结构性调整，增加了《物权法》、《国有土地上房屋征收与补偿条例》等最新法律法规内容。在此基础上对一些重点、热点问题突出强调，结合大量具体实例，设计相关实训项目，进行相关能力训练，凸显实践性特色。本书共分为 10 章，主要介绍房地产业相关专业的学生必须掌握的房地产法律法规基本知识，从房地产法概述、房地产开发用地法律制度、房地产权属及登记制度、国有土地上房屋征收与补偿法律制度、房地产开发建设管理法律制度、房地产交易法律制度、房地产市场管理法律制度、物业管理法律制度、房地产税费法律制度和房地产纠纷处理法律制度等方面对我国房地产法律法规进行阐述。每章后都附有涵盖对应主要内容的习题，以方便教师的教学，并帮助学生巩固所学知识。

本书面向房地产类专业方向，内容选择具有针对性，语言通俗易懂，注重理论与实际的结合。

本书可作为高等学校工程管理、房地产经营与管理、物业管理、工程造价管理及土木工程专业的教材，也可作为相关专业的专科教材及成人继续教育教材，还可作为从事房地产建设工作人员的学习参考用书和培训教材。

图书在版编目(CIP)数据

房地产法规/潘安平主编. —北京：北京大学出版社，2013.9
(21 世纪全国本科院校土木建筑类创新型应用人才培养规划教材)
ISBN 978-7-301-23129-6

Ⅰ.①房… Ⅱ.①潘… Ⅲ.①房地产法—中国—高等学校—教材 Ⅳ.①D922.181

中国版本图书馆 CIP 数据核字(2013)第 207325 号

书　　　名：	房地产法规
著作责任者：	潘安平　主编
策 划 编 辑：	卢　东
责 任 编 辑：	卢　东
标 准 书 号：	ISBN 978-7-301-23129-6/TU·0362
出 版 发 行：	北京大学出版社
地　　　址：	北京市海淀区成府路 205 号　100871
网　　　址：	http://www.pup.cn　新浪官方微博：@北京大学出版社
电 子 信 箱：	pup_6@163.com
电　　　话：	邮购部 62752015　发行部 62750672　编辑部 62750667　出版部 62754962
印 刷 者：	北京鑫海金澳胶印有限公司
经 销 者：	新华书店
	787 毫米×1092 毫米　16 开本　23.25 印张　541 千字
	2013 年 9 月第 1 版　2013 年 9 月第 1 次印刷
定　　　价：	45.00 元

未经许可，不得以任何方式复制或抄袭本书之部分或全部内容。

版权所有，侵权必究

举报电话：010-62752024　　电子信箱：fd@pup.pku.edu.cn

前 言

改革开放以来，我国的房地产业得到了空前的发展，房地产业的从业人员也越来越多。房地产业是发展国民经济和改善人民生活的基础性产业，其作用可归纳为：为国民经济的发展提供重要的物质条件；改善人们的居住和生活条件；改善投资环境，加快改革开放的步伐；有利于城市规划的实施；为城市建设筹集资金；带动建筑、建材、化工等相关产业的发展；有利于产业结构的合理调整；有利于住房制度的改革；有利于调整消费结构；有利于吸引外资；有利于增加就业岗位。为了规范房地产业的市场行为和管理行为、保障和促进房地产业的健康发展，国家和地方先后出台了一系列有关房地产业的法律、法规和规章制度。

"房地产法规"作为一门研究房地产领域法律制度的学科，带有浓重的中国特色，不能盲目照搬国外经验，应该重视应用研究，尤其是结合我国国情将案例研究应用于教学中。由于房地产行业涉及众多行政部门，其行政部门规章纷繁复杂，或权限交叉出现法律冲突，或无承接关联机制留下缺失，或属新生事物立法尚无规范，使得当前相关教材仍然存在着几点问题：①时效性不强，法规使用不规范。一些教材仍在使用已经作废或者未作修改的法律法规，即使是法律法规没有作废或已作修改，也存在着一定错误，如条款误用等；②对热点问题关注不够，与实际存在脱节；③教材理论性偏强，内容生涩、缺乏趣味性。

房地产领域涉及的法规内容庞杂、头绪众多，而房地产法规的教学课时较少，教学任务繁重。如何解决这一矛盾是摆在每一个教材编写者面前的一项艰巨的任务，而选择合适的教材内容编排体系是解决问题的关键。为此，本书的编写本着"理论够用、强调实践、重在技能"的精神，以培养学生能力为出发点和落脚点，对现有的房地产法规教材进行了结构性调整，增加了《物权法》、《国有土地上房屋征收与补偿条例》等最新法律法规内容，并尽量深入浅出，使之容易理解。

在每个章节的编排体例上，为了加强教学的指导性，本书在正文前设置了教学目标、教学要求、基本概念和引言等前导环节；在正文的编排中适当插入案例，通过案例激发学生的学习兴趣，提高学生分析问题、解决问题的能力；此外，本书在课后的习题类型上适当加以拓展，设置了填空题、单项选择题、多项选择题、思考题和案例分析题，同时，增加了习题数量；考虑到职业技能训练的特点，习题编排设计上主要围绕着课本的重点内容和容易产生问题的内容展开，以方便学生自学和对相关知识点的掌握、巩固。与已经出版的同类教材相比，本书在尊重教学大纲的基础上，内容体系更加清晰明确。

伴随着我国房地产业的迅猛发展，房地产领域内的新问题、新情况必将不断出现，与房地产密切相连的有关的法律和司法解释在不断的完善，其基础理论也在不断地适应我国社会的实际变化。因此，房地产法律系统是一个动态的调整系统。在本书的编写过程中，编者参考了近年来许多专家、学者的论著，吸收了他们的重要论断和材料，在此谨表示衷心的感谢。

由于编者的水平所限，时间仓促，不足之处在所难免，衷心希望广大读者批评指正。

潘安平

2013 年 4 月于温州大学

目　录

第1章　房地产法概述 …………… 1

1.1 房地产 ………………………… 2
　1.1.1 房地产的概念 …………… 2
　1.1.2 土地和房屋 ……………… 3
　1.1.3 地产和房产 ……………… 4
　1.1.4 房地产的分类 …………… 5
1.2 房地产业 ……………………… 6
　1.2.1 房地产业的概念 ………… 6
　1.2.2 房地产业的结构 ………… 7
　1.2.3 房地产业的地位和作用 … 8
1.3 房地产法 ……………………… 9
　1.3.1 房地产法的概念和
　　　　调整对象 ………………… 9
　1.3.2 房地产法律关系 ………… 10
　1.3.3 房地产法律事实 ………… 12
　1.3.4 房地产政策法规体系 …… 12
　1.3.5 我国现行房地产管理
　　　　体制 ……………………… 15
　1.3.6 房地产法的地位 ………… 17
本章小结 …………………………… 17
习题 ………………………………… 17

第2章　房地产开发用地法律制度 … 21

2.1 我国现行土地制度概述 ……… 22
　2.1.1 土地制度的概念 ………… 22
　2.1.2 土地的使用权 …………… 23
　2.1.3 土地管理的基本制度 …… 24
　2.1.4 建设用地 ………………… 25
　2.1.5 国有建设用地供应 ……… 26
　2.1.6 房地产开发用地 ………… 27
2.2 国有建设用地使用权出让 …… 29
　2.2.1 国有建设用地使用权出让的
　　　　概念 ……………………… 29

　2.2.2 国有建设用地使用权出让的
　　　　范围及审批 ……………… 32
　2.2.3 国有建设用地使用权出让
　　　　方式、出让合同 ………… 34
　2.2.4 国有建设用地使用权出让的
　　　　年限 ……………………… 39
　2.2.5 国有建设用地使用权出让的
　　　　收回和终止制度 ………… 40
2.3 国有建设用地使用权划拨 …… 41
　2.3.1 国有建设用地使用权划拨的
　　　　概念和特征 ……………… 41
　2.3.2 国有建设用地使用权划拨的
　　　　范围 ……………………… 42
　2.3.3 国有建设用地使用权划拨的
　　　　管理 ……………………… 43
　2.3.4 国有建设用地使用权划拨
　　　　收回的条件 ……………… 44
2.4 国有建设用地使用权转让 …… 44
　2.4.1 国有建设用地使用权转让的
　　　　概念和形式 ……………… 45
　2.4.2 建设用地使用权转让
　　　　原则 ……………………… 46
　2.4.3 建设用地使用权转让
　　　　条件 ……………………… 47
2.5 国有土地租赁 ………………… 49
　2.5.1 国有土地租赁的概述 …… 49
　2.5.2 承租土地使用权的转租、
　　　　转让或抵押 ……………… 50
　2.5.3 承租土地使用权的收回 … 51
本章小结 …………………………… 51
习题 ………………………………… 51

第3章　房地产权属及登记制度 …… 57

3.1 房地产权属概述 ……………… 58
　3.1.1 物权简介 ………………… 58

3.1.2 房地产权利与权属概述 … 60
3.2 房地产所有权 … 61
　　3.2.1 房地产所有权概述 … 61
　　3.2.2 土地所有权 … 63
　　3.2.3 房屋所有权 … 64
　　3.2.4 房地产所有权的限制 … 68
3.3 建筑物区分所有权 … 69
　　3.3.1 建筑物区分所有权概述 … 69
　　3.3.2 建筑物区分所有人的专有权 … 72
　　3.3.3 建筑物区分所有人的共有权 … 73
　　3.3.4 建筑物区分所有人的管理权 … 76
3.4 房地产相邻权 … 77
　　3.4.1 房地产相邻权的概念和特征 … 77
　　3.4.2 房地产相邻权和地役权 … 78
　　3.4.3 房地产相邻关系的处理 … 79
3.5 房地产权属登记 … 82
　　3.5.1 房地产权属登记概述 … 82
　　3.5.2 土地权属登记 … 88
　　3.5.3 房屋权属登记 … 91
　　3.5.4 房屋权属登记信息查询 … 98
3.6 房地产产籍管理 … 99
　　3.6.1 房地产产籍管理的概念和特点 … 99
　　3.6.2 房地产产籍的主要内容 … 101
　　3.6.3 房地产测绘 … 101
本章小结 … 105
习题 … 105

第4章 国有土地上房屋征收与补偿法律制度 … 113

4.1 城市房屋征收与补偿概述 … 114
　　4.1.1 我国城市房屋拆迁制度相关立法进程 … 114
　　4.1.2 国有土地上房屋征收与补偿概述 … 116
　　4.1.3 国有土地上房屋征收与补偿的管理工作体制 … 118

4.2 国有土地上房屋征收决定 … 121
　　4.2.1 国有土地上房屋征收范围 … 121
　　4.2.2 国有土地上房屋征收程序 … 122
4.3 国有土地上房屋征收补偿 … 126
　　4.3.1 国有土地上房屋征收补偿的内容 … 127
　　4.3.2 国有土地上房屋征收评估制度 … 128
　　4.3.3 国有土地上房屋征收补偿协议 … 132
　　4.3.4 国有土地上房屋征收执行 … 132
本章小结 … 134
习题 … 135

第5章 房地产开发建设管理法律制度 … 140

5.1 房地产开发的法律概述 … 141
　　5.1.1 房地产开发的概念和特征 … 141
　　5.1.2 房地产开发的分类 … 143
　　5.1.3 房地产开发的基本法律原则 … 144
5.2 房地产开发企业 … 146
　　5.2.1 房地产开发企业的概念和分类 … 146
　　5.2.2 房地产开发企业的设立条件和程序 … 146
　　5.2.3 房地产开发企业的资质管理 … 148
5.3 房地产开发的规划设计管理 … 149
　　5.3.1 城乡规划管理制度与政策 … 149
　　5.3.2 房地产开发建设规划管理 … 153
　　5.3.3 房地产开发项目的勘察设计管理制度 … 155
5.4 房地产开发工程项目的招标和投标 … 158

5.4.1 房地产开发工程项目招标投标概述 …… 158
5.4.2 房地产开发工程招标投标的方式 …… 160
5.4.3 房地产开发工程招标投标的程序步骤 …… 161
5.5 房地产开发项目管理 …… 163
5.5.1 房地产开发建设立项管理 …… 164
5.5.2 房地产开发项目环境保护管理 …… 164
5.5.3 房地产开发项目资本金制度 …… 166
5.5.4 房地产开发项目施工管理 …… 167
5.5.5 房地产开发项目的竣工验收管理制度 …… 168
5.5.6 房地产开发项目的质量责任制度 …… 170
本章小结 …… 172
习题 …… 173

第6章 房地产交易法律制度 …… 179

6.1 房地产交易概述 …… 180
6.1.1 房地产交易的概念和特征 …… 180
6.1.2 房地产交易中的基本制度 …… 181
6.1.3 房地产交易的管理机构及其职责 …… 182
6.2 房地产转让管理 …… 182
6.2.1 房地产转让概述 …… 183
6.2.2 房地产转让的条件 …… 184
6.2.3 房地产转让的程序 …… 186
6.2.4 房地产开发项目转让与合作开发 …… 187
6.2.5 房地产转让中的特殊问题 …… 188
6.3 商品房销售法律制度 …… 190
6.3.1 房屋买卖概述 …… 190
6.3.2 商品房销售概述 …… 191
6.3.3 商品房预售 …… 193
6.3.4 商品房交付使用的法律问题 …… 194
6.3.5 商品房买卖中相关责任认定 …… 197
6.4 房屋租赁 …… 203
6.4.1 房屋租赁概述 …… 203
6.4.2 房屋租赁合同 …… 205
6.4.3 租赁权的物权效力 …… 207
6.4.4 房屋的转租 …… 208
6.4.5 房屋租赁管理 …… 209
6.5 房地产抵押管理 …… 210
6.5.1 房地产抵押概述 …… 210
6.5.2 房地产抵押权的设定 …… 212
6.5.3 房地产抵押合同 …… 214
6.5.4 房地产抵押程序 …… 217
6.5.5 房地产抵押权的实现 …… 218
6.5.6 个人住房按揭贷款 …… 219
本章小结 …… 221
习题 …… 221

第7章 房地产市场管理法律制度 …… 229

7.1 房地产市场管理概述 …… 230
7.1.1 房地产市场的概念和特性 …… 230
7.1.2 房地产市场的分类 …… 231
7.1.3 房地产市场的参与主体 …… 232
7.2 房地产买卖合同管理 …… 233
7.2.1 房地产买卖合同概述 …… 233
7.2.2 房地产买卖合同的成立 …… 234
7.2.3 房地产买卖合同的有效 …… 234
7.2.4 商品房买卖合同 …… 236
7.3 房地产市场价格管理 …… 238
7.3.1 基准地价、标定地价和各类房屋的重置价格定期公布制度 …… 238
7.3.2 房地产价格评估制度 …… 239
7.3.3 房地产成交价格申报制度 …… 241

7.3.4 国家对土地市场的价格管理相关制度 …… 242
7.4 房地产中介服务 …… 242
　7.4.1 房地产中介服务概述 …… 242
　7.4.2 房地产中介服务人员资格管理 …… 243
　7.4.3 房地产中介服务机构管理 …… 246
　7.4.4 房地产中介业务管理 …… 248
7.5 住房公积金管理 …… 249
　7.5.1 住房公积金制度概述 …… 249
　7.5.2 住房公积金个人住房委托贷款 …… 251
本章小结 …… 252
习题 …… 253

第8章　物业管理法律制度 …… 258

8.1 物业管理概述 …… 259
　8.1.1 物业管理的概念 …… 259
　8.1.2 物业管理的特征 …… 260
　8.1.3 物业管理的发展史 …… 261
　8.1.4 物业管理条例确立的基本制度 …… 262
8.2 物业管理服务 …… 264
　8.2.1 物业管理服务的基本内容 …… 264
　8.2.2 物业管理服务标准 …… 265
　8.2.3 物业服务收费 …… 265
　8.2.4 物业服务合同 …… 267
　8.2.5 物业的使用与维护 …… 272
8.3 物业管理实施与运作 …… 274
　8.3.1 物业管理的主要阶段 …… 274
　8.3.2 物业服务企业 …… 277
　8.3.3 业主、业主大会及业主委员会 …… 278
　8.3.4 物业管理的委托和物业管理招投标 …… 282
　8.3.5 物业承接查验制度 …… 284
　8.3.6 物业管理从业人员职业资格制度 …… 284
8.4 住宅专项维修资金制度 …… 285
　8.4.1 住宅专项维修资金的概述 …… 285
　8.4.2 住宅专项维修资金的交存 …… 286
　8.4.3 住宅专项维修资金的使用 …… 287
　8.4.4 住宅专项维修资金的监督管理 …… 290
本章小结 …… 291
习题 …… 292

第9章　房地产税费法律制度 …… 298

9.1 房地产税概述 …… 299
　9.1.1 房地产税基本概念 …… 299
　9.1.2 房地产税构成要素 …… 303
9.2 土地税法律制度 …… 305
　9.2.1 耕地占用税 …… 305
　9.2.2 城镇土地使用税 …… 307
　9.2.3 土地增值税 …… 309
9.3 房产税法律制度 …… 312
　9.3.1 房产税 …… 313
　9.3.2 契税 …… 316
　9.3.3 营业税 …… 317
　9.3.4 城市维护建设税和教育费附加 …… 319
　9.3.5 印花税 …… 320
　9.3.6 个人所得税 …… 320
9.4 房地产费 …… 323
　9.4.1 房地产费的概念 …… 323
　9.4.2 房地产收费项目 …… 324
本章小结 …… 327
习题 …… 327

第10章　房地产纠纷处理法律制度 …… 332

10.1 房地产纠纷概述 …… 333
　10.1.1 房地产纠纷的概念 …… 333
　10.1.2 房地产纠纷的分类 …… 334
　10.1.3 房地产纠纷的处理 …… 335
10.2 房地产纠纷的协商、调解和行政复议 …… 336

10.2.1 房地产纠纷的协商 …… 336
　　10.2.2 房地产纠纷的调解 …… 337
　　10.2.3 房地产纠纷的行政
　　　　　 复议 …………… 339
10.3 房地产纠纷仲裁 …………… 340
　　10.3.1 房地产纠纷仲裁概述 … 341
　　10.3.2 房地产纠纷仲裁的受案
　　　　　 范围 …………… 343
　　10.3.3 房地产纠纷仲裁程序 … 344
　　10.3.4 房地产纠纷仲裁裁决的
　　　　　 撤销 …………… 346
10.4 房地产纠纷诉讼 …………… 347
　　10.4.1 房地产纠纷民事诉讼
　　　　　 概述 …………… 347
　　10.4.2 房地产纠纷民事诉讼的
　　　　　 管辖 …………… 349
　　10.4.3 房地产纠纷民事诉讼的
　　　　　 程序 …………… 351
　　10.4.4 房地产纠纷民事诉讼的
　　　　　 诉讼证据 ……… 354
　　10.4.5 关于诉讼时效的
　　　　　 规定 …………… 355
　　10.4.6 房地产纠纷行政
　　　　　 诉讼 …………… 356
本章小结 ………………………… 358
习题 ……………………………… 358

参考文献 ……………………… 362

第1章
房地产法概述

教学目标

"成家立业"是中国人的五千年文化积淀下来的传统思想,家的概念比任何国家都重,因而拥有一套属于自己的房子,成为不少老百姓的理想和目标。现在,在中国有权的或没权的、有钱的或没钱的,都把房子作为财富的主要象征,作为奋斗、追求的目标,自己有了房子,还要为子孙准备房子。人们认为拥有几套房后就成为百万千万富翁了,还可以给子孙留下一笔财富。而房产、地产、房地产、房地产业是完全不同的概念。对这些概念的不同理解会影响房地产业法规体系的内容。通过本章的学习,应达到以下目标。

(1) 了解房地产业及我国房地产业的概况,了解我国房地产法的调整对象与法律体系。

(2) 理解我国房地产法的概念、原则和作用以及房地产法在我国法律体系中的地位;理解房地产市场的类型、特性及市场主体。

(3) 熟悉房地产、房地产业、房地产市场的含义;正确理解房地产法律关系的基本特征,学会用法律关系的理论分析房地产法律问题。

教学要求

知识要点	能力要求	相关知识
房地产	(1) 了解房地产、土地、土产的概念 (2) 理解房屋、房产的概念与特点 (3) 掌握房产和土产的关系,房地产市场的分类、主体	(1) 房地产的概念 (2) 土地、土产、房屋、房产概念 (3) 房地产市场类型、主体
房地产业	(1) 熟悉房地产业的基本概念 (2) 了解房地产业的地位和作用	房地产业的概念
房地产法	(1) 了解房地产法的概念 (2) 掌握房地产法的渊源体系,理解其内容体系 (3) 掌握房地产法律关系的概念、特征和构成,明确房地产法律事实的概念和种类	(1) 房地产法的概念及其调整对象 (2) 房地产法的特征、原则和作用 (3) 我国房地产法的立法概况、法律规范和法律体系

基本概念

房地产;房地产法;土地;房屋;房地产业;房地产法律关系;房地产法律事实。

引言

"住有所居",这是和谐社会的基础条件。住房问题始终是关系到百姓切身利益的大事。中国人为什么喜欢买房子？如果你问问身旁的人，可能他们也不能很准确地说出理由，而老外可能就更加不理解我们中国老百姓的这种买房情结。不可否认，中国的房地产市场现已是当今世界上最大的房地产市场。当前老百姓对住房的需求主要体现在两个方面。一是能够买到或者租到与自身承受能力相适应的住房，就要买得起或租得起房子；二是需要良好的市场秩序，能够放心的买房，买到放心的房，就是质量要过关，买房子不受骗、不上当。在我国房地产业蓬勃发展的过程中，和世界各国房地产市场历史发展阶段一样，也逐渐暴露出一些问题。特别是房地产业发展到一定阶段后，大量的房地产纠纷必然产生，涉及房地产纠纷的行政复议、仲裁以致诉讼是不可避免的。这些都离不开房地产法的规范。房地产法是一门综合性的法律，包括诸多法律规范，其理论博大精深，体系庞大而复杂，涉及土地利用和城市建设规划，房地产用地开发，房屋建设，房地产交易，房地产抵押，房地产评估，物业管理等法律制度。

1.1 房 地 产

房地产由于其自己的特点即位置的固定性和不可移动性，在经济学上又被称为不动产。它可以有3种存在形态，即土地、建筑物、房地合一。在房地产拍卖中，其拍卖标的也可以有3种存在形态，即土地（或土地使用权）、建筑物和房地合一状态下的物质实体及其权益。

1.1.1 房地产的概念

房地产听起来是个很"热"的字眼，其实它是有特定含义的。那什么是房地产呢？房地产是指土地、建筑物及固着在土地、建筑物上的不可分离部分以及附着的各种权益。从房地产存在的自然形态上来看，主要分为两大类，即土地和建成后的物业。所谓"不可分离"是指不能分离或虽能分离但分离后会破坏房地的功能或完整性。不可分离的部分包括为提高房地产的使用价值而种植在土地上的花草树木或人工建造的庭院、花园、假山，为提高建筑物的使用功能而安装在建筑物上的水、暖、电、卫生、通讯、通风、电梯、消防等设备。在我国香港、台湾地区和国外，房地产又被称为"物业"，"不动产"等。

从法律上讲，"房地产"一词本质上反映为房地产权利。房地产是附着于土地及其地上建筑物的财产权利束，包括所有权、使用权、处分权、收益权、抵押权等。其中，当土地单独作为地产时，它指的是土地所有权、土地使用权；当房屋单独作为房产或出租时，它指的是房屋所有权、房屋使用权；当土地与房屋连为一体时，它指的是房屋所有权和其占用范围内的土地所有权，或房屋所有权和其占用范围内的土地使用权。

根据概念，我们可以得知房地产实际是由房产和地产两部分组成的，组合在一起称为房地产。在形式上，地产是房产的依托和基础，房产则决定了地产的目标和用途，二者从实物形态上就是联系在一起的，正所谓"皮之不存，毛将焉附"；在法律上，房产和地产不可分割的特点决定着房地二者也是一起流通的。根据《城市房地产管理法》第31条的规定："房地产转让、抵押时，房屋的所有权和该房屋占用范围内的土地使用权同时转让、抵押。"实际中的做法是：在土地与房屋连为一体而发生使用权转移的场合下，土地使用权转让、抵押、出租时，"房随地走"；房产转让、抵押时，"地随房走"。这就是房、地一并转移的原则。

房地产的基本属性是指事物本身固有的性质，房地产的属性是房地产所具有的特殊性，房地产属性有自然属性、经济属性与社会属性。

（1）自然属性。房地产的自然属性包括：一是房地相对不可分性；二是不可移动性，即固定性与区域性；三是经久性，即建设的周期长，使用期的长久性；四是土地的不可再生性与稀缺性。

（2）经济属性。经济属性包括：一是商品性，依据现有法律规定，城市土地使用权具有商品属性；二是已开发的建筑地段在土地自然资源上投入了大量劳动，具有价值和使用价值的商品的二重性；三是土地自然资源、建筑地段与建筑物有不可分离的偶性。房屋建成后，建筑地段和建筑物一起成为土地投资产品，交换时，房地产成为具有偶性的商品，即成为房地产产品。

（3）社会属性。房地产的社会属性包括：一是公平性、福利性和社会保障性，即"居者有其屋"，低收入者，无力购、租商品房的人们通过国家的基本职能（社会保障体系）来实现有房住，他们的住房具有社会保障性质，享受国家给予的优惠，体现着社会公平；二是建筑物质整体性与产权多元化的使用分散性。这种矛盾的对立统一，要求与之相适应的新型社会管理模式和物业服务；三是房地产与经济社会发展的协调性。房地产是经济社会发展到一定程度的产物。房地产在经济起飞时期具有先导性，它的发展促进地产业的发展，同时它又受经济发展速度和规模的制约，二者应该保持协调。

1.1.2 土地和房屋

1. 土地的概念和特性

所谓土地是指能够为人们所利用的陆地地表与地表上下一定空间之和。土地不但应指陆地表层的平面，还是个立体概念，地表和地上及地下空间中存在的尚未与土地分离的自然物（如水流、岩石、矿藏、树木等）均属土地的范畴。当拥有了一块特定的土地后，所有者既拥有了使用其表面的权利（表面权），又拥有钻探或者开挖其表面以下部分的权利（地下权），还拥有使用其上面空间的权利（领空权）。

土地的特性包括自然特性和经济特性。土地的自然特性是指不以人的意志为转移的自然属性；土地的经济特性指人们在利用土地的过程中，在生产力和生产关系方面表现的特性。

（1）自然特性。土地是自然资源，是人类生存和发展的载体。①不可移动性：位置固定，一般为特定物。由于位置的固定性，各国均将土地视为不动产，即土地是一种位置不能移动的财产。这使得土地管理有着与动产不同的制度设计，如土地的交易需要经过有关房地产管理机关登记，以通过公示获得公信力；②不可制造性：由于受地球陆地表层空间容量的限制，土地面积是不能增加的，是有限的；③长久存在性：使用价值可永续利用，经久不衰，价值因垄断和需求上升而增值。但土地利用的永久性并不意味着人类可以向土地无节制地索取。在土地管理工作中必须贯彻可持续发展的战略，做好土地利用规划，适当地限制土地权利人的利用行为。

（2）经济特性。土地既有资源属性又有资本属性。土地的经济属性包括：土地供给的稀缺性、土地用途的多样性、土地利用方向变更的困难性（土地用途变更的困难性）、土地增值性、土地报酬递减的可能性、土地利用方式的相对分散性、土地利用后果的社会性。

常言道"劳动是财富之父，土地是财富之母"。土地是人类进行一切生活和生产活动的场所和空间，是人类进行房屋、道路、桥梁等建设的基地，是人类"千里之行，始于足下"的立足之本。自古以来，土地在人们的生活中极其重要。随着社会的发展，土地在人们的日常生活及经济活动中，扮演着越来越重要的角色。

2. 房屋的概念和构成要素

房屋有广义和狭义之分。狭义上，房屋指人类用于生产生活以及从事其他活动的，建造在特定地块上、具有固定活动空间并有顶盖和护围的建筑物。而广义上，房屋指土地上的房屋等建筑物及构筑物。构筑物指房屋以外的工程建筑物，如桥梁、隧道、水井、水塔、水坝、大烟囱等。凡土地上人工建造的不可移动的物质均属广义的房屋的范畴。

房屋的构成应具备以下3项条件。

(1) 必须有上盖。即使房子的上盖破漏不堪，仍不失为房屋；相反，若上盖拆除或倒塌，只剩下宅基地，则不能够称之为房屋。

(2) 必须固定于土地上，有建筑基础。房屋离不开土地，且必须固定于某一地点。在空中、水中和陆地上能够移动的物体，如飞机、火车、汽车、船等，都不能够称之为房屋。

(3) 必须是合法的。法律意义上的房屋不同于纯粹物质形态的房屋，它必须是符合法律规定建造起来的。违法建筑就不是房屋，因为它不受法律保护。

1.1.3 地产和房产

1. 地产、房产的概念

地产是指在法律上有明确权属关系的土地财产。法律学上将土地作为产权研究，即利用法律平衡土地上各种利益关系，规范各种土地的权利归属、利用和管理等社会关系。

房产是指在法律上有明确所有权权属关系的房屋财产。房产不同于房屋。房屋是建筑物的自然形态，是自然科学的研究对象；房产是建筑物的社会经济形态，它是一种财产权利，是社会科学的研究对象，是房地产法调整和保护的对象之一。

2. 房产和地产的关系

房产与地产之间存在着客观的、必然的联系，主要包括以下几个方面。

(1) 在物质形态上，房地相互连结，房依地建，地为房载，有房必有地。房地产开发的目的和用途是要融合两类要素，实现两类资产的叠加使用和增值。

(2) 在价格构成上，房地始终不能分开。不论是买卖房屋还是租赁房屋，房价、房租里都包含着地租。地租隐藏在房价、房租之中，因级差收益导致的地价差异也在房产价格中体现。

(3) 在权属管理上，房地权利要求并行一致。房产和地产的合法性同时存在方能形成合法的房地产产权。例如，违法占地所建的房屋，不能产生合法的房屋所有权。

总之，房产与地产之间联系密切，不可分割，法学上合称为"房地产"。

同时，房产和地产之间也存在着区别，主要表现在以下几个方面。

（1）地产可单独存在，而房产离开地产则不能单独存在，没有所谓的"空中楼阁"。

（2）房产具有使用寿命，会不断损耗甚至自然灭失，作为一种资产存在折旧率；而地产却可永久利用，一般不贬值，更很少发生物权灭失的情形。不仅如此，土地还会随着社会经济的发展而不断增值。

（3）地产价格和房产价格的影响因素不尽相同。地价明显受级差地租规律的支配；而房价则取决于建筑成本和地价。

总之，房产与地产之间区别显著，相对于房产而言，地产居于主导地位。

1.1.4 房地产的分类

1. 按用途分类

按照房地产的用途，首先可把房地产分为居住房地产和非居住房地产两大类，非居住房地产又可分为商业房地产、办公房地产、工业房地产、农业房地产和特殊用途房地产，具体可细分为下列 10 类。

（1）居住房地产：指供家庭或个人居住使用的房地产，又可分为住宅和集体宿舍两类。住宅是指供家庭居住使用的房地产，又可分为普通住宅、高档公寓和别墅。集体宿舍又可分为单身职工宿舍、学生宿舍等。

（2）办公房地产：指供处理各种事务性工作使用的房地产，即办公楼，又可分为商务办公楼（俗称写字楼）和行政办公楼两类。

（3）商业房地产：指供出售商品使用的房地产，包括商业店铺、百货商场、购物中心、超级市场、批发市场等。

（4）旅馆房地产：指供旅客住宿使用的房地产，包括宾馆、饭店、酒店、度假村、旅店、招待所等。

（5）餐饮房地产：指供顾客用餐使用的房地产，包括酒楼、美食城、餐馆、快餐店等。

（6）体育和娱乐房地产：指供人们健身、消遣使用的房地产，包括体育场馆、保龄球馆、高尔夫球场、滑雪场、影剧院、游乐场、娱乐城、康乐中心等。

（7）工业房地产：指供工业生产使用或直接为工业生产服务的房地产，包括厂房、仓库等。工业房地产按照用途，又可分为主要生产厂房、辅助生产厂房、动力用厂房、储存用房屋、运输用房屋、企业办公用房、其他（如水泵房、污水处理站等）。

（8）农业房地产：指供农业生产使用或直接为农业生产服务的房地产，包括农地、农场、林场、牧场、果园、种子库、拖拉机站、饲养牲畜用房等。

（9）特殊用途房地产：包括汽车站、火车站、机场、码头、医院、学校、博物馆、教堂、寺庙、墓地等。

（10）综合用途房地产：指具有上述两种以上（含两种）用途的房地产，如商住两用楼。

2. 按经营使用方式分类

房地产的经营使用方式主要有销售、出租、营业和自用 4 种，相应地可把房地产分为销售的房地产、出租的房地产、营业的房地产和自用的房地产 4 类。有的房地产既可以销售，也可以出租或营业，如商店、餐馆；有的房地产可以出租或销售，也可以自用，如公寓、写字楼；有的房地产主要是营业，如旅馆、影剧院；有的房地产主要是自用，如行政办公楼、学校、特殊厂房。

3．按开发程度分类

按照房地产的开发程度，可把房地产分为下列5类。

(1) 生地：指不具有城市基础设施的土地，例如荒地、农地。

(2) 毛地：指具有一定的城市基础设施，有待征收房屋的土地。

(3) 熟地：指具有较完善的城市基础设施且场地平整，能直接在其上建造建筑物的土地。按照基础设施完备程度，熟地又可分为"三通一平"、"五通一平"、"七通一平"等的土地。"三通一平"一般是指通路、通水、通电和场地平整；"五通一平"一般是指具有了道路、供水、排水、电力、电信等基础设施条件以及场地平整；"七通一平"，一般是指具有了道路、供水、排水、电力、电信、燃气、热力等基础设施条件以及场地平整。

(4) 在建工程：指建筑物已开始建造但尚未建成、不具备使用条件的房地产。该房地产不一定正在开发建设之中，也可能停工了多年，因此在建工程包括停缓建工程。

(5) 现房：指已建造完成、可直接使用的建筑物及其占用范围内的土地。现房按照新旧程度，又可分为新的房地产(简称新房)和旧的房地产(简称旧房)。其中，新房按照装饰装修状况，又可分为毛坯房、粗装修房和精装修房。

1.2 房地产业

房地产业是综合性的长链条产业，横跨生产、流通和消费三大领域，对金融、建材、家电等多个相关产业有直接的拉动作用，和广大人民群众的生产生活息息相关，在经济和社会发展中具有重要的地位和作用。

1.2.1 房地产业的概念

房地产是国民经济发展的一个基本的生产要素，任何行业的发展都离不开房地产业，因为任何行业都拥有一定的房地产，他们都是房地产经济活动的参与者。因此，房地产业是发展国民经济和改善人民生活的基础产业之一。

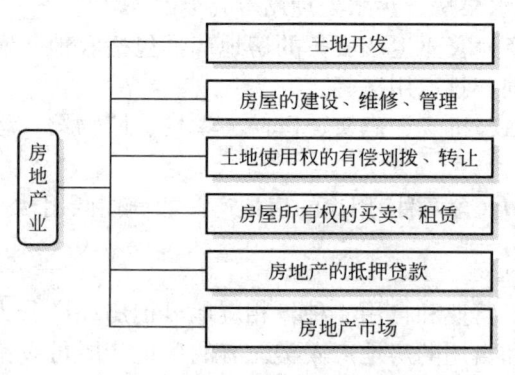

图1.1　房地产业的产业分布图

房地产业是指以土地和建筑物为经营对象，从事房地产开发、建设、经营、管理以及维修、装饰和服务的集多种经济活动为一体的综合性产业。它主要包括：土地开发，房屋的建设、维修、管理，土地使用权的有偿划拨、转让，房屋所有权的买卖、租赁、房地产的抵押贷款，以及由此形成的房地产市场如图1.1所示。在实际生活中，人们习惯于将从事房地产开发和经营的行业称为房地产业。

房地产业与建筑业既有区别又有联系。它们之间的主要区别是：建筑业是物质生产部门，属于第二产业；房地产业兼有生产（开发）、经营、管理和服务等多种性质，属于第三产业。这两个产业又有着非常密切的关系，因为它们的业务对象都是房地产。在房地产开发活动中，房地产业与建筑业往往是甲方与乙方的合作关系，房地产业是房地产开发和建设的甲方，建筑业是乙方；房地产业是策划者、组织者并承担发包任务；建筑业则是承包单位，按照承包合同的要求完成"三通一平"等土地开发和房屋建设的生产任务。

1.2.2 房地产业的结构

在房地产开发、经营等过程中，需要多学科的知识和多行业的参与，例如测绘、勘察设计、城市规划、建筑、法律、市场营销等。但目前普遍认为，房地产业可分为房地产开发经营业和房地产服务业，房地产服务业又可分为物业管理业和房地产中介服务业，房地产中介服务业又可分为房地产咨询业、房地产估价（价格评估）业和房地产经纪业，如图1.2所示。

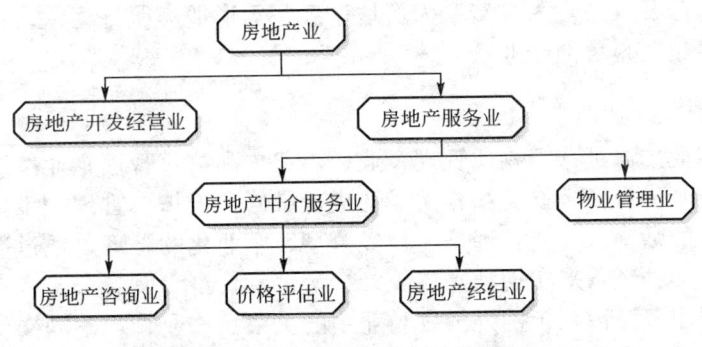

图1.2 房地产业的行业结构图

1. 房地产开发经营业

房地产开发经营业主要是取得待开发房地产特别是土地，然后进行基础设施建设、场地平整等土地开发或者房屋建设，再转让开发完成后的土地、房地产开发项目或者销售、出租建成后的房屋。房地产开发具有单件性、投资大、周期长、风险高、回报率高、附加值高、产业关联度高、带动力强等特点。房地产开发企业的收入具有不连续性。房地产开发商主要是组织者和决策者，要关注房地产市场的发展变化，把资金、相关专业服务人员和机构、建筑承包商等结合起来完成房地产开发经营活动。目前，我国房地产业中房地产投资开发经营业占主体地位。

2. 房地产咨询业

房地产咨询业主要是为有关房地产活动的当事人提供法律法规、政策、信息、技术等方面的顾问服务，现实中的具体业务有接受当事人的委托进行房地产市场调查研究、房地产投资项目可行性研究、房地产开发项目策划等。目前，房地产咨询业务主要由房地产估价师和房地产估价机构或者房地产经纪人和房地产经纪机构承担。

3. 房地产估价(价格评估)业

房地产价格评估，简称房地产估价或房地产评估，是指以房地产为对象，由专业估价人员根据估价目的，遵循估价原则，按照估价程序，选用适宜的估价方法，并在综合分析影响房地产价格因素的基础上，对房地产在估价时点的客观合理价格或者价值进行估算和判定的活动。房地产估价活动主要由房地产估价师来完成。从事房地产估价活动需要扎实的估价专业知识、丰富的估价实践经验和良好的职业道德。房地产估价业是知识密集型行业。

4. 房地产经纪业

房地产经纪是指向进行房地产投资开发、转让、抵押、租赁的当事人提供房地产居间介绍、代理的经营活动。房地产经纪业务，不仅是代理新房的买卖，还包括代理旧房的买卖；不仅代理房地产的买卖，还代理房地产的租赁等业务。房地产经纪活动由房地产经纪人员来完成，房地产经纪机构主要是为房地产经纪人员提供平台和品牌。从事房地产经纪活动需要一定的专业知识、经验和较好的信誉。房地产经纪业是知识密集和劳动密集的行业。随着我国房地产市场逐步由新建商品房买卖为主转变为存量房买卖和租赁为主，房地产业将逐步由房地产开发经营为主转变为房地产经纪等房地产服务为主。在成熟的房地产市场中，房地产经纪业是房地产业的主体。

5. 物业管理业

物业管理是指业主通过选聘物业管理企业，由业主和物业管理企业按照物业服务合同约定，对房屋及配套的设施、设备和相关场地进行维修、养护、管理，维护相关区域内的环境、卫生和秩序的活动。物业管理是一种经营型、企业化的管理，通过质价相符的有偿服务和一业为主、多种经营来实现独立核算、自负盈亏、自我发展和自我完善。从事物业管理活动需要树立服务意识，正确处理好与业主的关系。物业管理不同岗位要求的人员知识水平差异较大，其中的高层次专业人员是物业管理师。物业管理业是劳动密集和知识密集的行业。

1.2.3 房地产业的地位和作用

房地产业在国民经济中的地位在不同时期有不同的定位。早在1992年国务院发布的《关于发展房地产业若干问题的通知》中对房地产业做了明确定位："房地产业在我国是一个新兴产业，是第三产业的重要组成部分，随着城镇国有土地有偿使用和房屋商品化的推进，将成为国民经济发展的支柱产业之一。"随着社会主义市场经济的逐步确立，我国居民的消费水平日益提高，在温饱问题逐步解决的同时，房地产业作为一个消费热点已经成为促进经济发展的一个有力支柱。后来，在2003年8月国务院发布的《国务院关于促进房地产市场持续健康发展的通知》中又首次明确地把房地产业作为国民经济的支柱产业。

房地产业是国民经济中不可或缺的产业，对国民经济发展具有重要的拉动作用，尤其是住房实行货币化改革之后，已成为经济发展中新的增长点，说它是支柱产业，是因为房地产业对拉动钢铁、建材、家电、家居用品等产业的发展举足轻重，对金融稳定和发展也至关重要，对于推动居民消费结构升级、改善民生也具有重要作用。房地产业关联度也比较高，其发展可以带动冶金、建筑、建材、机械、设备、水泥、玻璃、木材、塑料、电器、家具等行业的发展，并具有促进金融、商务、商贸、交通、旅游和休闲等现代服务业的综合发展。归纳起来，房地产业作用具体表现在下列方面。

(1) 为各种生产和生活活动提供不可缺少的物质条件。房地产是基本的生产要素和生活必需品，任何单位和个人都需要房地产。

(2) 可以扩大内需、拉动投资增长、促进经济平稳较快发展。

(3) 可以带动钢材、水泥等建筑材料，电梯、空调等建筑设备，以及建筑业、装饰装修、家具、家用电器等相关产业的发展。

(4) 可以改善居民居住条件，提高居住质量。

(5) 可以加快城市基础设施建设，改变落后的城市面貌。通过房地产综合开发，避免分散建设的弊端，有利于城市规划的实施。

(6) 有利于优化产业结构，改善投资硬环境，吸引外资，加快改革开放的步伐。

(7) 可以扩大就业，特别是房地产经纪行业和物业管理行业需要的从业人员较多。

(8) 可以增加税收和政府财政收入。

总之，房地产业是社会经济发展的产物，是城市建设的重要组成部分，作为一个综合性极强的行业，对国民经济乃至城市发展具有不可低估的影响力。我们必须充分认识房地产业的地位和作用，加大开发力度，推动国民经济和城市建设的快速发展。

1.3 房 地 产 法

在国民经济的各个行业中，与房地产业有关的法律规章是最多的。除了国家级的法规制度外，各省、自治区、直辖市以及各市县也制定了许许多多的相关条文。这些法律制度和条文对于规范房地产市场行为、促进房地产市场的发展起到了一定作用。

1.3.1 房地产法的概念和调整对象

房地产涉及的社会面广、资金量大、产权关系复杂，特别需要法律法规的规范，以建立正常的市场秩序、规范市场行为、维护房地产权利人的正当权益。

1. 概念

房地产法是调整房地产关系的法律规范的总称。从狭义上说，房地产法指调整房地产产权、开发、经营、使用交易、服务、管理及其他与房地产相关的各种社会关系的法律规范的总称。之所以说它是"总称"，一是因为这些法律规范分布于多项法律、法规之中；二是因为房地产关系复杂，涉及面太广。

2. 调整对象

房地产法有着特定的调整对象，既不是调整一般的民事关系，也不是调整普通的商品交易关系，它调整的是与房地产开发、交易和管理有关的各种社会关系。具体地说，房地产法律的调整对象包括房地产开发关系、房地产交易关系、房地产行政管理关系及物业管理关系等,按性质不同可分为以下具体内容。

(1) 房地产开发关系,是指房地产开发企业依法取得建设用地使用权并进行基础设施建设、建造房屋过程中产生的法律关系,包括两方面的内容:第一,获得建设用地使用权;第二,在获得建设用地使用权的土地上建造房屋。

(2) 房地产交易关系,是指参与房地产买卖、租赁、抵押等房地产交易行为的各方当事人在房地产交易过程中产生的法律关系,主要包括:房地产开发企业对特定房地产拥有的所有权关系、开发企业或所有权人将房地产出售给他人时所形成的转让关系、房地产权利人将房地产出租或抵押给他人时所形成的租赁关系或抵押关系。

(3) 物业管理关系,是指物业所有者(业主)委托特定的物业服务企业对其所有的物业提供修缮、养护、保管、看管等活动时产生的法律关系。物业管理服务涉及面比较广泛,酒店、办公楼、住宅小区等都可以通过这种方式来进行管理。

(4) 房地产行政管理关系,是指房地产行政主管部门依据法律规定对房地产市场实施管理、监督、检查时发生的法律关系。它主要包括:土地利用规划和房屋建设规划关系;土地征收关系;房地产产权及管理关系;房地产市场主体管理关系;房地产市场秩序和市场规则管理关系;房地产税费收缴关系。这种法律关系同前几种关系不同,其典型特征是主体法律地位不平等,是管理与被管理的关系。

1.3.2 房地产法律关系

1. 房地产法律关系的概念

房地产法律关系是指经房地产法确认的以土地、房屋为客体的权利、义务关系,如房地产交易法律关系、房地产租赁法律关系、房地产管理法律关系等。

构成房地产法律关系的三要素:房地产法律关系的主体、客体和内容。

2. 房地产法律关系的主体

房地产法律关系主体是依法享有权利或职权并承担义务的房地产法律关系的参加者。根据参与者的性质不同可分为以下3种。

(1) 房地产开发关系中的主体:国家或政府;房地产业主,对房地产项目投资的所有人,包括建设单位;开发商(发展商),投资人专门从事房地产开发的企业;建筑商,向开发商、房地产业主承接房地产项目进行建筑施工的企业。

(2) 房地产交易中的当事人:房地产卖家和买家;房地产抵押人和抵押权人;房地产的出租人、承租人和转租人;房地产交易中介机构;房地产金融机构;银行、保险;房地产评估咨询机构;房地产经纪人。

(3) 物业管理关系中的当事人:业主和房屋使用人、业主委员会、物业管理企业。

3. 房地产法律关系的客体

房地产法律关系的客体指房地产权利和义务所共同指向的对象。它既包括有形的产品——房地产,也包括无形的产品——各种服务。房地产法律关系的客体包括以下几类。

(1) 表现为财的客体。财一般指资金及各种有价证券。在房地产法律关系中表现为财的客体是建设资金、交易资金,如基本建设贷款合同的标的,即一定数量的货币。

(2) 表现为物的客体。物是指可为人们控制的并具有经济价值的生产资料和消费资料。在房地产法律关系中表现为物的客体有房屋、土地等。

(3) 表现为行为的客体。行为是指人的有意识的活动。在房地产法律关系中,行为多表现为完成一定的工作,如房屋销售、设计、施工等活动。

(4) 表现为非物质财富的客体。非物质财富是指人们脑力劳动的成果或智力方面的创作,也称为智力成果,如产品的专利权。

4. 房地产法律关系的内容

房地产法律关系的内容是指房地产法律关系主体享有的权利(或职权)和承担的义务(或职责)。它是房地产法律关系的最基本的要素,也可说是主体双方关系的落脚点。

1) 房地产管理职权、职责

房地产管理职权、职责是指房地产管理主体依照法律规定或国家授权所享有的对房地产开发、交易活动进行管理的职责权限。

2) 房地产民事权利

房地产民事权利是指房地产法律关系的平等主体之间依法享有的权利。它包括:①房地产财产权利,即房地产主体依法对房地产享有的民事权利,如房地产所有权、租赁权、转让权、赠与权等;②房地产合同权,即房地产主体有订立各种房地产合同的权利,有要求对方履行合同中约定的各项义务的权利;③房地产活动中民事赔偿的权利,即房地产主体在房地产开发、交易活动中因另一方主体的违约或违法行为给其造成经济损失时,有权请求赔偿。

3) 房地产法律义务

房地产法律义务是指房地产法律关系主体依据法律规定和合同约定在房地产活动中必须为一定行为或不为一定行为,以满足权利主体的要求。

【例1-1】 基本案情:2002年8月16日,某市土地管理局通过拍卖方式,与某房地产开发公司签订了一份国有土地使用权出让合同。根据合同约定:该幅土地面积为20000平方米,用于安居工程住房开发。土地出让金为2000万元,预付定金400万元,其余出让金在2002年12月31日之前交付。该公司取得土地后,于当年10月开始对该幅土地进行开发,修建商品房。2002年11月,该公司向某市土地管理局支付了1000万元,其余600万元直至2003年5月,虽经土地管理局多次催交,该公司仍以各种理由拒付。

【疑惑】 本案中的房地产法律关系的三要素是什么?请分别指出。

【解析】 房地产法律关系的3个构成要素分别是房地产法律关系的主体、房地产法律关系的客体、房地产法律关系的内容。

本案例中的房地产法律关系的主体是某市土地管理局和某房地产开发公司;房地产法律关系的客体是土地面积为20000m^2的国有土地使用权;房地产法律关系内容是某市土地管理局和某房地产开发公司各自在国有土地使用权出让合同中承担的权利和义务。具体而言就是,某房地产开发公司按照合同约定应履行的义务是:交纳土地出让金2000万元,其中预付定金400万元,其余出让金在2002年12月31日之前交付,不得以各种理由拒付土地出让金;享有的权利是:获得土地面积为20000m^2的国有土地使用权,用于安居工程住房开发。相应地,某市土地管理局在依合同约定交付该幅国有土地使用权给房地产开发公司后,有权及时收取剩余的土地出让金。

1.3.3 房地产法律事实

1. 房地产法律事实的概念

房地产法律事实是指能够引起房地产法律关系产生、变更或消灭的法定客观情况。客观性，即已经现实发生和存在的客观事实，包括行为、事件等，如果是主观想象、未现实存在的情况，就不是法律事实。然而，现实经济生活中，涉及房地产的客观想象和情况是多种多样的，并不是每一个客观情况的出现都会引起房地产法律关系的产生、变更和消灭，只有符合房地产法律规定的客观情况，才是房地产法律事实，才能引起房地产法律关系的产生、变更和消灭。

2. 房地产法律事实的种类

房地产法律事实根据其发生是否与人的意志有关分为行为和事件。行为是指与人的意志有关的活动，事件是指人的意志以外的客观现实。

1）行为的分类

（1）房地产法律行为。房地产法律行为是指房地产法律关系主体为了设定、变更和消灭一定的房地产法律关系而实施的合法行为。例如：房地产开发的申请行为，即房地产开发公司就其开发房地产向房地产主管机关请求准许的行为。当事人的申请一旦提出就可在房地产主观机关与开发公司之间产生房地产管理法律关系。

（2）房地产管理行为。房地产管理行为指房地产管理主体对房地产开发和交易活动进行计划、审批、检查监督、登记发证等行为。

（3）违法房地产行为。违法房地产行为是指房地产法律关系主体不履行法定义务或侵犯其他房地产主体权利，扰乱房地产市场秩序的行为。如不按土地使用权出让合同约定进行房地产开发行为、不进行交易价格申报行为等。房地产违法行为往往会导致房地产法律关系无效，或引起损害及处罚关系的产生。

2）事件

房地产法律事件是指由房地产法律规定的不以当事人的意志为转移的能够引起房地产法律关系产生、变更或消灭的客观情况，主要是指国家房地产法律、法规的颁布实施或者修改、废止以及不可抗力事件等。

1.3.4 房地产政策法规体系

房地产政策法规主要是指国家有关机关在其职权范围内制定的有关房地产的规范性文件。目前，我国住宅与房地产现已颁布的法律、行政法规、部门规章主要有以下几个。

1. 宪法

《宪法》是国家的根本大法，其中有关土地所有权、使用权及土地转让、房屋所有权及其转让的规定，是房地产法的渊源之一。

《宪法》中对房地产的规定主要有：①关于国有土地的范围：第9条第1款规定，矿藏、水流、森林、山岭、草原、荒地、滩涂等自然资源，都属于国家所有，即全民所有；

由法律规定属于集体所有的森林和山岭、草原、荒地、滩涂除外；②关于集体土地的范围：第 10 条第 1 款规定，城市的土地属于国家所有。第 10 条第 2 款规定，农村和城市郊区的土地，除由法律规定属于国家所有的以外，属于集体所有；宅基地和自留地、自留山，也属于集体所有；③关于土地的转让问题：第 10 条第 4 款规定，任何组织或者个人不得侵占、买卖或者以其他形式非法转让土地。土地的使用权可以依照法律的规定转让；④关于土地征收、征用问题：第 10 条第 3 款规定，国家为了公共利益的需要，可以依照法律规定对土地实行征收或者征用并给予补偿。

2. 房地产法律

房地产法律指由全国人大及其常委会制定和颁布的有关房地产方面的法律。法律作为房地产法的渊源，其效力仅次于《宪法》。它分为两种情况：一类是调整房地产关系的专门法律，如《土地管理法》、《城市房地产管理法》、《城乡规划法》、《建筑法》、《招标投标法》等；一类是非专门调整房地产关系、但又规定有调整房地产关系规范的法律，如《民法通则》、《物权法》、《合同法》、《担保法》、《森林法》、《环境保护法》等。下面介绍几部典型的房地产法律。

(1)《中华人民共和国城市房地产管理法》（简称《城市房地产管理法》）：1994 年 7 月颁布，1995 年 1 月 1 日起实施的。该法曾于 2007 年 8 月进行了修订。它是我国第一部全面规范房地产开发用地、房地产开发建设、房地产交易、房地产权属登记管理的法律，是住宅与房地产业立法、执法和从事住宅与房地产业管理的主要依据。《城市房地产管理法》的立法宗旨是：为了加强对城市房地产的管理，维护房地产市场秩序，保障房地产权利人的合法权益，促进房地产业的健康发展。

(2)《中华人民共和国土地管理法》（简称《土地管理法》）：1986 年 6 月颁布；该法曾分别于 1988 年 12 月、1998 年 8 月、2004 年 8 月由全国人民代表大会常务委员会进行了修正或修订。《土地管理法》的立法宗旨是：为了加强土地管理，维护土地的社会主义公有制，保护、开发土地资源，合理利用土地，切实保护耕地，促进社会经济的可持续发展。

(3)《中华人民共和国城乡规划法》（简称《城乡规划法》）：2007 年 10 月颁布，自 2008 年 1 月 1 日起施行。共计七章七十条。《城乡规划法》的立法宗旨是：为了加强城乡规划管理，协调城乡空间布局，改善人居环境，促进城乡经济社会全面协调可持续发展。

(4)《中华人民共和国物权法》（简称《物权法》）：物权法的筹备工作始于 1993 年，2007 年 3 月 16 日《物权法》被审议通过，前后历时 13 年，自 2007 年 10 月 1 日起施行。《物权法》回答了几个问题，"物"是谁的？权利人对物享有什么权利？负有什么义务？怎样保护物权？侵害物权的人要承担什么样的法律责任？它是民法的最基本的组成部分之一，规定了物的归属与利用这一国家法律中的最基本的问题。《物权法》规范的是平等主体之间的财产关系，对明确财产归属、合理利用资源、保护权利人的财产权益、维护经济社会秩序意义重大，尤其是对于房地产业，更是意义巨大。它的通过，对推进中国经济改革和建设法治国家具有重要意义，标志着社会主义市场经济进一步完善，也为公民私权利的保护奠定了坚实法律基础。

因此，对于城市建设和房地产业来说，《土地管理法》主要是解决土地资源的保护、利用和配置，规范城市建设用地的征用，即征用农村集体所有的土地以及使用国有土地等问题。《城乡规划法》除规定了城市性质、发展目标和发展规模外，重点是规范城市建设用地布局、功能分区和各项建设的具体部署，控制和确定不同地段的土地用途、范围和容量，协调各项基础设施和公共设施的建设。《城市房地产管理法》是以城市规划为依据，对如何取得国有土地使用权、房地产开发、房地产交易和房地产权属登记管理等做出具体规定。《物权法》确立了物权概念，明确了权利人对物享有排他的权利，规定了物权强有力的保护制度，对涉及不动产投资、开发、建设、经营的房地产业影响深远，它为现行的房地产管理方式、方法提供了新的执行制度，为房地产相关的法律法规的完善提供了充足的预留空间。

3. 房地产行政法规

房地产行政法规指由国务院颁发的有关房地产的行政法规，通常以国务院令形式颁布。它是房地产法的重要组成部分，其法律效力仅次于《宪法》和法律。有关房地产的行政法规数量较多，单从数量上讲，它是房地产法的最重要的组成部分，如《城市房地产开发经营管理条例》、《物业管理条例》、《城市私有房屋管理条例》、《住房公积金管理条例》等。

和房地产业密切相关的行政法规主要有《土地管理法实施条例》、《城镇国有土地使用权出让和转让暂行条例》、《外商投资开发经营成片土地暂行管理办法》等。

4. 地方性房地产法规

地方性房地产法规指由各省、自治区、直辖市以及省级人民政府所在的市和经国务院批准的较大的市人民代表大会及其常委会制定发布的有关房地产方面的规范性文件。它只在本行政区内发生法律效力。例如，《上海市居住物业管理条例》、《浙江省城市商品房预售管理办法》、《山东省房地产开发管理条例》、《北京市城市房屋租赁管理办法》、《浙江省城市房地产抵押管理办法》、《广东省城市房地产中介服务管理规定》等。

5. 房地产部门规章

房地产部门规章指由国务院建设行政管理部门颁布的属于执行法律或行政法规的事项，即部令，主要有《房地产开发企业资质管理办法》、《城市房屋拆迁单位管理规定》、《城市商品房预售管理办法》、《城市房地产转让管理规定》、《城市房屋租赁管理办法》、《城市房地产抵押管理办法》、《城市房地产中介服务管理规定》、《房地产估价师注册管理办法》、《房产测绘管理办法》、《城市房屋产权产籍管理暂行办法》、《城市房屋权属登记管理办法》、《城市新建住宅小区管理办法》、《城市房屋修缮管理规定》、《城市危险房屋管理规定》、《城市异产毗连房屋管理规定》、《城市公有房屋管理规定》、《商品房销售管理办法》等。

省、自治区、直辖市和较大的市人民政府，可以根据法律、行政法规和本省、自治区、直辖市的地方法规，制定规章。

一般来说，法律的效力高于行政法规、地方性法规、规章；行政法规的效力高于地方性法规、规章；地方性法规的效力高于本级和下级地方政府规章；省、自治区的人民政府制定的规章的效力高于本行政区域内的较大的市的人民政府制定的规章。

部门规章之间、部门规章与地方政府规章之间具有同等效力，若它们在规定上有所不同，由国务院裁决。国务院有权改变或者撤销不适当的部门规章和地方政府规章。

当地方性法规与部门规章之间对同一事项的规定不一致、司法机关不能确定如何适用时，由国务院提出意见，认为应当适用地方性法规的，应决定在该地方适用地方性法规，如果国务院认为应当适用部门规章的，应提请全国人民代表大会常务委员会裁决。

6. 法律解释，其中主要是最高人民法院有关房地产司法解释

最高人民法院颁布的指导性文件叫做司法解释，它对于正确适用房地产法规、弥补房地产立法的不足、指导房地产案件的审判工作具有重要的作用，如《最高人民法院关于审理房地产管理法施行前房地产开发经营案件若干问题的解答》、《最高人民法院关于审理商品房买卖合同纠纷案件适用法律若干问题的解释》。

7. 房地产政策

房地产政策是党和国家在一定时期内规定的调整房地产关系的行动准则。在我国，房地产政策是房地产法规的依据，是房地产法规的原则规定。房地产政策只有具备一定条件才能成为房地产法律体系的组成部分。当然，房地产政策也可依据规定的内容不同自成体系。

8. 房地产习惯

房地产习惯是指一定范围内、一定区域内的人们长期以来形成的为多数人认可并遵守的行为规则。房地产习惯在一定条件下也是我国房地产法律体系的组成部分，如我国人民法院对房地产典权制度的确认。又如，《物权法》第85条规定，"法律、法规对处理相邻关系有规定的，依照其规定；法律、法规没有规定的，可以按照当地习惯。"

1.3.5 我国现行房地产管理体制

1. 国务院

国务院代表的是中央人民政府，它领导和管理全国城乡建设，并代表国家行使国有土地的所有权。国务院对全国土地实现宏观调控，并制定全国城镇住房的基本制度和统一政策。国务院设立建设行政主管部门和土地行政主管部门，它们依据国务院规定的职权划分，管理全国城乡房地产工作。

2. 地方人民政府

地方人民政府在国务院的领导下，管理本地方的城乡建设。地方权限范围内的征收土地、申请建设用地的审批权分别由省一级、市一级、县一级人民政府行使；其中，征收土地批准权，只能由省一级人民政府行使。县级以上地方人民政府可以设房地产管理部门、土地管理部门。

3. 建设行政主管部门

住房和城乡建设部是2008年中央"大部制"改革背景下新成立的中央部委，是中华人民共和国负责建设行政管理的国务院组成部门。1979年3月12日，国务院发出通知，中共中央批准成立"国家城市建设总局"，直属国务院，由国家基本建设委员会代管。1982年5月4日，"国家城市建设总局"、"国家建筑工程总局"、"国家测绘总局"、"国家基本建设委员会"的部分机构和"国务院环境保护领导小组办公室"合并，成立城乡建设

环境保护部。1988年5月，第七届全国人民代表大会第七次会议通过《关于国务院机构改革方案的决定》，撤销"城乡建设环境保护部"，设立"建设部"；并把国家计委主管的基本建设方面的勘察设计、建筑施工、标准定额工作及其机构划归"建设部"。2008年3月15日，根据十一届全国人大一次会议通过的国务院机构改革方案，"建设部"改为"住房和城乡建设部"。

住房和城乡建设部的主要职能是：研究拟定城市规划、村镇规划、工程建设、城市建设、村镇建设、建筑业、住宅房地产业、勘察设计咨询业、市政公用事业的方针、政策、法规，以及相关的发展战略、中长期规划并指导实施，进行行业管理；指导全国住宅建设和城镇住房制度改革工作；负责住宅和房地产业行业管理；指导城镇土地使用权有偿转让和开发利用工作；指导规范房地产市场。地方人民政府设立相关机构，分别负责管理规划、土地、房产、建筑、住宅等项工作。根据精简、效能的原则，下级的机构不一定都要与上一级的机构对口设置。

4. 土地行政主管部门

国务院土地行政主管部门统一负责全国土地的管理和监督工作，国土资源部土地管理方面的主要职责如下。

（1）拟定有关法律法规，发布土地资源的规章；依照规定负责有关行政复议；研究拟定管理、保护与合理利用土地资的政策；制订土地资源管理的技术标准、规程、规范和办法。

（2）组织编制和实施国土规划、土地利用总体规划和其他专项规划；参与报国务院审批的城市总体规划的审核，指导、审核地方土地利用总体规划。

（3）监督检查各级国土资源主管部门行政执法和土地规划执行情况；依法保护土地所有者和使用者的合法权益，承办并组织调处重大权属纠纷，查处重大违法案件。

（4）拟定实施耕地特殊保护和鼓励耕地开发政策，实施农地用途管制，组织基本农田保护，指导未利用土地开发、土地整理、土地复垦和开发耕地的监督工作，确保耕地面积只能增加、不能减少。

（5）制订地籍管理办法，组织土地资源调查、地籍调查、土地统计和动态监测；指导土地确权、城乡地籍、土地定级和登记等工作。

（6）拟定并按规定组织实施土地使用权出让、租赁、作价出资、转让、交易和政府收购管理办法，制订国有土地划拨使用目录指南和乡（镇）村用地管理办法，指导农村集体非农土地使用权的流转管理。

（7）指导基准地价、标定地价评测，审定评估机构从事土地评估的资格，确认土地使用权价格，承担报国务院审批的各类用地的审查报批工作。

国土资源部对省级人民政府国土资源主管部门实行业务领导，省级人民政府国土资源主管部门主要领导干部的任免需征得国土资源部的同意。

县级以上地方人民政府土地行政主管部门的设置及其职责由省、自治区、直辖市人民政府根据国务院有关规定确定。

另外，2006年7月13日，国务院办公厅发布《关于建立国家土地督察制度有关问题的通知》，正式提出在我国建立土地督察制度。在国土资源部设立全国土地总督察，同时在地方设立例行的督察制度，相关人员安排则由国土资源部负责，使地方政府和国土部门对土地的审批处在国土资源部的"日常监管"之下,同时配合检查组的定期检查,控制地方政府因利益冲动而产生的违法、违规批地情况。

1.3.6 房地产法的地位

有人认为房地产法是民法的内容,有人认为房地产法是经济法的内容,有人认为房地产法应成为一个独立的法律部门体系。

房地产法作为我国社会主义法律体系的一个组成部分,它既具有民事性质的规范,又具有行政性质的规范。前者如土地、房屋所有权、使用权及买卖、租赁、抵押等市场行为的规定;后者如登记、审批等行政行为的规定。按法学原理分析,前者属于私法领域,后者属于公法领域。

纵观房地产法的全部规范,可以认为,它兼具民法、经济法的某些特征,即兼有私法、公法的因素,是一个综合性的法律体系。但从我国有关房地产立法的指导思想来看,从我国房地产的两部基本法律——《土地管理法》、《城市房地产管理法》都冠以"管理"二字,它更侧重于经济法的性质,因为经济法是从社会整体利益出发,国家依法管理和协调国民经济运行关系的。房地产法更适合经济法的这一质的规定性。这样说,并不排斥物权法、债权法规则在房地产法中的应用。

本 章 小 结

本章为全书学习的开篇之章,对学习、理解、掌握房地产法以及将房地产法的理论运用到实践之中起到指引作用。本章首先介绍了房地产的概念和属性,通过对土地、地产、房屋、房产的概念的介绍,分析了地产和房产之间的比较关系以及房地产的分类。然后阐述了房地产业的概念和行业细分,房地产业的地位和作用。最后从房地产法的概念和调整对象内容入手,探讨了房地产法律体系的构成部分、我国房地产法律体系、房地产相关法律、房地产行政法规以及房地产部门规章的内容,讲解了我国现行房地产管理体制和房地产法的地位。

习　　题

一、填空题

1. 房地产是指土地、建筑物及固着在土地、建筑物上(　　)部分以及附着的各种权益。

2. 按照房地产的用途,首先可把房地产分为(　　)和非居住房地产两大类。

3. (　　)指具有较完善的城市基础设施且场地平整,能直接在其上建造建筑物的土地。

4. 房地产业可分为(　　)和房地产服务业,房地产服务业又可分为物业管理业和房地产中介服务业，房地产中介服务业又可分为房地产咨询业、房地产估价（价格评估）业和房地产经纪业。

5. 房地产法律有着特定的调整对象，它既不是调整一般的民事关系，也不是调整普通的商品交易关系，它调整的是与房地产开发、交易和管理有关的（　　）。
6. 房地产法规政策主要是指国家有关机关在其职权范围内制定的有关房地产的（　　）。
7. 房地产法律事实是指能够引出房地产法律关系产生、变更或消灭的（　　）。
8. 由国务院颁发的有关房地产的行政法规，通常以（　　）形式颁布。
9. 房地产法作为我国社会主义法律体系的一个组成部分，它既具有（　　）的规范，又具有行政性质的规范。

二、单项选择题（每题的备选答案中，只有一个最符合题意）

1. 房地产作为一项财产，在法律上反映为房地产权，其中，当土地单独作为地产时，它指的是（　　）。
　　A. 房屋所有权、房屋使用权
　　B. 房屋所有权和其占用范围内的土地所有权
　　C. 房屋所有权和其占用范围内的土地所有权
　　D. 土地所有权、土地使用权
2. 按房地产的（　　）来分，房地产可分为居住房地产、商业房地产、工业房地产及特殊房地产等。
　　A. 收益性　　　　B. 用途　　　　C. 市场性　　　　D. 地段
3. 土地的自然特性是指不以人的意志为转移的自然属性，以下不属于土地自然特性的是（　　）。
　　A. 不可移动性　　　　　　　　B. 不可制造性
　　C. 土地供给的稀缺性　　　　　D. 长久存在性
4. （　　）是指为有关房地产活动当事人提供法律、法规、政策、信息、技术等方面服务的经营活动。
　　A. 房地产开发经营　　　　　　B. 房地产咨询
　　C. 房地产估价　　　　　　　　D. 房地产经纪
5. 房地产业兼有生产、经营、管理和服务等多种性质，属于（　　）。
　　A. 第一产业　　B. 第二产业　　C. 第三产业　　D. 第四产业
6. （　　）是指在依法取得国有土地使用权的土地上投资进行基础设施、房屋建设的行为。
　　A. 房地产咨询业　　　　　　　B. 房地产投资开发
　　C. 房地产经纪业　　　　　　　D. 物业管理业
7. 下列关于在房地产开发活动中房地产业与建筑业的关系的说法正确的是（　　）。
　　A. 房地产业是策划者、组织者和建设任务的发包者；建筑业是承包单位，按照承包合同的要求完成土地开发和房屋建设的生产任务
　　B. 建筑业是房地产开发和建设的甲方，房地产业是房地产开发和建设的乙方
　　C. 两者的业务对象不相同
　　D. 两者是既合作又竞争的关系

8. 下列关于房地产法的调整对象的说法不正确的是( )。
   A. 房地产法调整一般的民事关系
   B. 房地产法不调整普通的商品交易关系
   C. 房地产法有着特定的调整对象
   D. 房地产法不调整一般的民事关系

9. 《房地产开发企业资质管理办法》属于( )。
   A. 法律　　　　B. 地方性法规　　　　C. 政府规章　　　　D. 部门规章

10. 部门规章与地方政府规章之间的效力关系为( )。
    A. 部门规章高于地方政府规章
    B. 部门规章低于地方政府规章
    C. 部门规章与地方政府规章具有同等效力
    D. 两者不可比

11. 省、直辖市、自治区人民政府根据法律、行政法规制定的规范性法律文件是( )。
    A. 地方性法规　　　B. 部门规章　　　C. 自治条例　　　D. 政府规章

12. 以下选项中，按法律效力由高到低顺序排列正确的是( )。
    A. 司法解释、《物业管理条例》、《商品房销售管理办法》、《宪法》、《城市房地产管理法》
    B. 《宪法》、《城市房地产管理法》、司法解释、《物业管理条例》、《商品房销售管理办法》
    C. 《宪法》、《城市房地产管理法》、司法解释、《物业管理条例》、《商品房销售管理办法》
    D. 《宪法》、《城市房地产管理法》、《物业管理条例》、《商品房销售管理办法》、司法解释

13. ( )是规范财产关系的民事基本法律，调整因物的归属和利用而产生的民事关系；确定了国家、集体和私人的物权平等保护的原则，确定了物权的种类和内容以及不动产等级制度，设立了更正登记、预告登记等。
    A. 《物权法》　　　　　　　　　　B. 《城市房地产管理法》
    C. 《城乡规划法》　　　　　　　　D. 《农村土地承包法》

14. 代表国家行使国家所有土地的所有权的部门是( )。
    A. 国务院　　　　　　　　　　　　B. 国土资源部
    C. 住房和城乡建设部　　　　　　　D. 国家土地管理局

15. 地方人民政府在国务院的领导下，管理本地方的城乡建设。地方权限范围内的土地征收、建设用地申请的审批权分别由省一级、市一级、县一级人民政府行使。其中，征收土地的批准权只能由( )。
    A. 省一级人民政府行使　　　　　　B. 市一级人民政府行使
    C. 县一级人民政府行使　　　　　　D. 县级以下人民政府行使

三、多项选择题(每题的备选答案中，有两个或两个以上符合题意)

1. 房地产业是从事房地产( )的产业。

  A. 开发   B. 经营   C. 运输   D. 管理
  E. 服务

2. 房地产行政管理关系的典型特征是（　　）。
  A. 主体法律地位的不平等   B. 主体法律地位的平等
  C. 管理与被管理的关系   D. 管理与管理的关系
  E. 被管理与被管理的关系

3. 房地产服务业又分为（　　）。
  A. 房地产咨询业   B. 房地产管理业
  C. 物业管理业   D. 房地产估价业
  E. 房地产经纪业

4. 下列选项中，属于房地产行政法规的有（　　）。
  A.《城市房地产开发经营管理条例》   B.《商品房销售管理办法》
  C.《城市房地产转让管理规定》   D.《中华人民共和国城市规划法》
  E.《住房公积金管理条例》

5. 房地产法律关系由（　　）所构成。
  A. 主体   B. 形式   C. 客体   D. 内容
  E. 原则

四、思考题

1. 房地产的基本概念和基本属性（自然、经济、社会保障）是什么？
2. 如何理解土地的概念？应如何理解房屋和土地的关系？
3. 房屋有哪些构成要素？房屋有哪些特性？
4. 什么是房地产业？它在国民经济中的地位如何？
5. 房地产业包括哪些细分行业，各细分行业的主要内容是什么？
6. 什么是房地产法律关系？简述房地产法律关系的主体、客体和内容。
7. 房地产法调整对象的内容有哪些方面？房地产法律体系的构成部分有哪些？这些部分在房地产法律体系中处于什么样的地位？

第 2 章
房地产开发用地法律制度

教学目标

住房不能建在空中,必须要有土地,随着近年来房地产的急速升温,土地成为最核心的资源,围绕土地的任何一个节点,都可能衍生出隐秘的利益链条。维护社会稳定是营造和谐生活的前提。目前,农民维权的焦点是征地拆迁,城市民生的焦点是住有所居,背后都是土地问题。这是因为谁拿到了有限的土地资源,就意味着谁掌控了房地产开发的主动权,更重要的是,土地资源的有限性又注定了它的巨大升值空间。通过本章的学习,应达到以下目标。

(1) 了解临时用地、建设用地使用权回收制度的相关知识,建设用地使用权出让合同及其管理,国有土地租赁与土地使用权出让、土地使用权出租的区别。

(2) 理解建设用地的概念、分类及供应的程序,建设用地使用权出让方式;区分招标、拍卖和挂牌交易的异同;学会不同类型建设用地使用权出让最高年限、年限计算及续展。

(3) 掌握国有建设用地使用权出让的概念和特征,建设用地使用权划拨的含义、范围、管理的相关内容。

教学要求

知识要点	能力要求	相关知识
土地制度概述	(1) 了解土地管理基本制度 (2) 掌握土地的使用权的概念和分类 (3) 熟悉房地产开发用地相关制度	(1) 土地使用权的概念 (2) 建设用地的概念 (3) 房地产开发用地
国有建设用地使用权出让	(1) 了解国有建设用地使用权出让管理 (2) 掌握建设用地使用权出让计划和年限 (3) 熟悉国有建设土地使用权出让方式	(1) 土地使用权出让的范围审批权限 (2) 土地使用权出让的年限 (3) 招标出让、拍卖出让、挂牌出让和协议出让的异同
国有建设用地使用权划拨	(1) 了解国有建设用地使用权划拨的管理 (2) 掌握国有建设用地使用权划拨的特征 (3) 熟悉国有建设用地使用权划拨的范围	(1) 国有建设用地使用权划拨的概念 (2) 划拨建设用地使用权和出让建设用地使用权的区别
国有建设用地使用权转让	(1) 了解国有建设用地使用权转让的概念 (2) 掌握国有建设用地转让的原则 (3) 熟悉建设用地使用权转让形式、条件	(1) 国有建设用地使用权出让和转让的区别 (2) 建设用地使用权禁止转让的条件
国有土地租赁	了解国有建设用地使用权租赁的概念、方式和期限;承租土地使用权的转租、转让或抵押;承租土地使用权的收回	(1) 国有土地的租赁关系形态 (2) 土地使用权出租与土地使用权转让的区别

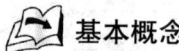 **基本概念**

土地制度；土地使用权；建设用地；临时用地；房地产开发用地；招标出让；拍卖出让；挂牌出让；协议出让；国有建设用地使用权划拨；国有建设用地使用权转让；土地租赁。

 **引言**

土地是制约房地产业发展的基本要素。从目前情况来看，决定房地产业命脉的土地供应依然遭受事实的垄断。这种土地垄断供应制度产生了许多严重问题，如高地价引发的高房价、土地财政依赖症、经济结构扭曲、地方发展转型动力严重不足等，这些问题对房地产业的消极影响相当深远。土地，对于芸芸众生而言，不仅是物质的，工具的，而且是精神的，价值的。是土地，给了我们生命丰润的滋养，赋予我们人生幸福的意义。今天，在不少地方轰轰烈烈的拆村运动中，在许多城市一浪一浪的肆意扩张中，土地被折腾，被流失，这是社会最纠结的矛盾，家园在凋敝，在沉沦，这是我们最痛切的悲伤。化解土地矛盾中的利益冲突，理顺土地变革中的利益关系，政府应当坚守公平正义的底线。这就需要推进社会体制的改革，在改革中形成维护公平正义的表达通道和平衡机制，维护大众的民主权利，保障人们享有体面的生活和人格的尊严。

2.1 我国现行土地制度概述

《中华人民共和国宪法》、《中华人民共和国物权法》和《中华人民共和国土地管理法》等法律法规规定了中国现行土地所有制的性质、形式和不同形式的土地所有制的适用范围，以及土地的使用、管理制度。

2.1.1 土地制度的概念

土地制度是人们在一定社会条件下土地关系的总称，包括土地所有制、土地使用制和土地国家管理制度。我国现行的土地制度体系如图2.1所示。

（1）土地所有制：土地所有制是指人们在一定社会条件下拥有土地的经济形式，它是整个土地制度的核心。土地所有制在法律上体现为土地所有权，即土地所有人在法律规定的范围内，对土地拥有占有、使用、收益和处分的权利。从总体上看，土地所有制可分为土地公有制和土地私有制。

（2）土地使用制：土地使用制是指人们在使用土地时所形成的经济关系，是对土地使用程序、条件和形式的规定。土地使用制在法律上体现为土地使用权。从土地使用权与土地所有权的关系而言，土地使用制有两权结合和两权分离两大类。在两权分离条件下，又有土地有偿使用制度和无偿使用制度。

（3）土地国家管理制度：土地国家管理制度是国家对全国土地在宏观上进行管理、监督和调控的制度、机构和手段的综合。

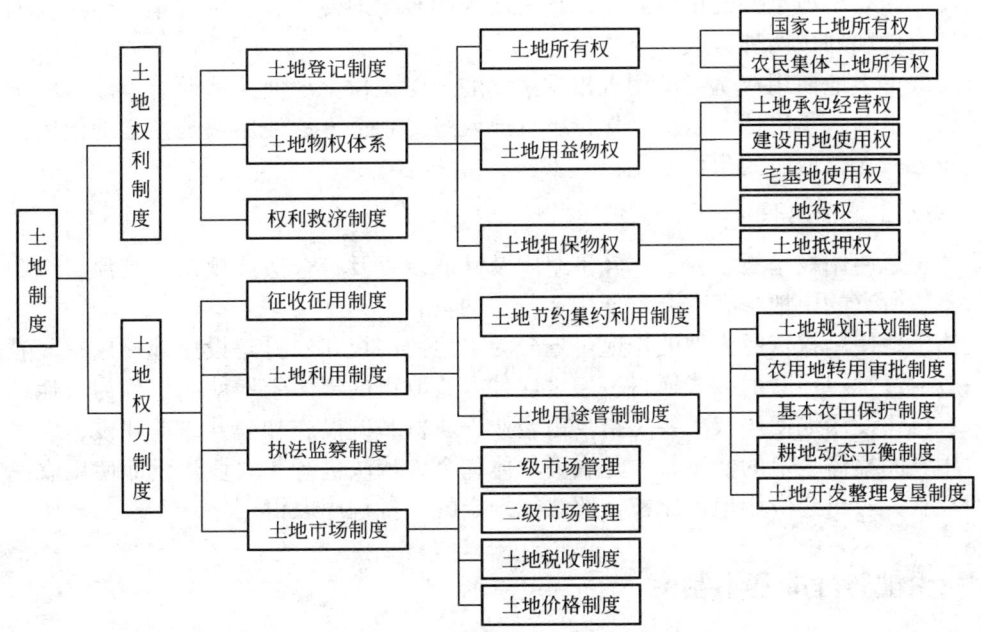

图 2.1 我国土地制度体系

2.1.2 土地的使用权

土地使用权是指土地使用人依法或依约定,对国有土地或集体土地所享有的占有、使用、收益和有限处分的权利。土地使用权的主体是广泛的。国家机关、企事业单位、农民集体和公民个人,以及三资企业,凡具备法定条件者,依照法定程序都可以取得土地使用权,成为土地使用权的主体。

土地使用权实际上有两种:一是土地所有权人对自己拥有的土地所享有的使用权;二是非土地所有权人对土地所享有的使用权。前者即所有权人的使用权,可称作所有权能的使用权。后者即非所有权人的使用权,可称作与所有权相分离的使用权。前者不是独立的权利,只是所有权的一项权能;后者是一种独立的、与所有权相关的一项财产权利,它从所有权中分离出来,是相对独立于所有权的一种权利。

土地使用权的特征有:①派生性,土地使用权是从土地所有权中派生出来的一种权利,即土地使用权是在一定条件下与土地所有权相分离而形成的一种权利;②独立性,土地使用权具有相对的独立性,只要符合法律的规定,土地使用权人可以以转让、出租、抵押等方式行使其权利。

《土地管理法》规定,国家依法实行国有土地有偿使用制度;国有土地和农民集体所有的土地,可以依法确定给单位或者个人使用。取得土地使用权的土地使用者,其使用权在使用年限内可以转让、出租、抵押或者用于其他经济活动,合法权益受国家法律保护。

1. 国有土地使用权

国有土地使用权是指土地使用人依法对国有土地进行占有、使用、收益的权利。凡符合依法使用国有土地条件的单位和个人均可成为国有土地使用者。国有土地使用权的取得主要包括有偿和划拨两种方式。

有偿取得土地使用权是指使用人根据法律的规定交付土地使用费而有偿取得的土地使用权，其基本形式是出让、租赁、作价出资或入股。划拨土地使用权是指土地使用人通过行政划拨方式无偿取得的土地使用权。

2. 集体土地使用权

集体土地使用权是指农村集体经济组织及其成员以及符合法律规定的其他组织和个人依法对集体所有的土地享有占有、使用、收益的权利。

集体土地使用权依照土地的用途可划分为农地使用权和农村建设用地使用权。农地使用权一般通过承包经营的方式取得。通过这种方式取得的集体土地使用权称为土地承包经营权。农村建设用地使用权主要是指乡镇企业、农村基础设施和公共事业建设、农民宅基地等占用农民集体土地的使用权，是农民集体和个人依法进行非农业建设而使用农民集体土地的权利。农村建设用地使用权依照法律规定的审批程序取得。

2.1.3　土地管理的基本制度

1. 国家实行土地登记制度

根据《土地管理法》和《土地登记规则》的规定，国家依法对国有土地使用权、集体土地所有权、集体土地使用权和土地他项权利进行登记。土地登记由县级以上人民政府登记造册，确认有关土地权利。属于国有土地的，核发《国有建设用地使用证》，确认国有建设用地使用权；属于农民集体所有土地的，核发《集体建设用地所有证》，确认集体土地所有权；使用集体土地的，核发《集体建设用地使用证》，确认集体土地使用权；属于土地他项权利的，核发《土地他项权利证明书》，确认土地他项权。他项权利包括抵押权、承租权以及法律、行政法规规定需要登记的他项权利。

2. 国家实行土地有偿有限期使用制度

除国家核准的划拨用地以外，凡新增土地和原使用的土地改变用途或使用条件、进行市场交易等，均实行有偿有限期使用。

《土地管理法》第2条规定："国家依法实行国有土地有偿使用制度。但是，国家在法律规定的范围内划拨国有土地使用权的除外。"《城镇国有土地使用权出让和转让暂行条例》第8条也明确规定："土地使用权出让是指国家以土地所有者的身份将土地使用权在一定年限内让与土地使用者，并由土地使用者向国家支付土地使用权出让金的行为。"

3. 国家实行土地用途管制制度

根据土地利用总体规划，将土地用途分为农用地、建设用地和未利用地。土地用途管制的核心是不能随意改变农用地的用途。农用地转用须经有批准权的人民政府核准。控制建设用地总量，严格限制农用地转为建设用地。

4. 国家实行耕地保护制度

十分珍惜、合理利用土地和切实保护耕地是我国的基本国策。《物权法》规定，国家对耕地实行特殊保护，严格限制农用地转为建设用地，控制建设用地总规模。耕地主要是指种植农作物的土地，包括新开垦荒地、轮歇地、草田轮作地；以种植农作物为主间有零星果树、桑树或其他树木的土地；耕种3年以上的滩地和滩涂等。

2.1.4 建设用地

1. 建设用地的概念

建设用地是指建造建筑物、构筑物的土地，包括城乡住宅和公共设施用地、工矿用地、交通水利设施用地、旅游用地、军事设施用地等。从广义上讲，建设用地是指一切非农建设和农业建设用地。依据《土地管理法》的规定，建设用地可以分为国有建设用地和农民集体所有建设用地。

国有建设用地是指建造建筑物和构筑物的土地，包括城乡住宅和公共设施用地、工矿用地、交通水利设施用地、旅游用地、军事设施用地及其他有特殊要求的用地等所有权为国家的土地。《土地管理法》第43条规定，任何单位和个人进行建设，需要使用土地的，必须依法申请使用国有土地；但是，兴办乡镇企业和村民建设住宅经依法批准使用本集体经济组织农民集体所有的土地的，或者乡（镇）村公共设施和公益事业建设经依法批准使用农民集体所有的土地的除外。前面所说依法申请使用的国有土地包括国家所有的土地和国家征收的原属于农民集体所有的土地。

已经确定为国有建设用地的国有土地，建设时可以直接使用，这是国有建设用地的主要来源。此外，国有建设用地还可以通过国有农用地、国有未利用土地、农村集体所有建设用地、农村集体所有农用地和未利用土地等转化成为国有建设用地。

农村集体建设用地，即农村非农业建设用地，是指农民集体所有的用于建造建筑物、构筑物的土地，包括原有的建设用地和经批准办理农用地转用手续的农用地。《土地管理法》中所称"乡（镇）村建设"也是指非农业建设。从地域范围来讲，农村集体建设用地是城镇以外，广大农村和集镇范围的建设占用土地的总和。乡（镇）村建设所占有的土地为农民集体所有。乡（镇）村企业、农村居民对农民集体所有的土地只享有使用权。农村集体建设用地是农村土地的重要组成部分，是农民建造住宅的物质保障，也是农村发展非农经济以及兴建乡村公共设施和兴办乡村公益事业的基本物质要素。

农村集体建设用地的使用范围包括：兴办乡镇企业使用本集体的土地，村民建设住宅使用本集体的土地，乡（镇）村公共设施和公益事业使用集体的土地。

2. 临时用地

临时用地是指在建设施工过程中或者地质勘查过程中需要临时使用国有或者集体所有的土地，使用完毕后，即恢复土地原状或改善土地使用状况，并归还土地所有人的土地。

临时用地一般包括以下两类。

一类是工程建设施工临时用地，包括工程建设施工中设置的临时加工车间、修配厂、搅拌站、预制场、材料堆场，运输道路和其他临时设施用地，工程建设过程的取土弃土用地；架设地上线路、铺设地下管线和其他地下工程所需临时使用的土地等。

另一类是地质勘查过程中的临时用地，包括厂址、坝址、铁路、公路选址等需要对工程地质、水文地质情况进行勘测，探矿、采矿需要对矿藏情况进行勘查勘探所需临时使用的土地等。

2.1.5　国有建设用地供应

建设用地供应是指土地行政主管部门依据国家法律法规与政策，将土地提供给建设用地单位使用的过程。供地行为主要涉及是否提供建设用地、提供建设用地的方式、提供建设用地的数量、提供建设用地的位置以及提供建设用地所需要的条件等问题。我国的建设用地供应，分为存量和增量两部分。增量部分主要通过农用地转为建设用地的供应，即所谓的"一级市场"；存量部分即通过现有土地使用者之间的交易的供应，即所谓的"二级市场"。

1. 建设用地审查报批程序

1）建设用地预申请

建设项目可行性研究论证时，建设单位应当向建设项目批准机关的同级土地行政主管部门提出建设用地预申请。受理预申请的土地行政主管部门应当依据土地利用总体规划和国家土地供应政策，对建设项目的有关事项进行预审，出具建设项目用地预审报告。

2）用地申请

在土地利用总体规划确定的城市建设用地范围外单独选址的建设项目使用土地的，建设单位应当向土地所在地的市、县人民政府土地行政主管部门提出用地申请。

建设单位提出用地申请时，应当填写《建设用地申请表》，并附具下列材料：建设单位有关资质证明；项目可行性研究报告批复或者其他有关批准文件；土地行政主管部门出具的建设项目用地预审报告；初步设计或者其他有关批准文件；建设项目总平面布置图；占用耕地的，必须提出补充耕地方案；建设项目位于地质灾害易发区的，应当提供地质灾害危险性评估报告。

3）拟订方案

市、县人民政府土地行政主管部门对材料齐全、符合条件的建设用地申请应当受理，并拟订农用地转用方案、补充耕地方案、征用土地方案和供地方案，编制建设项目用地呈报说明书，经同级人民政府审核同意后，报上一级土地行政主管部门审查。

在土地利用总体规划确定的城市建设用地范围内，为实施城市规划占用土地的，由市、县人民政府土地行政主管部门拟订农用地转用方案、补充耕地方案和征用土地方案，编制建设项目用地呈报说明书，经同级人民政府审核同意后，报上一级土地行政主管部门审查。

4）审核方案

有关土地行政主管部门收到上报的建设项目呈报说明书和有关方案后，对材料齐全、符合条件的，应当在5日内报经同级人民政府审核。同级人民政府审核同意后，逐级上报有批准权的人民政府，并将审查所需的材料及时送该级土地行政主管部门审查。

5）批准方案

有批准权的人民政府土地行政主管部门应当自收到上报的农用地转用方案、补充耕地方案、征用土地方案和供地方案并按规定征求有关方面意见后30日内审查完毕。建设用地审查应当实行土地行政主管部门内部会审制度。

6) 组织实施

经批准的农用地转用方案、补充耕地方案、征收土地方案和供地方案，由土地所在地的市、县人民政府组织实施。

2. 临时用地程序

1) 临时用地报批

建设项目施工和地质勘查需要临时使用国有土地或者农民集体所有的土地的，报县级以上人民政府土地行政主管部门批准。其中，在城市规划区内的临时用地，在报批前，应当先经有关城市规划行政主管部门同意。

2) 签订临时用地合同

临时用地经批准后，应当签订临时用地合同，并对土地的所有权人和原使用权人的损失予以补偿。临时用地合同是约定土地所有权人和临时用地的使用权人的权利、义务的规范文件。关于临时用地的一些要求为：临时用地的用途、使用期限、使用后的恢复措施、土地补偿等，都必须通过合同双方约定，并严格执行；改变临时用地合同中的某些条款，也要经双方协商后重新签订临时用地合同或签订临时用地的补充合同。

临时用地合同由临时用地的使用者与所有者签订。如使用的是国有土地，土地行政主管部门代表政府与土地使用者签订合同并按合同的要求支付临时用地补偿费；如临时用地对原土地使用者造成损失的，由土地行政主管部门用收取的临时用地补偿费予以补偿；如果使用的是农民集体所有的土地，将由农村集体经济组织或村民委员会与临时用地使用者签订合同，并收取临时用地补偿费。

3) 临时用地的使用

临时使用土地者应当按照合同约定的用途使用土地，临时用地只能是临时使用土地的行为，不能将临时用地改为永久建设用地，不得建永久性的建筑物及其他设施。使用结束后，将土地的临时建设的设施全部拆除，恢复土地的原貌，并交还给原土地所有权人或使用权人。

临时用地的期限一般不超过两年。临时用地不超过两年的，使用的具体期限可以在临时使用土地合同中由双方约定；临时用地确需超过两年的，必须经过批准，通过双方的合同约定，或两年后重新办理临时用地手续。

抢险救灾等急需使用土地的，可以先行使用土地。其中，属于临时用地的，灾后应当恢复原状并交还原土地使用者使用，不再办理用地审批手续；属于永久性建设用地的，建设单位应当在灾情结束后6个月内申请补办建设用地审批手续。

2.1.6 房地产开发用地

土地是房地产开发活动的载体，进行房地产开发就必须涉及房地产开发用地。

1. 房地产开发用地的概念

房地产开发用地是指进行基础设施和房屋建设的用地。所谓房地产开发，是指在依据《城市房地产管理法》取得国有土地使用权的土地上进行基础设施、房屋建设的行为。理解房地产开发用地需要注意以下两点。

(1) 房地产开发用地仅限于国有土地，现阶段能够用作房地产开发用地的，主要是城市的国有土地及城市市郊的国有土地,而不包括农村或城市郊区的集体土地。

(2) 房地产开发用地仅指取得开发用地的使用权,而不是取得开发用地的所有权。国家实行土地所有权和土地使用权相分离的制度,房地产开发商取得的仅仅是土地使用权。

2. 房地产开发用地分类

按房地产开发活动的内容不同,可分为以下 3 类。

(1) 基础设施建设用地:一般包括供水、排水、污水处理设施用地;供电通信设施用地;煤气、热水设施用地;道路、桥梁、公共交通设施用地;园林绿化、环境卫生以及消防等设施建设用地。

(2) 房屋建设用地:一般指住宅、工业、交通、仓库、商业、文体娱乐、教育、医疗、科研、办公用房等。

(3) 土地房屋一体化建设用地:即土地开发和房屋开发的综合开发用地。

3. 房地产开发用地的特点

(1) 房地产开发用地仅限于国有土地。我国土地实行公有制,即国家所有和集体所有。房地产开发用地只限于国家所有的土地,集体所有的土地不允许作为房地产开发用地,国家垄断房地产开发用地。如此规定,主要是基于以下两点考虑:一是顾及产业结构与产业政策,农业的基础地位不能动摇,必须保障足够的农业用地;二是集体土地的所有者虚化,现实生活中易产生纠纷。因此,确需作为房地产开发用地的集体土地,须先被征收转化为国有土地后方可开发使用。目前,集体土地只能在法律许可的范围内进行建设利用,不具有开放性和自由流转性。当然,集体土地的开发利用限制是不适应市场经济发展要求的,探索集体土地或农用地市场化利用的流转机制是目前学者和执政者的关注焦点和迫切任务。

(2) 房地产开发用地主体的特定性。房地产开发用地的主体一般是房地产开发企业。一般房地产开发企业具备房地产开发条件和房地产开发资格,易于取得开发用地的土地使用权,成为房地产开发经营用地的主体。房地产开发企业是指依法设立的、以营利为目的从事房地产开发和经营的企业。企业均有其经营范围的限制。对公司而言,经营范围就是其权利能力。因此,不具备房地产开发条件和房地产开发资格的企业不能成为房地产开发用地的主体。房地产开发企业的资格需依法取得。

(3) 房地产开发用地的有偿性和有期性。国有土地以有偿使用为原则。房地产开发企业是营利性质的企业,需以出让方式取得房地产开发用地的使用权,因此房地产开发用地以有偿使用为原则、以划拨使用为例外。土地所有权是永续性权利,而土地使用权则是有期性权利,房地产开发企业对房地产开发用地只取得土地使用权,故一般均有期限的限制。房地产开发用地的期限一般通过出让合同加以约定,但不得违背法律法规的规定。

(4) 房地产开发用地的国家宏观调控性。房地产开发应符合国家的土地利用总体规划和城市规划。现代社会经济的任何经济活动都会受到国家的干预,而房地产开发则较其他经济活动受国家干预和管理更多。房地产开发企业以营利为目的,在开发活动中势必追求利益最大化,而房地产开发用地则要实现经济效益、社会效益、环境效益的一体化,并且要符合国家的总体规划和城市规划。

4. 房地产开发用地的获取途径

取得国有建设用地使用权是房地产开发的前提,而房地产开发也并非仅限于房屋建设或者商品房屋的开发，而是包括土地开发和房屋开发在内的开发经营活动。现阶段，取得国有建设用地使用权的途径主要有下列4种，如图2.2所示。

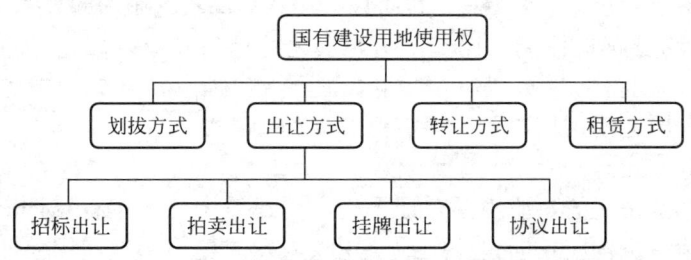

图 2.2 房地产开发取得国有建设用地使用权的途径

（1）通过行政划拨方式（含征收集体土地）取得：建设用地使用权划拨是指县级以上人民政府依法批准，在用地者缴纳补偿、安置等费用后将该幅土地交付其使用，或者将建设用地使用权无偿交给土地使用者的行为。征收集体土地是国家为了公共利益的需要，依法将集体所有土地转为国有土地并给予补偿的行为。

（2）通过国家出让方式取得：国有建设用地使用权出让可以采取招标出让、拍卖出让、挂牌出让和协议出让等方式进行。

（3）通过房地产转让方式取得（如买卖、赠与或者其他合法方式）。土地的转让要符合一定的条件，严禁地皮倒卖。

（4）通过土地或房地产租赁方式取得。

2.2 国有建设用地使用权出让

我国的土地有偿使用制度主要是学习和借鉴香港的土地批租制，这种制度安排类似把若干年的地租贴现一次性收取，能迅速聚集财富，使政府能有充实的资金投入城市建设。供应国有建设用地使用权主要有出让、租赁、划拨、土地作价出资入股、授权经营等方式。"卖地"获取的土地收入主要包括：土地出让金、土地租赁租金以及其他供地方式获得的收入。其中，土地出让金是出让国有建设用地使用权获得的收益，是地方财政的重要来源。

2.2.1 国有建设用地使用权出让的概念

1. 建设用地使用权的概念及设立

建设用地使用权是建设用地使用权人依法对国家所有的土地享有占有、使用和收益的权利，建设用地使用权人有权利用该土地建造建筑物、构筑物及其附属设施。

《物权法》第136条规定，建设用地使用权可以在土地的地表、地上或者地下分别设立。因此，建设用地使用权的设立不是一个平面、二维的概念，而是一个空间、立体的概念，同一块建设用地可以设立多种使用权。在具体的出让实践中，市、县国土资源部门既可以出让地上建设用地使用权；也可以出让地下建设用地使用权，如地下商场、车库等。为准确标示出让建设用地使用权的权利范围，保证合同约定的标的物的唯一性，在出让合同中，不仅要约定出让合同的平面界址，还要同时约定宗地的上下高程。出让宗地的竖向界限，可以按照1985年国家高程系统为起算基点填写，也可以按照各地高程系统为起算基点填写。高差是垂直方向从起算面到终止面的距离。比如，出让宗地的竖向界限以标高＋60m(1985年国家高程系统)为上界限，以标高－10m(1985年国家高程系统)为下界限，高差为70m。

新设立的建设用地使用权，不得损害已设立的用益物权。设立建设用地使用权可以采取出让或者划拨等方式。

设立建设用地使用权的，应当向登记机构申请建设用地使用权登记。建设用地使用权自登记时设立。登记机构应当向建设用地使用权人发放建设用地使用权证书。

《物权法》的上述规定表明，建设用地使用权是在国有土地上设立的。以往对城市国有土地统称的"国有土地使用权"现在应称为"国有建设用地使用权"，国土部门对此已做了相关修改。例如，国土资源部已将《招标拍卖挂牌出让国有土地使用权规定》修改为《招标拍卖挂牌出让国有建设用地使用权规定》。

【例2-1】 同一宗地的国有建设用地使用权是否可以分层出让？

东州市国土资源局以拍卖方式将宗地号为0089的建设用地使用权出让给A公司，用作大型商贸城的建设。双方在拍卖后签订了《国有建设用地使用权出让合同》。合同约定：该块宗地的用途为商业用地；以地上60m为上限，以地下30m为下限，高差为90m。合同签订后，A公司支付了全部价款，国土资源局为其办理了土地使用权证书。一个月后，国土资源局挂牌出让0089号宗地以地下30米为上限，以地下70米为下限，高差为40米的建设用地使用权，并将此块土地的建设用地使用权出让给了B公司，并签订了《国有建设用地使用权出让合同》。A公司得知后，认为国土资源局侵犯了自己的权益，向国土资源局提出异议，要求国土资源局收回B公司的建设用地使用权。国土资源局解释说，他们的做法是将建设用地使用权进行立体分割后，分别进行出让，不存在违法违规行为。A公司不服，遂向上级主管部门提起行政复议。

【疑惑】 国土资源局能否将同一宗地的建设用地使用权分层出让？

【解析】 本案主要涉及建设用地使用权分层出让的问题。

建设用地使用权分层出让是指将国有建设用地使用权立体分割成多个不同高度且不相重叠的建设用地使用权，再分别进行出让的行为。分层出让的前提是将土地看作一个空间，享有"空间权"，而不是看作一个平面。所谓"空间权"是指于空中或地中横切一断层而享有的权利，抑或对土地地表上下一定范围内的空间的权利。在我国，随着经济发展速度不断加快，城市人口剧增，住房紧张，交通拥挤，环境污染严重，人地矛盾日益突出，"空间不足"和"空间浪费"的问题日益凸现，合理利用空间是城市科学可持续发展的迫切需要。随着人们对空间利用的关注程度不断提高，对"空间权"的立法也随即展开。2007年10月实施的《物权法》引进了"空间权"这种现代物权法新发展出来的物权制度，将国土资源管理，特别是土地管理，带入了一个新的时代。《物权法》第136条规定："建设用地使用权可以在土地的地表、地上或者地下分别设立。新设立的建设用地使用权，不得损害已设立的用益物权。"同时，《招标拍卖挂牌出让国有建设用地使用权规定》第2条也做出了相应的规定："在中华人民共和国境内以招标、拍卖或者挂牌出让方式在土地的地表、地上或者地下设立国有建设用地使用权的，适用本规定。"依据这些规定，国家可将土地进行立体的纵向分割，即将土地分成不同高度的空间，既可以在同一宗土地上为一个人设立一个建设用地使用权，也可以为两个以上的人分别设立若干个相互之间不冲突的建设用地使用权。

在本案中，国土资源局分别与A公司和B公司签订了《国有建设用地使用权出让合同》，在合同中明确了各自建设用地使用权的上下界限，并且上下界限并不冲突，根据《物权法》和《招标拍卖挂牌出让国有建设用地使用权规定》的有关规定，国土资源局的出让行为是合法的。建设用地分层出让，可以避免资源的浪费，更加节约、集约利用土地。但是，国有建设用地使用权的分层出让，还有一些问题需要解决，比如如何避免各建设用地使用权分层设立后使用权人之间的权利冲突，如何确定建设用地使用权分层设立后的出让金标准等，这些问题还有待深入的研究，在实践过程中找出解决的方法。

2. 国有建设用地使用权出让的概念

建设用地使用权出让是指国家以土地所有者的身份将建设用地使用权在一定年限内让渡给土地使用者，并由土地使用者向国家支付土地使用权出让金的行为。土地使用权出让金是指通过有偿有限期出让方式取得土地使用权的受让者按照合同规定的期限，一次或分次提前支付整个使用期间的地租(图2.3)。建设用地使用权出让的含义一般包括以下内容。

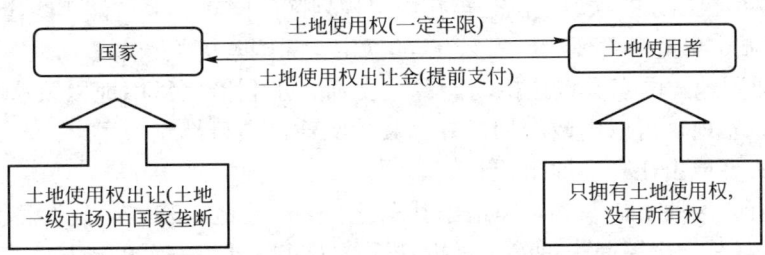

图2.3　国有建设用地使用权出让关系图

(1) 建设用地使用权出让，也称批租或土地一级市场，由国家垄断，任何单位和个人不得出让土地使用权。出让土地的所有权属于国家，出让人的权利是根据法律授权出让国有建设用地使用权，地下资源、埋藏物不属于国有建设用地使用权的出让范围。

(2) 受让人的权利是对依法取得的国有建设用地，在出让期限内享有占有、使用、收益和依法处置的权利，受让人有权利用该土地依法建造建筑物、构筑物及其附属设施；土地使用权可以进入市场，可以进行转让、出租、抵押等经营活动。

(3) 受让人依照国有建设用地使用权出让合同的约定付清全部土地出让价款后，方可申请办理土地登记，领取国有建设用地使用权证书。未按出让合同约定缴清全部土地出让价款的，不得发放国有建设用地使用权证书，也不得按出让价款缴纳比例分割发放国有建设用地使用权证书。

(4) 集体土地不经征收(成为国有土地)不得出让。

(5) 建设用地使用权出让是国家以土地所有者的身份与土地使用者之间的关于权利义务的经济关系，具有平等、自愿、有偿、有限期的特点。土地使用者应当按照土地使用权出让合同的规定和城市规划的要求，开发、利用、经营土地。未按合同规定的期限和条件开发、利用土地的，市、县人民政府土地管理部门应当予以纠正，并根据情节可以给予警告、罚款直至无偿收回土地使用权的处罚。土地使用者需要改变土地使用权出让合同规定的土地用途的，应当征得出让方同意并经土地管理部门和城市规划部门批准，依照土地出让管理有关规定重新签订出让合同，调整国有建设用地使用权出让金，并办理登记。

2.2.2 国有建设用地使用权出让的范围及审批

1. 出让范围

根据《城市房地产管理法》规定，土地使用权的出让范围主要包括：土地使用权出让的管辖范围；土地使用权出让的性质范围；土地使用权出让的建设项目范围。

（1）土地使用权出让的管辖范围是指在某一级人民政府辖区内允许土地使用权出让的空间范围。土地使用权的出让只能在城市规划区的范围内进行。城市规划区一般是指城市市区、近郊区以及城市行政区域内城市建设和发展需要实行规划控制的区域，其具体范围则由城市人民政府在编制并经批准的城市总体规划中划定。

（2）土地使用权出让的性质范围是指不同所有制形式的土地使用权出让的范围。土地使用权是在城市规划区范围内的国有土地上进行的；城市规划区内的集体土地在未经法定程序征为国有土地前不得出让。

（3）土地使用权出让的项目范围是指在城市规划区的国有土地允许哪些建设项目采用出让形式用地。《城市房地产管理法》第23条的规定，除国家机关和军事用地，城市基础设施用地和公益事业用地，国家重点扶持的能源、交通、水利诸项目用地以及法律、行政法规规定的其他建设用地，可以由政府划拨外，其他的建设项目都应采用出让的方式取得。

背景材料：毛地出让和净地出让有何不同？

土地出让有"毛地出让"和"净地出让"之分，"毛地"和"净地"都是俗称。从形态上看，"毛地"是指房屋尚未拆除，被拆迁人尚未获得补偿安置的土地。"净地"是指地上建筑物、构筑物已经拆迁，被拆迁人已经获得补偿安置的土地。

从产权和法律关系上看，毛地和净地有明显不同。毛地出让往往是政府出让土地时尚未完成国有土地使用权收回和拆迁补偿工作，涉及多方法律和经济关系，需要衔接好国有土地使用权收回、补偿和出让等方面的法律关系；净地出让则往往是政府已经完成了出让前的土地使用权收回和拆迁补偿工作，法律关系相对简单。

毛地出让的实质是，将依法应由政府负责的拆迁推给了开发商——因为毛地出让是将土地出让金和拆迁补偿费捆在一起，对开发商而言，地价一定，压低拆迁补偿就等于多获利，于是开发商就有了野蛮拆迁、压低拆迁价格的冲动；如果被拆迁户顶住不拆，或者拥有强大的后台，开发商就得咽下苦果，资金被占，直至破产。而净地出让，政府就必须承担起补偿与议价的责任，通过市场将成本分摊给开发商，这时的成本不含有巨大的拆迁风险。毛地出让隐患极大，让有权有势有拳头者享受溢价，无权无势息事宁人者只能接受大幅折价。受损者既有被拆迁户，也有可能是权势不如大开发商的中小开发商。

意识到毛地出让的制度性缺陷，政府曾经进行制度性改进。2007年9月，国土资源部等三部门印发《国土资源部关于认真贯彻〈国务院关于解决城市低收入家庭住房困难的若干意见〉进一步加强土地供应调控的通知》，第一次明确要求"净地"出让。国土资源部2012年6月新修订发布的《闲置土地处置办法》明确要求必须是净地，禁止毛地出让，以避免因拆迁等原因造成的土地闲置。

2. 批准权限

国有建设用地使用权出让的审批，是政府对国有建设用地使用权出让活动进行管理的一种行政措施，目的在于加强国有建设用地使用权出让的监督、检查，使国有建设用地使用权出让有计划、有步骤地进行。

《城市房地产管理法》第12条规定："土地使用权出让由市、县人民政府有计划、有步骤地进行。出让的每幅地块、用途、年限和其他条件，由市、县人民政府土地管理部门会同城市规划、建设、房产管理部门共同拟订方案，按照国务院规定，报有批准权的人民政府批准后，由市、县人民政府土地管理部门实施。"根据这一条规定，土地使用权出让的批准权在于国务院规定的各级人民政府。

根据1989年国务院下发的《关于出让国有土地使用权批准权限的通知》的规定，政府对土地使用权出让的批准权限与使用权划拨的批准权限相同，具体批准权限如下。

（1）出让耕地1000亩以上，其他土地2000亩以上的，由国务院批准。

（2）出让耕地1000亩以下，其他土地2000亩以下的，由省、自治区、直辖市人民政府批准。

（3）出让耕地3亩以下，其他土地10亩以下的，由县级人民政府批准。

（4）省辖市、自治州人民政府对出让土地使用权的批准权限由省、自治区人大常委会决定。直辖市的区和县人民政府对出让土地使用权的批准权限，由直辖市人大常委会决定。

国有建设用地使用权的出让，由市、县人民政府负责，有计划、有步骤地进行。国有建设用地使用权出让的地块、用途、年限和其他条件，由市、县人民政府土地管理部门会同城市规划和建设管理部门、房产管理部门共同拟订方案，按照国务院规定，报经有批准权的人民政府批准后，由市、县人民政府土地管理部门实施。

【例2-2】 建设用地使用权的出让。

东方县塘下镇职业高中于1956年组建，所占有的土地属划拨国有土地，一直沿用至今。2010年塘下镇政府为了发展经济，决定对原有集镇进行改造，要求职业高中临街部分建两层楼建筑。由于经费困难，职业高中表示无力建造。于是，镇政府决定将职业高中临街土地598.5m²，以每31.5m²为一宗地，底价3000元进行拍卖。8月26日由镇政府及委托单位物价局拍卖行、司法局公证处等单位人员参加对职业高中临街的19宗国有土地进行拍卖，镇政府共得拍卖国有土地款97900元。

【疑惑】 塘下镇政府此次拍卖国有土地的行为是否合法，为什么？

【解析】 （1）塘下镇政府无权拍卖国有土地使用权。

（2）根据《中华人民共和国城镇国有土地使用权暂行规定》第9条规定：土地使用权的出让由市、县人民政府负责，有计划、有步骤地进行。第10条规定：土地使用权出让的具体内容，由土管部门会同城建、房产部门共同拟订方案，按照批准权限批准后，由土管部门实施。以上规定说明国有土地使用权的出让是政府代表国家行使国有土地所有权的权利体现。因此，出让国有土地使用权必须由政府垄断，即只有县级以上人民政府才有国有土地使用权的出让权，县级以上人民政府土地管理部门代表政府具体组织实施。

（3）案例中的镇政府不仅超越了职权，而且形成了非法转让国有土地使用权的事实。

2.2.3 国有建设用地使用权出让方式、出让合同

1990年国务院发布的《中华人民共和国城镇国有土地使用权出让和转让暂行条例》中规定，土地使用权出让可以采取协议、招标和拍卖方式。2002年，国土资源部出台的《招标拍卖挂牌出让国有土地使用权规定》（国土资源部令第11号）增加了国有土地使用权出让的挂牌出让方式。2007年3月全国人民代表大会通过的《中华人民共和国物权法》规定，国有建设用地使用权出让可采取招标、拍卖、协议等出让方式。2007年9月，国土资源部发布《招标拍卖挂牌出让国有建设用地使用权规定》（国土资源部令第39号）（该规定是对国土资源部第11号令修改形成的），对国有建设用地使用权招拍挂出让范围、挂牌出让截止期限、缴纳出让价款和发放国有建设用地使用权证书等作出明确规定。因此，目前我国国有建设用地使用权出让方式有招标出让、拍卖出让、挂牌出让和协议出让四种。

1. 招标、拍卖或者挂牌出让国有建设用地使用权的管理

根据我国现行法律法规规定，工业、商业、旅游、娱乐和商品住宅等经营性用地（工业用地包括仓储用地，但不包括采矿用地）以及同一土地有两个以上意向用地者的，应当以招标、拍卖或者挂牌方式出让，流程如图2.4所示。

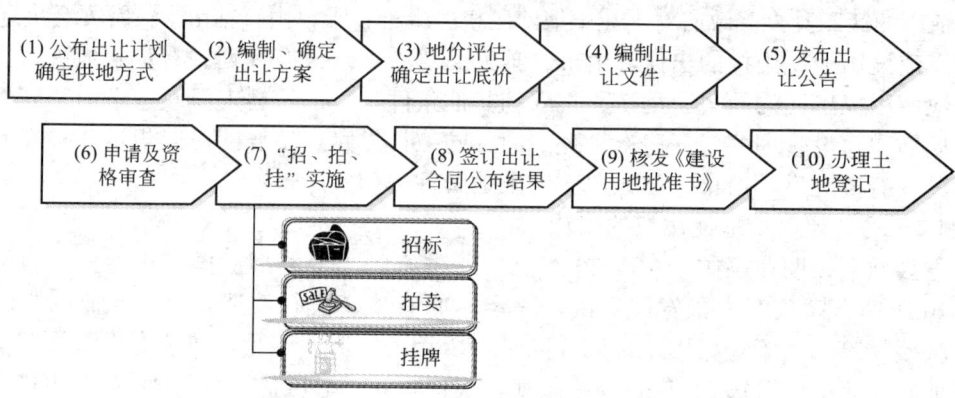

图2.4 "招、拍、挂"出让国有建设用地使用权的流程图

出让人应当根据招标、拍卖、挂牌出让地块的情况，编制招标、拍卖、挂牌出让文件。招标、拍卖、挂牌出让文件应当包括出让公告、投标或者竞买须知、土地使用条件、标书或者竞买申请书、报价单、中标通知书或者成交确认书、国有建设用地使用权出让合同文本。

出让人应当至少在投标、拍卖或者挂牌开始日前20日，在土地有形市场或者指定的场所、媒介发布招标、拍卖或者挂牌公告，公布招标拍卖挂牌出让宗地的基本情况和招标拍卖挂牌的时间、地点。招标拍卖挂牌公告应当包括下列内容：出让人的名称和地址；出让宗地的面积、界址、空间范围、现状、使用年期、用途、规划指标要求；投标人、竞买人的资格要求以及申请取得投标、竞买资格的办法；索取招标、拍卖、挂牌出让文件的时间、地点和方式；招标、拍卖、挂牌出让的时间、地点、投标挂牌期限、投标和竞价方式等；确定中标人、竞得人的标准和方法；投标、竞买保证金；其他需要公告的事项。

市、县人民政府国土资源行政主管部门应当根据土地估价结果和政府产业政策综合确定标底或者底价。标底或者底价不得低于国家规定的最低价标准。确定招标标底，拍卖和

挂牌的起叫价、起始价、底价，投标、竞买保证金，应当实行集体决策。招标标底和拍卖挂牌的底价在招标开标前和拍卖挂牌出让活动结束之前应当保密。

出让人在招标拍卖挂牌出让公告中不得设定影响公平、公正竞争的限制条件。挂牌出让的，出让公告中规定的申请截止时间应当为挂牌出让结束日前两天。对符合招标、拍卖、挂牌出让公告规定条件的申请人，出让人应当通知其参加招标、拍卖、挂牌出让活动。

招标拍卖挂牌出让范围的界定：①供应商业、旅游、娱乐和商品住宅等各类经营性用地以及有竞争要求的工业用地；②其他土地供地计划公布后同一宗地有两个或者两个以上意向用地者的；③划拨土地使用权改变用途，《国有土地划拨决定书》或法律、法规、行政规定等明确应当收回土地使用权，实行招标、拍卖、挂牌出让的；④划拨土地使用权转让，《国有土地划拨决定书》或法律、法规、行政规定等明确应当收回土地使用权，实行招标、拍卖、挂牌出让的；⑤出让土地使用权改变用途，《国有土地使用权出让合同》约定或法律、法规、行政规定等明确应当收回土地使用权，实行招标、拍卖、挂牌出让的；⑥法律、法规、行政规定明确应当招标拍卖挂牌出让的其他情形。对不能确定是否符合上述规定条件的具体宗地，可由国有土地使用权出让协调决策机构集体认定。

对具有综合目标或特定社会、公益建设条件，开发建设要求较高，仅有少数单位和个人可能有受让意向的土地使用权出让可以采取招标方式，按照综合条件最佳者中标的原则确定受让人；其他的土地使用权出让应当采取招标、拍卖或挂牌方式，按照价高者得的原则确定受让人。

以招标、拍卖或者挂牌方式确定中标人、竞得人后，中标人、竞得人支付的投标、竞买保证金，转作受让地块的定金。出让人应当向中标人发出中标通知书或者与竞得人签订成交确认书。中标通知书或者成交确认书应当包括出让人和中标人或者竞得人的名称，出让标的，成交时间、地点、价款以及签订国有建设用地使用权出让合同的时间、地点等内容。中标通知书或者成交确认书对出让人和中标人或者竞得人具有法律效力。出让人改变竞得结果或者中标人、竞得人放弃中标宗地、竞得宗地的，应当依法承担责任。

中标人、竞得人应当按照中标通知书或者成交确认书约定的时间，与出让人签订国有建设用地使用权出让合同。中标人、竞得人支付的投标、竞买保证金抵作土地出让价款；其他投标人、竞买人支付的投标、竞买保证金，出让人必须在招标拍卖挂牌活动结束后5个工作日内予以退还，不计利息。

受让人依照国有建设用地使用权出让合同的约定付清全部土地出让价款后，方可申请办理土地登记，领取国有建设用地使用权证书。未按出让合同约定缴清全部土地出让价款的，不得发放国有建设用地使用权证书，也不得按出让价款缴纳比例分割发放国有建设用地使用权证书。

2. 招标出让

招标出让国有建设用地使用权，是指市、县人民政府国土资源行政主管部门（出让人）发布招标公告，邀请特定或者不特定的自然人、法人和其他组织参加国有建设用地使用权投标，根据投标结果确定国有建设用地使用权人的行为同，流程如图2.5所示。

招标出让土地使用权的方法有两种：一是公开招标；二是采用邀请招标。

投标、开标依照下列程序进行：①投标人在投标截止时间前将标书投入标箱。招标公告允许邮寄标书的，投标人可以邮寄，但出让人在投标截止时间前收到的方为有效。标书投入

图 2.5 招标出让的流程图

标箱后,不可撤回。投标人应当对标书和有关书面承诺承担责任;②出让人按照招标公告规定的时间、地点开标,邀请所有投标人参加。由投标人或者其推选的代表检查标箱的密封情况,当众开启标箱,点算标书。投标人少于3人的,出让人应当终止招标活动。投标人不少于3人的,应当逐一宣布投标人名称、投标价格和投标文件的主要内容;③评标小组进行评标。评标小组由出让人代表及有关专家组成,成员人数为5人以上的单数。评标小组可以要求投标人对投标文件做出必要的澄清或者说明,但是澄清或者说明不得超出投标文件的范围或者改变投标文件的实质性内容。评标小组应当按照招标文件确定的评标标准和方法,对投标文件进行评审;④招标人根据评标结果,确定中标人。按照价高者得的原则确定中标人的可以不成立评标小组,由招标主持人根据开标结果,确定中标人。

对能够最大限度地满足招标文件中规定的各项综合评价标准或者能够满足招标文件的实质性要求且价格最高的投标人,应当确定为中标人。

招标出让方式的特点是有利于公平竞争,适用于需要优化土地布局、重大工程的较大地块的出让。

3. 拍卖出让

拍卖出让国有建设用地使用权是指市、县人民政府国土资源行政主管部门(出让人)发布拍卖公告,由竞买人在指定时间、地点进行公开竞价,根据出价结果确定国有建设用地使用权人的行为。

拍卖会依照下列程序进行:主持人点算竞买人;主持人介绍拍卖宗地的面积、界址、空间范围、现状、用途、使用年期、规划指标要求、开工和竣工时间以及其他有关事项;主持人宣布起叫价和增价规则及增价幅度,没有底价的,应当明确提示;主持人报出起叫价;竞买人举牌应价或者报价;主持人确认该应价或者报价后继续竞价;主持人连续3次宣布同一应价或者报价而没有再应价或者报价的,主持人落槌表示拍卖成交;主持人宣布最高应价或者报价者为竞得人。

竞买人的最高应价或者报价未达到底价时,主持人应当终止拍卖。拍卖主持人在拍卖中可以根据竞买人竞价情况调整拍卖增价幅度。

拍卖出让方式的特点是有利于公平竞争,它适用于区位条件好、交通便利的闹市区以及土地利用上有较大灵活性的地块的出让。

4. 挂牌出让

挂牌出让国有建设用地使用权是指市、县人民政府国土资源行政主管部门(出让人)发布挂牌公告,按公告规定的期限将拟出让宗地的交易条件在指定的土地交易场所挂牌公布,接受竞买人的报价申请并更新挂牌价格,根据挂牌期限截止时的出价结果或者现场竞价结果确定国有建设用地使用权人的行为,其流程如图2.6所示。

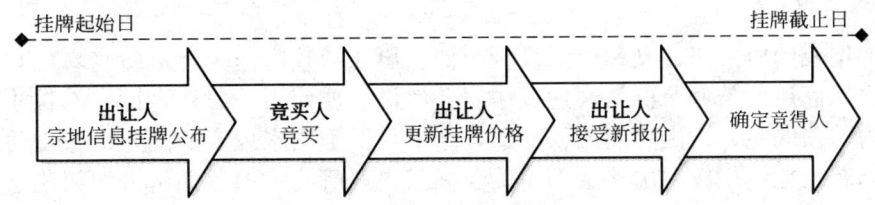

图 2.6 挂牌出让的流程图

挂牌依照以下程序进行：在挂牌公告规定的挂牌起始日，出让人将挂牌宗地的面积、界址、空间范围、现状、用途、使用年期、规划指标要求、开工时间和竣工时间、起始价、增价规则及增价幅度等，在挂牌公告规定的土地交易场所挂牌公布；符合条件的竞买人填写报价单报价；挂牌主持人确认该报价后，更新显示挂牌价格；挂牌主持人在挂牌公告规定的挂牌截止时间确定竞得人。

挂牌时间不得少于 10 日。挂牌期间可根据竞买人竞价情况调整增价幅度。

挂牌截止应当由挂牌主持人主持确定。挂牌期限届满，挂牌主持人现场宣布最高报价及其报价者，并询问竞买人是否愿意继续竞价。有竞买人表示愿意继续竞价的，挂牌出让转入现场竞价，通过现场竞价确定竞得人；挂牌主持人连续 3 次报出最高挂牌价格，没有竞买人表示愿意继续竞价的，挂牌主持人宣布挂牌活动结束。

挂牌出让方式不仅具有招标、拍卖的公开、公平、公正的特点，而且具有招标、拍卖不具备的优势，是招标、拍卖方式出让国有土地使用权的重要补充。

3 种方式的比较见表 2-1。

表 2-1 招标、拍卖和挂牌出让比较

类别/交易方式	招标出让	拍卖出让	挂牌出让
交易场所	指定地点	拍卖行	土地交易场所
公告发布地点	在交易中心和互联网发布，报纸刊登	在交易中心和互联网发布，报纸刊登	一般在交易中心和互联网发布
公告期限	—	拍卖前不少于 30 日	不少于 30 日
底价是否公开	不公开	公开	公开
底价由谁确定	招标委员会	拍卖委员会	委托人
报价方式	填写投标书	举牌	交易中心电脑报价
交易方式	一次报价	多次报价	多次报价
持续时间	长	短	挂牌时间不得少于 10 日
竞买(投)人数	≥3 人	≥2 人	≥1 人
复杂程度	十分复杂(需要制作标书)	不复杂	一般
衡量指标	价格及指定的技术等其他条件	价格	价格
适用范围	具备其他综合目标或特定的社会、公益建设条件	土地用途无特别限制及要求	土地用途无特别限制及要求

5. 协议出让

土地使用权的协议出让又称定向议标，协议出让指政府作为土地所有者(出让方)与选定的受让方磋商用地条件及价款，达成协议并签订土地使用权出让合同，有偿出让土地使用权的行为。采取此方式出让使用权的出让金不得低于国家规定所确定的最低价。以协议方式出让国有土地使用权的出让金不得低于国家规定所确定的最低价。协议出让最低价不得低于新增建设用地的土地有偿使用费、征地(拆迁)补偿费用以及按照国家规定应当缴纳的有关税费之和；有基准地价的地区，协议出让最低价不得低于出让地所在级别基准地价的70%。低于最低价时国有土地使用权不得出让。

由于协议出让土地使用权没有引入竞争机制，不具有公开性，人为因素较多，随意性大，存在暗箱操作的风险，因此对这种方式要加以必要限制。这种方式适用于公共福利事业和非盈利性的社会团体、机关单位用地和某些特殊用地。

协议出让的适用范围包括：①供应商业、旅游、娱乐和商品住宅等各类经营性用地以外用途的土地，其供地计划公布后同一宗地只有一个意向用地者的；②原划拨、承租土地使用权人申请办理协议出让，经依法批准，可以采取协议方式，但《国有土地划拨决定书》、《国有土地租赁合同》、法律、法规、行政规定等明确应当收回土地使用权重新公开出让的除外；③划拨土地使用权转让申请办理协议出让，经依法批准，可以采取协议方式，但《国有土地划拨决定书》、法律、法规、行政规定等明确应当收回土地使用权重新公开出让的除外；④出让土地使用权人申请续期，经审查准予续期的，可以采用协议方式；⑤法律、法规、行政规定明确可以协议出让的其他情形。对不能确定是否符合协议出让范围的具体宗地，可由国有土地使用权出让协调决策机构集体认定。

6. 国有建设用地使用权出让合同

我国《物权法》第138条规定，采取招标、拍卖、协议等出让方式设立建设用地使用权的，当事人应当采取书面形式订立建设用地使用权出让合同。合同文本可以参照采用2008年4月29日由国土资源部、国家工商行政管理总局印发了《国有建设用地使用权出让合同》示范文本(GF—2008—2601)。

建设用地使用权出让合同一般包括下列条款：当事人的名称和住所；土地界址、面积等；建筑物、构筑物及其附属设施占用的空间；土地用途；使用期限；出让金等费用及其支付方式；解决争议的方法。

国有建设用地使用权出让合同自出让人和受让人双方签订之日起生效。土地交付的时间和交付时应达到的土地条件，均由双方当事人明确约定。

受让人应当按照合同约定，按时支付国有建设用地使用权出让价款。受让人不能按时支付国有建设用地使用权出让价款的，自滞纳之日起，向出让人缴纳违约金，延期付款超过60日，经出让人催交后仍不能支付国有建设用地使用权出让价款的，出让人有权解除合同，受让人无权要求返还定金，出让人并可请求受让人赔偿损失。

由于出让人未按时提供出让土地而致使受让人合同项下宗地占有延期的，每延期一日，出让人应当按受让人已经支付的国有建设用地使用权出让价款的一定比例向受让人给付违约金，土地使用年期自实际交付土地之日起算。出让人延期交付土地超过60日，经受让人催交后仍不能交付土地的，受让人有权解除合同，出让人应当双倍返还定金并退还已经支付国有建设用地使用权出让价款的其余部分，受让人并可请求出让人赔偿损失。

出让人未能按期交付土地或交付的土地未能达到合同约定的土地条件或单方改变土地使用条件的，受让人有权要求出让人按照规定的条件履行义务，并且赔偿延误履行而给受让人造成的直接损失。土地使用年期自达到约定的土地条件之日起算。

2.2.4 国有建设用地使用权出让的年限

土地使用权出让的年限是指国家许可受让人在获得的国有土地上使用的期限，具体包括3种：法律规定的土地使用权得以出让的最高年限、土地使用权出让合同约定的受让人得以使用土地的出让年限、土地使用权年限期满后的续展。

1. 建设用地使用权出让最高年限

《城市房地产管理法》第13条规定，土地使用权出让最高年限由国务院规定。根据《城镇国有土地使用权出让和转让条例暂行条例》第12条规定，土地使用权出让最高年限按用途确定为以下几类。

(1) 居住用地70年。
(2) 工业用地50年。
(3) 教育、科技、文化、卫生、体育用地50年。
(4) 商业、旅游、娱乐用地40年。
(5) 综合或其他用地50年。

每一块土地的实际使用年限，在最高年限内，由出让方和受让方双方商定。根据我国《物权法》的规定，建设用地使用权转让、互换、出资、赠与的，当事人应当采取书面形式订立相应的合同。合同的期限由当事人约定，但不得超过建设用地使用权的剩余期限。

2. 建设用地使用权出让年限的计算

《国有建设用地使用权出让合同》示范文本(2008年文本)中明确规定：出让年期按合同约定的交付土地之日起算；原划拨(承租)国有建设用地使用权补办出让手续的，出让年期自合同签订之日起算；通过转让方式取得的建设用地使用权，其使用年限为建设用地使用权出让合同约定的使用年限减去原建设用地使用者已使用年限后的剩余年限。

背景材料：住宅土地使用权年限缩水?!

根据相关规定，住宅土地使用权是从国家将土地出让给开发商起开始计算，70年为住宅土地使用权一次出让的最长期限。目前国家土地制度是以出让为主，即国家以出让的方式转让后，土地就进入市场流通。而这与楼盘开盘、购房者入住等的时间均存在"时间差"。从拿到土地证到最后取得预售许可证，往往需要两三年的时间。如果遇到拆迁较难造成停滞或是"倒手"，五六年都很正常。这也就是说，当购房者变为业主时，其拥有的有效住宅土地使用权根本无法达到70年之久。而很多时候，开发商由于受到资金不到位、周转资金匮乏、相关证件未办理齐全等因素的困扰，整个开发销售周期还将延长。倘若购房者购买之前，房屋已搁置了一段时间，买房人损失的土地分摊使用年限就更多了。

3. 建设用地使用权出让年限届满与续展

《物权法》第149条规定，住宅建设用地使用权期间届满的，自动续期。非住宅建设用地使用权期间届满后的续期，依照法律规定办理。该土地上的房屋及其他不动产的归属，有约定的，按照约定；没有约定或者约定不明确的，依照法律、行政法规的规定办理。

《城市房地产管理法》第22条规定，土地使用权出让合同约定的使用年限届满，土地使用者需要继续使用土地的，应当至迟于届满前一年申请续期，根据社会公共利益需要收回该幅土地的，应当予以批准。经批准准予续期的，应当重新签订土地使用权出让合同，依照规定支付土地使用权出让金。

土地使用权出让合同约定的使用年限届满，土地使用者未申请续期或者虽申请续期但依照前款规定未获批准的，土地使用权由国家无偿收回。

2.2.5 国有建设用地使用权出让的收回和终止制度

1. 国有建设用地使用权出让的收回制度

土地使用权的收回是指土地使用权出让后，由于法定事由的发生，国家收回土地使用权致使土地使用者不再享有土地使用权的行为，一般有以下3种情况。

（1）强制收回：建设用地使用者违反城市规划或建设用地使用权出让合同的规定而开发利用土地，被国家强制收回。《土地管理法》第78条规定，无权批准征收、使用土地的单位或者个人非法批准占用土地的，超越批准权限非法批准占用土地的，不按照土地利用总体规划确定的用途批准用地的，或者违反法律规定的程序批准占用、征收土地的，其批准文件无效，对非法批准征收、使用土地的直接负责的主管人员和其他直接责任人员，依法给予行政处分；构成犯罪的，依法追究刑事责任。非法批准、使用的土地应当收回，有关当事人拒不归还的，以非法占用土地论处。非法批准征收、使用土地，对当事人造成损失的，依法应当承担赔偿责任。《城市房地产管理法》第26条规定，以出让方式取得土地使用权进行房地产开发的，必须按照土地使用权出让合同约定的土地用途、动工开发期限开发土地。超过出让合同约定的动工开发日期满一年未动工开发的，可以征收相当于土地使用权出让金20%以下的土地闲置费；满两年未动工开发的，可以无偿收回土地使用权；但是，因不可抗力或者政府、政府有关部门的行为或者动工开发必需的前期工作造成动工开发迟延的除外。《土地管理法》第80条规定，依法收回国有土地使用权当事人拒不交出土地的，临时使用土地期满拒不归还的，或者不按照批准的用途使用国有土地的，由县级以上人民政府土地行政主管部门责令交还土地，处以罚款。

（2）自动收回：建设用地使用权出让合同规定的期限届满，国家自动收回。土地使用权出让合同约定的使用年限届满后，土地使用者未申请续期或申请未获批准的，国家应无偿收回土地使用权。土地使用权出让合同约定的使用年限届满，土地使用者需要继续使用土地的，应当至迟于期满前一年向土地管理部门提出申请，经批准续期的，应当重新签订土地使用权出让合同，按规定支付地价款并更换土地权属证件。

（3）提前收回：在建设用地使用权期限届满前国家因社会公共利益的需要，提前收回建设用地使用权。《城市房地产管理法》第6条规定，为了公共利益的需要，国家可以征收国有土地上单位和个人的房屋，并依法给予拆迁补偿，维护被征收人的合法权益；征收个人住宅的，还应当保障被征收人的居住条件。由于建设用地使用权人是按照建设用地的使用期限交纳出让金的，因此，提前收回建设用地使用权的，出让人还应当向建设用地使用权人退还相应的出让金。比如，某商场的建设用地使用权期限是 40 年，该商场 30 年后被征收，那么对于该商场需要根据征收的规定给予补偿，同时，还应当退还该商场所有权人 10 年的出让金。另外，《土地管理法》第 58 条规定，为公共利益需要使用土地的和为实施城市规划进行旧城区改建而需要调整使用土地的，经原批准用地的人民政府或者有批准权的人民政府批准，可以收回国有土地使用权，并对土地使用权人给予适当补偿。

2. 国有建设用地使用权终止制度

土地使用权终止是指由于土地使用权出让合同规定的使用年限届满、提前收回及土地灭失等原因，使得土地使用权出让合同的土地使用者与土地所有者之间的权利义务关系不复存在。

土地使用权终止的原因有以下 3 种。

(1) 土地使用权因土地灭失而终止。土地使用权要以土地的存在或土地能满足某种需要为前提，因土地使用权灭失而导致使用人实际上不能继续享受土地，使用权自然终止。土地灭失是指由于自然原因造成原土地性质的彻底改变或原土地面貌的彻底改变，诸如因地震、水患、塌陷等自然灾害引起的不能使用土地而终止。

(2) 因土地使用者抛弃而终止。由于政治、经济、行政等原因，土地使用者抛弃使用的土地，致使土地使用合同失去意义或无法履行而终止土地使用权。

(3) 因土地使用权收回而终止。例如，司法机关决定收回土地使用权。

3. 国有建设用地使用权收回和终止的法律后果

建设用地使用权收回或终止之日起，土地使用者即丧失了该幅建设用地的使用权。建设用地使用权终止会产生下列方面的法律后果。

(1) 土地使用者不再享有该幅土地的使用权，建设用地使用权受让人与土地所有者或者其代表之间在该幅土地上的权利和义务随之解除。

(2) 地上建筑物和其他附着物随建设用地使用权的终止而由国家无偿取得。

(3) 出让合同规定必拆除的设备等，土地使用者必须在规定的期限内拆除。

2.3 国有建设用地使用权划拨

国有建设用地划拨使用权具有"三无"（无偿、无期限、无流动)特点，即不需要支付土地出让金，基本上属于无偿取得，没有使用期限的限制，因此不仅其取得的主体受到限制，而且其权利处分也受到限制，主要表现为不能自由转让、抵押、出租等。

2.3.1 国有建设用地使用权划拨的概念和特征

国有建设用地使用权划拨是指经县级以上人民政府依法批准后，在土地使用者依法缴纳了土地补偿费、安置补偿费及其他费用后，国家将土地交付给土地使用者使用，或者国家将土地使用权无偿交付给土地使用者使用的行为。它是以行政手段分配土地资源的一种方式，也称行政划拨。国有建设用地使用权划拨必须依法经县级以上人民政府批准，并经市、县人民政府土地行政主管部门向用地单位或个人颁发《国有建设用地使用权划拨决定书》和《建设用地批准书》。

按照《城市房地产管理法》规定，国有建设用地使用权划拨具有如下法律特征。

(1) 划拨建设用地使用权是一种具体的行政行为，国家行使社会经济管理者的行政权力，将土地使用权进行分配或调整。

(2) 划拨建设用地使用权的取得具有无偿性。划拨有两种方式：一种是建设用地使用权划拨经县级以上人民政府依法批准，在建设用地使用者缴纳补偿、安置等费用后，将该幅土地交给建设用地使用者使用的行为；另一种是建设用地使用权的划拨经县级以上人民政府依法批准，建设用地使用者无须缴纳补偿、安置等费用就可取得建设用地使用权的行为。

(3) 以划拨方式取得土地使用权的，除法律、行政法规另有规定外，没有使用期限的限制。

(4) 未经依法批准，划拨建设用地使用权不得转让、出租、承包、作价出资、抵押。划拨土地上原有建筑物及其他构筑物转让、出租、承包、作价出资、抵押的，其划拨建设用地使用权也同时流转，必须依法报有批准权的人民政府批准并补办土地使用权出让手续，否则转让合同是无效的。

由此，我们可以看出划拨建设用地使用权和出让建设用地使用权的区别，见表2-2。

表2-2 划拨建设用地使用权和出让建设用地使用权的区别

项目	划拨建设用地使用权	出让建设用地使用权
取得方式	行政方式	合同方式
支付对价否	无偿取得	支付出让金
存续期限	长期或者无期限	有期限
可交易否	不可转让、出租、抵押	可以转让、出租、抵押

2.3.2 国有建设用地使用权划拨的范围

我国《物权法》，严格限制以划拨方式设立建设用地使用权。采取划拨方式的，应当遵守法律、行政法规关于土地用途的规定。根据《城市房地产管理法》的规定，下列建设用地的土地使用权确属必需的，可以由县级以上人民政府依法批准划拨。

(1) 国家机关用地和军事用地。
(2) 城市基础设施用地和公益事业用地。
(3) 国家重点扶持的能源、交通、水利等项目用地。
(4) 法律、行政法规规定的其他用地。

从严格意义上讲，国家机关仅指国家权力机关、行政机关、军事机关、审判机关和检察机关。但作为土地行政划拨的范围，中共各级党的机关，各民主党派、各级政协、共青团、妇联、工会等，也可以以行政划拨方式取得办公场地的土地使用权。法律上对什么是军事用地也没有明确界定，一般认为，部队营房、国防工程设施、后方基地、军事训练和试验基地的用地，军用机场、港口等军事交通用地，部队在用办公、教学、科研、仓库等营房用地都是军事用地，但不包括军队用于房地产开发的用地。城市基础设施用地是指城市道路、公共停车场、机场、码头、地路、污水处理、垃圾站、公厕、环卫设施、供水、排水、园林绿化等用地;公益事业用地是指教育、卫生医疗、体育、文化、邮政电信、养老院、福利院等用地。

《划拨用地目录》(国土资源部令第9号)对上述各类用地还有更详细的划分,同时规定:符合本目录的建设用地项目,由建设单位提出申请,经有批准权的人民政府批准,方可以划拨方式提供土地使用权;对国家重点扶持的能源、交通、水利等基础设施用地项目,可以以划拨方式提供土地使用权;对以营利为目的、非国家重点扶持的能源、交通、水利等基础设施用地项目,应当以有偿方式提供土地使用权;以划拨方式取得的土地使用权,因企业改制、土地使用权转让或者改变土地用途等不再符合本目录的,应当实行有偿使用。

2.3.3 国有建设用地使用权划拨的管理

《城市房地产管理法》和《城镇国有土地使用权出让和转让暂行条例》对划拨土地使用权的管理有以下规定。

(1) 划拨土地的转让。

划拨土地的转让有两种规定:一是报有批准权的人民政府审批准予以转让的,应当由受让方办理土地使用权出让手续,并依照国家有关规定缴纳土地使用权出让金;二是可不办理出让手续,但转让方应将所获得的收益中的土地收益上缴国家。经依法批准利用原有划拨土地进行经营性开发建设的,应当按照市场价补缴土地出让金。经依法批准转让原划拨土地使用权的,应当在土地有形市场公开交易,按照市场价补缴土地出让金;低于市场价交易的,政府应当行使优先购买权。

《协议出让国有土地使用权规定》第5条规定,协议出让最低价不得低于新增建设用地的土地有偿使用费、征地(拆迁)补偿费用以及按照国家规定应当缴纳的有关税费之和;有基准地价的地区,协议出让最低价不得低于出让地块所在级别基准地价的70%。

原划拨土地使用权人申请办理协议出让手续应缴纳的出让金额计算方法如下。

① 不改变用途等土地使用条件的情况下,应缴纳的土地使用权出让金额计算公式为

应缴纳的土地使用权出让金额＝拟出让时的出让土地使用权市场价格－拟出让时的划拨土地使用权权益价格

② 改变用途等土地使用条件的情况下,应缴纳的土地使用权出让金额计算公式为

应缴纳的土地使用权出让金额＝拟出让时的新土地使用条件下出让土地使用权市场价格－拟出让时的原土地使用条件下划拨土地使用权权益价格

(2) 划拨土地使用权的出租。

①房产所有权人以营利为目的,将划拨土地使用权的地上建筑物出租的,应当将租金中所含土地收益上缴国家;②用地单位因发生转让、出租、企业改制和改变土地用途等不宜办理土地出让的,可实行租赁;③租赁时间超过6个月的,应签订租赁合同。

课堂讨论

案情介绍:2008年6月,东方第一中学在经济利益的驱动下,拆掉学校东侧院墙,擅自将坐落在国道旁的繁华地段原行政划拨的600m² 生产办公用地改为商业用地,并将底层作为商场出租给一些单位和个人,用作经商场地。

问题:上述行为是否合法?

(3) 划拨土地使用权的抵押。

划拨土地使用权抵押时，其抵押价值应当为划拨土地使用权下的市场价值。因抵押划拨土地使用权造成土地使用权转移的，应办理土地出让手续并向国家缴纳地价款才能变更土地权属。

(4) 对未经批准擅自转让、出租、抵押划拨土地使用权的单位和个人，县级以上人民政府土地管理部门应当没收其非法收入，并根据情节处以罚款。

(5) 国有企业改制中的划拨土地。

对国有企业改革中涉及的划拨土地使用权，可分别采取国有土地出让、租赁、作价出资（入股）和保留划拨土地使用权等方式予以处置。

下列情况应采取土地出让或出租方式处置：①国有企业改造或改组为有限责任或股份有限公司以及组建企业集团的；②国有企业改组为股份合作制的；③国有企业租赁经营的；④非国有企业兼并国有企业的。

下列情况经批准可保留划拨土地使用权：①继续作为城市基础设施用地、公益事业用地和国有重点扶持的能源、交通、水利等项目用地，原土地用途不发生改变，但改造或改组为公司制企业除外；②国有企业兼并国有企业、非国有企业及国有企业合并后的企业是国有工业企业的；③在国有企业兼并、合并中，一方属于濒临破产企业的；④国有企业改造或改组为国有独资公司的。②、③、④项保留划拨土地方式的期限不超过5年。

(6) 凡上缴土地收益的土地（未办理出让手续的），仍按划拨土地进行管理。

2.3.4 国有建设用地使用权划拨收回的条件

国家根据划拨土地使用者不再使用土地的事实或城市建设发展和城市规划的需要，可以将原来划拨的土地收回，另行支配。

1. 应当无偿收回划拨土地使用权的条件

具有下列因素之一的，应当无偿收回划拨土地使用权：①土地使用者因自身发展的需要等因素而迁移的；②企业或单位因经营不善等原因而解散的；③因不符合法定成立条件或者违法经营而被撤销的；④因经营严重亏损不能清偿债务而宣告破产的；⑤未被原批准机关同意，连续两年未使用的；⑥公路、铁路、机场、矿场等经批准报废的。

2. 可以无偿收回划拨土地使用权的条件

市、县人民政府可以根据城市建设发展需要和城市规划要求无偿收回，具体为：①为公共利益需要使用土地的；②为实现城市规划进行旧城区改建，需要调整使用土地的。

无偿收回划拨土地使用权时，对其地上建筑物、其他附着物，市、县人民政府应当根据实际情况给予适当补偿。无偿收回划拨土地使用权产生的补偿，应当按照相关法律规定进行。

2.4 国有建设用地使用权转让

允许国有建设用地使用权转让是建立和发展社会主义市场经济的客观要求，只有使国有建设用地使用权真正作为商品进入流通领域，使土地要素横向流动，与其他生产要素自由结合、合理配置，才能真正建立起活跃的土地二级市场，充分发挥市场调节功能，平衡土地供求矛盾，推动整个房地产业乃至社会生产力的发展。

2.4.1 国有建设用地使用权转让的概念和形式

国有建设用地使用权转让，是指土地使用人将建设用地使用权再转移的行为，如买卖、交换、抵债、赠与等，其关系图如图 2.7 所示。

国有建设用地使用权转让的形式有以下几种。

（1）买卖：作为土地使用权转让的最广泛的方式，买卖以价金的支付为土地使用权的对价。土地使用权买卖指土地使用者将土地使用权转

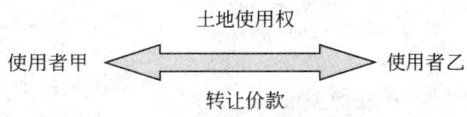

图 2.7 国有建设用地使用权转让关系图

移给他方，他方为此支付土地使用权转让金的行为。它的主要特征是土地使用权出售方必须把土地使用权转移给购买方，而购买方则按照等价交换原则向出售方支付相应的土地使用权转让金。买受人负有支付土地使用权转让金的义务，出卖人负有转移土地使用权的义务。

（2）抵债：抵债是买卖的一种特殊形式，只不过价金支付的条件和期限不同而已。在土地使用权买卖时，土地使用权的移转和价金的支付是对等进行的，而在以土地使用权抵债时，价金支付在前，所抵之债视为已付的价金。

（3）交换：以交换的方式转让土地使用权的，土地使用权的对价不是价金，而是其他财产或特定的财产权益。土地使用人将土地使用权移转给受让人，以此取得受让人提供的其他财产或特定的财产权益。因此，土地使用权交换有两种情形，一种是双方互相给付土地使用权，另一种是一方给付土地使用权，他方给付其他款项以外的物或权利。如果一方支付款项，其性质则成买卖，不属交换。

（4）赠与：土地使用权赠与指赠与人自愿把自己的土地使用权无偿转移给受赠人，受赠人表示接受而达成的合同。与土地使用权出售、交换不同，土地使用权赠与为无偿单务合同。赠与人对受赠人负有无偿给予土地使用权的义务，受赠人无偿接受土地使用权而不提供任何代价，其基本特征是无偿。

（5）作价入股：作价入股介于买卖和交换之间，既类似买卖，又类似交换。说它类似买卖，是因为将土地使用权用来作价，所作之价如同买卖之价金；说它类似交换，是因为土地使用权被用来入股，所得之股如同其他财产或特定的财产权益。

（6）合建：在开发房地产时，合建与以土地使用权作价入股都属于一方出地、他方出钱建房的合作形式。为合作建房的目的而设立独立法人的，土地使用权转让的对价是股权；不设立独立法人而采取加名的方式，甚至不加名、仅以合建合同约定合作各方产权分配的，土地使用权的对价是房屋建成以后的产权。因合建而分配产权以后原土地使用人虽然拥有部分房屋产权及该房屋占用范围和公用面积的土地使用权，却不再拥有原来意义上的土地使用权。合建可视为交换的一种特殊形式，即用地人以部分土地使用权换取房屋产权。

（7）继承：在用地人是自然人时，用地人的死亡会使其继承人取得相应的土地使用

权。在用地人是法人或其他组织时，其合并或分立也会导致合并或分立之后的主体取得相应的土地使用权。通过继承取得土地使用权时，土地使用权的移转也没有直接的对价，但可能会有间接的对价，如在通过合并取得土地使用权的法律关系中，新公司继承了原公司的财产，也会继承原公司的债务，新公司取得土地使用权的对价可能以承担原公司的其他债务的方式体现出来。

国有建设用地使用权出让和转让的区别见表2-3。

表2-3 国有建设用地使用权出让和转让的区别

区别	国有建设用地使用权出让	国有建设用地使用权转让
行为主体	政府及土地管理部门	境内外任何经济实体及个人
法律关系	法律关系不平等，形成土地一级市场，具有垄断性地位	法律关系平等，是二级市场的重要体现
在市场所处层次不同	土地一级市场，受让土地可以转让	二级市场，未经出让方式取得及未按出让合同投资开发的不得进行转让
年限	按合同规定，不得超过国家规定	合同年限－已使用年限＝剩余使用年限
土地转移方式	协议、招标、拍卖、挂牌	买卖、抵债、交换、赠与、继承等

土地使用权转让行为的主要法律后果是转移土地使用权。由于我国实行土地登记制度，所有土地权属变更必须办理土地权属变更登记手续，更换证书。因此，土地登记是土地使用权转移发生法律效力的要件，土地使用权转移的时间为办理土地变更登记完毕时。建设用地使用权买卖、互换、出资或者赠与的，应当向登记机构申请变更登记。基于土地使用权转让的法律事实，新建设用地使用权人即取得原建设用地使用权人的建设用地使用权。

2.4.2 建设用地使用权转让原则

建设用地使用权转让是平等主体之间的民事活动，除应遵守自愿、平等、有偿和不损害公共利益等一般民事活动准则外，还应遵守下列原则。

1) 权利义务同时转让原则

它又称"认地不认人原则"，是指建设用地使用权转让时，转让人与原建设用地使用权出让人所签订的出让合同以及登记文件中所载明的权利、义务随之移转给受让人，建设用地使用权发生多次移转亦是如此。《城市房地产管理法》第42条规定："房地产转让时，土地使用权出让合同载明的权利、义务随之转移。权利不得扩张。"之所以确定"认地不认人"的原则，是由于建设用地使用权转让后，新的受让人取得了建设用地使用权，同时也完全取代了原受让人的法律地位，而新的法律关系只是原法律关系的局部变更，并不否定体现原法律关系的出让合同和登记文件的具体内容。

2) 产权一致的原则

这是指建设用地使用权与其他地上建筑物所有权的权利人一致，建设用地使用权转让时，其地上建筑物、其他附着物所有权亦随之转移。这是由土地和房屋的相互依存关系决定的。为此，《城市房地产管理法》第32条规定："房地产转让、抵押时，房屋的所有权和该房屋占用范围内的土地使用权同时转让、抵押。"土地是房屋的载体，房屋是土地的附着物，只有取得土地的使用权，才能拥有房屋所有权。而房屋所有权的转移，必然伴随着土地使用权的让渡，反之亦然。

3) 效益不可损原则

这是指建设用地使用权的转让或地上建筑物、其他附着物所有权的转让，不得损害土地及地上建筑物的经济效益，并须经过政府审批。它主要体现在：一是对于分割转让，即作为同一权利客体的土地的一部分及该部分土地的地上建筑物、其他附着物的单独转让，应当经市、县人民政府土地管理部门和房产管理部门批准，并依照规定办理过户登记；二是对转让价格的控制，土地使用权转让价格明显低于市场价格的，市、县人民政府有优先购买权，土地使用权转让的市场价格不合理上涨时，市、县人民政府可以采取必要的措施。这是为防止在土地使用权转让中损害他人和国家的利益，如故意在书面合同中压低价格以逃避应向国家履行的义务；三是对转让改变土地用途的管理，土地使用权转让后，需要改变土地使用权出让合同规定的土地用途的，要经土地管理部门和城市规划部门批准，重新签订土地使用权出让合同，调整土地使用权出让金并办理登记，以避免损害土地整体利益和违反城市规划要求。

2.4.3 建设用地使用权转让条件

为防止土地使用权人不从事土地开发，单纯利用土地进行投机谋利的炒地皮现象的发生，法律对国有建设用地使用权的转让予以限制。也就是说，国有建设用地使用权转让不仅要符合约定条件，还要符合法定条件。转让条件是建设用地使用权人转让其使用权时必须具备的要素。土地性质不同，转让条件也不完全相同。

1. 以出让方式取得的建设用地使用权的转让条件

1) 整幅地块转让的条件

通过出让而获得的宗地土地使用权转让，按出让合同规定的期限和条件进行投资、开发建设后方可转让：①按约定已支付全部土地使用权出让金；②完成登记，取得国有土地使用权证；③按合同进行投资开发，并完成投资总额的25%以上；④成片开发的，须形成工业用地和其他建设用地条件；⑤对已建成的房屋，应持房屋产权证书。

2) 出让土地分割转让的条件

分割转让是一整块国有建设用地使用权的部分转让。《城镇国有土地使用权出让和转让暂行条例》第25条规定："土地使用权和地上建筑物、其他附着物所有权转让，应当按照规定办理过户登记。土地使用权和地上建筑物、其他附着物所有权分割转让的，应当经市、县人民政府土地管理部门和房地产管理部门批准，并依照规定办理过户登记。"

3) 国有建设用地使用权转让的年限

《城镇国有土地使用权出让和转让暂行条例》规定："土地使用权通过转让方式取得的土地使用权，其使用年限为土地使用权出让合同规定的使用年限减去原土地使用者已使用年限后的剩余年限。"因此，受让人应当明确转让人原出让土地的使用年限，不能以土地法规定的最高年限来确定给其受让人，如果原出让合同的年限已届满，则应重新签订出让合同，根据实际土地使用情况确定其土地使用权的使用年限。因为土地使用年限不同、土地的价格亦不同。土地总收益是房屋收益和土地纯收益的综合：房屋使用年限愈长、年折旧就愈大，这样土地价格相对较低。

2. 以划拨方式取得的建设用地使用权的转让条件

以划拨方式取得土地使用权的，转让房地产时，应当按照国务院规定，报有批准权的人民政府审批。有批准权的人民政府审批准转让后，还应符合以下两项条件之一。

（1）受让方办理建设用地使用权出让手续，按规定缴纳出让金。建设用地使用权由无偿转化为有偿，这是划拨性质改变为出让性质的关键。有关行政规章规定：出让金按标定地价的一定比例收取，最低不得低于标定地价的40%。

（2）有批准权的政府按国务院规定决定可以不办理建设用地使用权出让手续的，转让方应将转让房地产所获收益中的土地收益上缴国家或做其他处理。不办理建设用地使用权出让手续的情形如下：①经城市规划行政主管部门批准，转让的土地使用于下列项目的：国家机关用地和军事用地，城市基础设施用地和公益事业用地，国家重点扶持的能源、交通、水利等项目用地，法律、行政法规规定的其他用地；②私有住宅转让后仍用于居住的；③按照国务院住房制度改革有关规定出售公有住宅的；④同一宗土地上部分房屋转让，而土地使用权不可分割转让的；⑤转让的房地产暂时难以确定土地使用权出让用途、年限和其他条件的；⑥根据城市规划土地使用权不宜出让的；⑦县级以上人民政府规定暂时无法或不需要采取土地使用权出让方式的其他情形。

3. 国有建设用地使用权禁止转让的条件

依据法律规定，下列国有建设用地使用权禁止转让。

（1）以出让方式取得土地使用权，未达到法定转让条件的，如土地使用者取得土地使用权时属工业用地，实际开发为商品房，则该商品房不得出售，必须重新办理土地出让手续。受让人和转让人使用土地的用途不能擅自改变，因为不同用途的土地地价差别很大，可以是10倍以上，如工业用地每亩几十万元，综合用地可以通过竞标拍卖至每亩几百万元，而且绝大多数的土地已按城市建设规划或集镇规划确定了用途，一般不允许改变。如有的单位或个人耍小聪明，明明实际用地为商业，但在转让时说是住宅用地，这样就可以少交几倍的出让金。这样土地资产就流入了单位和个人的腰包，国家和政府资产流失。

（2）司法机关和行政机关依法裁定，决定查封或者以其他形式限制房地产权利的。

（3）依法收回土地使用权的：因国家的公共建设需要或进行旧城改造时，对原土地使用者的使用权证书，政府应及时将其收回，以防已被政府收回的土地的原土地使用者仍持其原土地使用权证书，作为土地拥有者的合法凭证进行土地转让。

（4）共有土地使用权，未经其他共有人书面同意的。对于有共有使用权，在办理土地转让变更登记过程中，土管人员应深入现场调查，征得共有权人的同意并出具书面证件，不能随意给其办理转让手续。

（5）权属有争议的。

（6）未依法登记领取权属证书的。

（7）法律、法规规定了禁止转让的其他情形。

2.5 国有土地租赁

实行国有土地租赁对于加强国有土地资产管理、深化土地使用制度改革、促进地产市场健康有序发展，有着极其重要的作用。对于目前大量存在的行政划拨土地而言，实行国有土地租赁是解决划拨土地从无偿、低偿使用过渡到有偿、足偿使用的一种有效的方式。

2.5.1 国有土地租赁的概述

1. 国有土地租赁的内涵

在土地管理法规中，国有土地租赁的概念在 1998 年 2 月 17 日发布的《国有企业改革中划拨土地使用权管理暂行规定》（原国家土地管理局第 8 号令）中首次被提出并予以界定，而且被规定为国家处置土地资产的方式。1998 年 12 月 24 日颁布的《土地管理法实施条例》已经将国有土地租赁明确规定为国有土地有偿使用的一种方式。1999 年 7 月 27 日国土资源部颁发的《规范国有土地租赁若干意见》（以下简称《意见》）第 1 条规定："国有土地租赁是指国家将国有土地出租给使用者使用，由土地使用者与县级以上人民政府土地行政主管部门签订一定年期的土地租赁合同，并支付租金的行为。国有土地租赁是国有土地有偿使用的一种形式，是出让方式的补充。"《意见》第 6 条规定："国有土地租赁，承租人取得承租土地使用权。"

对于目前大量存在的行政划拨土地而言，实行国有土地租赁是解决划拨土地从无偿使用过渡到有偿使用的一种有效方式。对因发生土地转让、场地出租、企业改制和改变土地用途后依法应当有偿使用的，可以实行国有土地租赁。

2. 国有土地租赁与土地使用权出让的区别

土地使用权出让和国有土地租赁是《土地管理法实施条例》规定的两种不同的土地有偿使用方式。国有土地租赁制度是在土地使用权出让制度基础上进行的，是土地使用权出让制度的完善与补充。这两种土地有偿使用制度都是社会主义市场经济发展到一定阶段的产物，其根本目的都在于通过市场机制实现土地资源的合理配置和流动，但两者又有区别，表现在以下几个方面。

（1）在获取的权利性质上：以出让方式获得的土地使用权是物权，而以国有土地租赁方式获得的承租土地使用权则是债权。

（2）在所适用的范围上：以出让方式取得的土地多用于重新开发和利用，而国有土地租赁所要解决的特定问题主要是城市大量原有行政划拨用地如何扩大到有偿使用的范围，多用于原划拨用地发生土地转让、场地出租、企业改制和改变土地用途后依法应当有偿使用的情形。

（3）在价格方面：出让土地使用权价格是一定年限的土地使用权价格。尽管承租土地使用权具有债权性质，但它是一种土地使用权，权利人有使用、收益和部分处置权，因而就具有相应的价格。通常采用收益还原法（又称差额租金还原法）评估承租土地使用权价格。这种方法是将市场租金与实际支付租金之间的差额采用一定的还原率还原求取相应的价格，即未来若干年租金差额的现值之和，承租土地使用权只能按合同租金与市场租金的差额及租期估价。

3. 国有土地租赁与土地使用权出租的区别

在国有土地租赁和土地使用权出租的概念中，都采用了租赁合同、租金这样的词语，使人容易混淆，实质上国有土地租赁和国有土地使用权出租之间存在以下主要区别。

（1）在土地市场中：国有土地租赁属于土地一级市场；国有土地使用权出租属于土地二级市场。

（2）在法律关系主体上：国有土地租赁的一方主体始终是人民政府；国有土地使用权出租的双方主体则都是经济组织。

（3）在土地使用者权利方面：国有土地租赁的土地使用者取得的承租土地使用权是土地使用权的一种，其权益范围相对较广，不但拥有占有、使用、收益权，而且还拥有部分处分权，可以依法转租、转让和抵押。由《意见》第 6 条的规定可以看出：单独的承租土地使用权可设定抵押权，即地上没有建筑物或构筑物的承租土地使用权可设定抵押权；地上房屋等建筑物、构筑物依法抵押的，承租土地使用权可随之抵押。抵押权实现时土地租赁合同同时转让。国有土地出租的土地使用者权利范围相对较小，对土地的使用要受到严格的条件限制，一般仅按现状利用，无处分权利，此时出租方所拥有的土地使用权并未发生转移，承租方仅在出租方土地使用权的基础上取得土地他项权利，承租方不享有转租、转让和抵押的权利。

4. 国有土地租赁的方式和期限

国有土地租赁可采取招标、拍卖、挂牌和协议方式。采取协议方式的，协议租赁结果应当向社会公布。

国有土地租赁期限可以根据具体情况实行短期租赁和长期租赁。对短期使用或用于修建临时建筑物的土地，应实行短期租赁，短期租赁年限一般不超过 5 年；对需要进行地上建筑物、构筑物建设后长期使用的土地，应实行长期租赁，具体租赁期限由租赁合同约定，但最长租赁期限不得超过法律规定的同类用途土地出让最高年期。

2.5.2 承租土地使用权的转租、转让或抵押

国有土地租赁，承租人取得承租土地使用权。承租人在按规定支付土地租金并完成开发建设后，经土地行政主管部门同意或根据租赁合同约定，可将承租土地使用权转租、转让或抵押。承租土地使用权转租、转让或抵押，必须依法登记。

（1）承租土地使用权转租：承租人将承租土地转租或分租给第三人的，承租土地使用权仍由原承租人持有，承租人与第三人建立了附加租赁关系，第三人取得土地的他项权利。

（2）承租土地使用权转让：承租人转让土地租赁合同的，租赁合同约定的权利义务随之转给第三人，承租土地使用权由第三人取得，租赁合同经更名后继续有效。

（3）承租土地使用权抵押：地上房屋等建筑物、构筑物依法抵押的，承租土地使用权可随之抵押，但承租土地使用权只能按合同租金与市场租金的差值及租期估价，抵押权实现时土地租赁合同同时转让。

2.5.3 承租土地使用权的收回

（1）国家因社会公共利益的需要，依照法律程序可以提前收回承租土地使用权，但应对承租人给予合理补偿。

（2）承租人未按合同约定开发建设、未经土地行政主管部门同意转让、转租或不按合同约定交纳土地租金的，土地行政主管部门可以解除合同，依法收回承租土地使用权。

（3）承租土地使用权期满，承租人可申请续期。未申请续期或者虽申请续期但未获批准的，承租土地使用权由国家依法无偿收回。

本 章 小 结

本章首先介绍了我国土地法律制度体系，以土地使用权为基础，论述了建设用地的概念和分类、临时用地的相关知识、国有建设用地供应的程序，重点分析了房地产开发用地的概念、分类及特征，然后阐述了国有建设用地使用权出让的概念和特征，通过比较分析了常见的几种建设用地使用权出让方式的异同，介绍了不同类型建设用地的使用权出让最高年限、年限计算及续展，建设用地使用权回收制度的相关内容，建设用地使用权出让合同及其管理；再次论述了建设用地使用权划拨的含义、范围、管理的相关内容，最后分析了国有土地租赁与土地使用权出让、土地使用权出租的区别。希望通过本章的学习，使得学生能够熟悉国家有关土地产权和土地管理的方针、政策、法律、法规，并能够灵活运用所学知识分析和解决有关土地利用和管理中的实际问题。

习 题

一、填空题

1．《土地管理法》规定，国家依法实行国有土地（　　）制度；国有土地和农民集体所有的土地，可以依法确定给单位或者个人使用。

2．国有建设用地是指建造（　　）和构筑物的土地，包括城乡住宅和公共设施用地、工矿用地、交通水利设施用地、旅游用地、军事设施用地及其他有特殊要求的用地等所有权为国家的土地。

3．房地产开发用地是指进行（　　）和房屋建设的用地。

4．建设用地使用权的设立不是一个平面、二维概念，而是一个空间、立体的概念，同一块建设用地，可以设立（　　）。

5．招标出让土地使用权的方法有两种：一种是（　　）；二是采用邀请招标。

6．土地使用权的协议出让又称（　　），协议出让指政府作为土地所有者（出让方）与选定的受让方磋商用地条件及价款，达成协议并签订土地使用权出让合同，有偿出让土地使用权的行为。

7. 出让年期按合同约定的(　　)起算；原划拨(承租)国有建设用地使用权补办出让手续的，出让年期自合同签订之日起算；通过转让方式取得的建设用地使用权，其使用年限为建设用地使用权出让合同约定的使用年限减去原建设用地使用者已使用年限后的剩余年限。

8. 国有建设用地使用权划拨必须依法经(　　)批准，并经市、县人民政府土地行政主管部门向用地单位或个人颁发《国有建设用地使用权划拨决定书》和《建设用地批准书》。

9. "认地不认人原则"是指建设用地使用权转让时，转让人与原建设用地使用权出让人所签订的出让合同以及登记文件中所载明的权利、义务随之移转给(　　)，建设用地使用权发生多次移转亦是如此。

10. (　　)未按合同约定开发建设、未经土地行政主管部门同意转让、转租或不按合同约定交纳土地租金的，土地行政主管部门可以解除合同，依法收回承租土地使用权。

二、单项选择题(每题的备选答案中，只有一个最符合题意)

1. 规范土地市场、防止随意改变土地用途的有效措施是(　　)。
   A. 土地有偿有限期使用制度　　　　B. 土地征用制度
   C. 土地利用规划编制制度　　　　　D. 土地用途管制制度

2. 下列用地不属于建设用地的是(　　)。
   A. 居民点用地　　B. 独立工矿区用地　　C. 交通用地　　D. 园地

3. 下列关于临时用地的，说法不正确的是(　　)。
   A. 两种情况下可以申请临时用地：建设项目施工和地质勘查
   B. 国家对于临时用地的补偿费有统一的规定，土地使用者与所有者应遵守国家规定
   C. 临时使用土地的使用者不得在临时用地上修建永久性建筑物
   D. 临时使用土地的期限一般不超过2年

4. 批准临时建设和临时用地的使用期限，一般均不超过(　　)年。
   A. 1　　　　　　B. 2　　　　　　C. 3　　　　　　D. 4

5. 房地产开发用地是指取得开发用地的(　　)。
   A. 使用权　　　　　　　　　　　　B. 所有权
   C. 占有权　　　　　　　　　　　　D. 收益权

6. 现阶段，按照国家规定，取得土地使用权的途径有4种方式，即行政划拨、国家出让、房地产转让和(　　)。
   A. 土地或房地产租赁　　　　　　　B. 房地产赠与
   C. 房地产买卖　　　　　　　　　　D. 房地产交换

7. (　　)增加了国有土地使用权出让的挂牌出让方式。
   A. 《土地管理法》
   B. 《土地管理法实施条例》
   C. 《城镇国有土地使用权出让和转让暂行条例》
   D. 《招标拍卖挂牌出让国有土地使用权规定》(国土资源部令第11号)

8. 土地使用权出让实践中，容易产生土地条件相当而出让金差别较大的情

况是( )。
　　A. 招标　　　　　　　　　　　　B. 协议
　　C. 公开竞投　　　　　　　　　　D. 拍卖

9. 采取协议方式出让的国有土地使用权,其出让地块的用途、年限的制定方式是( )。
　　A. 协商制定　　　　　　　　　　B. 土地行政主管部门制定
　　C. 受让方制定　　　　　　　　　D. 规划主管部门制定

10. 某宗土地使用权出让的法定最高年限为70年,土地使用权出让合同约定的使用年限为50年,土地使用者使用该宗地15年后转让,受让人取得该宗土地的使用年限为( )。
　　A. 15年　　　B. 70年　　　C. 55年　　　D. 35年

11. 土地使用权出让合同约定的使用年限届满,续期的到续期届满,( )由国家无偿收回。
　　A. 土地使用权　　　　　　　　　B. 土地所有权
　　C. 土地收益权　　　　　　　　　D. 土地处分权

12. 下列关于国有土地使用权的最长期限的说法不正确的是( )。
　　A. 商业、旅游、娱乐用地50年
　　B. 居住用地70年
　　C. 工业用地50年
　　D. 教育、科技、文化、卫生、体育用地50年

13. 某房地产开发企业以法定最高年限取得了一宗居住用地,用3年时间建成商品住宅。若该商品住宅建成后即出售,则此时买受人获得的该宗土地使用权年限为( )。
　　A. 47年　　　　　　　　　　　　B. 67年
　　C. 70年　　　　　　　　　　　　D. 无限年

14. 下列关于建设用地使用权期间届满后的处理的表述中正确的是( )。
　　A. 非住宅建设用地使用权期间届满后,自动续期
　　B. 住宅建设用地使用权期间届满后,自动续期
　　C. 非住宅建设用地使用权期间届满后,土地使用者需要继续使用土地的,应当至迟于期满前6个月申请续期
　　D. 非住宅建设用地使用权期间届满后,土地使用者需要继续使用土地的,应当至迟于期满前2年申请续期

15. 某房地产开发商经批准于2008年5月以拍卖方式取得了市郊一幅30亩面积的国有土地使用权,领取了土地使用证,但由于一直未能筹措到足够的投资资金,原拟投资的项目至2012年4月仍未能开工,该幅土地也一直未予使用。对此,正确的处理方法应是( )。
　　A. 无偿收回某土地开发商的土地使用权并注销其土地使用证
　　B. 经批准强制某土地开发商将土地使用权转让给有投资能力的某公司
　　C. 经批准限定某土地开发商在1年内使用该土地,如1年内仍未使用则收回土地使用权并注销土地使用证
　　D. 经批准给某土地开发商处以相当于土地使用权出让费5%～10%的罚款

16. 下列哪种情形人民政府及有关部门不能收回国有土地使用权？（　　）
    A. 因单位撤销等原因，停止使用出让获得的国有土地的
    B. 为公共利益需要使用土地的
    C. 公路、铁路、机场等经核准报废的
    D. 为实施城市规划进行旧城区改建，需要调整使用土地的

17. 根据《城市房地产管理法》的规定，（　　）用地的土地使用权确属必需的，可以由县级以上人民政府依法批准划拨。
    A. 工业　　　　B. 娱乐　　　　C. 商品房建设　　　D. 军事

18. 划拨土地使用权依法转让需办理出让手续的，土地使用权出让金由（　　）。
    A. 转让方缴纳　　　　　　　　B. 转让方和受让方各缴纳一半
    C. 受让方缴纳　　　　　　　　D. 转让方与受让方协商缴纳

19. 以出让方式供地的，向建设单位颁发（　　）。
    A.《国有土地使用证》和《建设用地批准书》
    B.《国有土地划拨决定书》和《国有土地使用证》
    C.《建设使用土地协议书》和《建设用地批准书》
    D.《建设使用土地协议书》和《国有土地使用证》

20. 对于以出让方式取得土地使用权的房地产转让应当具备的条件，下列说法正确的是（　　）。
    A. 按照出让合同约定已经支付80%土地使用权出让金
    B. 按照出让合同约定进行投资开发，属于房屋建设工程的，应完成开发投资总额的35%以上
    C. 按照出让合同约定进行投资开发，属于成片开发土地的，应已形成工业用地或者其他用地条件
    D. 转让房地产时房屋已经建成，应当协助受让人取得房屋所有权证书

21. 国有土地租赁是指土地使用者与（　　）签订一定年期的土地租赁合同，并支付租金的行为。
    A. 原土地使用者　　　　　　　B. 县级以上人民政府
    C. 土地所有者　　　　　　　　D. 县级以上人民政府土地管理部门

22. 国有土地租赁的承租人将承租土地转租或分租给第三人的，则承租土地使用权由（　　）持有。
    A. 第三人　　　　　　　　　　B. 第三人和承租人协商规定
    C. 承租人　　　　　　　　　　D. 第三人和承租人共同拥有

三、多项选择题（每题的备选答案中，有两个或两个以上符合题意）

1. 对房地产开发用地的"土地"理解错误的是（　　）。
    A. 房地产开发用地，即进行基础设施和房屋建设的用地
    B. 房地产开发用地是指取得开发用地的所有权
    C. 不仅包括城镇国有土地，也包括集体所有的土地
    D. 出让的仅仅是地上所有权，土地的地下资源和埋藏物归国家所有
    E. 房地产开发用地仅取得开发用地的使用权

2. 国有土地有偿使用的方式有（　　）。
   A. 土地使用权出让
   B. 国有土地租赁
   C. 国有土地使用权作价出资
   D. 国有土地使用权作价入股
   E. 国有土地划拨
3. 土地使用权出让必须符合土地利用（　　）。
   A. 总体规划
   B. 年度基本建设计划
   C. 城市规划
   D. 年度用地计划
   E. 年度建设用地计划
4. 土地使用权出让，按规定可以采取拍卖、招标、双方协议3种方式，（　　）有条件的，必须采取招标、拍卖方式。
   A. 商业用地
   B. 居住用地
   C. 娱乐用地
   D. 教育用地
   E. 旅游用地
5. 国有建设用地使用权出让合同成立后，在城市规划区内改变土地用途的，应（　　）。
   A. 在报批前应当先经土地出让方同意
   B. 重新签订土地使用权出让合同
   C. 调整土地使用权出让金
   D. 办理登记事宜
   E. 应当经有关政府土地管理部门同意，报原批准用地的人民政府批准
6. 设甲公司已取得该幅土地的使用权，土地使用权期限为70年，其将来可以采取（　　）方式处分其土地使用权。
   A. 因借款而抵押给另一公司
   B. 无偿赠给乙公司
   C. 将土地使用权出租给丙公司
   D. 将土地使用权出让给丁公司
   E. 与另一公司的土地使用权交换
7. 现行《土地管理法》规定的可以收回划拨的国有土地使用权的情况是（　　）。
   A. 公共利益需要
   B. 自然灾害
   C. 按城市规划调整用地
   D. 公路、铁路、机场、矿场等经核准报废的
   E. 单位撤销并停止使用土地
8. 在用地方式上，下列可以采取划拨方式取得土地的包括（　　）。
   A. 居民居住的福利用地
   B. 商品房开发用地
   C. 危旧房改造用地
   D. 安居工程用地
   E. 经济适用房用地
9. 依据《城市房地产管理法》和《城镇国有土地使用权出让和转让暂行条例》规定，以划拨方式取得的土地使用权（　　）。
   A. 经批准可以出租
   B. 一律不得转让
   C. 可以随房屋所有权一并抵押
   D. 可以收回
   E. 除法律、行政法规另有规定外，没有使用期限的限制
10. 下列国有建设用地使用权属于不得转让情况包括（　　）。
    A. 依法收回土地使用权的

B. 共有房地产，经过其他共有人书面同意的
C. 未依法登记领取权属证书的
D. 依法登记领取权属证书的
E. 权属有争议的

四、思考题

1. 简述国有建设用地使用权的取得方式。
2. 临时用地的期限是如何规定的？
3. 简述国有建设用地使用权出让的概念和特征。
4. 比较国有建设用地使用权出让的拍卖与招标的异同。
5. 土地使用权出让的最高年限国家是怎样规定的？
6. 在什么情况下国家可以收回国有土地使用权？
7. 简述国有建设用地使用权划拨的概念和特征。
8. 简述划拨国有建设用地使用权的转让、出租、抵押的条件。
9. 简述国有建设用地使用权禁止转让的法定情况。
10. 什么是国有土地租赁？

五、案例分析题

1. 案例：2008年5月，浙江省东海镇个体户汤三承租东海镇中学闲置食堂房办养鸡场。东海镇土地管理所发现后，对其做了调查取证，并报县国土资源管理局对汤某以非法占地为由给予了相应处罚。东海镇中学校长杨军认为：汤三租赁的是房屋而不是土地，只需要在房地产管理部门办理登记手续就行了。汤三租赁的房屋是学校闲置多年不用的食堂用房，收取租金主要用于弥补教学经费的不足，是合理的，没有必要再向土地管理部门缴纳土地出让金。

问题：东海镇土地管理所的处理是否合理？

2. 案例：经东山市人民政府批准，东方房地产开发公司（简称东方地产）与东山市土地管理局签订了该市闹市区方正地块的《国有建设用地使用权出让合同》，合同中规定："方正地块用于开发住宅，土地使用年限为70年。"在办理相关手续并缴纳2000万土地出让金后，东方地产取得了方正地块的土地使用权证。此后，东方地产因故未对方正地块进行开发，而将其使用权以3000万元的价格转让给了大发房地产开发公司。东山市土地管理局为此对东方地产进行了行政处罚。东方地产对东山市土地管理局的行政处罚决定不服，向东山市土地管理局的上级行政主管机关提起行政复议申请，要求撤销东山市土地管理局的行政处罚决定。

问题：东方地产取得国有土地使用权后，未经开发就将土地转让给他人的行为是否违法？

第 3 章
房地产权属及登记制度

> **教学目标**

随着法制社会的不断进步，百姓对住房的理解和要求已经从"面积、配套、地段、楼层、布局"等物质实体向权益迈进。在房地产市场发展迅速、房地产交易法律关系和权属变化复杂的情况下，如何才能更好地保障自己的房屋权益、运用自己的房屋权益、盘活自己的房屋权益，实现房屋的最大价值成为人们关心的问题。通过本章的学习，应达到以下目标。

(1) 了解建筑物区分所有权的客体，专有部分和共有部分；了解区分所有建筑物与基地的关系；了解房地产相邻权的概念和特征，处理房地产相邻关系应注意的问题。

(2) 理解房地产产权管理、土地产权管理、房屋产权登记、房地产权属统一登记、房地产产籍管理的主要知识。

(3) 掌握房屋所有权、建筑物区分所有权、物权等有关基本概念和内容；掌握不动产登记的主要内容以及其对不动产物权变动的影响。

> **教学要求**

知识要点	能力要求	相关知识
房地产权属概述	(1) 了解我国房地产权属框架体系 (2) 掌握物权的法律特征 (3) 熟悉物权的概念、特征、分类和客体	(1) 物、物权的概念 (2) 物权的构成 (3) 物权的分类
房地产所有权	(1) 了解房地产所有权的特征、权能 (2) 掌握土地所有权的概念和特征 (3) 熟悉房屋共有相关制度	(1) 房地产所有权的权能 (2) 国有土地的范围 (3) 房屋按份共有、房屋共同共有
建筑物区分所有权	(1) 了解业主的建筑物区分所有权的观点 (2) 掌握建筑物专有权、共有权和随之产生的管理权之间的关系 (3) 熟悉房地产开发用地相关制度	(1) 建筑物区分所有权的概念和特征 (2) 专有权及专有部分的范围 (3) 共有权及共有部分的范围
房地产相邻权	(1) 了解相邻关系与地役权的区别 (2) 掌握相邻关系的概念和特征 (3) 熟悉相邻关系的种类及处理方法	(1) 相邻权的概念 (2) 相邻关系的种类 (3) 处理相邻关系的原则
房地产权属登记	(1) 了解产权属登记的种类和程序 (2) 掌握房地产权属登记的功能和效力 (3) 熟悉房产权属登记的种类和程序	(1) 不动产登记的机构及效力 (2) 预告登记、更正登记和异议登记 (3) 登记机构的责任
房地产产籍管理	(1) 理解房地产产籍管理的概念和特点 (2) 了解房地产产籍的主要内容 (3) 了解房地产测绘的定义、内容和作用	(1) 房地产产籍管理的特点 (2) 图、档、卡、册 (3) 房屋面积测算的规定

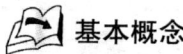 **基本概念**

物权；土地所有权；房屋所有权；建筑物区分所有权；房地产相邻权；权属登记。

 引言

现实生活中由于各种原因，房屋的实际出资人与房产证上的产权登记人并非一人，例如，甲名下的房产，实为乙方出资购买，这种情况下法院如何认定产权归属？根据物权公示公信的原则，经过公示的物权具有绝对的公信力。公示的方式，不动产依登记为准，动产依占有的交付为准。由于登记制度是一种程序性制度，它在确认和保护物权的同时，还确认物权流转秩序，这是《物权法》制度设计的核心和基础。房地产登记能够在法律上及时、准确地确定房地产权属，从而使房地产权利人的合法权益受到法律保护，免受他人的侵害。为了保护交易安全，使当事人合法取得物权能够对抗其他一切人，法律推定登记簿上的权利人和具有所有权外观的占有人就是正确的权利人。这种推定必然使真正意义上的权利人排除在权利正确性推定之外，因而在一定的条件下，法律允许事实权利人行使相关权利以保护自己的利益，除非该物权已被善意第三人合法地取得，这便是法律物权与事实物权的冲突。房屋所有权证是认定不动产所有权的有力证据，但不能据此认定房屋所有权证具有绝对的证据力。作为证据的房屋所有权证，在没有其他证据的前提下，具有推定房屋所有权人的证据效力。当登记的权利人与实际的权利人并不相符时，如果法院查明实际出资情况，法院最终会根据房屋的实际出资情况对事实物权加以保护。

3.1 房地产权属概述

转型期下的中国，社会经济生活产生了诸多焦点和难点问题，如土地管理、房屋拆迁、物业纠纷等，而这些问题都涉及产权关系，特别是权利人，尤其是个人财产权益的保护。

3.1.1 物权简介

物权是一种对于国计民生非常重要的权利类型。在日常生活中，不论是从事各种商业活动，还是平常的衣食住行，都离不开物权的享有，也离不开行使物权。

1. 物、物权的概念

民法上的物是指自然人身体之外，能够满足人们的某种需要（物质需要或精神需要），并且能够被人力所控制、支配的物质实体，如房屋、机器等。

物是民事法律关系最主要、最普遍的客体，涉及一切财产关系。在民事法律关系中，物权关系的客体只能是物，债权关系的客体大多数也是物（如买卖、租赁、借贷、借用等），继承权关系的客体（遗产）也主要是物。

所谓"物权"，是指权利人依法对特定的物享有直接支配和排他的权利，包括所有权、用益物权和担保物权。换言之，物权是指权利人在法定的范围内直接支配一定的物，并排斥他人干涉的权利。该定义具有三方面的含义：第一，物权不仅是人对物的关系，也是人与人的关系；第二，物权是支配权，物权的权利人享有对物直接支配，并排斥他人干涉的权利；第三，物权是排他性的权利。通俗地说，经过劳动和非劳动所得的合法收入应得到有效保护，不能今天是我的，明天说不是就不是了，就被征收走了，哪怕以国家的名义。

2. 物权的分类

按照物权产生的依据和范围的大小，可以分为自物权（所有权）和他物权。

自物权是指权利人依法对自有物享有的物权。所有权是唯一的自物权，因此自物权就是所有权，是指自物权人在合法范围内能够对标的物进行全面的、自主的支配，按照自己的意志对标的物进行占有、使用、收益和处分的权利，并排除他人干涉。通俗地讲，当你拥有一栋房屋时，你可以自己使用；可以出租给别人，收取房租；也可以转手卖给他人。这就是你对这栋房屋的所有权。所有权是物权中最完整、最充分的权利，包括4项权能，即占有权、使用权、收益权和处分权。

他物权则是指权利人对于不属于自己所有的物，而依据合同的约定或法律的规定所享有的占有、使用、收益的权利。他物权包括用益物权和担保物权。他物权一般不包括处分的权利。因为只有享有所有权的人，才能合法行使处分权。他物权往往不能排他享有。他物权属于限制物权，其受限制表现在两个方面：一是他物权受所有权的限制。在一般情况下，他物权只是以所有权的一定权能为内容，因而仍受所有权的支配，不能完全任意行使；即使是以所有权的占有、使用、收益和处分4项权能为内容的他物权，也必须受所有权的支配；二是他物权也限制所有权的行使。在所有权的客体物上又设置他物权，其结果是使所有权的行使受到限制，不再是完全不受限制的自物权。依所有权的权能分离的内容不同，亦即他物权的内容不同，所有权所受限制的程度也不相同。

物权的具体构成如图3.1所示。

用益物权是指非所有人对他人之物所享有的占有、使用、收益的排他性权利。例如，张三租用别人的房屋进行经营，他依法享有对租用房屋的占有、使用、收益的权利，但是他没有处分房屋的权利。也就是说张三拥有的是房屋的用益物权。用益物权包括土地承包经营权、建设用地使用权、宅基地使用权、地上权和地役权等。

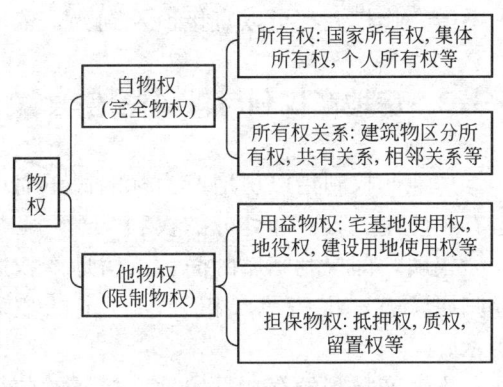

图3.1 物权的构成

担保物权是指担保物权人在债务人不履行到期债务或者发生当事人约定的实现担保物权的情形，依法享有就担保财产优先受偿的权利。例如，张三向李四借款20万元，以其价值10万元的房屋、5万元的汽车作为抵押担保，以1万元的音响设备作质押担保，同时还由王五为其提供保证担保。其间汽车遇车祸损毁，获保险赔偿金3万元。如果上述担保均有效，王五应对借款本金在6万元数额内承担保证责任。王五承担的是物的担保以外的担保责任。担保物权包括抵押权，质权，留置权等。

从法律的规定看，物权其实是一个体系，其中不同类型的权利具有不同的支配权能。比如，用益物权人具有占有、使用和收益的权能，一般情况下没有处分的权能；而担保物权包括处分的权能，抵押权没有占有、使用和收益的权能；虽然质权和留置权包括占有的权能，但是却没有使用和收益的权能。这就说明，物权的内容也必须是明确肯定的，不同的物权类型有不同的内容。

3. 物权的法律特征

(1) 物权是支配权。权利人按自己的意志直接在物上行使占有、使用、收益和处分等方式的权利。权利人对物权行使支配权，无须得到他人同意，也无须他人协助。如某房屋的抵押权人在债务履行期届满、债权未获清偿情况下，可以向人民法院直接申请拍卖该房屋，这种申请拍卖就是对该房屋的交换价值行使支配权，以实现其优先清偿权。而债权与物权有本质的不同，债权为请求权，其客体是义务的行为，权利人只能通过请求义务人进行相应的行为，才能实现自己的利益。没有债务人的协助，债权就无法实现。

(2) 物权是对世权。所谓对世权，即只有自己是权利人，除权利人以外的世界上所有的人都是该权利的义务人，物权就是如此，它对除权利人之外的任何人均有约束力，权利人以外的任何人均应该依法对该权利负不作为的义务。债权具有相对性，只在当事人之间产生效力。只能向特定的债务人请求履行债务，而不得要求任何第三人履行一定义务。

(3) 物权具有优先性。标的物上同时存在债权和物权时，无论物权成立的先后，法律对物权的保护优先于债权。与此相对应，债权之间使用平等原则，彼此没有先后效力之分。

(4) 一物一权，又称"物权的排他效力"，指一物之上不得设立两个或两个以上的在内容和效力上完全相同、相互冲突的物权，即"一物不容二主"。如对同一房屋不能同时有两个所有权，在同一土地上不能同时设定两个地上权。而债权不具有排他性，在同一物上可以设立数个内容相同的债权，债权之间是平等的。

(5) 物权具有追及效力，即当物权的客体被他人非法占有时，无论该物辗转流入到何人手中，物权人都可以直接追及到物，依法要求占有人归还原物。

3.1.2 房地产权利与权属概述

房地产权利指以房地产为标的民事财产权利，是权利人依法对其所有的房地产享有的占有、使用、收益和处分的权利。

权属，即权利归属的简称。房地产权属，即房地产权利归属，指房地产产权在主体上的归属状态，将房地产权利与一定的权利主体相联系。房地产权属框架体系如图3.2所示。

房地产权利的存在是房地产权属的前提和基础。其一，房地产权利为各方主体利益创设。其二，房地产权属为确定各方主体的关系而设置。明晰房地产权利体系的设定及其归属是房地产活动的一个关键问题。

房地产权属与房地产权利的主要区别如下。

房地产权利作为一种民事权利，强调当事人在法律容许的范围内实现自己的利益，同时依据物权法定主义，房地产权利的种类和内容由法律统一规定。

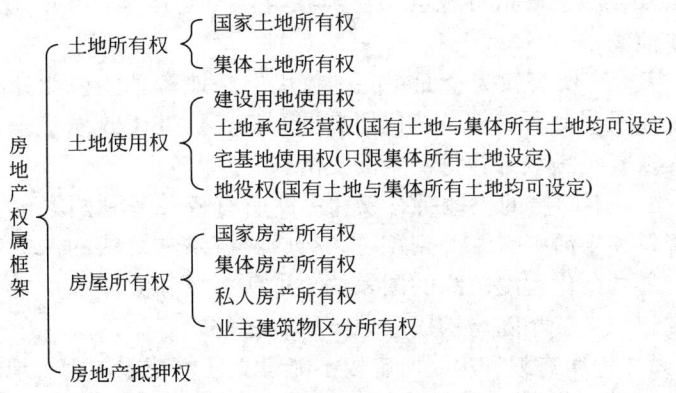

图 3.2　我国房地产权属框架体系

房地产权属则关注于法律创设的房地产权利在实践活动中主体上的归属。房地产权属描述的是房地产权利归属主体的状态，即多人房地产权利与不同主体间的对应关系，其中包含两个关键问题。

第一，某项权利能否归属不同主体，如土地所有权或使用权能否归属不同主体，并在市场上实现自由交换，此为权利归属"多元化"问题。

第二，不同权利能否归属不同主体，如土地使用权能否脱离所有人而归属其他主体，此为权利行使"分离化"问题。

3.2　房地产所有权

孟子曾说，民之为道也，有恒产者有恒心，无恒产者无恒心。拥有一处属于自己的房产，是每个老百姓生活中的头等大事。从没有哪一个国家的人像如今的中国人一样关心建筑。平民阶层对房子的质量、面积等要素可谓锱铢必较，这不仅仅是因为那套或许并不起眼的房子占据了其一代甚至几代人的积蓄，更重要的原因是建筑物的物权概念更加具有说服力。

3.2.1　房地产所有权概述

房地产所有权是土地所有权和房屋所有权的集合。

由于我国立法上将土地和房屋分别作为独立的不动产，因此土地和房屋是两个独立物，各自成立所有权。土地和房屋的所有权可以异其主体。我国的土地所有权只能为国家、集体所有，房屋所有权将由主要为国家、集体所有向主要由法人、自然人所有发展。这两个所有权有共同特点，也有不同点。

1. 房地产所有权的特征

房地产所有权作为物权，具有一般物权的本质特征，如支配的独占性、绝对性、排他性、优先性及追及性。还有以下几个不同于他物权的特征。

(1) 本原性：房地产所有权是房地产物权的本源之权。在房地产所有权之上可以设立土地使用权、地役权、房地产抵押权、房屋典权等。没有房地产所有权与其权能的分离，就不可能产生这些他物权。

（2）弹力性：房地产所有权为全面支配之权，但房地产某些权能分离出去，所有权的权能行使受到他物权限制，所有权虽然仍保有支配权，但处于收缩状态，一旦他物权期限已到，所有权就又恢复圆满状态，行使全面支配权。

（3）限制性：作为不动产的土地所有权和房屋所有权关系到国家自然资源和社会经济发展的重要生产资料和生活资料，受到宪法、行政经济法和民法的保护及限制，还受到他物权的限制，即使是社会化程度较高的国家的土地所有权和集体土地所有权也不例外。自由和限制相伴，权利和义务相随，构成房地产所有权的内容。

（4）无期限性：土地所有权和房屋所有权不能设立任何期限。因土地的无折旧性和房屋的耐磨损性，房地产所有权具有无期限性，这与房地产债权及土地他物权明显区分开来。在我国自然人、法人的房屋所有权与土地使用权出让期限的限制而产生权益冲突，虽然一般的地产法规规定可在期限届满前申请续展，但毕竟存在批准与否的制约，因此如何保护自然人、法人的房屋所有权，随着土地使用出让期限届满的临近，不能不引起高度的重视。

2. 房地产所有权的权能

权能不同于权利（权力）、权限，而是指权利能力。房地产所有权具有占有、使用、收益和处分4项权能。

（1）占有是指人对房地产的事实上的管领，是主体对于房地产基于占有的意思进行控制的事实状态。房地产占有可以分为所有权人占有和非所有权人占有。在非所有权人占有时，又可分为合法占有和非法占有，如图3.3所示。合法占有是指符合法律规定，并通过签订契约等形式经房地产所有权人认可的占有；非法占有是指非所有权人既无法律根据，又未经与产权人订立契约而占有他人的房地产的行为，这种占有是违背所有权人的意志的。在非法占有中，又有善意和恶意之分。占有人知道或者应当知道他的占有是非法的，叫做恶意占有。房地产占有权是房地产所有权的一项重要权能，当房地产占有权与房地产所有权发生分离时，该项房地产也与所有权人发生分离，分离出去的占有权便对所有权形成一种限制。

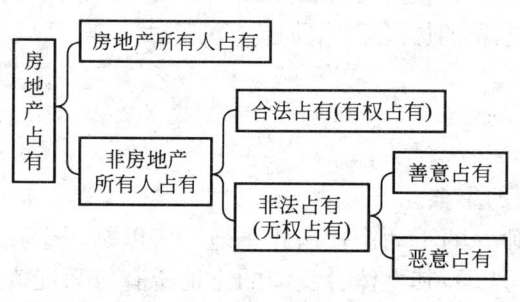

图3.3 房地产占有类型

（2）使用是指按照房地产的性能和用途对房地产加以利用，以满足生产、生活需要的权能。房地产可以由房地产所有权人使用，也可以由非所有权人使用。非所有权人使用又可以分为合法使用和非法使用。合法使用是指非所有权人依照法律规定或者与所有权人约定合法地使用他人的房地产；非法使用指未经所有权人同意而使用他人的房地产。

（3）收益是指收取由原房地产产生出来的新增经济价值的权能。这里的新增经济价值也就是孳息，是指财产上产生的收益。例如出租房屋，房主从房客处收取租金。

（4）处分是指依法对房地产进行处置，从而决定房地产的命运的权能。例如房地产出售、租赁、继承、赠与、抵押等。处分包括事实上的处分和法律上的处分。

3.2.2 土地所有权

由于土地资源具有的不动性、永久性、有限性和稀缺性,土地所有权制度所确定的土地归属和利用对一国经济制度和政治制度的运行也有极其重要的影响。

1. 土地所有权的概念和特征

土地所有权是指国家或者农民集体依法对其所有的土地行使占有、使用、收益和处分的权利。我国实行的是土地的社会主义公有制,土地所有权分为国家土地所有权和农民集体土地所有权。

土地所有权的特征有:①主体的特定性,按照我国现行制度,土地只能由国家或农民集体所有,不存在土地的私人所有权;②交易的禁止性,我国有关法律规定,土地所有权不得买卖、出租、抵押或者以其他形式非法转让;③权属的稳固性,除了国家为了公共利益的需要征收集体所有的土地外,土地所有权的权属状况一般不会改变;④内容的可分离性,为了充分利用土地,法律允许土地使用权与所有权分离。土地的使用权可以转让、出租或者抵押。

2. 国家土地所有权

土地的全民所有制具体采取的是国家所有制的形式,该种所有制的土地被称为国家所有土地,简称国有土地,其所有权由国家代表全体人民行使,具体又由国务院代表国家行使。但我国地域辽阔,情况复杂,国务院无法直接行使土地所有权。在现实生活中是由地方各级人民政府,主要是由市、县人民政府及其土地管理部门实际行使该项权利,并依法报上级人民政府审批及向上级人民政府上缴部分土地收益。这种格局已经形成,并将长期继续下去。

国有土地的范围:城市市区的土地属于国家所有。《宪法》、《物权法》都明确规定,城市的土地属于国家所有。《土地管理法》第8条更明确规定:"城市市区的土地属于国家所有。"这里所说的城市是指国家设立市建制的城市,不同于某些法律、法规中的城市含义。建制镇不属于《宪法》、《土地管理法》所说的城市范畴,也不属于其所说的农村和城市郊区的范畴。《土地管理法实施条例》第2条进一步明确了国有土地的范畴,其规定如下:①城市市区的土地;②农村和城市郊区中已经依法没收、征收、征购为国有的土地;③国家依法征收的土地;④依法不属于集体所有的林地、草地、荒地、滩涂及其他土地;⑤农村集体经济组织全部成员转为城镇居民的,原属于其成员集体所有的土地;⑥因国家组织移民、自然灾害等原因,农民成建制地集体迁移后不再使用的原属于迁移农民集体所有的土地。

3. 集体土地所有权

土地的劳动群众集体所有制具体采取的是农民集体所有制的形式,该种所有制的土地被称为农民集体所有土地,简称集体土地。集体土地所有权是指农民集体全体成员依法对其所有的土地进行占有、使用、收益、处分的权利。农民集体的范围有下列3种:①村农民集体;②村内两个以上农村集体经济组织的农民集体;③乡(镇)农民集体。

根据《土地管理法》等有关法规的规定，农民集体所有权的土地范围是：①除由法律规定属于国家所有以外的农村和城市郊区的土地；②农村村民的宅基地和自留地、自留山；③土地改革时期分给农民并颁发了土地所有权证，现在仍由村或乡农民集体经济组织或其成员使用的；④不具上述情形，但农民集体连续使用其他农民集体所有的土地已满20年的，或者虽然未满20年但经县级以上人民政府根据具体情况确认其所有权的。

根据《土地管理法》的规定，农民集体所有的土地依法属于村农民集体所有的，由村集体经济组织或者村民委员会经营、管理；已经分别属于村内两个以上农村集体经济组织的农民集体所有的，由村内各经济组织或者村民小组经营、管理；已经属于乡（镇）农民集体所有的，由乡（镇）集体经济组织经营、管理。

3.2.3 房屋所有权

房屋所有权是指房屋所有人对以房屋为标的物享有的独占性支配权利，在法律规定的范围内对房屋进行占有、使用、收益和处分，并可排斥他人干涉。房屋所有权是房地产权利的重要组成部分。房屋所有权是典型的不动产物权，具有物权的全部特征：支配权；排他性；对世性和绝对性；一物一权（同一房屋上不能存在另一个房屋所有权）。

在我国房屋所有权制度中，房屋的国家所有权、集体所有权和个人所有权同时并存，平等地受到国家法律保护。房屋所有权与其依附的土地使用权不可分离。房屋所有权发生转移，土地使用权也必须随之转移，反之亦然，房屋所有权人与土地使用权人必须是同一主体。凡不可转让使用权的土地其上设立的房屋所有权也不能转让，非法转让土地使用权会导致土地上房屋转让的无效。

1. 房屋所有权的取得与消灭

1）房屋所有权的取得

房屋所有权的取得，指因法定事实的发生而使不具有某房屋所有权者获得该房屋的所有权。房屋所有权的取得可分为两大类：一是原始取得，二是继受取得。

原始取得是根据法律规定，不以原所有人的所有权和意志为根据而直接取得所有权。房屋所有权的原始取得主要包括以下几种。

（1）新建取得，新建房屋的原始取得人一般为建筑执照记载的建筑人，建筑执照的名义人一般是土地使用权人，可以是发展商，也可以是双方共有。

（2）国家承继、没收取得。

（3）无主房屋取得。

（4）添附取得，即在原有房屋上扩建、加层，添附人依法取得添附房屋的所有权。

（5）善意取得。受让人以房屋所有权移转为目的、善意、对价受让且办理所有权移转登记，即使出让人无转移房屋所有权的权利，受让人仍取得房屋所有权的制度。

（6）继受取得指房屋所有权人通过某种法律行为从原权利所有人那里取得财产的权利，它是最常见的房屋所有权取得方式，如通过买卖、交换、赠与、继承等。在房屋买卖中，房屋所有权的转移，应办理房屋所有权变更登记。未办理房屋所有权变更登记，即使房屋已交付，也不发生所有权的转移。相反，即使未交付房屋但已办理房屋所有权变更登记，也发生所有权的转移。

2) 房屋所有权的消灭

房屋所有权的消灭是指因某种法律事实的出现,使原房屋所有权人失去了对房屋占有、使用、收益或处分的权利。能引起房屋所有权消灭的法律事实有以下几种。

(1) 主体的消灭:如房屋所有权人死亡(自然死亡或宣告死亡)或法人被终止而导致房屋成为无主财产。

(2) 客体的消灭:如因自然灾害、爆炸、战争等引起房屋的毁灭。

(3) 因房屋转让而引起消灭:如因房屋买卖、赠与、交换、继承等引起原所有权人对所有权的丧失。

(4) 因国家行政命令或法律判决而丧失:如房屋被国家行政机关征用、征购、拆迁等,原房屋所有权因征用、征购、拆迁而消灭。

2. 房屋所有权的分类

1) 依据房屋所处的位置不同

依此可以分为农村和城市房屋。城市房屋是指坐落于城市、县城、工矿区和建制镇的房屋。农村房屋是指坐落于广大乡村、包括未设建制的村镇的房屋。

2) 根据房屋所有权主体享有的权能是否充分

依此可以分为完全的房屋所有权和房屋部分所有权。完全的房屋所有权就是我们通常所说的房屋所有权,享有所有权的各项权能;房屋部分所有权是一种所有权权能受到限制的所有权,也可称之为"住房有限产权"。

3) 根据所有权权利主体的内部构成来看

依此可以分为房屋单独所有权、房屋共有权和房屋区分所有权。

(1) 房屋的单独所有权是指在某一房屋上只有一个所有权主体。

(2) 房屋共有权是指某房屋属于两个或两个以上公民或法人所有。因共有房屋而产生的各个共有人之间的权利义务关系形成共有关系,应当注意的是不能说房地产共有,因为我国土地所有权不能形成共有关系,而土地使用权是可以形成共有关系的,房屋共有可以分为按份共有和共同共有。

(3) 房屋区分所有权,也称建筑物区分所有权。

3. 房屋共有

房屋作为一项财产,不仅可以由一人所有,也可以由多人同时所有,这在我国的民法上称作财产共有。房屋共有具有以下特征。

(1) 主体有两个或两个以上,单一主体不构成房屋共有。全民所有制的企业之间、事业单位之间、国家机关之间以及它们相互之间也不发生法律意义上的共有关系,因为它们管理使用的房屋都属于同一主体——国家。全民所有制单位和集体所有制单位之间可以发生共有关系,因为全民与集体是不同的主体。集体单位之间、公民之间、公民和社会组织之间也可能发生共有关系。

(2) 客体是同一项房产。共有的客体是一项统一的财产。共有关系的客体无论是一个物还是几个物,是可分物还是不可分物,在法律关系上均表现为一项尚未分割的统一财产。如果这项统一财产被几个主体分割,每个主体都成了他所分得的一份财产的单独所有人,其共有关系也就消灭了。如果某栋楼房已分属于不同的所有人,尽管位置相连并共同使用某些部分,如楼梯、通道、厕所等,也不能称为共有房产。这是因为它们的客体不是同一项房产，而是异产毗连。

（3）房屋共有存在着对内、对外两种关系。在对内关系中各共有人作为相对独立的权利主体，都是共有房屋的所有人，对共有房屋共同享有或按份享有权利和共同承担或按份承担义务。对共有房屋作处分时，各共有人违反其他共有人的意志，擅自处分房屋，则构成侵权行为。在对外关系中，各共有人共同作为单一的权利主体，与共有关系以外的人发生权利义务关系。

根据我国民法的相关法律规定，依据权利和份额划分，房屋共有的形式有以下两种。

1）房屋按份共有

房屋按份共有是指两个或两个以上的共有人对同一项房屋财产按照确定的各自享有的份额享有占有、使用、收益和处分的权利。例如，甲、乙合购一幢房屋，甲出资 10000 元，乙出资 5000 元，甲、乙按出资的份额对房屋享有权利。

房屋按份共有有以下特征：①可以划分出每个共有人的份额；②每个共有人按照各自的份额对共有房产分享权利，分担义务；③每个共有人有权要求将自己的份额分出或者转让。

按份共有与分别所有是不同的。在按份共有中，各个共有人的权利不是局限在共有财产的某一部分上，或就某一具体部分单独享有所有权，而是各共有人的权利均及于共有财产的全部。当然，在许多情况下，按份共有人的份额可以产生和单个所有权一样的效力，如共有人有权要求转让其份额，但是各个份额并不是一个完整的所有权，如果各共有人分别单独享有所有权，则共有也就不复存在了。

按份共有人有权处分其份额，即分出和转让。所谓分出，是指按份共有人退出共有，将自己在共有财产中的份额分割出去。在分出份额时，通常要对共有财产进行分割。所谓转让，是指共有人依法将自己在共有财产中的份额转让给他人。共有人可以自由参加或退出共有。为了保护共有人的权益，应允许共有人自己转让其共有份额。但共有人转让其份额，不得损害其他共有人的利益。《民法通则》第 78 条规定，共有人出售其份额，"其他共有人在同等条件下，有优先购买的权利"。例如，甲、乙、丙 3 人合建一房屋，各占 1/3 的份额，在丙欲出让其份额时，甲、乙二人有权优先于他人购买该份额。如果共有是合伙形式的，则共有人退出共有和转让份额，都要受合伙合同的约束。

一个或几个共有人未经全体共有人的同意，擅自对共有财产进行法律上的处分的，对其他共有人不产生法律效力。某个或某几个共有人未经全体共有人的同意，擅自对共有财产进行事实上的处分，如毁弃共有物等，应对其他共有人负侵权行为责任。

按份共有的房屋可因部分共有人的要求进行分割，分割的方式有 4 种，共有人可根据具体情况进行选择。

（1）直接分割房屋：形成房屋的区分所有。能够区分成彼此独立使用的房屋，按份共有人可对房屋按份额直接进行分割。如一栋 3 层楼的房屋，为 3 个所有人等份共有，就可以各分得一层房屋的所有权。但由于整个房屋是连在一起的，有些属于无法分割的部分，仍为各所有人共同所有，因而形成房屋的区分所有。

（2）房屋作价补偿：即房屋由按份共有人中的一人独有，其他共有人的所有权份额折成价款，由独自取得所有权的人补偿。

（3）直接分割房屋与房屋作价补偿相结合。这主要包括两种情况：一是对房屋进行直接分割时，由于房屋结构的原因，各按份共有人无法按各自拥有的所有权份额比例分配，对部分所有权份额作价补偿。如甲、乙按 3∶2 的比例拥有一栋两层楼的房屋,该房屋如分割成各占一层时,则乙占了甲的所有权份额,此时,就应作价由乙补偿甲的所有权份额。二是 3 个以上的人按份共有房屋时,房屋由两个以上的共有人补偿其他共有人所占份额的价款后,再按比例分割房屋。如甲、乙、丙、丁共有一栋房屋,房屋作价由甲、乙所有,甲、乙在补偿丙、丁应占部分的所有权份额后,再按比例分割房屋。

(4) 房屋变价分割:房屋按份共有人都不愿取得房屋所有权时,可把房屋出售,卖得的价款由共有人按所有权份额进行分配。

2) 房屋共同共有

房屋共同共有是指两个或两个以上的民事主体对共有的某项房屋财产平等地享有占有、使用、收益和处分的权利。共同共有的房屋是基于共同劳动或共同生活而产生的。在实际生活中,最常见的房屋共同共有有夫妻共有房屋所有权和家庭共有房屋所有权两种。

根据《婚姻法》的规定,除夫妻有特别约定的外,夫妻双方在婚后所得的财产为夫妻共同财产。因而,夫妻婚后兴建、购买、受赠或者继承的房屋,属于夫妻共同共有。在婚姻关系存续期间,共有房屋不能分割,只有在婚姻关系消灭(离婚或一方死亡)或者双方有特别约定时,才能确定份额,进行分割。

家庭是社会的基本细胞,房屋是家庭活动的必要场所。家庭共有房屋是家庭成员集体劳动兴建或通过接受赠与等方式获得的。家庭共有房屋在分家之前不得分割。

房屋共同共有有以下特征:①共有人之间不分份额,完全平等,即每个共有人都对整个共有房屋财产享有所有权;②共有人对共有房屋财产享有共同的权利,承担共同的义务;③共有房屋财产在共同关系存续期间是不能分清份额的,只有在共同共有关系消灭时方能分清份额。

在处理房屋共同共有关系时,应掌握如下原则。

(1) 在共同共有关系存续期间,部分共有人事先未经其他共有人书面同意,擅自处分共有房产的,若事后经其他共有人追认的,则认定为有效。反之,若事后其他共有人未予追认的,应认定为无效;但第三人善意、有偿取得该房产的,应当维护第三人的合法权益;对其他共有人的损失,由擅自处分共有房产的人赔偿。

(2) 共同共有关系终止,包括共有人死亡、婚姻关系终止、共有房产买卖等几种情况。共同共有关系终止时,必须对共同共有的房屋进行分割。分割时,应先确定各共有人的所有权份额,使共同共有转变为按份共有,然后按按份共有的方式进行分割。确定各所有人的份额,应本着协商一致的原则,各所有人均应本着团结和睦、互助互让的精神进行协商,以求达成一致的意见。若法律对此有特殊规定的,应依照法律的规定。如《婚姻法》规定,夫妻离婚时,对夫妻共同财产的分割,应照顾女方和小孩的利益。对于当事人无法协商一致,法律也无特别规定的,一般应当确定相等的所有权份额。

(3) 共同共有财产分割后,一个或者数个原共有人出卖自己分得的财产时,如果出卖的财产与其他原共有人分得的财产属于一个整体或者配套使用,其他原共有人主张优先购买权的,应当予以支持。

(4) 对于共有房屋,无法确定是共同共有还是按份共有时,部分共有人主张按份共有,部分共有人主张共同共有,如果不能证明房屋是按份共有的,应当认定为共同共有。

【例 3-1】 夫妻共有房房主有权卖房?

张军和李丽 2004 年结婚,2006 年两人购买了一套一居室住房,房屋产权证上登记的是张军的名字。2008年年底，张军家又购买了一套面积更大的商品房，就想把先购买的小房子卖掉。张军通过中介公司与郭某签订了房屋买卖合同，约定将房子卖给郭某，后双方办理了房屋产权过户手续。没想到在张军与郭某签订房屋买卖合同后不久，一居室所在位置的房价从每9000元/m²，涨到了12000元/m²。张军和李丽向法院起诉郭某，以所售房屋是婚姻存续期间的共同财产，张军卖房未经李丽同意为由，要求法院判令郭某将该房屋返还张军和李丽。

【疑惑】 法院应如何处理判决比较合适？

【解析】 对这个案例《物权法》实施前后会产生不同结果。

《物权法》实施之前：法院可能认为，根据我国《婚姻法》、《合同法》的有关规定，婚姻关系存续期间购买的房产系婚后共同财产，属于夫妻双方共同所有，一方擅自处置属于无权处分。据此法院判令张军与郭某签订的房屋买卖合同无效，张军返还郭某价款，郭某腾退房屋并协助张军对房屋进行恢复登记。

《物权法》实施之后：法院在审理此案中重点审查郭某在购买该房屋时是否与张军有恶意串通行为。法院在查清买房人郭某与张军素不相识只是根据自己需要善意买房后，判决郭某取得房屋产权，不需要将该房屋返还张军和李丽。

按照《物权法》的有关规定，谁是房屋的权利人，谁就有权处置房屋。而善意的第三人判断房屋权利人的重要标准是房屋产权证上登记的姓名。张军和李丽共同购买的房屋，产权证上登记的是张军的名字，则善意第三人就完全有理由信赖张军有权处置该房产。这样一来，郭某购买张军名下登记的房产并经过户取得所有权是完全合乎法律规定的。在这里，《物权法》更为关注对善意第三人的保护。

《物权法》是新法，《婚姻法》属于旧法，法律适用的一般原则是新法优于旧法。此外，《物权法》本身就是规范物的归属和利用的基本法律，因此法院在审理此类案件时，应首先适用《物权法》。夫妻一方如果想保护自己在家庭财产中的合法权利，在房屋产权证登记时就应要求作为共有权人一并登记，或者到产权登记机关追加登记自己作为共有权人。

3.2.4 房地产所有权的限制

由于土地的特殊性，房地产所有权还存在一些限制，或称做房地产所有权的负担，房地产所有权的限制包括地役权、留置权和契据限制权等。

地役权又称邻接权，指一方为了增加自己土地的利用价值可以有限进入和使用他人土地的权利。如电力公司可以在私人土地上架设电线杆，自来水公司可以在地下铺设管道，人们可以开车或步行通过邻居的土地。地役权可以分为从属地役权、整体地役权、界墙地役权。受到便利的土地称为需役地，提供便利的土地称为供役地或承役地。地役权不能离开需役地而独立存在或转让，也不能作为其他权利（如抵押、租赁）的标的物。它可以有偿设立，也可以无偿设立。

留置权：由于偿还债务或履行其他责任，债权人对债务人或责任人的财产有扣留或要求的权利。留置权并不转移财产的所有权，只有在留置权被彻底取消赎回权时，债主才有可能获得财产的所有权。如果同时有几个人对一项财产要求留置权时，通常按登记的先后顺序来处置，但总是要最先满足财产留置税。

房地产的留置权分为：财产税留置权、劳务留置权、判决留置权等。①财产税留置权即政府向房地产征税的权力，所有者按章纳税后，该项权力自动撤销；②劳务留置权，它规定为改善房屋土地提供劳务或材料而未获补偿的，享有对土地及房屋的留置权。因为劳务和材料提高了房地产的价值，房地产可以作为付款的保证，必要时，享有此权力的人可以要求法院强制出售房地产以抵偿应付款项。承包商、材料供应商、建筑师、测量员、工程师等在房地产的开发、建筑过程中都能获得劳务留置权；③判决留置权，由于诉讼事件，法院判决一方对另一方负有赔偿损失的责任。受损方可以依法对债务人的房地产进行扣留，直到赔偿费全部付清为止。判决留置权常常有地区限制，即在判决法院所在地区有效。但可以通过发送"留置权通知书"把留置权扩大到其他地区。

房地产契据限制一般指房地产买卖双方以契约方式对土地和房屋的开发、使用做出的限制性规定。如为了使新建房屋与周围建筑物协调，对土地的开发常常会被限制在一定的面积高度范围内。违反契据限制的行为，会引起其他签订契约者向法院提出诉讼。

3.3 建筑物区分所有权

建筑物区分所有权是随着城市化的发展、人口大量向城市集中、土地立体化利用的加剧而产生的一种特殊的所有权形态。它既不同于独有，也不同于共有，是解决城镇民用高层住宅所有权归属的特殊制度。建筑物区分所有权制度对建筑物内避免利益争享、责任推诿，解决冲突和纠纷起到指导性的作用。

3.3.1 建筑物区分所有权概述

随着经济发展和城市化进程的加快、城市人口急剧增加以及住房问题日益紧张，以建筑物或住宅小区为单位的多幢、高层建筑物纷纷出现且不为一人所独有，数十人、数百人甚至数千人拥挤在一幢高楼大厦内而各有其一部分，并就共有部分及附属设施彼此发生关系，这就是建筑物的区分所有。建筑物区分所有权，德国称之为住宅所有权，法国称之为住宅分层所有权，瑞士称之为楼层所有权，英美称之为公寓所有权。我国采用日本的称谓，称之为建筑物区分所有权。

1. 建筑物区分所有权的概念

所谓建筑物区分所有，也就是区分专有和共有。权益的区分必须建立在对权利客体即建筑物的合理区分的基础之上。建筑物划分为两部分，一部分是具有独立价值的专有部分，譬如张三购买的某小区内 3 号楼 A 幢 B 单元 305 房；另一部分则是不具有独立价值，而仅仅为专有部分提供支持辅助的部分，此部分不能单独作为交易客体，而只能为专有部分之权利主体所共同拥有，如一幢高 12 层楼房的楼梯、走廊。

建筑物区分所有权是随着城市的兴起而产生的一种新型的不动产所有权动态，它是指对建筑物的与其他部分区别开来的某一特定部分享有的所有权。这种所有权，既不是传统民法中效力及于建筑物全部的单独所有权，也不是按份共有或共同有的建筑物共有所有权,而是包括了对建筑物专有部分的单独所有权、对建筑物共有部分的共有权以及因区分所有权人的共同关系所产生的成员权(管理权)3部分。这通常又被称为建筑物区分所有权构成的"三元论"。具体来说:第一,业主对专有部分的所有权,即业主对建筑物内的住宅、经营性用房等专有部分享有所有权,有权对专有部分占有、使用、收益和处分;第二,业主对建筑区划内的共有部分的共有权,即业主对专有部分以外的共有部分如电梯、过道、楼梯、水箱、外墙面、水电气的主管线等享有共有的权利;第三,业主对建筑物区划内的共有部分的共同管理权,即业主对专有部分以外的共有部分享有共同管理的权利。

我国《民法通则》没有规定建筑物区分所有权,《物权法》对此以"业主的建筑物区分所有权"予以明确规定。《物权法》第70条规定:"业主对建筑物内的住宅、经营性用房等专有部分享有所有权,对专有部分以外的共有部分享有共有和共同管理的权利。"

2. 建筑物区分所有权的客体

建筑物区分所有权是由共有和单独所有构成的。因此区分所有权客体也包括两个方面,即单独所有部分和共有部分。单独所有部分主要是指通过一定方式对建筑物加以区分,由此所分割出的兼具建筑构造上的独立性和使用上独立性的部分房屋。共有部分包括共用部分及附属物、共用设施等,它们都是区分所有权的客体。具体区分如图3.4所示。

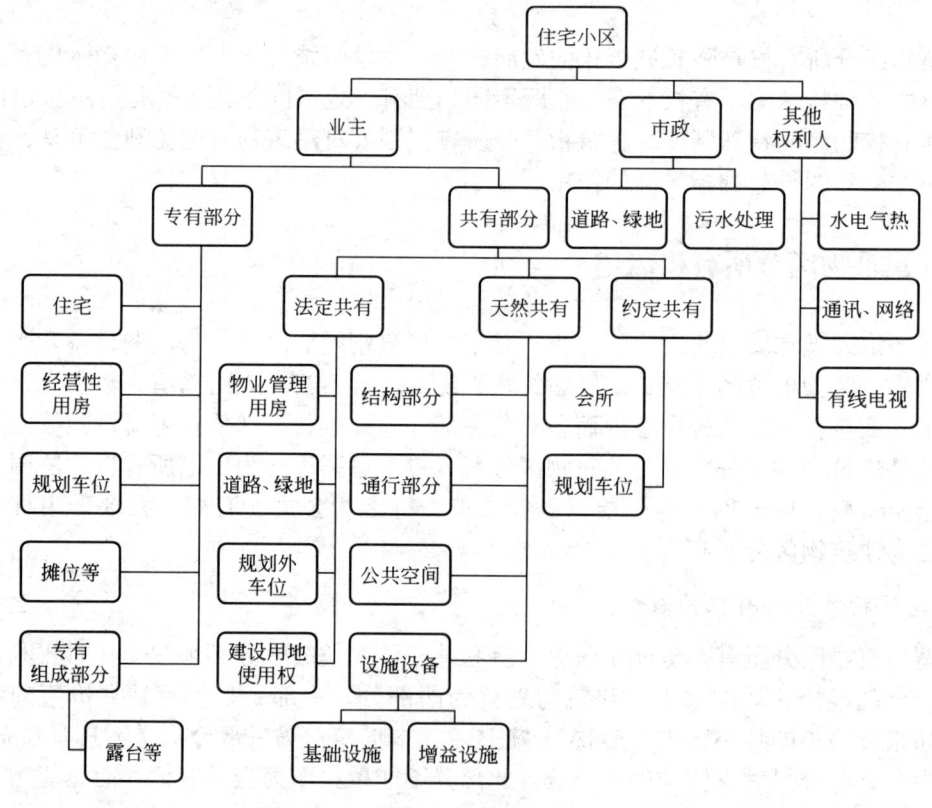

图3.4 住宅小区区分所有示意图

注:司法解释就天然共有部分做出了明确规定。天然共有部分,即法律没有规定,合同也没有约定,而且一般也不具备登记条件,但从其属性上天然属于共有的部分,包括建筑物的基本结构部分、公共通行部分、公共设施设备部分和公共空间。

区分所有权是对一个共有物的区分所有权。这种共有物可以是一栋建筑物，也可以是一个住宅区。也就是说，区分所有权不仅体现在建筑物本身，建筑物以外的设施、设备、空间，也是建筑物区分所有权的对象。比如物权法规定，道路、花园、绿地属于业主共有，这就说明建筑物区分所有权已经延伸到建筑物以外。而在我国目前情形下，这种共有物主要是以住宅区的形式存在。无论是独栋建筑物或者住宅区的区分所有权，其专有部分都是套内面积或套内空间，但共有部分则很不相同。独栋建筑物的共有部分只包括建筑物内除专有部分以外的其他房屋面积、附属设施和地基（土地使用权），住宅区的共有部分则要扩张到建筑物以外的大片土地（使用权）和附属设施，非住宅的建筑物也属于附属设施。

根据《物权法》和最高人民法院《关于审理建筑物区分所有权纠纷案件具体应用法律若干问题的解释》的相关规定，业主的建筑物区分所有权中的专有部分应包括：①建筑区划内符合在构造上能明确区分，具有排他性且可独立使用的，且可单独作为所有权标的物的房屋，以及车位、摊位等特定空间；②规划上专属于特定房屋，且建设单位销售时已经根据规划列入该特定房屋买卖合同中的露台等。不能独立使用的建筑空间上不能设定专有权，在结构上自然供全体或部分所有人使用的共有部分也不能设定专有权。

业主的建筑物区分所有权中的的共有部分，除法律、行政法规规定的共有部分外，建筑区划内的以下部分，也应当认定为共有部分：①建筑物的基础、承重结构、外墙、屋顶等基本结构部分，通道、楼梯、大堂等公共通行部分，消防、公共照明等附属设施、设备、避难层、设备层或者设备间等结构部分；②其他不属于业主专有部分，也不属于市政公用部分或者其他权利人所有的场所及设施等。建筑区划内的土地，依法由业主共同享有建设用地使用权，但属于业主专有的整栋建筑物的规划占地或者城镇公共道路、绿地占地除外。

我国《物权法》73条对建筑区划内的附属设施的归属专门做出规定，建筑区划内的道路，属于业主共有，但属于城镇公共道路的除外。建筑区划内的绿地，属于业主共有，但属于城镇公共绿地或者明示属于个人的除外。建筑区划内的其他公共场所、公用设施和物业服务用房，属于业主共有。关于车位与车库的归属，《物权法》74条规定，建筑区划内，规划用于停放汽车的车位、车库应当首先满足业主的需要。建筑区划内，规划用于停放汽车的车位、车库的归属，由当事人通过出售、附赠或者出租等方式约定。占用业主共有的道路或者其他场地用于停放汽车的车位，属于业主共有。

3. 建筑物区分所有权的特征

建筑物区分所有权与其他不动产所有权相比，具有以下法律特征。

1）权利主体身份的多重性

建筑物区分所有权是建筑物区分所有人的专有权、共有权和成员权3种相互独立权利的结合。可见，建筑物区分所有权人具有专有所有权人、共有持分权人、成员权人3种身份，这与一般不动产所有权有明显区别。

2）权利客体上的整体性

建筑物区分所有权的客体包括建筑物的专有部分和共有部分。表面上看来，建筑物区分所有权的各组成权利都有各自的客体，如专有权的客体为建筑材料组成的四周上下封闭的、在构造和使用上具有独立性和经济价值的建筑空间，共有权的客体为建筑物及附属物中所有的共有部分，成员权的客体为区分所有人作为管理团体成员所为的行为。但是，在实质上来说，建筑物区分所有权是建立在整体建筑物上面的一种所有权形式，并非专有权、共有权和管理权3种权利的简单相加，而是一个不可分割的有机组成部分，这是由建筑物区分所有权的性质决定的。因此，建筑物区分所有权在权利客体上具有整体性。

3）权利内容上的复杂性

建筑物区分所有权的内容非常复杂。一方面，建筑物区分所有权既有就其独有部分享有的独有所有权，又有对共有部分享有的共同所有权，还有成员的管理权，是3种权利的结合，本身具有多样性。另一方面，建筑物区分所有权包含3方面的法律关系，一是权利主体作为专有权人的权利义务关系；二是权利主体作为共有人的权利义务关系；三是权利主体作为管理团体成员的权利义务关系。而且，这3方面的权利义务关系经常交织在一起。

4）专有所有权的主导性

在构成建筑物区分所有权的三要素中，专有所有权具有主导性。即专有所有权的取得及权限决定共用部分持分权和成员权的有无和权限。这表现在：一是区分所有人在取得专有所有权时，就取得了共用部分持分权和成员权。反之，区分所有人丧失了专有所有权也就丧失了共用部分持分权和成员权；二是专有所有权的大小决定区分所有人共用部分持分权及成员权的大小；三是于区分所有权成立登记上，只登记专有所有权即可，而共用部分持分权和成员权则无须单独登记。

3.3.2 建筑物区分所有人的专有权

1. 建筑物区分所有人专有权的概念

建筑物区分所有人的专有权，即业主的专有权，指业主对其建筑物专有部分享有占有、使用、收益和处分的权利。具体说来，业主对建筑物内的住宅、经营性用房等专有部分可以直接占有、使用，实现居住或者营业的目的；也可以依法出租，获取收益；还可以出借，解决亲朋好友居住之难；或者在自己的专有部分上依法设定负担，例如，为保证债务的履行将属于自己所有的住宅或者经营性用房抵押给债权人，或者抵押给金融机构以取得贷款等；还可以将住宅、经营性用房等专有部分出售给他人，对专有部分予以处分。

2. 专有部分的范围界定和面积计算

专有部分的范围直接关系到区分所有权人能在多大范围内行使自己的所有权，能够在多大范围内对自己所有的建筑物进行改良、处分。这也直接关系到各区分所有人之间的权限范围、能够影响到相邻关系、并影响到整座建筑物的安全问题和全部所有人的整体利益，因此需要加以明确。

关于专有部分的范围，学说上主要4种观点，分别是壁心说、空间说、最后粉刷表层说以及壁心和最后粉刷表层折中说。比较而言，壁心和最后粉刷表层折中说较为科学合理。因为空间说虽然符合专有权客体的实际状况，反映了建筑物区分所有权的特征，但由于把墙壁、地板、天花板等境界部视为共有部分，则区分所有人欲粉刷墙壁或在墙壁上钉图钉，在地板上铺地砖，均应经其他所有人的同意，始得为之。如果真以此说，则必然给区分所有人的生活带来不便，也与社会实情不符。壁心说虽然符合交易习惯，但在境界壁内往往埋设着维持整栋建筑物正常使用所必需的各种管线，如果可以凭区分所有人自由使用或变更，那么，在整栋建筑物的维护与管理上显然不够妥当。最后粉刷表层说虽然弥补了空间说和壁心说的不足，但却忽视当前区分所有建筑物以壁心为界线的交易习惯。

专有部分面积，按照不动产登记簿记载的面积计算；尚未进行物权登记的，暂按测绘机构的实测面积计算；尚未进行实测的，暂按房屋买卖合同记载的面积计算。

3. 行使专有所有权的限制性规定

业主的专有部分是建筑物的重要组成部分，但与共有部分又不可分离。例如，没有电梯、楼道、走廊，业主就不可能出入自己的居室、经营性用房等专有部分；没有水箱、水、电等管线，业主就无法使用自己的居室、经营性用房等专有部分。由于建筑物专有部分与共有部分具有一体性、不可分离性，所以业主对专有部分行使专有所有权应受到一定限制。

（1）专有权的行使必须正当且符合交易习惯，例如，当行使处分权能时，不能将专有部分和共有部分人为分离，应该尊重建筑物区分所有权的整体性，将专有部分和共有部分一并处分。根据《物权法》的规定，业主转让建筑物的住宅、经营性用房，其对共有部分享有的共有权和共同管理的权利一并转让。

（2）专有权人如果对专有部分进行维修和改良，必须遵循正当性，不得破坏建筑物安全及外观，不能妨碍建筑物整体的正常使用以及违反各个区分所有人的共同利益。例如，业主在对专有部分装修时，不得拆除房屋内的承重墙，不得在专有部分内储藏、存放易燃易爆危险品等物品，危及整个建筑物的安全，损害其他业主的合法权益。

（3）容忍他人行使专有权的义务，即建筑物区分所有人都有行使专有权的权利，当区分所有人正当使用、维修、改良其专有部分时，其他区分所有人有容忍的义务，不得阻碍和妨害。例如，其他区分所有人因维护、修缮其专有部分或设置管线，必须进入另外所有人的专有部分时，该专有部分的所有人无正当理由不得拒绝。

（4）尊重建筑物区分所有权的性质以及建筑物专有部分的自身性质和用途，按照本来的用途使用专有部分，不得擅自改变本来用途。业主不得违反法律、法规以及管理规约，将住宅改变为经营性用房。业主将住宅改变为经营性用房的，除遵守法律、法规以及管理规约外，还应当经有利害关系的业主同意。将住宅改变为歌厅、餐厅等经营性用房，会造成来往小区人员过多，外来人员杂且乱，干扰业主的正常生活，造成小区车位、电梯、水、电等公共设施使用的紧张，造成楼板的承重力过大，增加了小区不安全、不安定的因素，弊端多，危害性大。将住宅改为经营性用房用于商业目的，也会造成国家税费的大量流失。如果业主确实因生活需要，如因下岗无收入来源，生活困难，将住宅改变为经营性用房，必须遵守法律、法规以及管理规约的规定，例如要办理相应的审批手续，要符合国家卫生、环境保护要求等。在遵守法律、法规以及管理规约的前提下，还必须征得有利害关系的业主同意。这两个条件必须同时具备，才可以将住宅改变为经营性用房，二者缺一不可。

3.3.3 建筑物区分所有人的共有权

共有部分是指区分所有的建筑物内构成不同房间的共同材料或结构由两个以上的区分所有人共同使用的部分以及不属于专有部分的建筑物及其附属物。

1. 建筑物区分所有人共有权的含义

建筑物区分所有人的共有权，即业主的共有权，是指建筑物区分所有人依照法律、法规或者管理规约的规定，对建筑物的共有部分及其附属物、基地的特定部分以及公用设施（共有部分）所享有的占有、使用和收益的权利。

我国《物权法》第72条明确规定，业主对建筑物专有部分以外的共有部分，享有权利，承担义务；不得以放弃权利不履行义务。可见，建筑物区分所有人对建筑物的共有部分享有共有权，且共有权利与共有义务是不可分割的。具体说来，业主对专有部分以外的共有部分享有共有权，即每个业主在法律未做特殊规定的情形下，对专有部分以外的走廊、楼梯、过道、电梯、外墙面、水箱、水电气管线等共有部分，对物业管理用房、绿地、道路、公用设施等共有部分享有占有、使用、收益或处分的权利。

2. 建筑物区分所有人共有权的属性

区分共有作为一种新型的权利，与传统民法上的按份共有和共同共有存在着明显的区别，它所呈现出的性质并不能完全归属于其中的任何一种，因而表现出自己独有的特征。

（1）不可分割性：区分共有权的客体并不是某一项独立的标的物，而是建筑物及其附属设施中除专有部分以外的所有共有部分，这种共有部分与各专有部分具有一体性，不可分割性。因此，不能仅对共有部分单独转让，也不享有对共有物的分割请求权。即使全体业主一致同意将建筑物共有部分一并转让，这种处分也是无效的。

（2）从属性：区分共有权是在建筑物区分所有的状态下因房屋客观上结合在一起而形成的一种共有关系，这种基于共同部分的区分共有权与基于专有部分的专有权是密切联系在一起的，具有不可分割性。共有部分作为建筑物整体或专有部分的附属物，是为其服务的，因而区分共有权具有从属性。专有权居于主导地位，共有权从属于专有权，是从权利。因此，区分共有权的得失变更取决于专有权的得失变更。区分所有人取得专有所有权，亦附带取得共有部分持分权。将专有部分出让或抵押时，其效力均涉及共用部分。

3. 建筑物区分所有人共有所有权的行使

建筑物区分所有权人对共有所有权的行使受到更为严格的限制。

1）共有权人合法的利用

区分所有人对共有部分享有以下权利：第一，共用部分的使用权。各区分所有人对整个建筑物的共用设施部分，都有按照该设施的作用和性能进行使用的权利，该使用权原则上不因单独所有权的大小而有大小之别，例如乘坐电梯、经过走廊、上下楼梯等；第二，共有部分的收益权。各区分所有人按其单独所有权占整个建筑的比例，对建筑物的共用部分的所生利益享有收益权；第三，共有部分的改良的权利。在不违反建筑法、城市规划法、环境保护法等公法强制性规定的前提下，各区分所有权可以通过按一定的方式行使共同意志，对建筑物的共用部分进行修缮改良；第四，共有部分的排除妨害的权利。第三人或某个区分所有人在对建筑物的共用部分的使用时违反通常的使用方法或损坏共用部分或对他人的共有权形成妨碍时，任何区分所有人均有权制止、排除妨害，上述行为对某一特定区分所有权人专有部分的权利构成妨害时，除特定的区分所有人有权请求损害人停止侵害、排除妨害。共有部位利用情形如图3.5所示。

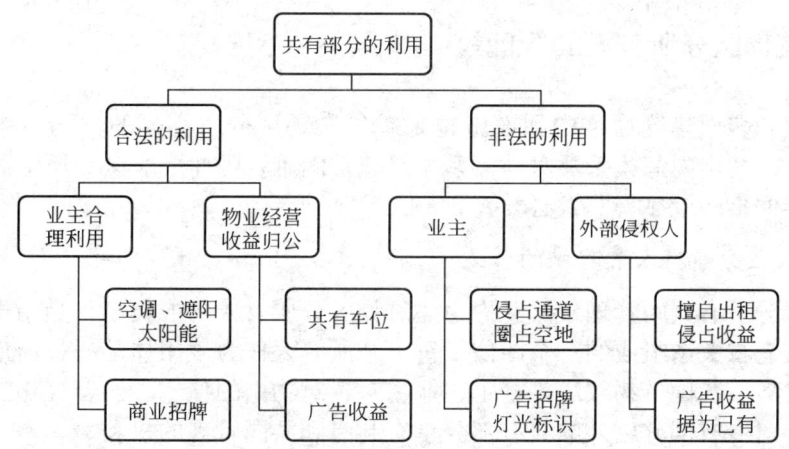

图 3.5 共有部位利用情形示意图

2) 共有权人行为的限制

建筑物区分所有人就共有部分承担以下义务：第一，依共用部分本来的用途和通常的使用方法进行使用；第二，各区分所有人对共用的门厅、屋顶、楼道、楼梯、地基等共有、共用的部分应共同合理使用，任何一方不得多占、独占，各所有人另有约定的除外；第三，未经其他所有人的同意或所有人会议决议通过，不得改变共有部分的外形或结构；第四，各所有人以及全体区分所有人使用共用部分不得违反法律强制性规定；第五，分担建筑物共用部分的管理、维护、修缮费用。分担的原则是在该共用部分所涉及的使用范围内，由该范围的各区分所有人按其专有部分在该范围内所占的比例分担。

【例 3-2】 住户擅自在墙上开窗引发的官司。

家住春晖小区 7 幢 502 室的王君在对新房进行装潢时，为了改善其客厅的采光条件，便在客厅朝南的外墙小阳台旁又自行开设了一扇 1.5m×1.2m 的塑钢窗户。楼下住户刘杰见状后，即以王君擅自在楼房外墙开设窗户对其居住造成安全隐患为由，要求王君立即将开设的窗户拆除并恢复原状。在多次协调未果的情况下，刘杰一纸诉状将王君告上了法庭。在诉讼过程中，法院委托有资质的房屋安全鉴定处对王君在外墙所开设的窗户进行鉴定，结论为：502 室在外墙所开设的 1.5m×1.2m 的塑钢窗户未对整幢楼房的主体造成明显的结构性损坏，目前不影响居住和使用安全。

【疑惑】 你认为该案件法院应如何处理？

【解析】 法院认定被告王君擅自在其居室外墙壁开设窗户的行为，构成对原告刘杰的侵权，遂判决被告拆除开设的窗户并恢复原状。

本案中，被告王君在其居室的外墙壁开设窗户的行为，从形式上看好像是被告王君在正常行使他的专有所有权，而且该窗户的开设并未对原告的居住安全构成妨碍，但正是由于被告是在属于共有部分的其居室的外墙壁上擅自开设窗户，既未经城市规划建设部门的批准，又未征得其他共有人（原告）的书面同意，尽管该窗户的开设未对整幢楼房的主体造成明显的结构性损坏且目前不影响居住和使用安全，但被告王君的行为仍构成对原告刘杰及其他共有人共有权的侵害，故其依法应承担排除妨碍、恢复原状的民事责任。

3.3.4 建筑物区分所有人的管理权

随着高层和多层建筑物结构和设施越来越复杂，区分所有人的共同关系也越来越密切，完全由法律规定内部关系及对外关系显然非常困难，因此成立区分所有人管理团体来处理他们的共同事务就显得非常必要。

1. 建筑物区分所有人管理权的含义

建筑物区分所有人的管理权，又称为建筑物区分所有人的成员权，是指全体所有人基于专有权和共有权关系组成的一个团体，每一个所有人作为该团体的一员所应拥有的权利和应承担的义务。我国《物权法》规定，业主对建筑物内的住宅、经营性用房等专有部分享有所有权，对专有部分以外的共有部分享有共有和共同管理的权利。

2. 建筑物区分所有人管理权的内容

建筑物区分所有人管理权的内容包括管理权人的权利和义务两部分。

1) 管理权人的权利

按照我国《物权法》规定，作为区分所有人的业主，享有以下权利。

（1）设立业主大会和选举业主委员会的权利。我国《物权法》规定，业主可以设立业主大会，选举业主委员会。地方人民政府有关部门应当对设立业主大会和选举业主委员会给予指导和协助。

（2）重大事项表决权。根据《物权法》的规定，下列事项由业主共同决定：①制定和修改业主大会议事规则；②制定和修改建筑物及其附属设施的管理规约；③选举业主委员会或者更换业主委员会成员；④选聘和解聘物业服务企业或者其他管理人；⑤筹集和使用建筑物及其附属设施的维修资金；⑥改建、重建建筑物及其附属设施；⑦有关共有和管理权利的其他重大事项。其中，决定第⑤和第⑥项应当经专有部分占建筑物总面积的三分之二以上的业主且占总人数三分之二以上的业主同意。决定其他事项，应当经专有部分占建筑总面积过半数的业主且占总人数过半数的业主同意。

（3）请求权。业主管理权中的请求权包括撤销业主大会或业主委员会决定的请求权、共有资金分配请求权、建筑物收益分配请求权以及诉讼请求权。《物权法》规定，业主大会或者业主委员会做出的决定侵害业主合法权益的，受侵害的业主可以请求人民法院予以撤销。建筑物以及附属设施的维修资金属于业主共有，经业主共同决定，可以用于电梯、水箱等共有部分的维修。建筑物以及附属设施的费用分摊、收益分配等事项，有约定的，按照约定；没有约定或者约定不明确的，按照业主专有部分占建筑物总面积的比例确定。此外，业主对侵害自己合法权益的行为，可以依法向人民法院提起诉讼。

（4）其他管理权。其他管理权主要包括知情权、自主管理权、委托管理权、更换管理人权和监督权等。《物权法》规定，建筑物及其附属设施的维修资金的筹集、使用情况应当公布。业主可以自行管理建筑物及其附属设施，也可以委托物业管理企业或者其他管理人管理。对建设单位聘请的物业服务企业或者其他管理人，业主有权依法更换。物业服务企业或者其他管理人根据业主的委托管理建筑区划内的建筑物及其附属设施，并接受业主的监督。

2）管理权人的义务

按照我国《物权法》规定，作为区分所有人的业主，应当履行以下义务。

（1）遵守法律、法规和管理规约的义务。不得进行任意弃置垃圾、排放污染物或者噪声、违反规定饲养动物、违章搭建、侵占通道、拒付物业费等损害他人合法权益的行为。如果有上述行为，业主大会和业主委员会有权依照法律、法规和管理规约，要求行为人停止侵害、消除危险、排除妨害、赔偿损失。业主不得违反法律、法规以及管理规约，将住宅改变为经营性用房。业主将住宅改变为经营性用房的，除遵守法律、法规以及管理规约外，应当经有利害关系的业主同意。

（2）执行业主大会或者业主委员会决定的义务。

（3）其他管理义务。例如，服从管理人管理的义务、支付共同费用的义务等。

3.4 房地产相邻权

俗话说"远亲不如近邻"，在司法实践中，相邻各方不仅仅局限于土地、房屋产权上的相邻，只要存在相关，比如在通风、采光、出行等方面有共同需要，都可以理解为相邻关系。相邻权与我们的生活息息相关，比如我们平常生活中所遇到的楼上住户往楼下扔垃圾倒污水、为争车位吵架动手、装修影响邻居正常居住生活等问题，都属于相邻权问题。

3.4.1 房地产相邻权的概念和特征

相邻关系是指相邻各方在对各自所有的或使用的不动产行使所有权或使用权时，因相互之间依法应给予方便或接受限制而发生的权利义务关系。相邻关系制度的功能在于扩张一方的所有权或利用权，限制他方的排除请求权，课以作为或不作为的义务并设补偿制度，以实现当事人双方利益关系的平衡。相邻关系主要包括相邻通行关系、相邻通风关系、相邻采光关系、相邻防险关系、相邻滴水排水关系、相邻环保关系等。

房地产相邻权是指两个或两个以上相互毗邻的不动产所有人或使用人之间，一方行使所有权或使用权时，享有要求另一方提供便利或接受限制的权利。如果从相邻关系的不动产所有人和使用人之间的关系看，相邻权也可称为相邻关系。

房地产相邻权的法律特征主要有以下几个。

（1）房地产相邻权产生的客观条件是自然原因，即不动产的毗邻关系。所谓毗邻既包括了不动产的地理位置相互邻接，也包括不动产权利行使所涉及的范围是相互邻近的。例如，高地势的人排水必须经过低地势的人所使用的土地，当事人之间尽管其不动产并不相互毗邻，但其行使权利的范围是相互邻接的。

（2）房地产相邻权产生的主观条件是法律规定，是立法者基于社会公序良俗与诚实信用原则而直接在法律中做出的规定，其目的是为了有利生产、方便生活。

（3）房地产相邻权的主体是两个或两个以上的不动产的所有权人或使用权人。相邻人可以是自然人，也可以是法人；可以是财产所有人，如集体组织、房屋所有人，也可以是非所有人，如土地或土地上房屋的借用人、承租人。

(4) 房地产相邻权的客体是行使不动产权利所体现的与相邻人有关的利益，而不是不动产本身。这种利益需要相邻人给予必要方便或接受必要限制的条件下才能实现。

(5) 房地产相邻权的内容是相邻一方有权要求他方为自己行使不动产所有权或使用权给予必要方便的权利和他方应当给予必要方便或接受必要限制的义务。所谓必要，是指相邻权人非从相邻方得不到这种方便就不能正常行使不动产的权利，同时也不得滥用权利，应尽量避免和减少给相邻方造成的损失。

(6) 相邻关系是一种从属关系，与相邻不动产具有不可分性。相邻关系是基于不动产的相互毗邻而发生的，是随不动产的存在而存在的权利，而不是因人设定的。不论相邻不动产的所有权或者占用权归何人享有，相邻关系都存在，并不因不动产所有人或占有人变更而消灭。相邻不动产的所有人或占有人一方将其不动产转移给他人所有或占有时，相邻权同样也随之转移。

3.4.2 房地产相邻权和地役权

所谓地役权，是指为使用自己土地的方便与利益而使用他人土地的权利，是一种为增加自己土地的利用价值而支配他人土地的他物权。在地役权法律关系中，因使用他人土地而获便利的土地为需役地，为他人土地的便利而被使用的土地为供役地。传统民法上的地役权关系发生在土地所有人之间，由于我国的土地所有人只有国家或农村集体组织，因而地役权关系更多地发生在土地使用人、宅基地使用人等之间。地役权具有从属性和不可分性等特点。

房地产相邻权与地役权虽都是与不动产的利用有着密切的联系、作用功能相似的两种制度，但是二者在产生依据、法律性质与效力以及受到侵害时救济方式等方面都存在极大差异，不能相互替代或包含。二者的主要区别如下。

(1) 在产生原因方面，也就是相邻权与地役权最本质的区别，相邻权由法律直接规定，是依据不动产权利而发生的法定权利，其成立即对抗第三人，无需登记便可自然发生效力；地役权的取得主要是依法律行为而取得，一般是约定权利，如可以基于当事人的合同约定产生，但此种行为属物权设定行为，当事人双方应到不动产登记机关进行设立登记。此外，地役权也可因遗嘱、继承或时效等原因而取得。

(2) 在调节范围方面，相邻关系是法定的对不动产利用关系的一种最低限度的调节，它并没有超越不动产权利的范围，其内容范围由法律规定；对相邻权人来说至多是权利的正常延伸，对相邻义务人来说则是对权利的必要限制；而地役权对土地所有权或使用权的限制与扩展程度较大，主要依当事人间的意思表示而成立，并且能够运用其私法自治的特性来弥补法律规定的相邻关系内容十分有限的不足，从而可以有效地利用土地和其他不动产资源，更好地行使自己的权利而向对方提出更高的提供便利的要求。二者是相辅相成的法律制度。

(3) 在存在条件方面，相邻权的存在条件是权利主体的不动产必须相互毗邻，相邻权反映的相邻关系既适用于土地相邻，也适用于房屋等建筑物相邻，但一般认为在相邻的两块权属不同的土地上才会发生相邻关系，而地役权只发生在土地所有人或使用人之间，所反映的相邻关系只适用于土地相邻关系，但不受土地是否毗邻的限制。例如，需役地人在供役地修建水渠，该行为受制于水源地而无需要求需役地与供役地相邻。

(4) 在权利存续期间及有偿与否方面，地役权的存续期间可由当事人约定，地役权的取得有偿与否也取决于地役权的设定方式和双方当事人的约定；而相邻权由法律直接规定，存续期间是法定的，通常是无偿的。

（5）在救济方式方面，正是因为二者产生原因不同导致二者不同的法律性质与效力，进而在遭受侵害的情况下二者的救济方式也不相同。

相邻权受到侵害的，相邻权人只能提起侵权之诉（实质是相邻权所依附的所有权或使用权受到侵害），行使的是物权请求权，根据权利受到侵害的状况（危险、妨碍等）要求相邻义务人承担"停止侵害、排除妨碍、消除危险、恢复原状"等物权责任，有损失的还要求赔偿损失。

地役权因其是否登记和侵害主体不同而有不同的救济方式。

在地役权已登记的情况下：①如果是因供役地权利人不按照地役权合同履行义务而受到损害的，地役权人行使权利发生物权请求权与债权请求权的竞合，既可依物权请求权提起侵权之诉要求供役地权利人承担对地役权的"停止侵害、排除妨碍、消除危险、恢复原状"等物权责任，有损失的还要求赔偿损失；或者依据地役权合同提起违约之诉，要求供役地权利人承担"继续履行、采取补救措施、支付违约金、赔偿损失"等契约责任；②如果是因第三人侵害供役地而造成地役权侵害的，地役权权利人可以行使物权请求权，依侵权之诉直接要求侵害人承担物权责任，有损失的还要求赔偿损失。

如果是未经登记的地役权：①因供役地权利人不按照地役权合同履行义务损害地役权权利人权益的，地役权权利人提起违约之诉，要求供役地权利人承担违约责任；②如果是因第三人侵害供役地而造成地役权侵害的，这涉及第三人侵害债权问题，地役权权利人只能向供役地权利人主张违约责任，供役地权利人承担责任后再向第三人主张侵权责任。

3.4.3 房地产相邻关系的处理

密切的关系，既可使人们和睦相处，也容易滋生邻里纠纷。房地产相邻权的实质是对房地产相邻各方行使房地产所有权或占有、使用权的合理延伸或必要限制。例如，在相邻一方所有的建筑物范围内的历史形成的必经通道，所有权人不得加以堵塞，以免妨碍相邻他方的生产、生活。这对于使用通道的一方而言，是对其权利的合理延伸；而对所有人而言，则是对其所有权的必要限制。

1. 相邻权的保护原则

相邻不动产的所有人或使用人在行使自己的所有权或使用权时，应当以不损害其他相邻人的合法权益为原则。《民法通则》第83条规定确定了处理相邻权纠纷的基本原则，即"不动产的相邻各方，应当按照有利生产、方便生活、团结互助、公平合理的精神，正确处理截水、排水、通行、通风、采光等方面的相邻关系。给相邻方造成妨碍或者损失的，应当停止侵害，排除妨碍，赔偿损失"。另外，《物权法》第85条规定，法律、法规对处理相邻关系有规定的，依照其规定，法律、法规没有规定的，可以按照当地习惯。

2. 房地产相邻关系的具体处理

司法实践中许多经常发生的相邻关系纠纷处理，主要有以下几种。

1) 通风、采光和日照相邻关系

《物权法》第89条规定，建造建筑物，不得违反国家有关工程建设标准，妨碍相邻建筑物的通风、采光和日照。通风是指天然通风，不包括空气交换机等设施进行的通风。采光是指自然采光，不包括人工采光。日照是指太阳照射。近年来，随着城市建设速度加快，住宅建设用地供应趋紧，加之一些城市在对新建住宅楼规划审批环节中存在漏洞，有些开发商违规施工，超规划建设，导致新建住宅楼层数过高，密度过大；有些人甚至为求便利，私搭乱建，影响相邻建筑的通风、采光，使基于"阳光权"引发的纠纷日益增多。《物权法》对相邻建筑物的通风、采光和日照做出明确规定，为公民维护"阳光权"提供了法律依据，既为重新界定和审视和谐的邻里关系提供了新的理念和标准，也将涉及日常生活的方方面面的诸多扰邻问题从道德层面上升到了法制层面。

典型案例：2005年，南京玄武区的采菊东篱项目开始建设，随着施工进程的推进，隔壁樱海公寓的部分住户感觉到阳光越来越少，他们试图阻止施工，但开发商以通过规划审批为由不予理睬。最终，有两名业主提起诉讼。2007年1月，南京玄武区人民法院判决开发商分别赔偿两位阳光被遮挡的居民1万元和8000元。在通风、采光和日照关系相邻关系的纠纷中，是否构成侵权，要以国家相关工程建设标准、相关规定为据。如国家相关法律规定，被遮挡住户在大寒日满窗持续日照不少于1小时。

2) 相邻环保关系

《物权法》第90条规定，不动产权利人不得违反国家规定弃置固体废物，排放大气污染物、水污染物、噪声、光、电磁波辐射等有害物质。所谓有害物质就是固体废弃物、污染物以及不可量物。固体废弃物、污染物以及不可量物的排放，关系公共环境，其排放应当符合国家规定。随着社会不断发展和进步，人类活动对生态环境造成巨大的负面影响，大到全球的环境污染危机，小到相邻关系之间的排污纠纷，而且由环境污染衍生的环境效应具有滞后性，往往在污染发生的当时不易被察觉或预料到，然而一旦发生就表示环境污染已经发展到相当严重的地步。当然，环境污染的最直接、最容易被人所感受的后果是人类环境的质量下降，影响人类的生活质量、身体健康和生产活动。因此，正确处理相邻关系，有利于制止对自然环境的污染和破坏，保障人民群众的身体健康。

典型案例：王某所住的房屋仅一扇窗户，本来通风条件就差，而窗下又正是卫生部门设置的公用小便池，因此长期以来王某一家不仅无法利用这唯一的窗户，而且在关闭的情况下仍不时受到臭气的干扰，影响了正常生活。王某在多方反映无效的情况下将小便池拆除，卫生部门为此起诉要求予以重建和赔偿。法院在受理此案后实地进行了调查，结果表明，该便池的存在和管理不善，确实影响了居民的正常生活，且便池也具有拆除或迁移的条件，因此，法院根据《民法通则》保护相邻权的原则，对卫生部门要求原地重建便池的请求不予支持。

3) 相邻土地通行、使用关系

相邻土地通行、使用关系包括穿越邻地至公共通道的通行权，通过邻地设置管道和线路，以及因建筑施工而使用邻地的权利等。如因此造成邻方的损失，也应赔偿。

相邻土地通行关系，《物权法》第87条规定，不动产权利人对相邻权利人因通行等必须利用其土地的，应当提供必要的便利。对于一方所有的或者使用的建筑物范围内历史形成的必经通道，所有权人或者使用权人不得堵塞。因堵塞影响他人生产、生活，他人要求排除妨碍或者恢复原状的，应当予以支持。但有条件另开通道的，也可以另开通道。

相邻土地占有关系，土地所有人或利用人在疆界或近旁营造或修缮建筑物而有使用邻地的必要时邻地所有人或使用人负有容忍其使用自己土地的义务。如甲方盖房，需在相邻乙方的土地上搭脚手架，则乙方负有容忍义务。但邻地因使用而受有损害的，可以请求偿金。该偿金的性质，不是损害赔偿的债权关系，而是土地所有人或使用人在法律上的负担义务。相邻一方因修建施工临时占用他方的土地，占用的一方如未按照双方约定的范围、用途和期限使用的，应当责令其及时清理现场、排除妨碍、恢复原状、赔偿损失。

相邻管线设置关系，《物权法》第88条规定，不动产权利人因建造、修缮建筑物以及铺设电线、电缆、水管、暖气和燃气管线等必须利用相邻土地、建筑物的，该土地、建筑物的权利人应当提供必要的便利。设置管线一方应当选择对邻人损害最小的线路和方法为之，因此造成损失的，应给予赔偿。

4) 相邻用水、排水、滴水关系

《物权法》第86条规定，不动产权利人应当为相邻权利人用水、排水提供必要的便利。对自然流水的利用，应当在不动产的相邻权利人之间合理分配。对自然流水的排放，应当尊重自然流向。

相邻用水关系处理：一方擅自堵截或独占自然流水影响他方正常生产、生活的，他方有权请求排除妨碍；造成他方损失的，应负赔偿责任。

相邻排水关系处理：相邻一方必须使用另一方的土地排水的，应当予以准许；但应在必要限度内使用并采取适当的保护措施排水，如仍造成损失的，由受益人合理补偿。相邻一方可以采取其他合理的措施排水而未采取，向他方土地排水毁损或者可能毁损他方财产，他方要求致害人停止侵害、消除危险、恢复原状、赔偿损失的，应当予以支持。

相邻滴水关系处理：处理相邻房屋滴水纠纷时，对有过错的一方造成他方损害的，应当责令其排除妨碍、赔偿损失。

5) 相邻地界关系

这是指相邻一方在地界一侧修筑建筑物时，应与地界线保持适当距离，不得越界侵占对方的土地。相邻一方逾越地界建筑房屋时，另一方有权依物上请求权制度予以排除，造成损害时，得请求赔偿。但邻地所有人或使用人知其越界而不及时提出异议的，则不但不能请求除去或变更建筑物，而且还要负担容忍邻人使用其土地的义务。在我国，所谓不及时提出异议，应以普通的两年诉讼时效判定。如邻地为按份共有或共同共有，因提出异议属保存权利的行为，故一人提出异议，即属有效。

相邻一方在自己使用的土地上挖水沟、水池、地窖等或者种植的竹木根枝伸延危及另一方建筑物的安全和正常使用的，应当分明情况，责令其消除危险、恢复原状、赔偿损失。

6) 相邻防险关系

这是指相邻不动产的所有人或使用人在行使不动产所有权或使用权时，应以不损害相邻人的合法权益为原则。如果因权利的行使给相邻人的人身或财产造成损害或有损害危险的，相邻人有权要求其停止侵害、消除危险和赔偿损失。

高度危险作业防险关系：从事高空、高压、易燃、易爆、剧毒、放射性、高速运输工具等对周围环境有高度危险的作业造成他人损害的，应当承担民事责任；如果能够证明损害是由受害人故意造成的，不承担民事责任。

危险施工防险关系：《物权法》第 91 条规定，不动产权利人挖掘土地、建造建筑物、铺设管线以及安装设备等，不得危及相邻不动产的安全。

危险建筑物防险关系：建筑物或者其他设施以及建筑物上的搁置物、悬挂物发生倒塌、脱落、坠落造成他人损害的，它的所有人或者管理人应当承担民事责任，但能够证明自己没有过错的除外。

3.5 房地产权属登记

房地产具有不可移动性的特征，使得房地产的流通仅仅表现为权利主体的变更和相关权利的设定、变更。而权利必须由法律以一定方式进行确认和公示，由此各个国家对房地产的有效管理几乎都通过房地产权属登记来进行，以保障交易安全、促进房地产市场有序发展。

3.5.1 房地产权属登记概述

房地产登记制度是现代物权法中的一项重要制度。《物权法》第 9 条规定：不动产物权的设立、变更、转让和消灭，经依法登记，发生效力；未经登记，不发生效力，但法律另有规定的除外。《城市房地产管理法》规定，国家实行土地使用权和房屋所有权登记发证制度。

房地产登记是指房地产登记机构依法将房地产权利和其他应当记载的事项在房地产登记簿上予以记载的行为，是将房地产权利现状、权利变动情况以及其他相关事项记载在房地产登记簿上予以公示的行为，是一种不动产物权的公示方式。

1. 房地产登记制度的类型

根据登记的内容和方式不同，房地产登记制度分为契据登记制和产权登记制两大类型。

1）契据登记制

契据登记制度的理论基础是对抗要件主义。这一理论认为房地产权利的变更、他项权利的设定，在当事人订立合约之时就已生效，即双方一经产生债的关系，房地产权利的转移或他项权利的设定即同时成立。登记仅仅是作为对抗第三人的要件，所以称为对抗要件主义。

契据登记制的主要特点是：登记机构对登记申请采取形式审查，登记权利的状态；登记只具有公示力而无公信力，不经过登记，只能在当事人中产生效力，不能对抗第三人。法院可以裁定已登记的契约无效，登记机构对此并不承担责任。因该项制度为法国首创，所以又称为"法国登记制"。采用的国家和地区有法国、意大利、比利时、西班牙、巴西、日本、西班牙、葡萄牙、南美以及美国的多数州等。

2）产权登记制

产权登记制的理论基础是成立要件主义。这一理论认为：当事人订立的有关房地产权利的转移或他项权利的设定合同的效力只是一种债的效力，即当事人在法律上只能得到债权的保护，而不能得到物权的保护。只有履行权属登记手续以后，房屋受让人或他项权利的权利人的房屋所有权或房屋他项权利才告成立。将登记作为房地产权利成立的要件，所以称为成立要件主义。产权登记制又可分为权利登记制和托伦斯登记制两种。

（1）权利登记制：登记机构对权利人的申请进行实质性审查，登记是由房地产所在地的登记机构备置登记簿，簿上记载房地产权利的取得、变更过程，使有利害关系的第三人可就登记簿的记载推知该房地产产权状态，若房地产权利的取得未经登记便不产生效力，不仅不能对抗第三人，即使在当事人之间也不发生效力。其主要特点为登记机构对登记申请采取实质审查，登记权利的现状；登记有公信力，即登记簿上所载事项，对抗善意第三人，在法律上有绝对的效力。因该项制度发源于德国，故又称为"德国登记制"。采用这一制度的国家有德国、瑞士、奥地利、匈牙利、捷克、韩国、埃及、俄罗斯等。

（2）托伦斯登记制：为澳大利亚人托伦斯所创，在核准登记以后发给权利人权属证书，房地产权利一旦载入政府产籍，权利状态就明确地记载在权属证书上，权利人可以凭证行使房地产权利。其主要特点是房地产权利一经登记便具有绝对的法律效力；已登记权利如发生转移，必须在登记簿上加以记载；托伦斯登记制的初始登记不强制，但经登记后则强制，即不强制一切土地必须申请登记，但任何土地在初始登记之后发生权利转移或变更的，非经登记不产生效力；登记簿为两份，权利人取得副本，登记机构保留正本，正副本内容必须完全一致。采用的国家和地区有澳大利亚、英格兰、威尔士、加拿大大多数地区、新西兰、马来西亚、菲律宾、泰国、南非、苏丹、美国若干州（加利福尼亚、伊利诺斯州、麻萨诸州等）、英联邦大多数国家等。

3）我国的房地产权属登记制度的特点

我国现行的房地产登记制度类似权利登记制，兼采托伦斯登记制，但又有自己的特点，概括起来，主要有以下几点。

（1）房地产权属登记由不同登记机关分别登记。房屋与所占用的土地使用权是不可分割的，房地产权属的登记本应当是一次进行的，证书也应当只领取一个，但由于我国对房地产事项由房屋与土地分部门管理，所以房地产权属登记一般是土地使用权和房屋所有权登记分别在土地管理机关和房地产管理机关进行。

（2）房地产权属登记为房地产权利动态登记。当事人对房地产权利的取得、变更、丧失均须依法登记，不经登记不具对抗第三人的效力。房地产权属登记不仅登记房地产静态权利，而且也登记权利动态过程，使第三人可以就登记情况推知该房地产权利状态。

（3）房地产权属登记具有公信力。依法登记的房地产权利受国家法律保护。房地产权利一经登记机关在登记簿注册登记，该权利对抗善意第三人在法律上有绝对效力。

（4）房地产权属登记实行及时登记制度。房地产权利初始登记后，涉及权利转移、设定、变更等，权利人必须在规定的期限内申请登记，若不登记，房地产权利便得不到法律的有效保护，且要承担相应的责任。

（5）登录产籍、颁发权利证书。房地产权属登记机关对产权申请人登记的权利，按程序登记完毕后，还要给权利人颁发权属证书。权属证书为权利人权利之凭证，由权利人持有和保管。而产籍资料由登记机关长期保存，作为产权产籍变更的合法依据。

我国的房地产权属登记制度与其他登记的区别见表3-1。

表 3-1 登记制度对比

	契据登记制	权利登记制	托伦斯登记制	我国登记制
立法思想	意思主义	形式主义	形式主义	形式主义
审查形式	形式审查	实质审查	实质审查	实质审查
公信力	无	有	有	有
强制作用	无	有	初次登记不强制	有一定的
登记簿编排	人	物	人	物
权利凭证	不颁发	不颁发	颁发	颁发
权利人登记	动态登记	静态登记	负担登记	动态静态结合

2. 房地产登记的目的和意义

1) 保护房地产权利人的合法权益

保护权利人的合法权益是房地产登记的根本目的和出发点。通过登记行为及时、准确地将权利状况记载在房地产登记簿上，发放房地产权属证书或证明，将物权的事实对外公开。凡经房地产登记机构登记，权利人在房地产方面的权利，如房屋所有权、土地使用权、房地产租赁和抵押权、地役权等，受到国家法律的保护。任何组织或个人侵犯了房地产权利人的合法权益，都要承担法律责任。

2) 保证交易安全，减少交易成本

房地产价值量大、交易风险高。房地产登记能够在法律上及时、准确地确定房地产权属，从而使房地产权利人的合法权益受到法律保护，免受他人的侵害。对于相关人来说，通过查询房地产登记簿，可以正确判断能否进行交易，或者这种权利应具有的价值，避免受到他人欺诈，产生纠纷。房地产登记信息的公开性和登记内容的可信赖性，为交易当事人提供了较大的便利，减少了交易成本，保证了交易较快完成。

3) 为房地产管理奠定基础

房地产开发和住宅建设，需要向房地产登记机构了解建设区域内的土地和原有房屋的各种资料，以便合理地规划建设用地，妥善安置原有住户，并依法按有关规定对拆迁的房屋给予合理补偿。

房地产买卖和物业管理等一系列活动都涉及房地产权属和房屋的自然状况，这就需要向房地产登记机构了解该房地产的位置、权界、面积、建筑年代等准确的资料。

综上所述，房地产市场的发展离不开房地产登记工作。房地产登记贯穿房地产开发、建设、使用的全过程。

4) 为城市规划、建设、管理提供科学依据

要搞好城市规划、建设和管理，首先要了解城市土地的自然状况，以及房屋的布局、结构、用途等基本情况。房地产登记能全面、完整、及时、准确地提供上述资料，从而使城市规划和建设更加科学化。房地产登记档案所提供的各种信息对旧城改造、新区建设、市政工程、道路交通、环保、绿化等城市建设和管理都是不可缺少的科学依据。

3. 房地产权属登记的功能

（1）公示功能：房地产权属登记是公示的手段，是把房地产权利的事实向公众公开以标明房地产流转的情况。因为任何人设定或移转房地产权利，都会涉及第三人利益，因

此，房地产权利的设立或移转必须公开和透明，以利于保护第三人的利益，维护交易安全和秩序。

（2）公信功能："公信是把登记记载的权利人在法律上推定其为真正权利人，如果以后事实证明登记的物权不存在或存在瑕疵，对于信赖该物权的存在并已从事了物权交易的人，法律仍然承认其具有与真实的物权相同的法律效果。"这具有3个方面的内容：一是房地产权属变动的依据，登记起着房地产权属能否按照当事人的意思设立、变更与消灭的作用；二是产权正确性的推断，房地产登记簿上记载的权利人在法律上推定其为真正权利人，并以登记簿上所记载的当事人的权利内容为确定房地产权利的依据；三是善意保护，法律确认房地产登记簿上记载的权利为真实，目的是为了保护善意第三人。

（3）管理功能：房地产权属的登记管理功能是指房地产登记具有国家管理意图的功能。一是对房地产市场进行监督管理的功能，通过建立产籍资料，实现国家对房地产的宏观调控职能；二是审查监督功能，通过对房地权属登记的审查程序，实现国家对税收的监管。同时，在房地产登记过程中，通过登记的合法性审查，可以及时发现和纠正不法行为。

（4）警示功能：房地产权属登记的警示功能是指对各种记载房地产权利的变动均纳入登记，将各种房地产物权的排他性效力通过房地产登记簿的记载予以明确宣示，以达到告戒相对人存在房地产交易风险的作用。

（5）效率功能：交易的便捷和安全是市场经济的重要特征。经过登记的房地产权利受法律确认，有国家强制力予以保护，当事人可以充分信赖登记的内容，在交易之前不必投入更多的精力和费用去调查、了解对方当事人是否对转让的房地产享有权利或存在权利的负担。由此可以节省交易费用，并能快捷的完成交易，符合市场经济的特征。

4. 房地产登记的原则

1）权利主体一致的原则

房地产是一个有机的不可分割的整体。《城市房地产管理法》规定："房地产转让、抵押，房屋所有权和该房屋占用范围内的土地使用权同时转让、抵押。"

《房屋登记办法》规定："办理房屋登记，应当遵循房屋所有权和房屋占用范围内的土地使用权权利主体一致的原则。"因此，房屋所有权人和该房屋占用的土地使用权人，必须同属一人（包括法人和自然人）。

在办理产权登记时，如发现房屋所有权人与该房屋所占用的土地使用权人不属同一人时，应查明原因，查不清的暂不予办理登记。

2）属地管理原则

房地产是坐落在一定的自然地域上的不可移动的资产。因此，房地产登记必须坚持属地管理原则，即只能由市（县）房地产管理部门负责所辖区范围内的房地产登记工作；权利申请人应到房地产所在地的市（县）房地产管理部门申请登记。

5.《物权法》确定的不动产登记制度

《物权法》对确认物权的规则做了规定，房地产等各类不动产物权的设立、变更、转让和消灭，经依法登记、发生效力；除依法属于国家所有的自然资源所有权、法律另有规定可以不登记的外，不动产物权未经登记，不发生效力。

1) 不动产登记原则

《物权法》第 10 条第 2 款规定:"国家对不动产实行统一登记制度。统一登记的范围、登记机构和登记办法,由法律、行政法规规定。"但由于缺乏实施细则,目前我国的不动产登记仍处于分散状态。如房屋由住房和城乡建设部门登记,建设用地、集体土地和矿产资源等由国土资源部门登记,林地由林业部门登记,草地由农业部门登记,承包经营的耕地也是由农业部门登记,水面、滩涂的养殖使用权由渔业部门登记,海域使用权由国家海洋部门登记。不同登记机构都制定了单独的登记规则,各自形成了一套登记机构、登记人员和登记办法。比如《房屋登记办法》、《土地登记办法》、《林木和林地权属登记管理办法》等,不一而足。

不动产登记由各地的多个部门进行分散登记,一些地方登记机构的工作人员业务水平不一,登记流程互有差异,削弱了对不动产物权的保护力度,也造成信息分散、重复登记、数据不统一等问题,有违物权登记初衷。"多头行政"使得登记成为一个社会成本很高的复杂过程,为"物"的流转设置了不必要的障碍,是导致不动产交易秩序混乱的重要原因,也让一些人钻了制度的漏洞,以非法手段攫取了大量财富。近年来,全国各地"房叔"、"房妹"、"房姐"、"房媳"等"房氏"家族成员不断扩大,其背后都与房产信息系统和社会征信系统的缺失有关。因此,各界对建立不动产统一登记制度的呼声强烈。

新闻链接:国务院将出台不动产统一登记制度

2013 年 3 月 28 日,国务院办公厅就实施《国务院机构改革和职能转变方案》任务分工进行通知,要求 2014 年 6 月底前出台并实施不动产统一登记制度,由国土资源部、住房城乡建设部会同法制办、税务总局等有关部门负责。

一套房子需领取两本权证、买卖房产要办两道手续,对目前全国绝大多数地方的老百姓来说属于正常现象。不动产统一登记制度实施后,我国将按照同一件事由一个部门负责的原则,整合房屋登记、林地登记、草原登记、土地登记的职责,由一个部门承担。"一套房子两个证"的情况将成为历史。不动产统一登记制度将更好地维护房地产市场的交易安全,增强交易的透明度,降低交易成本,提高交易效率。

不动产登记由不动产所在地的登记机构办理。当事人申请不动产登记,应当根据不同登记事项提供权属证明和不动产界址、面积等必要材料。事人提供虚假材料申请登记,给他人造成损害的,应当承担赔偿责任。不动产登记费按件收取,不得按照不动产的面积、体积或者价款的比例收取。具体收费标准由国务院有关部门会同价格主管部门规定。

2) 登记机构的审查义务

所谓审查义务就是指登记机构在审查有关的登记申请中,承担何种审查职责。关于登记机构的审查义务,主要有两种模式:一种是形式审查,另一种是实质审查。

《物权法》第 12 条规定了登记机构应当履行的职责为:①查验申请人提供的权属证明和其他必要材料;②就有关登记事项询问申请人;③如实、及时登记有关事项;④法律、行政法规规定的其他职责。申请登记的不动产的有关情况需要进一步证明的,登记机构可以要求申请人补充材料,必要时可以实地查看。

同时,《物权法》第 18、13 条规定,权利人、利害关系人可以申请查询、复制登记资料,登记机构应当提供。登记机构不得要求对不动产进行评估;不得以年检等名义进行重复登记;不得有超出登记职责范围的其他行为。

事人提供虚假材料申请登记,给他人造成损害的,应当承担赔偿责任。登记机构因登记错误，给他人造成损害的，应当承担赔偿责任。登记机构赔偿后，可以向造成登记错误的人追偿。

3）不动产登记的载体

不动产登记簿是法律规定的不动产物权登记机构管理的不动产物权登记档案，是物权归属和内容的根据。不动产权属证书，即不动产的所有权证、使用权证等，是登记机构颁发给权利人作为其享有权利的证明，是不动产登记簿所记载内容的外在表现形式。不动产权属证书记载的事项，应当与不动产登记簿一致；如记载不一致的，除有证据证明不动产登记簿确有错误外，以不动产登记簿为准。

4）不动产登记的生效时间

不动产物权的设立、变更、转让和消灭，依照法律规定应当登记的，自记载于不动产登记簿时发生效力。因人民法院、仲裁委员会的法律文书或者人民政府的征收决定等，导致物权设立、变更、转让或者消灭的，自法律文书或者人民政府的征收决定等生效时发生效力。因继承或者受遗赠取得物权的，自继承或者受遗赠开始时发生效力。因合法建造、拆除房屋等事实行为设立或者消灭物权的，自事实行为成就时发生效力。

当事人之间订立有关设立、变更、转让和消灭不动产物权的合同，除法律另有规定或者合同另有约定外，自合同成立时生效；未办理物权登记的，不影响合同效力。享有不动产物权的，处分该物权时，依照法律规定需要办理登记的，未经登记，不发生物权效力。

5）几种特殊的登记制度

（1）更正登记：所谓更正登记，是指权利人、利害关系人认为不动产登记簿记载的事项有错误时，经其申请，经过权利人书面同意更正或者有证据证明登记确有错误的，登记机构对错误事项进行更正的登记。《物权法》第19条规定，权利人、利害关系人认为不动产登记簿记载的事项错误的，可以申请更正登记。不动产登记簿记载的权利人书面同意更正或者有证据证明登记确有错误的，登记机构应当予以更正。

（2）异议登记：所谓异议登记就是指利害关系人对不动产登记簿记载的物权归属等事项有异议的，可以通过异议登记以保护其权利。其法律效力是使登记簿所记载权利失去推定的效力。《物权法》规定，不动产登记簿记载的权利人不同意更正的，利害关系人可以申请异议登记。登记机构予以异议登记的，申请人在异议登记之日起15日内不起诉，异议登记失效。异议登记不当，造成权利人损害的，权利人可以向申请人请求损害赔偿。

（3）预告登记：预告登记是不动产登记的特殊类型。其他登记类型都是对现实的不动产物权进行的登记，而预告登记所登记的是将来发生不动产物权变动的请求权。所谓预告登记，就是为保全关于不动产物权的请求权而将此权利进行的登记。它将债权请求权予以登记，使其具有对抗第三人的效力，使妨害其不动产物权登记请求权所为的处分无效，以保障将来本登记的实现。通俗地讲，预告登记是房子未交付，但购房合同已经签了，房款也办妥了，不管是现金还是贷款，按以前的法律解释，没有拿到房子钥匙，购房者就没有产权，办理预告登记就是让购房户在还没有拿到房子的这个时间段里取得合法的产权，保护自己的合法权益。《物权法》第20条规定，当事人签订买卖房屋或者其他不动产物权的协议，为保障将来实现物权，按照约定可以向登记机构申请预告登记。预告登记后，未经预告登记的权利人同意处分该不动产的，不发生物权效力。预告登记后，债权消灭或者自能够进行不动产登记之日起3个月内未申请登记的，预告登记失效。

典型案例： 2010年1月，张女士在北京一家房地产公司买了一套期房，双方签订了商品房预售合同。合同约定，房地产公司将于2010年底交房。为了保证张女士在房屋建成后获得房屋的产权，张女士和房地产公司应共同申请预购商品房"预告登记"。然后，张女士向银行借款用于支付购房款，并签订个人借款抵押合同，此时张女士和银行应当共同申请以预购商品房设定抵押的"预告登记"，经"预告登记"后，银行才会将购房款支付到房地产公司指定的银行账户中。

如果签订商品房预售合同后，房地产公司不配合张女士办理"预告登记"，张女士可根据预售合同中的约定，单方申请"预告登记"，以防止房地产公司"一房二卖"。经"预告登记"后，未经张女士同意，房地产公司不能将这套期房再预售给他人或抵押。

这一条款同样适用于二手房买卖。假设张女士欲从周先生手中买下一套二手房。在双方没有申请办理转移登记之前，如果张女士担心对方违约，可根据合同的约定，单方申请"预告登记"。经"预告登记"后，不经张女士同意，周先生无法将房屋再转卖。

3.5.2 土地权属登记

土地权属登记包括土地所有权登记和土地使用权登记，具体包括国有土地使用权登记、集体土地所有权登记、集体土地建设用地使用权登记和他项权利登记。根据登记的阶段和内容不同，又可分为土地权属权的初始登记和变更登记。

1. 土地总登记

土地总登记是指在一定时间内对辖区内全部土地或者特定区域内土地进行的全面登记。土地总登记应当发布通告。对符合总登记要求的宗地，由国土资源行政主管部门予以公告。公告期满，当事人对土地总登记审核结果无异议或者异议不成立的，由国土资源行政主管部门报经人民政府批准后办理登记。

2. 土地初始登记

土地初始登记是指土地总登记之外对设立的土地权利进行的登记。

(1) 申请划拨国有建设用地使用权初始登记。依法以划拨方式取得国有建设用地使用权的，当事人应当持县级以上人民政府的批准用地文件和国有土地划拨决定书等相关证明材料，申请划拨国有建设用地使用权初始登记。新开工的大中型建设项目使用划拨国有土地的，还应当提供建设项目竣工验收报告。

(2) 申请出让国有建设用地使用权初始登记。依法以出让方式取得国有建设用地使用权的，当事人应当在付清全部国有土地出让价款后，持国有建设用地使用权出让合同和土地出让价款缴纳凭证等相关证明材料，申请出让国有建设用地使用权初始登记。

(3) 申请划拨转为出让国有建设用地使用权初始登记。划拨国有建设用地使用权已依法转为出让国有建设用地使用权的，当事人应当持原国有土地使用证、出让合同及土地出让价款缴纳凭证等相关证明材料，申请出让国有建设用地使用权初始登记。

(4) 申请租赁国有建设用地使用权初始登记。依法以国有土地租赁方式取得国有建设用地使用权的，当事人应当持租赁合同和土地租金缴纳凭证等相关证明材料，申请租赁国有建设用地使用权初始登记。

(5) 申请作价出资或者入股国有建设用地使用权初始登记。依法以国有土地使用权作价出资或者入股方式取得国有建设用地使用权的，当事人应当持原国有土地使用证、土地使用权出资或者入股批准文件和其他相关证明材料,申请作价出资或者入股国有建设用地使用权初始登记。

(6) 申请授权经营国有建设用地使用权初始登记。以国家授权经营方式取得国有建设用地使用权的,当事人应当持原国有土地使用证、土地资产处置批准文件和其他相关证明材料,申请授权经营国有建设用地使用权初始登记。

(7) 申请集体土地所有权初始登记。农民集体土地所有权人应当持集体土地所有权证明材料,申请集体土地所有权初始登记。

(8) 申请集体建设用地使用权初始登记。依法使用本集体土地进行建设的,当事人应当持有批准权的人民政府的批准用地文件,申请集体建设用地使用权初始登记。

(9) 集体土地所有权人依法以集体建设用地使用权入股、联营等形式兴办企业的,当事人应持有批准权的人民政府的批准文件和相关合同,申请集体建设用地使用权初始登记。

(10) 申请土地使用权抵押登记。依法抵押土地使用权的,抵押权人和抵押人应当持土地权利证书、主债权债务合同、抵押合同以及相关证明材料,申请土地使用权抵押登记。同一宗地多次抵押的,以抵押登记申请先后为序办理抵押登记。符合抵押登记条件的,国土资源行政主管部门应当将抵押合同约定的有关事项在土地登记簿和土地权利证书上加以记载,并向抵押权人颁发土地他项权利证明书。申请登记的抵押为最高额抵押的,应当记载所担保的最高债权额、最高额抵押的期间等内容。

(11) 申请地役权登记。根据《物权法》的规定,"地役权"自合同生效时设立,当事人要求登记的,可向登记机构申请地役权登记;未经登记不得对抗善意第三人。

在土地上设定地役权后,当事人申请地役权登记的,供役地权利人和需役地权利人应当向国土资源行政主管部门提交土地权利证书和地役权合同等相关证明材料。符合地役权登记条件的,国土资源行政主管部门应当将地役权合同约定的有关事项分别记载于供役地和需役地的土地登记簿和土地权利证书中,并将地役权合同保存于供役地和需役地的宗地档案中。供役地、需役地分属不同国土资源行政主管部门管辖的,当事人可以向负责供役地登记的国土资源行政主管部门申请地役权登记。负责供役地登记的国土资源行政主管部门完成登记后,应当通知负责需役地登记的国土资源行政主管部门,由其记载于需役地的土地登记簿。

典型案例: 甲乙两工厂相邻。甲工厂原有一个东门,为了让职工上下班进出方便,想开个西门,但必须借用乙工厂的道路通行。于是,甲乙两工厂约定,甲向乙支付使用费,乙工厂允许甲工厂的员工通行,为此,双方达成书面协议,在乙工厂的土地上设立"通行地役权",利用期限为10年。双方向登记机构申请地役权登记。

根据《物权法》规定,已经登记的地役权变更、转让或者消灭的,应当及时办理变更登记或者注销登记。

在上述案例中,假设办理了地役权登记后,乙工厂转让给了丙工厂,由于地役权合同已经登记,丙工厂不得以"不知情"为由拒绝履行地役权合同,丙工厂须继续履行原地役权合同。因此,甲工厂、乙工厂和丙工厂,应签订"地役权"转让合同,并向原登记机构申请地役权变更登记。

3. 土地变更登记

土地变更登记是指因土地权利人发生改变,或者因土地权利人姓名或者名称、地址和土地用途等内容发生变更而进行的登记。

申请土地变更登记的情形有：国有建设用地使用权转让；因处分抵押财产而取得土地使用权；因人民法院、仲裁机构生效的法律文书或者因继承、遗赠取得土地使用权；土地权利人姓名或名称、地址发生变化；土地的用途发生变更。

4. 土地注销登记

土地注销登记是指因土地权利的消灭等而进行的登记。申请土地注销登记的情形有：依法收回的国有土地；依法征收的农民集体土地；因人民法院、仲裁机构的生效法律文书致使原土地权利消灭的；当事人未办理注销登记的；因自然灾害等原因造成土地权利消灭的；非住宅国有建设用地使用权期限届满，国有建设用地使用权人未申请续期或者申请续期未获批准的。当事人未按国土资源部《土地登记办法》的规定申请注销登记的，国土资源行政主管部门应当责令当事人限期办理；逾期不办理的，进行注销公告，公告期满后可直接办理注销登记。土地抵押期限届满，当事人未申请土地使用权抵押注销登记的，除设定抵押权的土地使用权期限届满外，国土资源行政主管部门不得直接注销土地使用权抵押登记。

土地登记注销后，土地权利证书应当收回；确实无法收回的，应当在土地登记簿上注明，并经公告后废止。

5. 土地其他登记

土地其他登记是指上述土地登记类型以外的，更正登记、异议登记、预告登记和查封登记等土地登记。

1）更正登记

国土资源行政主管部门发现土地登记簿记载的事项确有错误的，应当报经人民政府批准后进行更正登记，并书面通知当事人在规定期限内办理更换或者注销原土地权利证书的手续。当事人逾期不办理的，国土资源行政主管部门报经人民政府批准并公告后，原土地权利证书废止。更正登记涉及土地权利归属的，应当对更正登记结果进行公告。

土地权利人认为土地登记簿记载的事项错误的，可以持原土地权利证书和证明登记错误的相关材料，申请更正登记。利害关系人认为土地登记簿记载的事项错误的，可以持土地权利人书面同意更正的证明文件，申请更正登记。

2）异议登记

利害关系人认为土地登记簿记载的事项存在错误，而土地登记簿记载的权利人又不同意更正的，利害关系人可以申请异议登记。国土资源行政主管部门将相关事项记载于土地登记簿，并向申请人颁发异议登记证明，同时书面通知土地登记簿记载的土地权利人。异议登记期间，未经异议登记权利人同意，不得办理土地权利的变更登记或者设定土地抵押权。

异议登记申请人在异议登记之日起15日内没有起诉的、人民法院对异议登记申请人的起诉不予受理的，或者人民法院对异议登记申请人的诉讼请求不予支持的情形，异议登记申请人或者土地登记簿记载的土地权利人可以持相关材料申请注销异议登记。异议登记失效后，原申请人就同一事项再次申请异议登记的，国土资源行政主管部门不予受理。

3）预告登记

当事人签订土地权利转让的协议后，可以按照约定持转让协议申请预告登记。对符合预告登记条件的，国土资源行政主管部门应当将相关事项记载于土地登记簿上，并向申请人颁发预告登记证明。

预告登记期间，未经预告登记权利人同意，不得办理土地权利的变更登记或者土地抵押权、地役权登记。预告登记后，债权消灭或者自能够进行土地登记之日起3个月内当事人未申请土地登记的，预告登记失效。

4) 查封登记

查封登记指国土资源行政主管部门根据人民法院提供的查封裁定书和协助执行通知书，报经人民政府批准后将查封或者预查封的情况在土地登记簿上加以记载。

3.5.3 房屋权属登记

房屋权属登记是指房地产行政主管部门代表政府对房屋所有权以及由上述权利产生的抵押权、典权等房屋他项权利进行登记，并依法确认房屋产权归属关系的行为。

1. 房屋登记的类型

根据《房屋登记办法》，房屋登记包括以下几类。

（1）房屋所有登记是指房屋登记机构根据申请人的申请，将房屋所有权或所有权变动等事项，在登记簿上予以记载的行为。房屋所有权登记分为房屋所有权初始登记、房屋所有权变更登记、房屋所有权转移登记、房屋所有权注销登记。

房屋所有权初始登记是指新建房屋申请人，或原有但未进行过登记的房屋申请人原始取得所有权而进行的登记。

房屋所有权变更登记是指房地产权利人因法定名称改变，或是房屋状况发生变化而进行的登记，如权利人法定名称变更或者房地产现状、用途变更，房屋门牌号码的改变，路名的更改，房屋的翻、改建或添建而使房屋面积增加或减少，部分房屋拆除等。

房屋所有权转移登记是指房屋因买卖、赠与、交换、继承等原因致使房屋所有权发生转移而进行的登记。

房屋所有权注销登记是指因房屋或土地灭失、放弃房屋所有权等情形，导致丧失房屋所有权等而进行的登记。

（2）房屋抵押权登记是指房屋登记机构根据抵押当事人申请，依法将抵押权设立、转移、变动等事项在登记簿上予以记载的行为。

房屋抵押权登记分为一般抵押登记和最高额抵押登记。

一般抵押登记包括房屋抵押权设立登记、房屋抵押权变更登记、房屋抵押权转移登记、房屋抵押权注销登记。

最高额抵押登记包括房屋最高额抵押权设立登记、房屋最高额抵押权变更登记、房屋最高额抵押权转移登记、房屋最高额抵押权注销登记和房屋最高额抵押权确定登记。

（3）地役权登记是指房屋登记机构根据当事人申请，依法将地役权设立、转移、变动等有关事项在需役地和供役地登记簿上予以记载的行为。

（4）房屋预告登记是指申请人为保障将来的物权实现，按照约定向房屋登记机构申请，房屋登记机构依法将申请事项在登记簿上予以记载的预先登记行为。

（5）房屋其他登记是指上述房屋登记类型以外的，更正登记、异议登记、撤销登记、查封登记等房屋登记。

2. 房屋登记的范围

《物权法》、《城市房地产管理法》，特别是《城乡规划法》的颁布实施，对完善和建立城乡统筹管理体制，实行城乡一体化的房屋登记创造了积极的条件。依据《物权法》、《城市房地产管理法》和《村庄和集镇规划建设管理条例》等法律、行政法规制定的《房屋登记办法》的适用范围，既包括国有土地上的房屋，也包括集体土地上的房屋。同时，《房屋登记办法》还规定，具有独立利用价值的特定空间以及码头、油库等其他建筑物、构筑物，也可以参照房屋登记的规定和程序，由房屋登记机构依法登记。

3. 房屋登记机构

《城市房地产管理法》规定："由县级以上人民政府房产管理部门核实并颁发房屋所有权证书"。国务院1994年《关于深化城镇住房制度改革的决定》中规定："职工购买住房，都要到房产管理部门办理住房过户和产权转移登记手续，同时要办理相应的土地使用权变更登记手续，并领取统一制定的产权证书"。

2000年，国务院法制办对原建设部《关于请求解释〈城市房地产管理法〉中房产管理部门的函》的复函中明确了核发房屋所有权证书的部门，是指县级以上地方人民政府行使房产行政管理职能的部门。《房屋登记办法》规定，房屋登记机构是指直辖市、市、县人民政府建设（房地产）主管部门或者其设置的负责房屋登记工作的机构。依据上述法律、法规的规定，直辖市、市、县人民政府建设（房地产）主管部门或者其设置的负责房屋登记工作的机构是法定的房屋登记和发证机关，其他部门登记和发放的房屋所有权证书不具有法律效力，不受国家法律的保护。

4. 房屋登记的基本要求

1) 以共同申请为原则，以单方申请为例外

申请房屋登记原则上由有关当事人双方共同申请，但特殊情形下，也可以单方申请。

《房屋登记办法》规定，可以由当事人单方申请的情形有：因合法建造房屋取得房屋权利；因人民法院、仲裁委员会的生效法律文书取得房屋权利；因继承、受遗赠取得房屋权利；《房屋登记办法》所列变更登记情形之一；房屋灭失；权利人放弃房屋权利；法律、法规规定的其他情形。

对建筑区划内依法属于全体业主共有的公共场所、公用设施和物业服务用房等房屋，由房地产开发企业申请房屋所有权初始登记时，一并申请登记。建筑区划内依法属于全体业主共有的公共场所、公用设施和物业服务用房等房屋，由房屋登记机构在房屋登记簿上予以记载，不颁发房屋权属证书。

2) 以查验申请资料为主，实施必要的实地查看

《房屋登记办法》对不同类型的房屋登记申请人要提供的材料做出了具体的规定。询问结果应当经申请人签字确认，并予以保留。

在做好材料查验、事项询问的基础上，依据《物权法》的要求，《房屋登记办法》还规定，房屋所有权初始登记、在建工程抵押登记、因房屋灭失导致的房屋所有权注销登记，以及法律、法规规定的应当实地查看的其他房屋登记，房屋登记机构应当实地对拟登记的房屋进行实地查看。

3) 按房屋基本单元进行登记

房屋按照基本单元进行登记。房屋基本单元是指有固定界限、可以独立使用并且有明确、唯一的编号的房屋或者特定空间。《房屋登记办法》规定：国有土地范围内成套住房，以套为基本单元进行登记；非成套住房，以房屋的幢、层、间等有固定界限的部分为基本单元进行登记。非住房以房屋的幢、层、套、间等有固定界限的部分为基本单元进行登记。

5. 房屋登记的程序

办理房屋登记，要经过申请、受理、审核、记载于登记簿和发证等程序。房屋登记机构认为必要时，可以就登记事项进行公告。

1) 申请

房屋登记是依当事人的申请而进行的。申请人可以是自然人，也可以是法人或其他组织。申请人为自然人的，应具备完全民事行为能力，即一般为年满18周岁智力正常的成年人。未成年人和其他限制行为能力人(如精神病人)由其监护人代为申请。监护人代为申请时，还应当提交证明其监护身份的证明材料。监护人处分未成年人房屋时，还应当提供处分是为了未成年人利益的书面保证。申请人为自然人的，其申请登记使用的姓名，应当与其身份证件上的姓名一致。申请人为法人或其他组织的，应当使用其法定名称，由其法定代表人申请登记。申请人也可以委托代理人申请房屋登记。委托代理的，代理人应当提交委托书和证明其委托身份的证明。境外申请人委托代理人申请房屋登记的，其授权委托书应当按照国家有关规定办理公证或者认证。对共有房屋，由共有人共同申请登记。但共有房屋所有权变更登记，可以由相关的共有人申请。

2) 受理

受理是房屋登记机构查验申请人提交的有关证件，如其手续完备，则房屋登记机构接受申请人申请的行为。受理时，房屋登记机构工作人员应当根据法律、法规以及有关政策规定，查阅申请人提交的证明文件，并就与登记有关的事项询问申请人，对询问结果应进行记录并要求申请人签字确认。对提交登记文件齐备、来源清楚的，房屋登记机构应当受理登记申请，并出具书面凭证。对手续不全或权属来源尚不能表述清楚的，房屋登记机构不受理登记申请，并应告知申请人不予受理的原因以及一次性书面告知申请人需要补齐的文件。

3) 审核

审核是房屋登记机构对受理的申请登记事项进行审查核实，作出准予登记或者不予登记决定的行为，主要是审核查阅登记簿、申请人提交的各种证件，核实房屋现状、权属来源等。权属审核一般要经过初审、复审和终审。初审是对申请人提交的证件、证明以及墙界情况、房屋状况等进行核实。复审要依据初审中已确定的事实，按照法律法规及有关政策规定，并充分利用房屋登记机构现存的各项资料及测绘图件，反复核对，以确保权属审核的准确性。终审是最后的审查，经终审批准后，该项登记审核工作成立。房屋登记机构将申请登记事项记载于房屋登记簿之前，申请人可以撤回登记申请。

4) 记载于登记簿

经审核后，登记申请符合下列条件的，房屋登记机构应当予以登记，将申请登记事项记载于房屋登记簿。

(1) 申请人与依法提交的材料记载的主体一致。

(2) 申请初始登记的房屋与申请人提交的规划证明材料记载一致，申请其他登记的房屋与房屋登记簿记载一致。

(3) 申请登记的内容与有关材料证明事实一致。

(4) 申请登记的事项与房屋登记簿记载的房屋权利不冲突。

依照法律规定，房屋登记机构将申请登记的事项记载于不动产登记簿起，所登记事项发生效力。房屋登记机构将申请登记事项记载于房屋登记簿之前，申请人可以撤回登记申请。

5) 发证

向权利人发放权属证书是登记程序的最后一项，是房屋登记机构在做出准予登记的决定后，向申请人发放房屋权属证书（含登记证明）的行为。房屋权属证书是权利人依法拥有房屋所有权并对房屋行使占有、使用、收益和处分权利的唯一合法凭证，它受到国家法律保护，包括《房屋所有权证》、《房屋共有权证》、《房屋他项权证》。房屋权属证书由国务院建设主管部门统一制定式样、统一监制、统一编号规则。其中，所有权证指由县级以上房产管理部门向房屋所有人核发的对房屋拥有合法所有权利的证书；共有权证指由县级以上房产管理部门对共有的房屋向共有权人核发的，每个共有权人各持一份的权利证书，是《房屋所有权证》的附件，用以证明共有房屋的归属；他项权证指在他项权利登记后，由房管部门核发、由抵押权人持有的权利证书。

房屋登记机构应当根据房屋登记簿的记载，缮写并向权利人发放房屋权属证书。

房屋登记机构认为必要时，可以就登记事项进行公告。公告并不是房屋登记的必经程序，是否有必要公告，由房屋登记机构根据情况确定。

6. 不予房屋登记的情形

对于房屋能否予以登记，《房屋登记办法》也制定了一系列详细标准。其中规定了不予登记标准，即具有下列情形之一的房屋，房屋登记机构应当不予登记。

①未依法取得规划许可、施工许可或者未按照规划许可的面积等内容建造的建筑申请登记的；②申请人不能提供合法、有效的权利来源证明文件或者申请登记的房屋权利与权利来源证明文件不一致的；③申请登记事项与房屋登记簿记载冲突的；④申请登记房屋不能特定或者不具有独立利用价值的；⑤房屋已被依法征收、没收，原权利人申请登记的；⑥房屋被依法查封期间，权利人申请登记的；⑦法律、法规和本办法规定的其他不予登记的情形。

7. 房屋登记的时限

自受理登记申请之日起，房屋登记机构应当于下列时限内（表3-2），将申请登记事项记载于房屋登记簿或者做出不予登记的决定。

表3-2 房屋登记的时限

登记类型	时限
国有土地范围内房屋所有权登记	30个工作日
集体土地范围内房屋所有权登记	60个工作日
抵押权、地役权登记	10个工作日
预告登记、更正登记	10个工作日
异议登记	1个工作日

法律、法规对登记时限另有规定的，从其规定。公告时间不计入上述规定时限。因特殊原因需要延长登记时限的，经房屋登记机构负责人批准可以延长，但最长不得超过原时限的一倍。

8. 房屋登记的其他规定

1) 关于最高额抵押登记

以房屋设定最高额抵押的，应当申请最高额抵押权设立登记。对最高额抵押权设立前已存在债权转入最高额抵押担保的债权范围，申请登记的，申请人还应当提交已存在债权的合同或其他登记原因证明材料、抵押人与抵押权人同意将该债权纳入最高额抵押权担保范围的书面材料。对符合规定条件的最高额抵押权设立登记，房屋登记机构应当将抵押当事人、债务人的名称(姓名)、登记时间、最高债权额、债权确定的期间记载于房屋登记簿，并明确记载其为最高额抵押权。

最高额抵押权担保的债权确定前，最高额抵押权发生转移的，转让人和受让人应当持登记申请书、申请人的身份证明、他项权利证书、最高额抵押权担保的债权尚未确定的证明材料、最高额抵押权发生转移的证明材料等申请最高额抵押权转移登记。最高额抵押权担保的债权确定前，债权人转让部分债权的，除当事人另有约定外，房屋登记机构不得办理最高额抵押权转移登记。当事人约定最高额抵押权随同部分债权的转让而转移的，应当在办理最高额抵押权确定登记之后，按照规定办理抵押权转移登记。

对符合规定条件的最高额抵押权确定登记，登记机构应当将最高额抵押权担保的债权已经确定的事实记载于房屋登记簿。当事人协议确定或者人民法院、仲裁委员会生效的法律文书确定了债权数额的，房屋登记机构可以依照当事人一方的申请将债权数额确定的事实记载于房屋登记簿。

2) 关于房屋预告登记

当事人预购商品房、以预购商品房设定抵押、房屋所有权转让(抵押)或有法律、法规规定的其他可以申请房屋预告登记情形的，可以向房屋登记机构申请房屋预告登记。预售人和预购人订立商品房买卖合同后，预售人未按照约定与预购人申请预告登记，预购人可以单方申请预告登记。预告登记后，未经预告登记的权利人书面同意，处分该房屋申请登记的，房屋登记机构应当不予办理。预告登记后，债权消灭或者自能够进行相应的房屋登记之日起3个月内，当事人申请房屋登记的，房屋登记机构应当按照预告登记事项办理相应的登记。预告登记的其他事项在房屋登记簿上予以记载后，由房屋登记机构发放预告登记证明。

3) 关于房屋更正登记和异议登记

权利人、利害关系人认为房屋登记簿记载的事项有错误的，可申请更正登记。房屋登记簿记载确有错误的，房屋登记机构应当予以更正；需要更正房屋权属证书内容的，应当书面通知权利人换领房屋权属证书；房屋登记簿记载无误的，应当不予更正，并书面通知申请人。

房屋登记机构发现房屋登记簿的记载错误不涉及房屋权利归属和内容的，应当书面通知有关权利人在规定期限内办理更正登记；当事人无正当理由逾期不办理更正登记的，房屋登记机构可以依据申请登记材料或者有效的法律文件对房屋登记簿的记载予以更正，并书面通知当事人。对于涉及房屋权利归属和内容的房屋登记簿的记载错误，房屋登记机构应当书面通知有关权利人在规定期限内办理更正登记；办理更正登记期间，权利人因处分其房屋权利申请登记的，房屋登记机构应当暂缓办理。

利害关系人认为房屋登记簿记载的事项错误而权利人不同意更正的，利害关系人可以申请异议登记。房屋登记机构受理异议登记的，应当将异议事项记载于房屋登记簿。异议登记期间，房屋登记簿记载的权利人处分房屋申请登记的，房屋登记机构应当暂缓办理。权利人处分房屋申请登记，房屋登记机构受理登记申请但尚未将申请登记事项记载于房屋登记簿之前，第三人申请异议登记的，房屋登记机构应当中止办理原登记申请，并书面通知申请人。

异议登记期间，异议登记申请人起诉，人民法院不予受理或驳回其诉讼请求的，异议登记申请人或者房屋登记簿记载的权利人可以持登记申请书、申请人的身份证明、相应的证明文件等材料申请注销异议登记。

4）关于基于判决、仲裁的登记

因人民法院或者仲裁委员会生效的法律文书取得房屋所有权，人民法院协助执行通知书要求房屋登记机构予以登记的，房屋登记机构应当予以办理。登记机构予以登记的，应当在房屋登记簿中记载基于人民法院或者仲裁委员会生效的法律文书予以登记的事实。人民法院、仲裁委员会的生效法律文书确定的房屋权利归属或权利内容与房屋登记簿记载的权利状况不一致的，房屋登记机构应当按照当事人的申请或有关法律文书，办理相应的登记。

司法机关、行政机关、仲裁委员会发生法律效力的文件证明当事人以隐瞒真实情况、提交虚假材料等非法手段获取房屋登记的，房屋登记机构可以撤销原房屋登记，收回房屋权属证书、登记证明或者公告作废，但房屋权利为他人善意取得的除外。

5）关于在建工程抵押登记

以在建工程设定抵押的，当事人应当申请在建工程抵押权设立登记。在建工程抵押权可变更、转让。已经登记在建工程抵押权变更、转让或者消灭的，当事人应当申请变更登记、转移登记、注销登记。在建工程竣工并经房屋所有权初始登记后，当事人应当申请将在建工程抵押权登记转为房屋抵押权登记。在建工程抵押权登记的其他事项在房屋登记簿上予以记载后，由房屋登记机构发放在建工程抵押登记证明。

【例3-3】 一房两卖产权归谁？

1994年3月，张二购买邳州市运河镇跃进街道赵某平房三间及院落一座。张二因种种原因，即将此房登记在其妹夫索某名下，1996年7月张二又以其妹夫之名申办手续，将此房翻建成三层楼房；2001年5月张二举家迁居异地，将此房转卖给其胞弟张三，张三自知该房底细，未提出异议，交足房款后，便迁入居住，一直未办理房屋产权过户登记手续。索某对张二未将此房转卖给自己而心生不满，一气之下，将登记在自己名下的房屋转卖给不知情的第三人黄某，黄某交足房屋对价款后，于2001年11月双方到有权机关办理了产权过户手续。张三得知后，遂诉到法院，要求确认索某与黄某买卖关系无效，并要求索某、黄某将房屋的产权证过户到自己名下。

【疑惑】 你认为法院应如何处理该案情？

【解析】（1）张三与张二买卖行为的效力

张二支付对价购买他人之房，并占有、使用、收益多年，虽将房屋产权证办理在亲戚索某名下，但作为事实上的房主出卖该房予张三，其主体适格且有要约、成诺，买卖行为成立。

本案中，张二购买他人之房后，取得房屋的所有权，由于种种原因，后将该房产权登记在索某名下，对于该房不动产物权而言，就形成了登记的物权人与未纳入登记的真正权利人相分离的形象，对该房享有权利的张二出于真实意思表示，在未违反法律、法规的情况下，将此房转卖给张三，且张三已支付了对价，并占有了该房。据上述理论，其买卖行为应该是合法有效的，虽未办理产权过户手续，也不影响其买卖协议的效力。

(2) 黄某与索某的买卖行为效力。

出现法律上的物权人与事实上的物权人相分离的情况，常常是因为物权人自己造成的，即在法律上的物权人与事实上的物权人之间有一种内部关系，但这种内部关系属于两种权利之间的内部冲突，与其他人无关，不能对抗善意第三人，对第三人不产生拘束力。由于《物权法》的设立，移转产权登记要件，这种公示原则，就是为了保护交易的安全，保护第三人的利益。第三人作为上述内部关系的相对人，对此并不明知，无法也无义务确切了解到该物权的实际情况，只能从物权公示的形式来推定，判断物权的所有人，与其发生交易。如果登记不产生公示效力，则不仅使登记制度形同虚设，而且无法维护交易安全、交易中无章可循，作为第三人只能根据公示原则，来推定物权的合法所有人。第三人欲取得物权，应保护与法定物权人所定合同有效，应排除第三人应知或明知房屋的情况，还应排除与他人恶意串通之嫌，只能是一种善意的有偿取得，只有这样才能保证第三人与法定物权人所定合同的效力。

结合本案，作为有举证义务的责任人张三既没有证据证明黄某对所诉争标的物存在已知内部事实的可能性，又无证据证明黄某与索某恶意串通之嫌。索某作为法律上的物权人擅自将房屋卖给不知情的第三人黄某，第三人黄某在买卖之时，只能根据产权登记证，来推定判断物权人，对其内部情况并不知道，也无义务知道，因此黄某与索某在出于真实意思表示的情况下，所签订的房屋买卖合同应属有效。张三请求法院确认索某与黄某买卖关系无效，法院不应支持。

(3) 张三无权要求索某、黄某将房屋产权证过户到自己名下。

按照《物权法》的规定，不动产登记采取公示要件主义，不动产登记是物权变动的成立要件，而不是买卖合同的生效要件，当事人未办理登记手续，不影响买卖合同本身的效力，但不发生所有权转移，因此张三与张二，索某与黄某两买卖合同均成立有效，买卖时未登记，虽不影响合同的效力，但只约束买卖双方当事人，不能对抗买卖合同之外的第三人。

第三人经买卖、登记过户以后，是否就取得了该房屋的所有权？不一定，第三人欲取得物权，应同时具有以下条件：第一，第三人应根据法律行为取得物权。不是依法律行为而取得的，即使办理了登记也不当然产生公信力；第二，第三人必须是善意地有偿取得。第三人取得房屋需支付对价，且无有效证据证明第三人明知或应知法律上的物权人不是事实上的物权人；第三，第三人已经进行了不动产登记。同时符合上述3个条件才能说明房屋买卖合同有效，物权变动已成立。

结合本案，黄某在不知标的物内情的情况下，善意有偿支付对价取得该标的物，并办理了产权过户手续；根据上面的分析，黄某当然取得了房屋的所有权，成为法律上的物权人，这个房屋的买卖合同当然受法律保护。张三虽支付了房屋的对价，但终因法制观念淡薄，未要求办理产权过户手续，其以占有权来抗辩他人并主张所有权，理由不足，因而不应支持，对于张三的损失应向侵权人索某及张二主张权利，以弥补自己损失，故张三无权要求索、黄二人将房屋产权证过户到自己名下。

3.5.4 房屋权属登记信息查询

《物权法》第18条规定：权利人、利害关系人可以申请查询、复制登记资料，登记机构应当提供。房屋权属登记信息的查询是物权公示原则的具体要求和体现。物权公示原则指物权的各种变动必须采取法律许可的方式向社会予以展示，以获得社会承认和法律保护。确立物权的公示制度，原因主要有两点：一是因为物权是排他性财产权，即一物之上不能有两个或两个以上互不相容的物权。正因为物权具有排他性，倘若外界无法知悉物权变动情况，则容易导致第三人遭受损害；二是因为物权是对世权，其义务人是不特定的任何人。物权的变动不仅仅是权利人个人的事，对于广大的社会公众来说，也都发生权利义务变动的后果。物权人只有以公开的方式将变动事实告知社会公众，才能使物权变动产生效力。对于不动产这种价值较高、较为重要的财产的权利变动必须在国家机关进行登记，以便于社会公众查阅。

所谓的房屋权属登记信息，是指房屋权属登记机关在登记过程形成的与房屋权利直接相关的信息，包括原始登记凭证以及对房屋权利的记载信息。具体而言，原始登记凭证包括房屋权利登记申请表，房屋权利设立、变更、转移、消灭或限制的具体依据，以及房屋权属登记申请人提交的其他资料。对房屋权利的记载信息包括房屋自然状况（坐落、面积、用途等）、房屋权利状况（所有权情况、他项权情况和房屋权利的其他限制等）、以及登记机关记载的其他必要信息。

1. **房屋权属登记信息查询范围**

房屋权属登记信息查询采取"分层次查询"的原则，区分不同的人群，对不同的登记信息规定了不同的查询范围。

1) 可以公开查询的信息

登记机关对房屋权利的记载信息，任何单位和个人都可以公开查询，这类信息向社会公开。主要是房屋登记簿中记载的房屋基本状况及查封、抵押等权利限制状况。具体内容包括：一是房屋自然状况，比如房屋坐落、面积、用途等；二是房屋权利状况，比如他项权利的设定时间、类别、期限，司法查封情况以及登记机关对权利的其他记载。

2) 限制查询的信息

房屋原始登记凭证只在限定的范围内进行查询，不向社会公开，主要有：①房屋权利人或者其委托人可以查询与该房屋权利有关的原始登记凭证；②房屋继承人、受赠人和受遗赠人可以查询与该房屋有关的原始登记凭证；③国家安全机关、公安机关、检察机关、审判机关、纪检监察部门和证券监管部门可以查询与调查、处理的案件直接相关的原始登记凭证；④公证机构、仲裁机构可以查询与公证事项、仲裁事项直接相关的原始登记凭证；⑤仲裁事项、诉讼案件的当事人可以查询与仲裁事项、诉讼案件直接相关的原始登记凭证；⑥涉及国家安全、军事等需要保密的房屋权属登记信息，可以在国家安全、军事等机关同意查询的范围内查询有关原始登记凭证。

2. 房屋权属登记信息查询的程序

1) 查询人提出查询申请

查询人本人查询房屋权属登记信息的，应向房屋所在地的权属登记机关或者房屋档案管理机构提出查询申请，并填写《房屋权属登记信息查询申请表》，明确房屋坐落(室号、部位)或权属证书编号以及需要查询的事项，出具查询人的身份证明或单位法人资格证明。查询人要求查询限制查询的信息时，除了提交上述材料外，还应当分别按照下列规定提交有关证明文件：房屋权利人应提交其权利凭证；继承人、受赠人和受遗赠人应当提交发生继承、赠与和受遗赠事实的证明材料；国家安全机关、公安机关、检察机关、审判机关、纪检监察部门、证券监管部门应当提交本单位出具的查询证明以及执行查询任务的工作人员的工作证件；公证机构、仲裁机构应当提交本单位出具的查询证明、当事人申请公证或仲裁的证明，以及执行查询任务的工作人员的工作证件；仲裁、诉讼案件的当事人应当提交仲裁机构或者审判机关受理案件的证明，受理的案件须与当事人所申请查询的事项直接相关；涉及国家安全、军事等需要保密的信息时，应当提交国家安全、军事等机关同意查询的证明。

房屋权属登记信息既可以由单位和个人自己查询，也可以委托他人查询。委托他人查询的，受托人除了提交本人查询所需要的资料外，还应当提交载明查询事项的授权委托书和受托人身份证明。

2) 查询机构提供查询

符合条件的查询申请，查询机构应及时受理查询人的查询要求，并按照查询人提出的查询事项提供查询服务。如果因特殊原因无法提供查询的或不能及时提供查询的，查询机构应向查询人说明理由。

3) 查询结果证明的出具

查询人要求出具查询结果证明的，查询机构经审核后，可以出具查询结果证明。查询结果证明应注明查询日期及房屋权属信息利用用途。

有下列不能查询情形的，查询机构可以出具无查询结果的书面证明：①按查询人提供的房屋坐落或权属证书编号无法查询的；②要求查询的房屋尚未进行权属登记的；③要求查询的事项、资料不存在的；④对查询当事人的其他要求。

3.6 房地产产籍管理

房地产产籍是以记载房地产产权性质、权源，产权取得方式、界址以及土地和房屋的使用状况等为主要内容的专用图、簿、册的总称。房地产产籍管理是房地产行政管理的基础性工作，涉及面广，关系到群众的切身利益。特别是随着《物权法》的出台实施，理顺房地产产权产籍管理机制、规范房地产行业管理，对社会和个人都具有重大的意义。

3.6.1 房地产产籍管理的概念和特点

产籍的"产"指财产。"籍"有两个含义：一是簿册；二是指一种隶属关系。房地产产籍就是记载房地产权属关系和历史情况的各种房地产权属档案及簿册资料。

因此，房地产产籍管理是指对房地产登记等一系列权属管理法律和测绘过程中所形成的各种图、档、卡、册、表等产籍资料，经过加工整理分类，运用科学的方式进行的综合管理。

房地产产籍管理的特点包括以下几个。

1）专业性

房地产权属管理工作特别是权属登记工作，面广量大，政策性强，形成的档案材料专业性强。产籍资料在内容和形式上与一般公文有明显的区别，内容上反映房地产权属状况和房地产位置和面积大小，文件名称多采用房地产专业术语；形式上，结构规范，多为表格式、填写式。另外，产籍资料有自己专业的管理方法。

2）动态性

产籍资料的动态性是产籍资料最显著的特点。产籍资料形成后，房地产权属和房地情况并不是固定不变的，随着城市建设的发展，房地产市场的活跃，产权人的变化，房屋的买卖、交换、继承、赠与、分析等权属转移的不断发生，房屋的拆除、翻改、扩建日趋频繁，土地分割、合并等房地变更不可避免。因而房地产权属处于不断转移和变更之中，具有极强的动态性。目前，产籍资料因产权变更引起异动的每年约有20％。动态周期又极不确定，而产权管理要求图、档、卡、册与现状始终保持一致，反映实况。随着产权人的变化、房屋现状的变更，产籍资料体系中的图、档、卡、册必须做相应更改，档案目录甚至于档案材料要做动态注记，档案必须补充新材料，以确保档案的真实性、系统性和完整性。产权的动态性，使产籍资料成为"活"档案。

3）真实性

产籍资料是产权沿革的历史记录，这种记录必须与实际相符，记载的产权人、产权范围必须清楚，能在产权审核和排解产权纠纷中起凭证和参考作用。真实性是产籍资料的生命，也是发挥档案现实效用的基础和前提。一个城市的房地产管理部门代表人民政府发放产权证件，这是一项严肃的工作。

4）完整性

产籍资料的完整性体现在以下两个方面。

（1）房地结合：房屋权属登记应当遵循房屋的所有权和该房屋占用范围内的土地使用权权利主体一致的原则。就城市而言，房地是密不可分的。地面上一般都有建筑物，没有房屋就没有城市。房屋总是建筑在土地上，房主取得了土地使用权，一般也拥有房屋所有权；反之，有了房屋所有权，也应同时拥有土地使用权。房产所有权发生转移，土地使用权要与之相一致，也要同时发生转移。因此，作为权属管理记录的房地产档案也应紧密结合，要确保土地和房屋档案的完整，不能人为地割裂房地产档案之间的有机联系。

（2）图、档结合：房地产平面图上注记丘号（地号），这种丘号可作为查找档案的索引。图上标示产权范围，一目了然。图上的产权界线和房屋墙界线结合起来判断，能反映墙的归属，防止产权纠纷。如果离开档案，图则纯粹是毫无意义的几何线条，失去了它的产权含义；反之，档案离开图，产权范围则不明。只有图、档结合，才能把产权真正地反映清楚。

5）价值性

房地产属于不动产，价值高，在单位和个人的财产构成中占有重要地位。因此，产籍资料属于财产档案。产籍资料的有无，保管的好坏，记载得是否准确、全面，将关系到产权人的经济利益。

6）法律性

由记载房屋所有权归属的凭证材料组成的产籍资料具有法律效力，是房地产管理部门和人民法院确认房屋产权、处理房地产纠纷的重要依据。鉴于上述特点，特别是产籍资料的专业性和动态性，产籍资料应由房地产管理部门统一管理并单独进行保管。产籍资料不宜与文书档案、会计档案等其他门类的档案相混淆。

3.6.2 房地产产籍的主要内容

房地产产籍资料是由房地产产籍平面图、房地产档案、房地产卡片、房地产权属账册（表、簿册）4方面组成（简称图、档、卡、册）。产籍资料反映了房地产的权属、坐落、位置、用地面积、房地权界、房屋建筑面积；结构、层数、建筑时间、权源、用途、有无设定他项权利等基本状况。

(1) 图，即房地产产籍平面图。它是一种反映房屋、土地现状的专业图。房地产平面图是由测绘专业人员按国家规定的房产测量规范、标准和程序勘测和绘制出的反映城市房屋和土地的分布、占有、使用等方面情况的专用性图纸。房地产平面图包括房产分幅平面图、房产分丘平面图和房屋分户平面图。

(2) 档，即房地产档案。它是在房地产权属登记中形成和搜集到的涉及房屋所有权及其土地使用权的各种申请表、调查材料，有关契证、证明、原始文件等文字资料，是由专业人员按照国家档案管理的有关规定用科学的方法加以整理、分类、装订所形成的卷册。房地产档案主要记录和反映房地产权利人的房屋所有权、土地使用权状况的历史演变和房地产权属纠纷的处理结果及其过程等方面的情况，是审查和确定房地产权属的重要依据。

(3) 卡，即房地产卡片。它是对房地产权利人的情况、房屋所有权、土地使用权状况以及产权来源等情况扼要摘录而制作的一种卡片。它按房地产产籍地号（丘号）顺序，以一处房屋坐落中的每幢房屋为单位填制的。

(4) 册，即房地产登记簿册。它是房地产权属登记、发证中根据工作需要而分类编制的各种表册的总称。它是产权状况和房地产状况的缩影。它按丘号顺序，以一处房屋为单位分行填制，装订成册；其作用是掌握房屋基本状况和变动情况。

3.6.3 房地产测绘

房地产测绘就是运用测绘仪器、测绘技术来测定房地产的位置、数量、质量等自然状况以及权属、用途、性质、利用状况等社会属性的专业测绘。它可为房产产权、产籍管理，房地产开发利用、交易、征收税费以及城镇规划建设提供数据和资料。房地产测绘的对象是房屋以及与房屋相关的土地。

1. 房产测量的基本内容

房产测绘的主要工作有：确定房屋的位置、界线、质量、数量、属性和现状等，并以文字、数据及图件表示出来。房产测量的基本内容包括7个方面。

1) 房产平面控制测量

房产控制测量的目的是为房产平面测量工作提供一个准确地控制框架(参考系)和定位基准,并控制误差的积累。它是保证房产测量成果质量的基础,也是建立房地产信息系统的基础。

2) 房产调查

房产调查就是查清房屋和房屋用地的地理位置、权属、权界、权源、数量、利用状况以及地理名称和行政境界,并填写调查表。

房屋用地调查与测绘以丘为单元分户进行,房屋调查与测绘以幢为单元分户进行。丘是指地表上一块有界空间的地块。一个地块只属于一个产权单元时称独立丘,一个地块属于几个产权单元时称组合丘。幢是指一座独立的、包括不同结构和不同层次的房屋。

房屋坐落以民政部门确定的道路名称及公安部门编制的门牌号码为准。通常由公安部门出具房屋的门牌证明。

房屋层数和层次调查,室内地坪±0.00以上,层高在2.2m以上的计入自然层;采光窗高于室外地坪的半地下室计入自然层;室内地坪±0.00以下,层高在2.2m以上的计入地下层;房屋总层数=地上层数+地下层数;层次是单元房屋在楼幢中第几层,地下层以负号表示;实践中可结合规划审批文件认定。

建筑结构以房屋的梁、柱、墙等主要承重构件的建筑材料划分类别。它可分为钢结构,钢、钢筋混凝土结构,钢筋混凝土结构,混合结构,砖木结构,其他结构这6种。实践中要结合现场调查以及设计图纸共同确认房屋的建筑结构。

墙体归属以权属单元为单位调查,分为自有墙、共有墙和借墙3种。墙体归属由毗邻各权利人共同确定,注意做好现场记录及签字确认。

3) 房产要素测量

房产要素测量是测定房屋和房屋用地及其相关要素的几何位置,包括边长或坐标。主要的要素有界址点和界址线、房角点和房屋轮廓线,以及房屋的附属设施和房屋维护物的几何位置或相关数据,还有铁路、公路、街道、水域以及相关地物的位置测量,有时还要进行行政境界点和境界线的测量。

4) 房产图绘制

将房产测量得到的各类数据与信息用标准符号按照规定的规格和成图方法表示成各类房产图。房产图是房产产权、产籍管理的重要资料,包括房产分幅平面图、房产分丘平面图和房屋分户平面图3种。

房产分幅平面图通常简称房产分幅图,是全面反映房屋及其用地位置和权属等状况的基本图,是测绘房产分丘平面图、房屋分户平面图的基础资料。

房产分丘平面图是房产分幅平面图的局部图,是绘制房屋产权证附图的基本图。

房屋分户平面图也称分层分户图,是在分丘图基础上绘制的细部图,以一户产权人为单位,表示房屋权属范围的细部,通常作为核发房屋所有权证和土地使用权证的附图使用。

5) 房产面积测算

通过房屋勘丈获得的尺寸分别计算房屋的建筑面积、共有共用建筑面积,分摊可分摊的共有共用建筑面积,最后计算出房屋的产权面积。房屋面积测量数据经房产行政管理机关确认后,是进行房产交易、核定产权、颁发权证、保障房地产占有和使用者的合法权益的重要依据。它是房地产测绘中最重要的工作之一，目前国家采用单独测绘的方式进行生产，有的称之为房产项目测绘。

房产面积计算是依据相关法律法规、政策文件和技术规范的规定，按照房屋及其附属设施的不同结构、功能以及各项管理工作对于各类房屋面积内涵的要求，精确计算各类房屋及其附属设施的面积。

房屋建筑面积是指房屋外墙（柱）勒脚以上各层的外围水平投影面积，包括阳台、挑廊、地下室、室外楼梯等，且具备上盖，结构牢固，层高2.20m以上（含2.20m）的永久性建筑。房屋的产权面积是指产权主依法拥有房屋所有权的房屋建筑面积。房屋产权面积由省、自治区、直辖市、市、县房地产行政主管部门登记确权认定。

关于房屋建筑面积测算的有关规定如下。

(1) 计算全部建筑面积的范围：①永久性结构的单层房屋，按一层计算建筑面积；多层房屋按各层建筑面积的总和计算；②房屋内的夹层、插层、技术层及其梯间、电梯间等其高度在2.20m以上部位计算建筑面积；③穿过房屋的通道，房屋内的门厅、大厅，均按一层计算面积。门厅、大厅内的回廊部分，层高在2.20m以上的，按其水平投影面积计算；④楼梯间、电梯（观光梯）井、提物井、垃圾道、管道井等均按房屋自然层计算面积；⑤房屋在天面上，属永久性建筑，层高在2.20m以上的楼梯间、水箱间、电梯机房及斜面结构屋顶高度在2.20m以上的部位，按其外围水平投影面积计算；⑥挑楼、全封闭的阳台按其外围水平投影面积计算；⑦属永久性结构、有上盖的室外楼梯，按各层水平投影面积计算；⑧与房屋相连的有柱走廊，两房屋间有上盖和柱的走廊，均按其柱的外围水平投影面积计算；⑨房屋间永久性的、封闭的架空通廊，按外围水平投影面积计算；⑩地下室、半地下室及其相应出入口，层高在2.20m以上的，按其外墙（不包括采光井、防潮层及保护墙）外围水平投影面积计算；⑪有柱或有围护结构的门廊、门斗，按其柱或围护结构的外围水平投影面积计算；⑫玻璃幕墙等作为房屋外墙的，按其外围水平投影面积计算；⑬属永久性建筑有柱的车棚、货棚等按柱的外围水平投影面积计算；⑭依坡地建筑的房屋，利用吊脚做架空层，有围护结构的，按其高度在2.20m以上部位的外围水平面积计算；⑮有伸缩缝的房屋，若其与室内相通的，伸缩缝计算建筑面积。

(2) 计算一半建筑面积的范围：①与房屋相连有上盖无柱的走廊、檐廊，按其围护结构外围水平投影面积的一半计算；②独立柱、单排柱的门廊、车棚、货棚等属永久性建筑的，按其上盖水平投影面积的一半计算；③未封闭的阳台、挑廊，按其围护结构外围水平投影面积的一半计算；④无顶盖的室外楼梯按各层水平投影面积的一半计算；⑤有顶盖不封闭的永久性的架空通廊，按外围水平投影面积的一半计算。

(3) 不计算建筑面积的范围：①层高小于2.20m以下的夹层、插层、技术层和层高小于2.20m的地下室和半地下室；②突出房屋墙面的构件、配件、装饰柱、装饰性的玻璃幕墙、垛、勒脚、台阶、无柱雨篷等；③房屋之间无上盖的架空通廊；④房屋的天面、挑台、天面上的花园、泳池；⑤建筑物内的操作平台、上料平台及利用建筑物的空间安置箱、罐的平台；⑥骑楼、过街楼的底层用作道路街巷通行的部分；⑦利用引桥、高架路、高架桥、路面作为顶盖建造的房屋；⑧活动房屋、临时房屋、简易房屋；⑨独立烟囱、亭、塔、罐、池、地下人防干、支线；⑩与房屋室内不相通的房屋间伸缩缝。

房屋的共有建筑面积是指各产权主共同占有或共同使用的建筑面积。共有面积分摊是对房屋的共有面积按照相关要求进行分摊计算。基本思路是谁使用谁分摊。共有建筑面积分摊的原则：①产权双方有合法的权属分割文件或协议的，按文件或协议分摊；②无权属分割文件或协议的，根据房屋共有建筑面积的不同使用功能，按相关建筑面积比例进行计算分摊。

依据《房产测量规范》，商品房应分摊的共有建筑面积（公摊面积）包括：①各产权户的电梯井、管道井、楼梯间、垃圾道、配电室、设备间、公共门厅、过道、地下室、值班警务室，以及为整幢建筑服务的共有房屋和管理房屋；②套（单元）与公共建筑空间之间的分隔墙以及外墙（包括山墙）墙体水平投影面积的一半。

不应分摊的共有建筑面积包括：①从属于人防工程的地下室、半地下室；②供出租或出售的固定车位或专用车库；③幢外的用于公共休憩的设施或架空层；④为建筑造型而建、但无实用功能的建筑面积；⑤建筑在幢内或幢外与本幢相连，为多幢服务的设备、管理用房，以及建在幢外不相连，为本幢或多幢服务的设备、管理用房。

6）房产变更测量

房产变更测量是指在完成了房产测绘工作之后，为了适应日常工作的需要，使房产数据能保持现世性而进行的房屋及其附属建筑物的权属、位置、界线、数量、质量的变更调查和测量。由于经济的发展使城市建设不断变化以及房屋和房屋用地产权的经常转移，必须进行变更测量使房产资料与现实一致，房产变更测量是房产测绘的一项经常性工作。

现状变更测量内容：①房屋的新建、拆迁、改建、扩建、房屋建筑结构、层数的变化；②房屋的损坏与灭失，包括全部拆除或部分拆除、倒塌和烧毁；③围墙、栅栏、篱笆、铁丝网待围护物以及房屋附属设施的变化；④道路、广场、河流的拓宽、改造，河、湖、沟渠、水塘等边界的变化；⑤地名、门牌号的更改；⑥房屋及其用地分类面积增减变化。

权属变更测量内容：①房屋买卖、交换、继承、分割、赠与、兼并等引起的权属的转移；②土地使用权界的调整，包括合并、分割、塌没和截弯取直；③征拨、出让、转让土地而引起的土地权属界线的变化；④他项权利范围的变化和注销。

变更测量应根据房地产变更资料，先进行房地产要素调查，包括现状、权属和界址调查，再进行分户权界和面积的测定，调整有关的房地产编码，最后进行房地产资料的修正。

7）成果资料的检查与验收

成果资料的检查与验收是房地产测绘的最后一道工序，也是保证房地产成果资料质量的最后一道关口。房地产面积计算错误将不可避免地承担法律责任。

成果内容分为房产簿册、房产数据、房产图集。①房产簿册包括：房产调查表、房屋用地调查表、有关产权状况的调查资料、有关证明及协议文件等；②房产数据包括：房产平面控制点成果、界址点成果、房角点成果、高程点成果、面积测算成果等；③房产图集包括：房产分幅平面图、房产分丘平面图、房屋分层分户图、房产证附图、房屋测量草图、房屋用地测量草图等。

此外，在房产测绘中使用过的地形图、控制点成果以及测量完成的控制点、界址点、面积测算成果等，以及房产平面图和相应的技术设计书、技术总结等也都应归入房产测绘成果，包括纸质资料和电子文档。

2. 房地产测量的作用

（1）法律方面的作用。房地产测量的资料是进行产权登记、产权转移和产权纠纷的依据，产权确认以后的房地产成果资料具有法律效力。所以房地产测量是一种政府行为的官方测量。

（2）财政经济方面的作用。房地产测量成果资料中的有关房地产数量、质量、利用现状是进行房地产评估、征收房地产税费、房地产开发、房地产交易等所需要的数据。

（3）社会服务方面的作用。房地产成果资料不仅为产权和产籍管理服务，同样可面向社会为城镇规划、建设、市政工程、公共事业、环保、绿化、消防、文教卫生、水利、交通、财政税收、金融、保险、工商管理、旅游、通信等服务。这是保证信息共享、避免重复测绘浪费资源的需要。

（4）测绘服务方面的作用。房产测绘是大比例尺地图测绘，但它不同于通常意义上的大比例尺地形测绘。它具有更多的信息源，量大，涉及面广，内容繁多，图表复杂，并具有一定的政府行为。它是建立现代城市地理信息系统重要的基础信息，同时也是城市大比例图更新的重要基础资料。

本 章 小 结

本章首先阐述了物权的概念、特征、分类及我国房地产权属框架体系；其次，探讨了房地产所有权的概念、内容和我国所有权的基本类型；第三，分析了业主的建筑物区分所有权的概念、特征，专有权和共用权的行使范围以及管理权的内容；讲解了相邻权的概念、种类和处理相邻关系的原则，以权属登记制度为基础，主要论述了房地产产权产籍管理所涉及的房地产产籍、房地产权属登记发证制度、权属登记与产籍、房地产测绘等问题。权属登记制度既是房地产确权认证，保护不动产收益的途径，也是颇具特色的财产管理手段。房地产权属登记发证制度是产权产籍管理的首要的核心内容。

习 题

一、填空题

1. 民法上的（   ），是指自然人身体之外，能够满足人们的某种需要，并且能够被人力所控制、支配的物质实体，如房屋、机器等。

2. 房地产权利指以房地产为标的民事财产权利，是（   ）依法对其所有的房地产享有的占有、使用、收益和处分的权利。

3. 土地的全民所有制具体采取的是国家所有制的形式，该种所有制的土地被称为国家所有土地，简称国有土地，其所有权由国家代表全体人民行使，具体又由（   ）代表国家行使。

4. （   ）是指两个或两个以上的共有人对同一项房屋财产按照确定的各自享有的份额享有占有、使用、收益和处分的权利。

5. 建筑物区分所有权，德国称之为（   ），法国称之为住宅分层所有权，瑞士称之为楼层所有权，英美称之为公寓所有权。

6. 业主对建筑物内的住宅、经营性用房等专有部分享有所有权,对专有部分以外的共有部分享有共有和(　　)的权利。

7. 房地产相邻权是指两个或两个以上(　　)的不动产所有人或使用人之间,一方行使所有权或使用权时,享有要求另一方提供便利或接受限制的权利。

8. 根据登记内容和方式不同,房地产登记制度分为(　　)和产权登记制两大类型。

9. 房屋所有登记是指房屋登记机构根据申请人的申请,将房屋所有权或所有权变动等事项,在(　　)上予以记载的行为。

10. 房地产产籍就是记载(　　)和历史情况的各种房地产权属档案及簿册资料。

11. (　　)是指在完成了房产测绘工作之后,为了适应日常工作的需要,使房产数据能保持现世性而进行的房屋及其附属建筑物的权属、位置、界线、数量、质量的变更调查和测量。

二、单项选择题(每题的备选答案中,只有一个最符合题意)

1. 在下列物权中,属于担保物权的是(　　)。
   A. 使用权　　　　B. 抵押权　　　　C. 承包经营权　　　　D. 经营权

2. 权利人能够在某特定物之上直接行使支配力并享受一定利益的权利,称为(　　)。
   A. 物权　　　　B. 债权　　　　C. 请求权　　　　D. 形成权

3. 土地所有权属于(　　)。
   A. 国家或个人所有　　　　　　　　B. 国家或企业所有
   C. 国家或农民集体所有　　　　　　D. 个人或农民集体所有

4. 下列各类土地中,不属于国有土地的是(　　)。
   A. 被依法征用后的土地
   B. 依法不属于集体所有的林地、草地、荒地、滩涂
   C. 农民宅基地
   D. 城市市区的土地

5. 房地产转让时,对房屋所有权与土地使用权(　　)。
   A. 只转让房屋所有权　　　　　　　B. 只转让土地使用权
   C. 同时转让　　　　　　　　　　　D. 可由转让合同约定

6. 张某与王某为夫妻,共同购置房屋一套,登记在张某名下。以后,张某在未征得王某同意的情况下以自己的名义将该房屋卖给刘某。事后,王某要求刘某退房,刘某不同意。对该房屋,在法律上(　　)。
   A. 刘某应当退房,张某应当将收到的房款退回
   B. 应宣布买卖房屋无效,确认王某拥有产权
   C. 刘某应退房,但张某不仅应当退还房款,而且还应赔偿刘某受到的损失
   D. 应当维护刘某的权益,由张某向王某做出赔偿

7. 甲、乙、丙3人各出资200万元买一栋楼后,甲欲投资开商店,故想转让自己的份额,甲通知乙、丙后,乙表示原出150万元买下甲的份额,丁知道后愿以200万元买下,丙即表示愿以200万元买下。根据法律规定,甲应将其份额卖给(　　)。
   A. 乙　　　　　　　　　　　　　　B. 丁
   C. 丙　　　　　　　　　　　　　　D. 丁或丙都可以

8. 甲、乙合作建一楼房，前后楼上楼下各两间，中间隔一天井。建成后，双方约定，甲拥有前截上下两间房屋的所有权，乙拥有后截上下两间房屋的所有权。双方出入均由前截房屋右侧通行，天井、走廊、楼梯为双方共有。其后，甲将其所有的两间房屋租给了丙。现甲打算将其所有的两间房卖出，则下列说法中正确的是（　　）。
   A. 甲和乙之间就该楼房形成按份共有关系
   B. 乙有优先购买权
   C. 甲和乙之间就该楼房形成共同共有关系
   D. 丙有优先购买权

9. 共有人对共有的房屋性质存在争议，其处理原则是（　　）。
   A. 共同共有
   B. 如果不能证明房屋是共同共有，应认定为按份共有
   C. 按份共有
   D. 如果不能证明房屋是按份共有，应认定为共同共有

10. 关于业主建筑物区分所有权中的业主共有，下列表述不正确的是（　　）。
    A. 占用业主共有的道路或者其他场地用于停放汽车的车位，属于业主共有
    B. 建筑区划内的道路，但属于城镇公共道路的除外，属于业主共有
    C. 建筑区划内的绿地，但属于城镇公共绿地或者明示属于个人的除外，属于业主共有
    D. 建筑区划内，规划用于停放汽车的车位、车库，属于业主共有

11. 我国立法关于建筑物区分所有权的共有部分，在面积分担上采用的形式是（　　）。
    A. 按份共有　　　B. 共同共有　　　C. 法定共有　　　D. 约定共有

12. 甲与乙系五、六楼邻居关系。甲于1994年购买此房。进住后，甲在五楼通往六楼的楼梯上安装铁栅栏门，铁栅栏门外又安装了铝合金门，并用胶合板将楼梯扶手上的空间封堵。2001年5月，乙购买了进住六楼。2004年5月，乙认为甲造成了自己出入及搬运东西的严重不便，于是向法院提起了诉讼，要求甲立即拆除。下列说法正确的是（　　）。
    A. 不应支持乙的诉讼请求，因为甲安门在前，乙进住在后，进住时乙明知楼中的格局问题
    B. 不应支持乙的请求，因为甲是建筑物空间共有人之一，可自由使用该空间
    C. 应支持乙的诉讼请求，因甲侵犯了其共有权
    D. 不应支持乙的诉讼请求，因其请求已过诉讼时效

13. 房地产相邻权的主体可能是（　　）。
    A. 两个或两个以上房地产所有人　　　B. 一个房地产所有人
    C. 一个房产所有人　　　D. 一个地产使用人

14. 由于自然条件原因，王某进出自己的庭院必须从邻居张某的庭院通行，在此情况下，张某对自己庭院的房屋所有权行使（　　）。
    A. 有所扩张　　　B. 受到限制　　　C. 效力不足　　　D. 需要救济

15. 产权登记制的理论基础是（　　）。
    A. 成立要件主义　　　B. 不对抗要件主义
    C. 非对抗要件主义　　　D. 对抗要件主义

16. 根据《物权法》，不动产登记费按(　　)收取。
    A. 面积　　　　B. 套　　　　　C. 成交价格　　　D. 件
17. 甲公司依法取得某块土地的建设用地使用权并办理报建审批手续后，进行了房屋建设并已经完成了外装修。下列说法中正确的是(　　)。
    A. 甲公司因为办理报建审批手续而取得了房屋所有权
    B. 甲公司因为事实行为而取得了房屋所有权
    C. 甲公司因为法律行为而取得了房屋所有权
    D. 甲公司尚未进行房屋登记，因此未取得房屋所有权
18. 合法建造房屋的物权自(　　)发生效力。
    A. 事实行为成就时　　　　　　　　B. 记载于不动产登记簿时
    C. 颁发房屋权属证书时　　　　　　D. 申请房屋所有权登记时
19. 周某与秦某签订了一份买卖房屋的协议。协议签订后，周某为了确保未来取得房屋所有权，可以向有关登记机构申请(　　)。
    A. 变更登记　　B. 异议登记　　　C. 预告登记　　　D. 撤销登记
20. 异议登记不当给权利人造成损害的，应由(　　)承担赔偿责任。
    A. 登记机构　　　　　　　　　　　B. 异议登记申请人
    C. 登记机构的经办人　　　　　　　D. 登记机构和申请人共同
21. 依法以划拨方式取得国有建设用地使用权的，当事人应当持县级以上人民政府的批准用地文件和国有土地划拨决定书等相关证明材料，申请划拨国有建设用地使用权(　　)。
    A. 土地总登记　B. 变更登记　　　C. 初始登记　　　D. 预告登记
22. 土地登记以(　　)为单位进行。
    A. 土地使用者　B. 土地所有者　　C. 宗地　　　　　D. 地块
23. 由于房屋的改建致使部分房屋拆除的，房屋共有权人应当申请房屋所有权(　　)。
    A. 更正登记　　B. 变更登记　　　C. 撤销登记　　　D. 注销登记
24. 李某继承了一套未进行权属登记的房屋，此时他首先应办理房屋(　　)。
    A. 总登记　　　B. 变更登记　　　C. 初始登记　　　D. 转移登记
25. 房屋登记机构自受理房屋抵押登记申请之日起，将申请登记事项记载于房屋登记簿或者做出不予登记的决定的时限，应为(　　)个工作日。
    A. 1　　　　　B. 7　　　　　　C. 10　　　　　　D. 30
26. 新开发的商品住宅区内依法属于全体业主共有的物业服务用房的房屋登记，由(　　)。
    A. 房地产开发企业在申请房屋所有权初始登记时，一并申请登记
    B. 业主委员会申请房屋登记
    C. 物业服务企业申请房屋登记
    D. 房屋登记机构直接登记
27. 下列关于房地产权属登记申请的表述中，不正确的是(　　)。
    A. 房地产他项权利登记，由债务人申请
    B. 共有的房地产，由其共有人共同申请
    C. 申请人为自然人的，应使用其身份证上姓名申请
    D. 申请人为法人的，应当使用法定名称，由其法定代表人申请

28. 作为房产登记和建立产籍资料的索引和参考资料的房地产图是（　　）。
   A. 宗地图
   B. 房产分丘图
   C. 房产分幅图
   D. 房产分户图

29. 下列房地产图中，用作房地产产权证书附图的是（　　）。
   A. 地籍图和房产分户图
   B. 宗地图和房产分户图
   C. 地形图和房产分户图
   D. 宗地图和房产分丘图

30. 根据《房产测量规范》，计算一半建筑面积的是（　　）。
   A. 无柱的雨篷
   B. 有顶盖不封闭的永久性架空通廊
   C. 房屋内高度在 2.20m 以上的技术层
   D. 全封闭阳台

31. 挑楼、全封闭式阳台（　　）计算建筑面积。
   A. 按其水平投影面积的一半
   B. 按净面积
   C. 按其外围水平投影面积
   D. 一般不

三、多项选择题（每题的备选答案中，有两个或两个以上符合题意）

1. 完全的所有权包括（　　）。
   A. 占有
   B. 使用
   C. 支配
   D. 收益
   E. 处分

2. 土地所有权是指土地所有人依法对自己的土地享有的（　　）。
   A. 占有权
   B. 使用权
   C. 收益权
   D. 处分权
   E. 管理权

3. 下列关于我国土地制度的表述中，正确的有（　　）。
   A. 全部土地都为社会主义公有
   B. 城市市区的土地属于国家所有
   C. 大部分土地为社会主义公有，少部分土地为私有
   D. 农村和城市郊区的土地一般属于农村集体经济组织所有
   E. 农村宅基地、自留地、自留山可以属于农民（农户）私有

4. 下列关于所有权的表述中，正确的有（　　）。
   A. 所有权是自物权
   B. 所有权是从物权
   C. 可对所有权人的物设置他项权利
   D. 共有是确定份额的共同所有
   E. 建筑物区分所有权人仅拥有专有部分所有权

5. 甲、乙、丙、丁分别购买了某住宅楼（共四层）的一至四层住宅，并各自办理了房产证。下列说法正确的是（　　）。
   A. 甲、乙、丙、丁有权分享该住宅楼的外墙广告收入
   B. 若甲出卖其住宅，乙、丙、丁享有优先购买权
   C. 一层住户甲对三、四层间楼板不享有民事权利
   D. 如四层住户丁欲在楼顶建一花圃，须得到甲、乙、丙同意
   E. 甲、乙、丙、丁均对楼梯享有民事权利

6. 关于住宅小区内车库、车位的归属说法正确的有（　　）。
   A. 建筑区划内，规划用于停放汽车的车位、车库应当首先满足业主的需要
   B. 建筑区划内，规划用于停放汽车的车位、车库的归属，由当事人通过出售、附赠或者出租等方式约定
   C. 占用业主共有的道路或者其他场地用于停放汽车的车位，属于业主共有
   D. 占用业主共有的道路或者其他场地用于停放汽车的车位的归属依约定
   E. 建筑区划内，规划用于停放汽车的车位、车库属于业主共有

7. 张甲在一栋临街的单元楼里有一套住房，位于这栋楼的顶层。2005年3月，乙房地产公司决定在那栋临街的单元楼楼顶上悬挂一个广告牌，张甲平时很少住在这套房里，于是张甲便独自与乙公司签订了一份允许乙公司使用楼房房顶的合同，乙公司每年向张甲支付使用费5万元。这栋临街楼房的其他住户王丙、曹丁等人知道后，认为张甲的行为侵犯了他们的权利，要求张甲给予补偿，张甲坚持不同意。于是，王丙和曹丁便代表其他住户，以张甲为被告，向人民法院提起了诉讼。那么，以下表述正确的有（　　）。
   A. 张甲有权允许乙公司使用房顶，因为乙公司悬挂的广告牌正在其单元房的上方
   B. 房顶属于单元楼各房主共有部分，张甲无权独自处分
   C. 张甲无权独立决定将房顶的使用权让与乙公司，其与乙公司签订的合同效力待定
   D. 王丙、曹丁等住户有权按照一定的比例分享出租楼顶获得的收益
   E. 若该设置广告牌等行为而影响其他业主通风、采光，应由设置广告牌的行为人排除妨碍，停止侵害

8. 在下列民事纠纷中，应按相邻关系处理的是（　　）。
   A. 甲在乙的房屋后挖菜窖，造成乙的房屋基础下沉，墙体裂缝，引起纠纷
   B. 甲新建的房屋滴水滴在乙的房屋上，引起纠纷
   C. 甲村在河流上流修建拦河坝，使乙村用水量骤减，引起纠纷
   D. 甲村为了取水浇地，在乙、丙、丁村的土地上修建引水渠，引起纠纷
   E. 甲家与乙家相邻，甲家的猫闯入乙家，打碎乙家的花瓶，引起纠纷

9. 世界各国实行的主要土地登记制度有（　　）。
   A. 权利登记制　　　　　　　　　　B. 科斯登记制
   C. 契据登记制　　　　　　　　　　D. 詹姆斯登记制
   E. 托伦斯登记制

10. 下列关于房地产权属登记的目的和意义，表述正确的是（　　）。
    A. 保护房地产权属登记部门的合法权益
    B. 保护房地产权利人的合法权益
    C. 保证交易安全，减少交易成本
    D. 房地产权属登记是房地产管理的基础工作
    E. 权属登记为城市规划、建设、管理提供科学依据

11. 《物权法》规定，不动产登记机构应当履行的职责有（　　）。
    A. 查验申请人提供的权属证明
    B. 审查申请人提供的评估报告
    C. 就登记有关事项询问当事人

D. 必要时对被登记房屋进行实地查看
   E. 及时登记有关事项
12. 下列关于房地产登记的表述中，正确的有（　　）。
   A. 国家对不动产实行统一登记制度包括统一登记时间、范围、机构和办法
   B. 登记的目的之一是保证交易安全
   C. 办理房屋登记应当遵循房屋所有权和房屋占用范围内的土地使用权权利主体一致的原则
   D. 因继承或者受遗赠取得物权的，自继承或者受遗赠开始发生效力
   E. 不动产物权的设立、变更和消灭，自记载于不动产登记簿时发生效力
13. 可能直接引发国有土地使用权注销登记的情形主要包括（　　）。
   A. 单位因撤销而停止使用原划拨的国有土地
   B. 土地他项权利终止
   C. 国有土地闲置连续达两年以上
   D. 国有土地使用权租赁期满而未获准续期
   E. 国有土地使用权出让期满而未获准续期
14. 甲公司已办理房屋权属登记的房屋因自然原因倒塌，拟在原地上重新建造，因资金短缺，与乙公司协商联建。在签订的协议中约定，甲与乙各享有1/2的产权。房屋竣工验收合格后，甲与乙进行了产权分割。该案涉及应当办理房屋权属登记的种类有（　　）。
   A. 转移登记　　B. 初始登记　　C. 变更登记　　D. 总登记
   E. 注销登记
15. 根据《房屋登记办法》的规定，可以办理房屋预告登记的情形有（　　）。
   A. 房屋所有权转让　　　　　　B. 房屋抵押
   C. 预购商品房抵押　　　　　　D. 在建工程抵押
   E. 预购商品房
16. 根据《房产测量规范》的规定，下列不应分摊的共有建筑面积有（　　）。
   A. 为建筑造型而建、无实用功能的建筑面积
   B. 建在幢内且为本幢服务的配电房
   C. 为多幢综合楼服务的物业管理用房
   D. 人防用的地下室
   E. 用作公共休息场所的架空层

四、思考题

1. 简述我国国有土地的范围。
2. 什么是"房随地走"？它与"地随房走"有何区别？
3. 试举例说明房屋所有权的取得方式。
4. 试举例说明房屋所有权消灭的原因。
5. 房屋按份共有的特征是什么？
6. 简述房屋共同共有的特征及处理房屋共同共有关系的原则。
7. 试述建筑物区分所有权的概念和特征。
8. 试述在区分所有的情况下，专有部分要成为区分所有权的客体应当具备的条件。

9. 试述业主对于物业管理享有的权利。
10. 什么是相邻关系？相邻关系的内容主要有哪些？
11. 处理相邻关系的原则有哪些？
12. 房地产权属登记的内容有哪些？
13. 在什么情况下登记机关有权注销房地产权属证书？
14. 房产证办理需要哪些程序？有哪些情形之一的登记机关可做出暂缓登记的决定？
15. 什么是房产测量？房产测量的目的是什么？
16. 共有共用面积分摊的基本原则是什么？哪些公用建筑面积不能分摊？

五、案例分析题

1. 案例：姗姗和张俊原本是一对恋人，毕业后便在一起居住。2003年初，"小两口"在某市上地附近看中了一套商品房，计划用两人共同的储蓄10万元支付首付。张俊因工作需要出差了一个月，这期间姗姗独自一人办理好了所有的购房手续，并支付了10万元的首付。不幸的是，张俊在出差期间结识了上海分公司的同事小刘，一见钟情。张俊申请调入上海分公司，并决定和姗姗分手，出售两人合买的房子折现，以便到上海另筑爱巢。张俊提出变卖房产的要求自然得不到姗姗的同意。无奈之下，张俊只好偷偷地拿出购房合同到中介公司出售。但由于合同书上写的全是姗姗的名字，没有一家中介公司能受理。张俊只好诉诸法律。可是由于购房合同上白纸黑字写的是姗姗的名字，而且张俊又难以拿出有力的证据，证明房子是他和前女友共同的积蓄买的。

问题：恋人分手后房产究竟该归谁所有，如何解决分手后的财产纠纷呢？

2. 案例：2009年7月，张某装修自己的住房时，为了扩大室内面积，未经批准擅自改变了部分房屋结构。他把原本放在厨房的灶具搬到了阳台上，抽油烟机的排气管从阳台玻璃上伸出来，该排气管正好伸到楼上王某家的窗户底下。当张某做饭时，油烟便飘进王家。王家只好紧闭窗户。王某多次要求张某采取措施改变排气管的朝向。均遭到拒绝。王某诉至法院，请求法院判令张某改变抽油烟机排气管的位置。

问题：王某的诉讼请求有何法律依据？为什么？

第4章 国有土地上房屋征收与补偿法律制度

教学目标

国有土地上房屋的征收补偿作为现代化城市建设中的重要一环,与公民的日常生产、生活息息相关。搬迁既要维护公共利益,又要保障被征收房屋所有权人的合法权益。这个"平衡木"如何走稳,考验各方智慧。改"拆迁"为"征收",取消"行政强拆",界定"公共利益"……在拆迁矛盾纠纷增多的背景下,面对一些人"没有强拆就没有新中国"的思维,《城市房屋拆迁管理条例》的废止和《国有土地上房屋征收与补偿条例》的施行,是对发展理念的一次认真梳理,对我们正确认识所处的发展阶段、彰显政府的公共性、重申司法的中立性,都具有深远的意义。通过本章的学习,应达到以下目标。

(1) 了解国有土地上房屋征收与补偿的基本概念、管理体制和工作程序,危旧房改造房屋征收管理、房屋征收决定公告的注意事项。

(2) 理解国有土地上房屋征收与补偿纠纷的处理,包括公共利益界定的争议、征收的程序及论证听证、争端纠纷解决机制与社会稳定风险评估、违章建筑的认定与处理。

(3) 掌握国有土地上房屋征收与补偿的基本原则,房屋征收与补偿的对象、方式和标准,强制搬迁的形式和程序,拆迁活动的监督管理及法律责任。

教学要求

知识要点	能力要求	相关知识
城市房屋拆迁制度	(1) 了解城市房屋拆迁制度相关立法进程 (2) 了解房屋征收与补偿的概念、管理体制 (3) 熟悉房屋征收与补偿的基本原则	(1) 房屋征收与补偿的基本概念 (2) 征收和补偿主体、具体实施部门 (3) 房屋征收与补偿原则
国有土地上房屋征收决定	(1) 了解国有土地上房屋征收范围 (2) 掌握公共利益界定标准 (3) 熟悉国有土地上房屋征收程序	(1) 征收的权限、条件、程序 (2) 征收房屋后土地使用权的处理 (3) 征收的决定程序
国有土地上房屋征收补偿	(1) 了解国有土地上房屋征收评估制度 (2) 掌握国有土地上房屋征收补偿的内容及征收执行 (3) 熟悉国有土地上房屋征收补偿协议	(1) 补偿的内容、程序、标准 (2) 争端纠纷解决机制 (3) 强制搬迁的形式和程序

基本概念

房屋征收;房屋征收评估;征收人;被征收人;征收补偿协议;强制执行。

引言

2007年3月,全国人大通过物权法,该法明确了公共利益征收问题。当时,未体现公共利益征收原则的城市房屋拆迁管理条例面临和物权法的冲突,物权法正式实施后拆迁将"无法可依"。2007年8月,全国人大常委会修改了城市房地产管理法,增加规定,"为了公共利益的需要,国家可以征收国有土地上单位和个人的房屋,并依法给予拆迁补偿,维护被征收人的合法权益;征收个人住宅的,还应当保障被征收人的居住条件。具体办法由国务院规定。"该立法授权作出后,2007年12月,国务院常务会议首次审议了国有土地上房屋征收与拆迁补偿条例,但未获通过。此后,针对拆迁条例违反物权法的质疑以及修改拆迁条例的呼声越来越多。北京大学沈岿、姜明安等五位学者向全国人大常委会提出审查拆迁条例合法性的建议,此举推动了拆迁变法的进程。在2010年1月29日和12月15日,国务院法制办两次就征收条例公开征求意见,开了行政立法两次征求意见的先例。2011年1月19日,国务院总理温家宝主持的国务院常务会议原则通过了征收条例。21日,温家宝签署第590号国务院令,正式公布征收条例。《国有土地上房屋征收与补偿条例》以取消行政强拆为标志,宣布野蛮暴力拆迁的终结。

4.1 城市房屋征收与补偿概述

在中国城市化进程中,围绕拆迁,地方政府、开发商和被拆迁户发展出了各具特色的策略,衍生出了各式各样职业化、专业化的角色,荒诞而离奇的事件。如果不能从制度源头上处理好城市发展的公共需求与公民财产权保护之间的关系,房屋拆迁引发的社会矛盾和冲突将会进一步加剧,以至严重影响改革发展的进程。

4.1.1 我国城市房屋拆迁制度相关立法进程

我国的城市房屋拆迁始于20世纪50年代。在计划经济体制下,城市房屋拆迁主要靠计划和行政命令。当时,由于经济发展刚刚起步,城市土地资源不是十分紧缺,没有大规模的旧城改造,因而拆迁量比较小。到了20世纪90年代,我国进入大规模的城市发展和旧城改造时期,城市房屋也经历着以公有房屋为主的所有权结构向以私有房屋为主转轨的住房制度改革。这一时期,随着城市建设的发展和住房制度改革的推进,房屋拆迁领域遇到的问题越来越多,拆迁纠纷也与日俱增。正是在此背景下,1991年6月1日,国务院发布我国第一部系统规范城市房屋拆迁行为的行政法规《城市房屋拆迁管理条例》,以配套当时的《城市规划法》。该条例在规范房屋拆迁行为、维护拆迁当事人的合法权益、保障城市建设的顺利进行方面,发挥了积极的作用。

1994年7月5日,我国出台《城市房地产管理法》,由此拉开了房地产市场化序幕,开发商成为中国城乡建设的主力军。就在当年,中国开始推行分税制改革,地方政府开始逐渐倚重土地财政。随着市场经济的发展和城市化建设的推进,政府统一拆迁面临着如何解决资金严重短缺与不断增长的危房改造和现代化城市建设需求之间的矛盾问题。为此,政府在危房改造中开始重视房地产开发商的作用,"政府出政策,开发商出资金"的城市危房改造模式逐渐形成。从1998年7月1日起,我国实行住宅商品化,标志着我国正式告别运行了几十年的实物型福利分房制度,商业性房地产开发成为城市建设的主导。拆迁纠纷从最初的拆迁户家庭成员内部分配问题逐渐演变为拆迁户和开发商、拆迁户和政府的矛盾。

为了适应新的实际需要,2001年国务院对1991年的条例进行了修改、完善,公布了修订后的《城市房屋拆迁管理条例》，并于当年7月1日起实施。修改后的条例，仍然没有区分公益和商业拆迁，其运作模式依然是建设单位向政府申请拆迁许可，获批后实施拆迁，发生纠纷由政府裁决；被拆迁人拒绝拆迁的，实行强制拆迁。由于在拆迁问题上，地方政府既是拆迁许可者，又是争议裁决者，无形中充当了强拆的支持者，理论上为"官商合谋"提供了现实的便利，这逐渐发展成为拆迁矛盾的根源。

2007年3月16日，《物权法》出台。该法第42条第1、3款规定："为了公共利益的需要，依照法律规定的权限和程序，可以征收集体所有的土地和单位、个人的房屋及其他不动产。征收单位、个人的房屋及其他不动产应当依法给予拆迁补偿、维护被征收人的合法权益，征收个人住宅的还应当保障被征收人的居住条件。"从以上的规定可以清楚地看出拆迁属于房屋所有权征收。《物权法》中的征收在性质属于行政行为，特别是征收是基于公共利益而实施的，因此只能由政府来主导基于公共利益而实施的拆迁行为。由开发商主导的拆迁模式，之所以备受争议，其原因就在于，开发商基于利益驱动，只追求拆迁的效率，而不顾及拆迁人的利益保障，并导致野蛮拆迁的事例时有发生。如果由政府来主导，基于政府的公信力、权威性和合法程序，可以减少拆迁中的纠纷和矛盾。政府主导型拆迁也有利于保持政府权利义务的一致性。既然政府从房屋征收中取得了大量的财政收入，政府不能不承担责任，更何况既然政府的征收权是一种公共权力，其本质上是为了实现社会公共利益，增进人民的福祉。

2007年8月30日，《城市房地产管理法修正案》通过。其中规定："为了公共利益需要，国家可以征收国有土地上单位和个人的房屋，并依法给予拆迁补偿，维护被征收人的合法权益；征收个人住宅的，还应当保障被征收人的居住条件。具体办法由国务院规定。"《城市房地产管理法》的修改实质是授权国务院对征收国有土地上单位和个人的房屋制定具体办法。

2007年12月14日，在国务院第200次常务会议上，《国有土地上房屋征收与拆迁补偿条例（草案）》是第一项议题。会议认为，这个条例直接关系人民群众切身利益，要求有关部门广泛听取意见进一步修改后，再次提请国务院常务会议审议，然后公开征求群众意见，再由国务院决定公布施行。

2008年以来，尽管我国遭受国际金融危机冲击，但相关立法仍在进行中，据了解，国务院法制办在近两年时间里，配合建设部门，进一步加强了理论研究，并到广州、大连展开调研，与被拆迁人进行座谈。同时，国务院法制办对拆迁条例修改中遇到的所有问题进行了全面梳理，对草案进行了不断修改完善。在此期间，国务院法制办密切重视舆情收集，对征收、拆迁上发生的新问题、新动向，做到适时跟踪、了解、分析，作为立法参考。

2009年11月13日，成都市金牛区天回镇金华村村民唐福珍在前夫胡昌明房屋被强行拆迁时，点燃汽油自焚，后因抢救无效于11月29日不幸死亡。随后，12月7日，北大5名教授上书全国人大常委会，建议修改《城市房屋拆迁管理条例》。曾经发生的一桩桩惨烈的中国式拆迁悲剧，令国有土地房屋征收补偿立法备受全社会高度关注。

国务院法制办与住房城乡建设部、发展改革委和国土资源部等单位共同成立了工作组，多次进行实地调研，选取40多个典型城市进行专项调查统计，专门听取被拆迁人以及经济、法律、规划、土地、评估等方面专家的意见，同东、中、西部的大、中、小城市政府和有关部门负责同志多次进行座谈，反复征求中央国家机关意见，并于2010年1月

29日和12月15日两次向社会公开征求意见，分别收到意见和建议65601条和37898条。绝大多数意见认为，制定《国有土地上房屋征收与补偿条例》，规范国有土地上房屋征收与补偿活动，维护公共利益，保障被征收人合法权益，非常必要。同时，大家也提出了一些修改意见和建议。工作组召开了45次各种形式的座谈会，先后共有1150多人次参加了讨论。工作组对各方面意见逐条进行整理、综合分析，反复研究、修改，形成了报请国务院常务会议审议的《国有土地上房屋征收与补偿条例(草案)》。工作组在研究、起草条例和分析、处理各方面意见的过程中，力图缩小分歧、扩大共识，取得社会各界的理解和支持。

为了规范国有土地上房屋征收与补偿活动，维护公共利益，保障被征收房屋所有权人的合法权益，根据《全国人民代表大会常务委员会关于修改〈中华人民共和国城市房地产管理法〉的决定》，国务院制定了《国有土地上房屋征收与补偿条例》并于2011年1月21日正式公布施行，《城市房屋拆迁管理条例》同时废止。

新闻链接：唐福珍自焚事件——在拆迁史上烙下最沉重的剪影

唐福珍，女，成都市金牛区天回乡金华村人。2009年11月13日，成都市金牛区城管执法局对一处"违章建筑"进行强拆，为了抗拒暴力拆迁、保护自家3层楼房，她在楼顶天台自焚。2009年11月29日晚11时许，因救治无效，医院宣布唐福珍死亡。

成都唐福珍为对抗拆迁而自焚事件发生后，引爆废止《城市房屋拆迁管理条例》的舆论，学者、民众、媒体关于修改或者废除的强烈呼声不绝于耳。北大5位学者沈岿、姜明安、王锡锌、钱明星和陈端洪于2009年12月7日致书全国人大，要求对《城市房屋拆迁条例》做审查，以决定其修改或者废除的命运。同一天，全国人大常委会法工委法规备案审查室官员透露，国务院正在准备修改《城市房屋拆迁管理条例》，已经组织了国务院法制办、住房和城乡建设部、国土资源部等相关部委局，再次进行前期的立法调研工作。2009年12月10日，《人民日报》发表"人民时评"称，6年前的孙志刚案废除了《城市流浪乞讨人员收容遣送办法》，希望"悲剧性的个案最终能推动制度的进步"，让城市拆迁立法融入更多现代法治的文明基因，以避免同类事件的再度发生。在《物权法》出台之后，我国拆迁制度就受到质疑，此次如果能顺应民意和法治潮流，对《拆迁条例》中与上位法相冲突的地方进行彻底修改，无疑是众望所归。

4.1.2　国有土地上房屋征收与补偿概述

1. 国有土地上房屋征收的概念与特征

国有土地上房屋征收是指为了公共利益的需要，征收国有土地上单位、个人的房屋，应当对被征收房屋所有权人给予公平补偿的行为。其中，政府为房屋征收人，被征收房屋所有权人为被征收人。

根据《国有土地上房屋征收与补偿条例》的规定，房屋拆迁的地域范围仅限于国有土地房屋征收补偿，但不限于城市规划区内。对集体土地征收补偿由《中华人民共和国土地管理法》予以调整。根据《宪法》和《物权法》的有关规定，城市的土地属于国家所有。法律规定属于国家所有的农村和城市郊区的土地，属于国家所有。

为了妥善处理实践中的矛盾，《国有土地上房屋征收与补偿条例》的总体特征表现为：

①统筹兼顾工业化、城镇化建设和土地房屋被征收群众的利益,努力把公共利益同被征收人的个人利益统一起来;②通过明确补偿标准、补助和奖励措施,保护被征收群众的利益,使房屋被征收群众的居住条件有改善、原有生活水平不降低;③通过完善征收程序,加大公众参与,规定禁止建设单位参与搬迁,取消《城市房屋拆迁管理条例》行政机关自行强制拆迁的规定,加强和改进群众工作,把强制减到最少。

2. 国有土地上房屋征收与补偿原则

从操作层面看,乱决策、暗箱操作、结果不公开、补偿不合理等正是引发拆迁之乱的主要根源,为了从源头上控制搬迁之乱。房屋征收与补偿工作应当遵循以下几个方面的原则。

1) 决策民主的原则

做出重大决策前,要广泛听取、充分吸收各方面意见,意见采纳情况及其理由要以适当形式反馈或者公布。完善重大决策听证制度,扩大听证范围,规范听证程序,听证参加人要有广泛的代表性,听证意见要作为决策的重要参考。如在房屋征收与补偿工作中,要求所有因公共利益需要、确需征收房屋的建设活动,应当符合国民经济和社会发展规划、土地利用总体规划、城乡规划和专项规划。保障性安居工程建设、旧城区改建,应当纳入市、县级国民经济和社会发展年度计划,并经本级人民代表大会审议通过。制定国民经济和社会发展规划、土地利用总体规划、城乡规划和专项规划,应当广泛征求社会公众意见,经过科学论证。市、县级人民政府应当就征收补偿方案组织有关部门论证,并征求公众意见。因旧城区改建需要征收房屋,多数被征收人认为征收补偿方案不符合规定的,政府应当组织由被征收人和公众代表参加的听证会,并根据听证会情况修改方案等。这些都是决策民主原则的具体体现。

2) 程序正当的原则

程序正当就是要求政府要严格遵循法定程序,依法保障行政管理相对人、利害关系人的知情权、参与权和救济权。程序公正是制度有效实施的保障,整个《国有土地上房屋征收与补偿条例》也正是通过程序的完善,保障了征收与补偿的有序进行。行政机关工作人员履行职责,与行政管理相对人存在利害关系时,应当回避。在房屋征收与补偿工作中,赋予被征收人在征收补偿方案制定与修改、房屋征收评估办法的制定、房地产价格评估机构的选择、补偿方式的选择等方面的知情权、参与权。同时,赋予被征收人在房屋征收决定、补偿协议履行、补偿决定等环节的行政救济权和司法救济权。所有这些规定都是为了让有关各方能有机会在拆迁过程中表达诉求、发表意见,而程序正当是实现这一目的的重要保障,它也是做好群众工作,顺利推进工作的重要条件。

3) 结果公开的原则

结果公开的原则是为了避免征收补偿过程中的暗箱操作,做到公开透明、公平公正,以确保房屋征收与补偿工作的顺利开展。为此,政府规定了一系列具体的制度措施。例如,在房屋征收与补偿工作中,要求征收补偿方案应当公布,征收补偿方案征求意见情况和根据公众意见修改的情况应当公布,房屋征收决定应当公告,房屋的权属等调查结果应当公布,补偿决定应当公告,分户补偿情况应当公布,对征收补偿费用管理和使用情况的审计结果应当公布等。这样规定既有利于社会各界加强对政府征收与补偿行为的监督,也有利于被征收人之间相互了解情况,实现公民知情权和参与权,防止不公平、不公正的现象发生,这也是相信群众、把工作交给群众、接受群众评判,真正走群众路线的重要体现,以便实现防治腐败、公平征收。

4) 公平补偿的原则

公平补偿,一方面是指补偿与被征收财产价值相当,体现了政府征收虽然有强制性,但是在补偿上不应让为公共利益做出贡献的被征收人吃亏;另一方面是指对全体被征收人应当适用统一的标准,体现被征收人之间的公平。征收国有土地上单位、个人的房屋的,应当对被征收人给予公平补偿。

从其他国家和地区的立法经验看,对被征收财产补偿的规定有合理补偿、正当补偿、公平补偿、相当补偿等。采用公平补偿的国家和地区主要有法国、瑞典、波兰、新加坡、印度、菲律宾、巴西、我国台湾地区等。

公平补偿是依赖相应的标准和规则而存在的。为了保障补偿公平需要从补偿范围、补偿方式、补偿标准、补偿程序、住房保障等各方面对被征收人的补偿做出具体规定。只有通过公平补偿,保护被征收群众的利益,使房屋被征收的群众居住条件有改善、原有生活水平不降低,才能统筹兼顾工业化、城镇化建设和房屋被征收群众的利益,努力把公共利益同被征收人的个人利益统一起来。

4.1.3 国有土地上房屋征收与补偿的管理工作体制

在实践中,若房屋征收与补偿管理体制不顺、结构不合理、队伍不稳定将会在征收后期产生扯皮和不稳定问题,滥权违规征收,肆意无章拆除,干扰群众正常的生活,既给政府工作带来诸多不便,也影响群众对政府工作的信任和支持。这些都需要理顺国有土地上房屋征收与补偿管理工作体制。

1. 房屋征收与补偿工作的管理体制

《国有土地上房屋征收与补偿条例》第4条规定:"市、县级人民政府负责本行政区域的房屋征收与补偿工作。市、县级人民政府确定的房屋征收部门(以下称房屋征收部门)组织实施本行政区域的房屋征收与补偿工作。市、县级人民政府有关部门应当依照本条例的规定和本级人民政府规定的职责分工,互相配合,保障房屋征收与补偿工作的顺利进行。"

1) 房屋征收与补偿的主体是市、县级人民政府

这里的"市、县级人民政府"是指:一是市级人民政府,主要包括除直辖市以外的设区的市、直辖市所辖区、自治州人民政府等;二是县级人民政府,主要包括不设区的市、市辖区(直辖市所辖区除外)、县、自治县人民政府等。

设区的市及其所辖区的人民政府都有房屋征收权。这两级人民政府在征收权限划分上,各自承担什么样的职责,原则上由设区的市人民政府确定。从有利于征收行为有效实施的角度出发,房屋征收权由区级人民政府行使较为适宜,这有利于强化属地管理责任,在纠纷发生后,可以依法、及时、就地解决,在节约成本的同时,能够维护被征收人的合法权益。区级人民政府行使征收权的,设区的市人民政府应当明确市、区两级人民政府在房屋征收权方面的职责分工,并切实履行好监督职责。

2) 房屋征收补偿具体负责部门是市、县级人民政府确定的房屋征收部门

房屋征收是政府行为,房屋征收与补偿的主体应当是政府。房屋征收与以前的房屋拆

迁不同，房屋征收决定、补偿决定、申请人民法院强制执行都将以政府名义做出。鉴于我国对房地产实行属地化管理原则，房屋征收与补偿工作量大面广，情况复杂，涉及被征收人的切身利益以及地方经济发展和社会稳定，以地方人民政府设立或者确定一个专门的部门负责房屋征收补偿工作为宜。同时，考虑到目前地方机构设置和职能分工不同，由市、县级人民政府确定一个房屋征收部门具体负责房屋征收的组织实施工作。房屋征收部门的设置可以有以下两种形式：一是市、县级人民政府设立专门的房屋征收部门；二是在现有的部门（如房地产管理部门、建设主管部门）中，确定一个部门作为房屋征收部门。

设区的市所辖的区级人民政府行使征收权的，设区的市人民政府房屋征收部门应当加强对区级人民政府房屋征收部门的监督，特别是在征收计划、法规政策、征收补偿方案、补偿资金使用等方面的监督。区级人民政府房屋征收部门可负责具体实施。

3）地方人民政府有关部门在房屋征收补偿工作中互相配合

房屋征收是一个系统工程，涉及诸多方面的工作，需要政府相关部门的互相配合。例如，征收补偿中的有关工作涉及发展改革、财政等综合部门；土地使用权手续的办理，涉及土地行政主管部门；暂停办理相关手续，涉及规划、建设、房地产以及工商、税务等行政主管部门；文物古迹保护，涉及文物行政主管部门；非住宅房屋认定，涉及工商、税务等行政主管部门。政府有关部门应当依照本条例的规定和本级人民政府规定的职责分工，相互配合、相互协调，保障房屋征收工作的顺利进行。

2. 房屋征收与补偿工作的实施制度

《国有土地上房屋征收与补偿条例》第5条规定，房屋征收部门可以委托房屋征收实施单位承担房屋征收与补偿的具体工作。房屋征收实施单位不得以营利为目的。房屋征收部门对房屋征收实施单位在委托范围内实施的房屋征收与补偿行为负责监督，并对其行为后果承担法律责任。

1）房屋征收部门可以委托房屋征收实施单位承担房屋征收补偿的具体工作

房屋征收是政府行为，房屋征收部门应当承担实施工作，因此，禁止建设单位参与搬迁活动，明确营利性单位不能从事征收的具体工作。但同时也考虑到，房屋征收有大量的具体工作，房屋征收部门由于受编制、人员、设施设备、技术条件等限制，很难承担大量的具体工作。因此，规定了房屋征收部门可以委托房屋征收实施单位承担房屋征收与补偿的具体工作。委托的事项一般包括：协助进行调查、登记，协助编制征收补偿方案，协助进行房屋征收与补偿政策的宣传、解释，就征收补偿的具体问题与被征收人协商，协助组织征求意见、听证、论证、公示以及组织对被征收房屋的拆除等。

为了公共利益的需要，对被征收人的房屋实施征收，具有强制性。由以营利为目的的企业实施，可能会造成这些单位利用强制性，在房屋征收补偿工作中谋取利润最大化，克扣被征收人的补偿费用，损害被征收人的合法权益。因此，承担房屋征收与补偿工作的实施单位，应当是不以营利为目的的，其所需工作经费应当由政府财政予以保障。

2）房屋征收部门应当加强对房屋征收实施单位的管理

房屋征收工作是一项政策性、群众性很强的工作，从事征收工作的人员如果对有关政策法规生疏、对征收业务不熟悉，或者责任心不强，容易造成失误或损失。一方面，房屋征收实施单位从事房屋征收业务的人员，应经过房屋征收部门的专业培训和考核，能熟练掌握与征收相关的法律、法规、政策以及其他业务知识等；另一方面，房屋征收部门应当加强对受委托的房屋征收实施单位的指导、监督和检查，促使其掌握政策、熟悉业务、接受群众监督、遵守职业道德、规范征收行为、减少矛盾纠纷，保护被征收人的合法权益。房屋征收部门对房屋征收实施单位在委托权限范围内实施的行为承担责任。房屋征收部门应与房屋征收实施单位签订委托合同，明确委托权限和范围以及双方的权利义务，加强对受委托单位的监督。

3. 房屋征收与补偿工作的层级监督和指导制度

加强对市、县级人民政府房屋征收与补偿工作的监督和对市、县级人民政府工作部门房屋征收与补偿实施工作的指导，有利于督促市、县级人民政府及其工作部门依法行使职权、履行职责，确保法规的正确实施，维护公共利益，保障被征收人的合法权益。

为此，《国有土地上房屋征收与补偿条例》第6条规定："上级人民政府应当加强对下级人民政府房屋征收与补偿工作的监督。国务院住房城乡建设主管部门和省、自治区、直辖市人民政府住房城乡建设主管部门应当会同同级财政、国土资源、发展改革等有关部门，加强对房屋征收与补偿实施工作的指导。"

要规范房屋征收与补偿活动，防止损害公共利益和被征收人合法权益的现象发生，首先必须重视和加强对市、县级人民政府的监督。为此，除了加强权力机关的监督、政协的民主监督、司法机关依法进行的监督和社会舆论监督外，还应当充分重视和运用政府内部的层级监督。上级人民政府应当加强对下级人民政府房屋征收与补偿工作的监督。从监督的形式看，上级人民政府的层级监督，既包括主动进行的检查、考核和个案监督，也包括对单位或者个人的举报进行核实、处理，还包括对被征收人提起的行政复议案件依法进行处理。从监督的结果看，上级人民政府发现市、县级人民政府的房屋征收与补偿行为违反规定的，可以对有关工作人员进行责令改正、通报批评，依法给予行政处分，造成损失的，依法承担赔偿责任；必要时，也可以直接改变或者撤销市、县级人民政府做出的不适当的征收决定或者补偿决定。

规范房屋征收与补偿活动，提高房屋征收与补偿实施工作的质量和效能，有必要切实加强对市、县级人民政府房屋征收部门以及财政、国土资源、发展改革等有关部门的业务指导。国务院住房城乡建设主管部门会同有关部门负责指导全国的房屋征收与补偿实施工作，省级人民政府住房城乡建设主管部门会同有关部门负责指导本省、自治区、直辖市的房屋征收与补偿实施工作。承担指导职责的主管部门应当全面了解管辖范围内房屋征收与补偿实施工作的情况，及时发现、协调解决有关问题，督促市、县级人民政府房屋征收部门和其他有关部门依法行使职权、履行职责。

4. 房屋征收与补偿工作的举报和监察制度

由于房屋征收补偿事关群众的根本利益，必须加强社会监督和专门行政监督。《国有土地上房屋征收与补偿条例》第7条规定，任何组织和个人对违反本条例规定的行为，都有权向有关人民政府、房屋征收部门和其他有关部门举报。接到举报的有关人民政府、房屋征收部门和其他有关部门对举报应当及时核实、处理。监察机关应当加强对参与房屋征收与补偿工作的政府和有关部门或者单位及其工作人员的监察。

建立房屋征收与补偿工作举报制度，加强对房屋征收与补偿工作的监察，旨在防止和纠正违反条例规定的行为，督促有关人民政府及其工作部门依法行使职权、履行职责，规范被征收人和参与房屋征收与补偿活动的其他组织（例如，房屋征收实施单位、房地产价格评估机构等)的行为,从而维护公共利益,保障被征收人的合法权益。

举报的主体既包括被征收人和利害关系人,例如,被征收人的亲属、被征收房屋的抵押权人、被征收人所负债务的债权人等,也包括与征收活动没有利害关系的任何组织和个人。举报的内容既包括人民政府、人民政府工作部门及其工作人员的行为,例如,违反规定做出房屋征收决定,违反规定给予补偿,政府工作人员不履行职责、滥用职权、玩忽职守、徇私舞弊,贪污、挪用、私分、截留、拖欠征收补偿费用等,也包括参与房屋征收与补偿活动的有关组织及其工作人员的行为,例如,采取非法方式迫使被征收人搬迁、出具虚假或者有重大差错的评估报告等,还包括被征收人的行为,例如,在房屋征收范围确定后在房屋征收范围内实施新建、扩建、改建房屋和改变房屋用途等不当增加补偿费用的行为等。

负责接受举报的主体主要包括做出征收决定的市、县级人民政府及其房屋征收部门和财政、国土资源、发展改革等有关部门,上级人民政府及其房屋征收部门和财政、国土资源、发展改革等有关部门,以及做出征收决定的市、县级人民政府及上级人民政府监察、审计等部门。这些机关接到举报后,应当依照有关法律、行政法规的规定及时核实、处理,不得对举报人进行压制和打击报复,并且应当对举报事项、与举报人相关的信息等予以保密。

4.2 国有土地上房屋征收决定

房屋征收制度是国家为了公共利益的需要,依照法律规定的权限和程序,对确需征收单位、个人的房屋及其他不动产,依法征收并给予补偿的全部规范的总和。维护被征收人的合法权益是这个制度的重要内容。近年来,"拆迁"作为社会热点词汇,往往和负面影响联系在一起。面对强拆,被征收人不能单纯依靠政府的保护,而是需要充分地运用法律赋予的权利来捍卫自己的合法权益。

4.2.1 国有土地上房屋征收范围

国有土地上房屋征收活动十分复杂,环节多,涉及部门多,特别是涉及广大被征收人的切身利益,搞不好会影响社会安定。

1. 公共利益的界定

公共利益的界定,必须考虑我国的国情。在我国经济社会发展的现阶段,工业化、城镇化是经济社会发展、国家现代化的必然趋势,符合最广大人民群众的根本利益,是公共利益的重要方面;遏制房价过快上涨势头、稳定房价,满足人民群众的基本住房需求,也是公共利益的重要方面。在社会主义市场经济条件下,建立公共服务供给的社会和市场参与机制是必然趋势,不宜以是否采用市场化的运作模式作为界定公共利益的标准,不能因医院、学校、供水、供电、供气、污水和垃圾处理、铁路、公交等项目经营中收费就否认其属于公共利益范畴。保障性安居工程建设和旧城区改建,与广大城镇居民生活、工作密切相关,这些项目的实施既改善了城镇居民居住、工作条件,又改善了城市环境,提升了城市功能，不能因为其中包含必要的商业服务设施等商业开发，就将其置于公共利益范畴之外。对工业化、城镇化进程中出现的一些社会矛盾和冲突，应当综合治理，不能不顾实践中的用地需要而以减少征收作为解决当前问题的唯一措施。要对被征收人按照房地产市场价格给予公平补偿，确保房屋被征收的群众不吃亏，将公共利益和被征收人的利益统一起来。

2. 房屋征收的条件

世界上许多国家或者地区都规定，只有在出于公共利益的情况下，国家才有可能动用土地征收权。考虑到公共利益概念在不同的国家、同一国家的不同历史时期，其内涵与外延是不断发展变化的，它的稳定是相对的、发展变化是绝对的，既是具体的、又是历史的，综合分析、比较不同国家和地区的立法界定，并结合我国的情况，在界定"公共利益的需要"时，采取了概括加列举的方式。

根据《国有土地上房屋征收与补偿条例》第8条的规定，市、县人民政府是做出征收决定的主体。为了保障国家安全、促进国民经济和社会发展等公共利益的需要，有下列情形之一，确需征收房屋的，由市、县级人民政府做出房屋征收决定。

（1）国防和外交的需要。

（2）由政府组织实施的能源、交通、水利等基础设施建设的需要。

（3）由政府组织实施的科技、教育、文化、卫生、体育、环境和资源保护、防灾减灾、文物保护、社会福利、市政公用等公共事业的需要。

（4）由政府组织实施的保障性安居工程建设的需要

（5）由政府依照《城乡规划法》有关规定组织实施的对危房集中、基础设施落后等地段进行旧城区改建的需要。

（6）法律、行政法规规定的其他公共利益的需要。

3. 征收房屋应满足规划要求

规划特别是城市详细规划不透明、朝令夕改是拆迁之乱的源头，要治拆迁之乱，当从规划之乱治起。为此，《国有土地上房屋征收与补偿条例》第9条规定，确需征收房屋的各项建设活动都应当符合国民经济和社会发展规划、土地利用总体规划、城乡规划和专项规划，并要求制订规划应当广泛征求社会公众意见，经过科学论证，保障性安居工程建设和旧城区改建还应当纳入市、县级国民经济和社会发展年度计划，经市、县级人民代表大会审议通过。其目的在于既保证国民经济和社会发展正常需要的土地需求，又防止不当或者过度地动用征收权，强调规划先行、规划民主。

4.2.2 国有土地上房屋征收程序

征收程序是规范政府征收行为、维护被征收人合法权益、促使政府做好群众工作的重要保障。由于在房屋征收与补偿法律关系中，行政机关、征收人、被征收人三方行政、民事、法律关系纵横交叉，行政机关行政职权的行使、征收人目标的实现、被征收人的财产权益保护及对政府的合理依赖之间相互博弈，导致国有土地上房屋征收有可能影响社会稳定。因此，国有土地上房屋征收必须严格依照法定程序进行。

1. 征收补偿方案的制订程序

《国有土地上房屋征收与补偿条例》第 10 条规定，房屋征收部门拟定征收补偿方案，应报市、县级人民政府。市、县级人民政府应当组织有关部门对征收补偿方案进行论证并予以公布，征求公众意见。征求意见期限不得少于 30 日。

规定房屋征收部门拟定征收补偿方案，旨在规范征收补偿程序，减少征收补偿中的矛盾纠纷。房屋征收补偿是被征收人最为关心的问题，也是产生矛盾纠纷的焦点。征收补偿方案对征收补偿起着至关重要的作用，对征收补偿会产生直接的影响。房屋征收实施的效果很大程度上取决于征收补偿方案的科学与否。征收补偿方案的内容，一般情况下，应当包括房屋征收范围、实施时间、补偿方式、补偿金额、补助和奖励、用于产权调换房屋的地点和面积、搬迁过渡方式和过渡期限等事项。

政府论证并公开征求意见，是决策民主原则的体现。为了充分保证被征收房屋所有人的利益，给群众充分表达对补偿方案的意见的机会，征求意见的时间不少于 30 日。政府论证建议应当为包括房地产估价师、律师、法学专家等在内的专家论证。对于征求意见的形式，《国有土地上房屋征收与补偿条例》没有做规定，亦说明形式可以多种多样，各地可根据自己的特点，采用不同的形式，例如书面意见、座谈会等形式。

2. 对征求意见的处理及旧城改造的特别规定

征收补偿方案征求公众意见结束后，市、县级人民政府应当将征求意见情况进行汇总，根据公众意见反馈情况对征收补偿方案进行修改，并将征求意见情况和根据公众意见修改情况及时公布。

考虑到旧城区改建是城市有机更新的方式，是城市建设和发展的主要路径之一，各地均面临大量因旧城区改建需要征收房屋的情况。同时，旧城区改建也存在涉及面广、人数多、征收补偿情况复杂的特点，有必要从征收程序上做出特别限制。另外，旧城区改建兼容城市发展和居民利益保护的双重需要，产生的矛盾和争议主要集中在补偿方面。因此，《国有土地上房屋征收与补偿条例》第 11 条第 2 款对因旧城区改建需要征收房屋的补偿方案征求意见程序做出了特别规定。因旧城区改建需要征收房屋，多数被征收人认为征收补偿方案不符合《国有土地上房屋征收与补偿条例》规定的，市、县级人民政府应当组织由被征收人和公众代表参加的听证会，并根据听证会情况修改方案。

3. 房屋征收的决定程序及相关条件

1）社会稳定风险评估制度

在房屋征收过程中，征收人和被征收人容易形成利益冲突，引发社会矛盾，甚至容易引发极端矛盾和恶性事件。因此，建立房屋征收社会稳定风险评估制度，可在源头上预防和减少房屋征收过程中的不稳定因素。市、县级人民政府做出房屋征收决定前，应当按照有关规定进行社会稳定风险评估；将社会稳定风险评估制度作为房屋征收过程中的"刚性门槛"。

社会稳定风险评估采取征求群众意见、专家评议和有关职能部门论证相结合的办法进行。房屋征收社会稳定风险评估的内容包括：项目是否符合有关法律、法规、规章和政策的规定；是否经过严谨科学的可行性研究论证，是否考虑地方财政能力和大多数群众的承受能力等制约因素，实施时机和条件是否成熟；项目的补偿资金、安置房源的筹措情况；

被征收人对房屋征收项目实施的满意度情况，房屋征收项目的补偿标准和方式是否与同类地区、同一时点的项目存在明显的不公平等。

社会稳定风险评估报告分为低风险、中风险和高风险的风险预警评价，并提出可实施、暂缓实施和不可实施的建议。对于可能引发较小社会矛盾但没有大的社会稳定风险，社会稳定风险评估报告建议可实施的房屋征收项目，市、县级人民政府应当按照程序做出房屋征收决定，并责成维稳部门落实风险评估报告中针对存在的不稳定因素提出的防范应对措施和紧急处理措施应急预案；对于存在较大社会稳定风险隐患，矛盾问题一时难以化解，社会稳定风险评估报告建议暂缓实施的房屋征收项目，市、县级人民政府应当暂缓做出房屋征收决定，并责成维稳部门制定和落实矛盾问题化解和防范的工作方案，待时机成熟时再评估决策；对于存在重大社会稳定风险隐患和问题，社会稳定风险评估报告建议不可实施的房屋征收项目，市、县级人民政府应当不做出房屋征收决定。

房屋征收决定涉及被征收人数量较多的，应当经政府常务会议讨论决定。主要有3个考虑：一是涉及面广，维护被征收人合法权益任务工作较重较多，需要深入细致做好；二是要认真研究，做好群众工作，维护和促进社会稳定；三是对重要的事项更需要进一步加强程序规范、约束，促使政府更为慎重地行使征收权，切实做好有关工作。

2）征收补偿资金足额到位

做出房屋征收决定前，征收补偿费用应当足额到位、专户存储、专款专用。征收补偿费用的足额到位，是保障房屋征收实施工作顺利进行的前提条件，也是保护被征收人利益的重要前提。足额到位是指用于征收补偿的货币、实物的数量应当符合征收补偿方案的要求，能够保证全部被征收人得到依法补偿和妥善安置。征收补偿费用的足额到位，包括实物和货币两部分，是二者之和，即已经提供实物补偿的，可在总额中扣减相关费用。专户存储、专款专用是保证补偿费用不被挤占、挪用的重要措施。专户存储要求在银行设立专门账户进行存储管理；专款专用是指征收补偿费用只能用于发放征收补偿，不得挪作他用。

只有当征收项目同时具备相关条件时，才能进入审查决定程序，缺少其中任何一项，均不得做出房屋征收决定。做出决定方式有：一是行政机关负责人决定，二是集体讨论决定。

4. 征收决定的公告、宣传解释及土地使用权问题

1）征收决定的公告

市、县级人民政府做出房屋征收决定后应当及时公告。房屋征收决定是市、县级人民政府征收被征收人房屋的重要法律文书。一般应张贴于征收范围内及其周围较为醒目、易于为公众查看的地点，也可通过报纸、电视等新闻媒体予以公布。通过发布房屋征收决定公告，使被征收人在正常情况下了解自己已成为征收当事人，了解被征收人的权利和义务。

公告应当载明征收补偿方案和行政复议、行政诉讼权利等事项。也就是说，公告中应当明确，被征收人对市、县级人民政府做出的房屋征收决定不服的，可以依法向做出房屋征收决定的市、县人民政府的上一级人民政府申请行政复议；或者依法向人民法院提起行政诉讼。

2）房屋征收与补偿的宣传、解释

市、县级人民政府及房屋征收部门应当做好房屋征收与补偿的宣传、解释工作。房屋征收与补偿工作涉及被征收人的切身利益，政策性强、时间紧，只有得到被征收人的理解和配合才能顺利完成。宣传、解释的方式可以多种多样，包括召开征收动员会、咨询会，在征收现场设立办公室等。房屋征收部门应当做好征收信访工作，对群众的来信来访要严格按照有关信访法律法规的规定办理，认真解决群众遇到的问题。

3）国有土地使用权一并收回——体现"地随房走"的原则

房屋被依法征收的，国有土地使用权同时收回。因为我国实行房与地分别管理制度，即由房屋管理部门和土地管理部门分别管理，因此房屋被依法征收的，国有土地使用权同时收回，房屋所有权证与国有土地使用权证都应当予以注销。但应当注意的是国有土地使用权收回时无需另行支付补偿，房屋征收补偿款中已经包含了该部分。

5. 被征收人的救济途径

被征收人对市、县级人民政府做出的房屋征收决定不服的，可以依法申请行政复议，也可以依法提起行政诉讼。为防止和纠正在房屋征收过程中违法的或者不当的具体行政行为、保护被征收人的合法权益、保障和监督行政机关依法行使职权，有关法律明确了被征收人的救济途径。此外，当被征收人认为在房屋征收过程中的具体行政行为侵犯了其合法权益时，可以依法申请行政复议或提起行政诉讼，这也体现了程序正当的原则。

6. 房屋调查登记

对征收房屋情况进行调查登记是对征收房屋进行评估，进而确定补偿金额的前提和基础。调查登记情况对确定征收补偿至关重要。为准确评估房屋征收补偿的成本，确保补偿工作的顺利开展，房屋征收部门应当组织开展房屋征收范围内被征收房屋的调查登记工作。房屋征收部门既可以独立完成，也可以委托房屋征收实施单位开展，一般情况下还应当有房地产价格评估机构参加。

实际征收中，被征收房屋的权属问题往往十分复杂，极易引起争夺房屋所有权的民事纠纷，旧城区、棚户区尤其严重。在房屋征收过程中，涉及的房屋有两种情况。一是已经依法登记取得房产证的房屋；二是未依法登记没有取得房产证的房屋。在以前的房屋拆迁中，产生矛盾纠纷较多的，是拆迁未依法登记没有取得房产证的房屋。主要矛盾是被拆迁人与拆迁人以及主管部门对未登记房屋的认定方面意见不一致。因此，房屋征收部门应当对房屋征收范围内房屋的权属、区位、用途、建筑面积等情况组织调查登记，并从实际出发，先对各类无证房屋的性质进行界定、处置，不应一刀切。这种在征收前的调查处置可在很大程度上避免拆迁中的疑难问题，能更好地保障以后拆迁工作的顺利进行。

（1）对于一般影响规划且依法补办相关手续和缴纳罚款的，可视为合法建筑补偿。

根据城乡规划管理法律法规的规定，所谓违法建筑，是指在城市规划区内，未取得建设工程规划许可证件或者违反建设工程规划许可证的规定建设，严重影响城市规划的建筑。一般包括4种情形：①未申请或申请未获得批准，未取得建设用地规划许可证和建设工程规划许可证而建成的建筑；②擅自改变建设工程规划许可证的规定建成的建筑；③擅自改变了使用性质建成的建筑；④擅自将临时建筑建设成为永久性的建筑。

对违法建筑的处理，根据城乡规划管理法律法规的规定，分为两种情况：①对于严重影响城市规划的，限期拆除或者没收；②对于一般影响城市规划，尚可采取改正措施的，责令限期改正并处罚款。对于后一种情况，如果已经按照城乡规划法律法规的规定补办了相关手续并缴纳了罚款的，在征收时可以视为合法建筑进行补偿。

（2）对于未超过批准期限的临时建筑应当给予适当补偿。

根据城乡规划管理法律法规的规定，在城市规划区内进行临时建设，必须在批准的使用期限内拆除。因此，对于超过了批准期限的临时建筑，应当由建设者在限期内拆除，在征收时不予补偿。对于未超过批准期限的临时建筑，是合法建筑，未到批准使用期限拆除，会给临时建筑所有人带来一定的经济损失。因此，拆除未超过批准期限的临时建筑，应当给予适当补偿。对未超过批准使用年限的临时建筑的补偿，应按已使用期限的剩余价值参考剩余使用期限确定。

（3）房屋征收决定前，政府组织有关部门对未经登记的建筑进行调查、认定和处理。

各地由于历史原因存在大量手续不全、未经登记的房屋，在征收范围确定后，各市、县级人民政府应当组织有关部门对这一部分房屋进行调查、认定、处理。对认定为合法建筑和未超过批准期限的临时建筑的，给予补偿；对认定为违法建筑和超过批准期限的临时建筑的，不予补偿。当事人对有关部门的认定和处理结果不服的，可以依法提起行政复议或者诉讼。

（4）调查结果应当在房屋征收范围内向被征收人公布。

调查结果公布主要基于以下原因：一是调查结果作为被征收房屋价值评估的重要依据，其公开有助于堵塞暗箱操作，防止房屋征收当事人恶意串通，骗取征收补偿款；二是增加房屋征收透明度和公信力，预防和减少房屋征收过程中，侵权渎职犯罪问题的发生；三是为了公共利益的需要，征收单位、个人的房屋，政府作为征收人，应当依法补偿，公布便于审计机关对征收补偿费用进行监督；四是调查登记结果的公开，有利于保护被征收人的知情权，促进公开、公平、公正。公布的具体方式由地方根据各自实际情况确定。

7. 征收决定公布后的禁止性事项

从实践情况看，因突击抢建引发的矛盾纠纷较多。在征收范围确定后，禁止进行建设活动有利于保障房屋征收工作顺利进行，也有利于减少矛盾纠纷。

1）不当增加补偿费用不予补偿

《国有土地上房屋征收与补偿条例》规定，房屋征收范围确定后，不得在房屋征收范围内实施新建、扩建、改建房屋和改变房屋用途等不当增加补偿费用的行为；违反规定实施的，不予补偿，即对于那些被征收人试图通过扩建、改进、改变房屋用途等方式获取的违法利益是不予保护的，被征收人不应当获得额外的补偿。

2）暂停期限

房屋征收部门应当将前款所列事项书面通知有关部门暂停办理相关手续。暂停办理相关手续的书面通知应当载明暂停期限。暂停期限最长不得超过1年。

4.3 国有土地上房屋征收补偿

房屋征收中给予多少补偿，是人们最为关注的问题，这直接关系人民群众的切身利益。而且搬迁引发的矛盾大多集中在征收补偿的标准和补偿是否公平上。在以往的房屋征地过程中，一些地方政府自行确定补偿标准并强制被拆迁者接受，由此带来的补偿安置等问题引发被拆迁者与政府的暴力对抗，有关报道不时见诸报端。

4.3.1 国有土地上房屋征收补偿的内容

国有土地上房屋征收补偿是指房屋征收人依法对被征收人因房屋征收所遭受的经济损失给予的合理弥补。房屋作为所有人的财产，是所有人经济利益的一部分。房屋征收使得被征收人的房屋归于消灭，使其遭受经济损失，政府理应对被征收房屋进行补偿。

1. 房屋征收补偿的范围

做出房屋征收决定的市、县级人民政府对被征收人给予的补偿包括3项。

（1）对被征收人房屋价值的补偿，包括被征收房屋及其占用范围内的土地使用权的补偿，以及房屋室内装饰装修价值的补偿。被征收人房屋包括被征收的房屋及其附属物。所谓"附属物"是指与房屋主体建筑有关的附属建筑或构筑物。被征收人对自己的房屋进行的装饰装修，在征收时也应当给予补偿。对被征收人房屋价值的补偿是房屋征收补偿中最主要的部分。

（2）因征收房屋造成的搬迁、临时安置的补偿。因征收房屋造成搬迁的，房屋征收部门应当向被征收人支付搬迁费；搬迁补偿是针对所有被征收人的。对于选择房屋产权调换的，产权调换房屋交付前，房屋征收部门应当向被征收人支付临时安置费或者提供周转用房；若房屋征收部门向被征收人提供了周转用房，则不必支付临时安置补偿。

（3）因征收房屋造成的停产停业损失的补偿。非住宅房屋停产停业损失补偿是当前拆迁矛盾纠纷问题突出的重要方面之一。将停产停业损失的补偿明确为房屋征收补偿的重要组成部分，有利于更好地保护被征收人的利益。

市、县级人民政府应当制定补助和奖励办法，对被征收人给予补助和奖励。具体办法由省、自治区、直辖市制定。

征收个人住宅，被征收人符合住房保障条件的，做出房屋征收决定的市、县级人民政府应当优先给予住房保障。具体办法由省、自治区、直辖市制定。

2. 房屋征收补偿的形式

房屋是居民赖以生存的重要生活资料，房屋被拆除，势必会给居民的生活带来不便。允许被征收人根据自己的实际需要选择补偿形式，有利于保护被征收人的合法权益，减少矛盾纠纷的发生。根据《国有土地上房屋征收与补偿条例》，国有土地上房屋征收补偿的形式有两种：货币补偿、房屋产权调换。

1）货币补偿

货币补偿是指在征收补偿中，经征收人与被征收人协商，被征收人放弃产权，由征收人按市场评估价为标准，对被征收人进行货币形式的补偿。

2）房屋产权调换

房屋产权调换是指征收人用自己建造或购买的产权房屋与被征收房屋调换产权，并按征收房屋的评估价和调换房屋的市场价进行结算调换差价的行为。也就是说，以易地或原地再建的房屋和被拆除的房屋进行产权交换，被征收人失去被征收房屋的产权，调换之后拥有调换房屋的产权。产权调换是房屋征收补偿安置的方式之一，其特点是以实物形态来体现征收人对被征收人的补偿。无论是居住房屋还是非居住房屋均可采取产权调换的方法,但非公益事业房屋的附属物除外。

被征收人选择房屋产权调换的,市、县级人民政府应当提供用于产权调换的房屋,并与被征收人计算、结清被征收房屋价值与用于产权调换房屋价值的差价。因旧城区改建征收个人住宅,被征收人选择在改建地段进行房屋产权调换的,做出房屋征收决定的市、县级人民政府应当提供改建地段或者就近地段的房屋。

3. 房屋征收补偿的标准

1) 被征收房屋价值的补偿

《国有土地上房屋征收与补偿条例》第19条明确规定,对被征收房屋价值的补偿,不得低于房屋征收决定公告之日被征收房屋类似房地产的市场价格。由具有相应资质的房地产价格评估机构按照房屋征收评估办法评估确定。房屋征收评估办法由国务院住房和城乡建设主管部门制定,制定过程中,应当向社会公开征求意见。

对评估确定的被征收房屋价值有异议的,可以向房地产价格评估机构申请复核评估。对复核结果有异议的,可以向房地产价格评估专家委员会申请鉴定。

2) 因征收房屋造成的搬迁、临时安置的补偿

选择货币补偿的,因征收房屋造成搬迁的,房屋征收部门应当向被征收人支付搬迁费。选择房屋产权调换的,产权调换房屋交付前,房屋征收部门应当向被征收人支付临时安置费或者提供周转用房。考虑到各地经济水平和实际情况不同,搬迁费和临时安置费的具体标准由地方规定。

3) 因征收房屋造成停产停业损失的补偿

停产停业损失一般以实际发生的直接损失为主,根据房屋征收前被征收房屋的实际使用效益和实际停产、停业期限等确定。停产停业损失补偿中涉及非住宅房屋的认定。认定为非住宅房屋,应当满足以下两个条件:第一,房屋为非住宅房屋,即营业性用房;第二,经营行为合法,不能是违法经营;两者缺一不可。停产停业损失补偿办法,由省、自治区、直辖市制定。

4. 贪污、挪用、私分、截留、拖欠征收补偿费用的法律责任

征收补偿费用能否及时、足额到位,是被征收人非常关心的问题,在房屋征收补偿过程中,征收补偿费用应当及时、足额支付给被征收人,负责房屋征收补偿工作的工作人员应做到公正廉洁。违法行为的主体可能是市、县级人民政府和房屋征收部门或者其他有关部门及其工作人员,也可能是房屋征收部门委托的房屋征收实施单位及其工作人员。对于贪污、挪用、私分、截留、拖欠征收补偿费用的行为,相关违法主体应当承担相应的法律责任。

为此,《国有土地上房屋征收与补偿条例》第33条规定:"贪污、挪用、私分、截留、拖欠征收补偿费用的,责令改正,追回有关款项,限期退还违法所得,对有关责任单位通报批评、给予警告;造成损失的,依法承担赔偿责任;对直接负责的主管人员和其他直接责任人员,构成犯罪的,依法追究刑事责任;尚不构成犯罪的,依法给予处分。"

4.3.2 国有土地上房屋征收评估制度

由于征收与补偿矛盾的核心问题是补偿金额的多少,而评估是确定补偿金额的重要依

据,补偿金额与评估直接相关。城市房屋价值评估已成为当前征收与补偿矛盾的焦点。对此,根据《国有土地上房屋征收与补偿条例》的要求,住房和城乡建设部出台了《国有土地上房屋征收评估办法》来规范国有土地上房屋征收评估活动,保证房屋征收评估结果客观公平。

1. 房屋征收评估机构的选择

按照《城市房地产管理法》、《行政许可法》的规定,国家实行房地产价格评估制度和房地产价格评估人员资格认证制度,房地产估价机构、房地产估价师必须在其资质资格经有关房地产主管部门核准后,方可从事房屋征收评估。未经核准的,不得从事房地产估价活动。

房地产价格评估机构由被征收人协商选定;协商不成的,通过多数决定、随机选定等方式确定,如进行投票、抽签、摇号、招投标等,确定房地产价格评估机构的过程应当公开、公平、公正。具体办法由省、自治区、直辖市制定。

同一征收项目的房屋征收评估工作,原则上由一家房地产价格评估机构承担。房屋征收范围较大的,可以由两家以上房地产价格评估机构共同承担。

两家以上房地产价格评估机构承担的,应当共同协商确定一家房地产价格评估机构为牵头单位;牵头单位应当组织相关房地产价格评估机构就评估对象、评估时点、价值内涵、评估依据、评估假设、评估原则、评估技术路线、评估方法、重要参数选取、评估结果确定方式等进行沟通,统一标准。

2. 房屋征收评估委托合同的签订

房地产价格评估机构选定或者确定后,一般由房屋征收部门作为委托人,向房地产价格评估机构出具房屋征收评估委托书,并与其签订房屋征收评估委托合同。

房屋征收评估委托书应当载明委托人的名称、委托的房地产价格评估机构的名称、评估目的、评估对象范围、评估要求以及委托日期等内容。

房屋征收评估委托合同应当载明:①委托人和房地产价格评估机构的基本情况;②负责本评估项目的注册房地产估价师;③评估目的、评估对象、评估时点等评估基本事项;④委托人应提供的评估所需资料;⑤评估过程中双方的权利和义务;⑥评估费用及收取方式;⑦评估报告交付时间、方式;⑧违约责任;⑨解决争议的方法;⑩其他需要载明的事项。

3. 房地产价格评估机构的工作原则

房地产价格评估机构、房地产估价师、房地产价格评估专家委员会成员应当独立、客观、公正地开展房屋征收评估、鉴定工作,并对出具的评估、鉴定意见负责。任何单位和个人不得干预房屋征收评估、鉴定活动。与房屋征收当事人有利害关系的,应当回避。

房地产价格评估机构应当指派与房屋征收评估项目工作量相适应的足够数量的注册房地产估价师开展评估工作,不得转让或者变相转让受托的房屋征收评估业务。

因房屋征收评估、复核评估、鉴定工作需要查询被征收房屋和用于产权调换房屋权属以及相关房地产交易信息的,房地产管理部门及其他相关部门应当提供便利。

在房屋征收评估过程中,房屋征收部门或者被征收人不配合、不提供相关资料的,房地产价格评估机构应当在评估报告中说明有关情况。

对房地产价格评估机构或者房地产估价师出具虚假或者有重大差错的评估报告的违法行为，由发证机关责令限期改正，给予警告，并对房地产价格评估机构处以5万元以上20万元以下罚款，对房地产估价师处以1万元以上3万元以下罚款，并记入信用档案；情节严重的，吊销资质证书、注册证书；造成损失的，依法承担赔偿责任；构成犯罪的，依法追究刑事责任。

4. 房屋征收评估基本事项

1) 房屋征收评估时点

评估时点为房屋征收决定公告之日。用于产权调换房屋价值评估时点应当与被征收房屋价值评估时点一致。

2) 房屋征收评估实地查勘

房屋征收评估前，房屋征收部门应当组织有关单位对被征收房屋情况进行调查，明确评估对象。评估对象应当全面、客观，不得遗漏、虚构。房屋征收部门应当向受托的房地产价格评估机构提供征收范围内的房屋情况，包括已经登记的房屋情况和未经登记建筑的认定、处理结果情况。调查结果应当在房屋征收范围内向被征收人公布。对于已经登记的房屋，其性质、用途和建筑面积，一般以房屋权属证书和房屋登记簿的记载为准；房屋权属证书与房屋登记簿的记载不一致的，除有证据证明房屋登记簿确有错误外，以房屋登记簿为准。对于未经登记的建筑，应当按照市、县级人民政府的认定、处理结果进行评估。

房地产价格评估机构应当安排注册房地产估价师对被征收房屋进行实地查勘，调查被征收房屋状况，拍摄反映被征收房屋内外部状况的照片等影像资料，做好实地查勘记录，并妥善保管。被征收人应当协助注册房地产估价师对被征收房屋进行实地查勘，提供或者协助搜集被征收房屋价值评估所必需的情况和资料。

房屋征收部门、被征收人和注册房地产估价师应当在实地查勘记录上签字或者盖章确认。被征收人拒绝在实地查勘记录上签字或者盖章的，应当由房屋征收部门、注册房地产估价师和无利害关系的第三人见证，有关情况应当在评估报告中说明。

3) 房屋征收评估方法

注册房地产估价师应当根据评估对象和当地房地产市场状况，对市场法、收益法、成本法、假设开发法等评估方法进行适用性分析后，选用其中一种或者多种方法对被征收房屋价值进行评估。被征收房屋的类似房地产有交易的，应当选用市场法评估；被征收房屋或者其类似房地产有经济收益的，应当选用收益法评估；被征收房屋是在建工程的，应当选用假设开发法评估。可以同时选用两种以上评估方法评估的，应当选用两种以上评估方法评估，并对各种评估方法的测算结果进行校核和比较分析后，合理确定评估结果。

被征收房屋价值评估应当考虑被征收房屋的区位、用途、建筑结构、新旧程度、建筑面积以及占地面积、土地使用权等影响被征收房屋价值的因素。

被征收房屋室内装饰装修价值，机器设备、物资等搬迁费用，以及停产停业损失等补偿，由征收当事人协商确定；协商不成的，可以委托房地产价格评估机构通过评估确定。

房屋征收评估价值应当以人民币为计价的货币单位，精确到元。

4) 房屋征收评估结果的处置

房地产价格评估机构应当按照房屋征收评估委托书或者委托合同的约定，向房屋征收部门提供分户的初步评估结果。分户的初步评估结果应当包括评估对象的构成及其基本情况和评估价值。房屋征收部门应当将分户的初步评估结果在征收范围内向被征收人公示。公示期间，房地产价格评估机构应当安排注册房地产估价师对分户的初步评估结果进行现场说明解释。存在错误的，房地产价格评估机构应当修正。

分户初步评估结果公示期满后，房地产价格评估机构应当向房屋征收部门提供委托评估范围内被征收房屋的整体评估报告和分户评估报告。房屋征收部门应当向被征收人转交分户评估报告。整体评估报告和分户评估报告应当由负责房屋征收评估项目的两名以上注册房地产估价师签字，并加盖房地产价格评估机构公章。不得以印章代替签字。

被征收人或者房屋征收部门对评估报告有疑问的，出具评估报告的房地产价格评估机构应当向其做出解释和说明。

5. 房屋征收评估异议的处置

关于异议的处置，包含两个程序，一是申请复核，二是申请鉴定。

1）房屋征收评估复核程序

被征收人或者房屋征收部门对评估结果有异议的，应当自收到评估报告之日起 10 日内，向房地产价格评估机构申请复核评估。申请复核评估的，应当向原房地产价格评估机构提出书面复核评估申请，并指出评估报告存在的问题。

原房地产价格评估机构应当自收到书面复核评估申请之日起 10 日内对评估结果进行复核。复核后，改变原评估结果的，应当重新出具评估报告；评估结果没有改变的，应当书面告知复核评估申请人。

被征收人或者房屋征收部门对原房地产价格评估机构的复核结果有异议的，应当自收到复核结果之日起 10 日内，向被征收房屋所在地评估专家委员会申请鉴定。被征收人对补偿仍有异议的，可以依法申请行政复议，也可以依法提起行政诉讼。

2）房屋征收评估鉴定程序

各省、自治区住房和城乡建设主管部门和设区城市的房地产管理部门应当组织成立评估专家委员会，对房地产价格评估机构做出的复核结果进行鉴定。

评估专家委员会由房地产估价师以及价格、房地产、土地、城市规划、法律等方面的专家组成。评估专家委员会应当选派成员组成专家组，对复核结果进行鉴定。专家组成员为 3 人以上单数，其中房地产估价师不得少于二分之一。

评估专家委员会应当自收到鉴定申请之日起 10 日内，对申请鉴定评估报告的评估程序、评估依据、评估假设、评估技术路线、评估方法选用、参数选取、评估结果确定方式等评估技术问题进行审核，出具书面鉴定意见。

经评估专家委员会鉴定，评估报告不存在技术问题的，应当维持评估报告；评估报告存在技术问题的，出具评估报告的房地产价格评估机构应当改正错误，重新出具评估报告。

房屋征收评估鉴定过程中，房地产价格评估机构应当按照评估专家委员会要求，就鉴定涉及的评估相关事宜进行说明。需要对被征收房屋进行实地查勘和调查的，有关单位和个人应当协助。

6. 房屋征收评估费用的收取

房屋征收评估、鉴定费用由委托人承担。但鉴定改变原评估结果的，鉴定费用由原房地产价格评估机构承担。复核评估费用由原房地产价格评估机构承担。房屋征收评估、鉴定费用按照政府价格主管部门规定的收费标准执行。

违反规定收费的,由政府价格主管部门依照《中华人民共和国价格法》的规定处罚。

4.3.3　国有土地上房屋征收补偿协议

征收补偿协议是约定征收当事人之间权利与义务关系的合同。依法订立的补偿协议对当事人具有法律约束力。当事人应当按照约定履行自己的义务,不得擅自变更或者解除协议。依法订立的协议受法律保护。

1. 征收补偿协议的主要内容

征收补偿协议的主要内容一般包括补偿方式、补偿金额和支付期限、用于产权调换房屋的地点和面积、搬迁费、临时安置费或者周转用房、停产停业损失、搬迁期限、过渡方式和过渡期限等事项。此外,协议一般还包括违约责任、解决争议的办法等内容。补偿协议的内容经双方当事人协商一致后可以修改。对于实行货币补偿的,补偿协议主要应载明补偿金额和支付期限、搬迁费、停产停业损失、搬迁期限等;对于实行产权调换的,补偿协议主要应载明用于产权调换房屋的地点和面积、被征收房屋与产权调换房屋的差价结算、临时安置费或者周转用房、搬迁费、停产停业损失、搬迁期限、搬迁过渡方式和过渡期限等。

2. 补偿决定适用的情形、程序、内容及其救济途径

现实生活中存在着房屋征收部门与被征收人在征收补偿方案确定的签约期限内达不成补偿协议,或者被征收房屋所有权人不明确,比如共有人联系不到或者被征收房屋属于遗产未析产、离婚财产未分割明确的情况等,不能因此而导致长期无法征收,从而损害了公共利益。因此规定,由房屋征收部门报请做出房屋征收决定的市、县级人民政府依照《国有土地上房屋征收与补偿条例》的规定,按照征收补偿方案做出补偿决定,并在房屋征收范围内予以公告。

关于补偿决定的程序,由征收部门申报,由市、县级人民政府按照征收补偿方案做出决定并公告。也就是说征收补偿方案中已载明签约期限,如果与被征收人经过协商,超过签约期限仍无法达成协议,则征收部门报请政府有权做出补偿决定。即使被征收人不同意征收,房屋同样会被征收。

关于补偿决定的内容应当明确具体,应包括补偿方式、补偿金额和支付期限、用于产权调换房屋的地点和面积、搬迁费、临时安置费或者周转用房、停产停业损失、搬迁期限、过渡方式和过渡期限等事项。补偿决定应当公平。

被征收人对补偿决定不服的,可以依法申请行政复议,也可以依法提起行政诉讼。

4.3.4　国有土地上房屋征收执行

1. 征收房屋应坚持"先补偿、后搬迁"的原则

从规范征收房屋补偿与住户搬迁的先后关系入手,通过确立先补偿、后搬迁的原则,来保障被征收人获得充分补偿,遏制不补偿就强行搬迁的违法征收行为。

征收是政府强制性要求相对人让渡物权、实现公共利益的行为。强制性是征收的主要特征，也是征收行为与拆迁行为的主要区别，但现代法治下的征收强制性应该是以已经对被征收人给予充分的补偿为前提的。征收的主体是政府，政府拥有更直接和更方便的强制手段与资源，对补偿搬迁关系予以规范和要求，可以防止或者减少实践中以实现某种公共利益为借口，在没有对被征收人妥善补偿的情况下就要求被征收人先搬迁情况的发生。

1)"先补偿、后搬迁"的具体情况

需要说明的是，"先补偿、后搬迁"包含两种情况：一是房屋征收当事人就房屋征收补偿达成一致，签订协议，双方按协议履行相关的给付义务；二是征收当事人未达成补偿协议，市、县级人民政府已经依法做出补偿决定，货币补偿已经专户存储、产权调换房屋和周转用房的地点和面积已经明确。符合这两种情况都属于先补偿。补偿方式不同，具体情况也会有所不同。如实行货币补偿的，货币补偿已经专户存储、被征收人可以随时支取即可视为对被征收人进行了补偿；实行现房产权调换的，征收人可以确定安置房源，待被征收人搬迁完毕后再实际办理交付手续；实行期房产权调换的，征收人则可以在协议确定安置房源后要求被征收人搬迁，待安置房竣工后再按约定交付房屋。

2) 在征收人依法予以补偿后，被征收人应当履行按时搬迁义务

被征收人在征收人未补偿之前，可以根据"先补偿、后搬迁"原则进行抗辩，拒绝搬迁。但征收人一旦履行了补偿义务后，被征收人也必须要履行按时搬迁的义务。

在征收过程中，会出现房屋征收部门与被征收人达成协议和达不成协议两种情况。对于双方按照规定达成协议的，只要征收人已对被征收人做出补偿，被征收人就须按照协议中关于搬迁期限的约定，在限期内完成搬迁。如果被征收人在征收人补偿后，没有按照协议约定如期搬迁的，就属于违约行为，房屋征收部门可以依约向法院提起诉讼，要求被征收人按照协议约定履行搬迁义务。对于房屋征收部门与被征收人达不成协议的，房屋征收部门可以依照规定报请做出征收决定的市、县级人民政府做出补偿决定，补偿决定会对征收人的补偿义务和被征收人的搬迁义务加以确定，在征收人做出补偿后，被征收人也必须按照补偿决定确定的搬迁期限履行搬迁义务；仍不履行的，则可能导致被依法强制搬迁。

3) 对非法逼迫搬迁行为的禁止性规定

拆迁中因双方当事人的利益角度不同，达不成协议的情况时有发生，拆迁人为了及早完成拆迁和及时进行开工建设，往往会弃法定的拆迁争议解决程序不用，而依靠一些私力救济方式来逼迫被拆迁人搬迁，被拆迁人因这些不规范的拆迁行为而产生的信访事件也屡见于新闻媒体报道，为社会所诟病。首先，市、县级人民政府作为代表公共利益的征收主体，其人民政府的本质决定了不能采用暴力、胁迫或者擅自中断供水、供热、供气、供电和道路通行等非法方式迫使被征收人搬迁；其次，因为征收的主体只限市、县级人民政府，即便具体从事征收工作的征收实施单位，也是接受市、县级人民政府房屋征收部门的委托开展工作，因此也必须在委托事项范围内从事征收工作，不得采取上述非法方式逼迫被征收人搬迁。

为了保证征收的公权性以及利益目的的全民性，征收工作必须由市、县级人民政府来担当，这也是征收区别于拆迁的最大特点。为了保证征收行为的正当性，要求征收只能由市、县级人民政府及其房屋征收部门来完成，即便是征收后公共利益项目的建设单位也不允许参与搬迁活动，否则一是会破坏征收的政府公权特征，二是难免会从自身利益角度出发出现损害被征收人合法权益的行为。

采取暴力、威胁或者违反规定中断供水、供热、供气、供电和道路通行等非法方式迫使被征收人搬迁，造成损失的，依法承担赔偿责任；对直接负责的主管人员和其他直接责任人员，构成犯罪的，依法追究刑事责任；尚不构成犯罪的，依法给予处分；构成违反治安管理行为的，依法给予治安管理处罚。

新闻链接： 贵州公开处理野蛮拆迁开发商

2009年11月27日，贵州博宇房地产公司组织数十人，携带钢管、撬棍和封口胶，对贵州市普陀巷36号、贵乌南路20号等9家住户和8间门面进行暴力拆迁，13名正在熟睡的住户被强行拽上汽车拖离现场，致使4名群众受伤。暴力拆迁事件发生后，当天6时30分许，被拆迁住户约30余人不听现场民警劝阻，情绪激动，用红布条和40余瓶液化气罐将红边门路口等4个方向堵断，采取违法过激行为讨要说法。这一堵路行为造成27日当天贵阳市中心城区多条主要道路严重拥堵，近万台车辆滞留，数万群众上班被延误。

"11·27"暴力强拆事件发生后，贵阳警方迅速成立专案组，查清了相关犯罪事实，先后将参与组织策划和具体实施暴力拆迁行为的犯罪嫌疑人陈启荣、单晓捷、李小平、田尚志、张甲荣等20人抓获。12月10日，经云岩区人民检察院批准，依法对陈启荣等20人执行逮捕。同时，公安机关及时查清了此次非法聚众堵路事件的相关犯罪事实，并于11月30日依法将参与堵路的主要犯罪嫌疑人郎维俊、吴维兰、曾斌、王卫军4人抓获。12月10日，经云岩区人民检察院批准，依法对郎维俊等4名犯罪嫌疑人执行逮捕。

2. 国有土地上房屋征收补偿决定强制执行

被征收人在法定期限内不申请行政复议或者不提起行政诉讼，在补偿决定规定的期限内又不搬迁的，由做出房屋征收决定的市、县级人民政府依法申请人民法院强制执行。

强制执行申请书应当附具补偿金额和专户存储账号、产权调换房屋和周转用房的地点和面积等材料。

征收补偿决定存在下列情形之一的，人民法院应当裁定不准予执行：①明显缺乏事实根据；②明显缺乏法律、法规依据；③明显不符合公平补偿原则，严重损害被执行人合法权益，或者使被执行人基本生活、生产经营条件没有保障；④明显违反行政目的，严重损害公共利益；⑤严重违反法定程序或者正当程序；⑥超越职权；⑦法律、法规、规章等规定的其他不宜强制执行的情形。

人民法院裁定不准予执行的，应当说明理由，并在5日内将裁定送达申请机关。

人民法院裁定准予执行的，一般由做出征收补偿决定的市、县级人民政府组织实施，也可以由人民法院执行。

本 章 小 结

本章首先介绍了我国城市房屋拆迁制度相关立法进程，对国有土地上房屋征收进行概述，论述了国有土地上房屋征收的概念、特征和基本原则，介绍了国有土地上房屋征收与补偿的管理工作体制，包括征收主体、征收实施单位、层级监督、举报等制度；通过公共利益的界定，阐述了国有土地上房屋征收的范围，然后重点论述了国有土地上房屋征收程序的相关内容,包括征收补偿方案的制定、意见的征求、决定程序、被征收人的救济途径等内容;最后介绍了国有土地上房屋征收补偿的内容,论述了国有土地上房屋征收评估制度,阐述了国有土地上房屋征收补偿协议以及征收的执行。

习 题

一、填空题

1. 为了（　　）的需要,依照法律规定的权限和程序,可以征收集体所有的土地和单位、个人的房屋及其他不动产。

2. （　　）就是要求政府要严格遵循法定程序,依法保障行政管理相对人、利害关系人的知情权、参与权和救济权。

3. 市、县级人民政府负责（　　）的房屋征收与补偿工作。

4. 房屋征收部门既可以独立完成,也可以委托（　　）开展,一般情况下还应当有房地产价格评估机构参与。

5. 保障性安居工程建设和旧城区改建还应当纳入市、县级国民经济和社会发展年度计划,经市、县级（　　）审议通过。

6. 做出房屋征收决定前,（　　）应当足额到位、专户存储、专款专用。

7. 国有土地上房屋征收补偿的形式有两种：（　　）和房屋产权调换。

8. 房地产价格评估机构选定或者确定后,一般由（　　）作为委托人,向房地产价格评估机构出具房屋征收评估委托书,并与其签订房屋征收评估委托合同。

9. 被征收人对补偿决定不服的,可以依法申请（　　）,也可以依法提起行政诉讼。

10. 被征收人在法定期限内不申请行政复议或者不提起行政诉讼,在补偿决定规定的期限内又不搬迁的,由做出房屋征收决定的市、县级人民政府依法申请（　　）强制执行。

二、单项选择题（每题的备选答案中,只有一个最符合题意）

1. 《国有土地上房屋征收与补偿条例》是（　　）正式公布施行的。
   A. 1994年7月5日　　　　　　　　　B. 2011年1月21日
   C. 2009年11月13日　　　　　　　　D. 2010年1月29日

2. 下列不是房屋征收与补偿应遵循的基本原则的是（　　）。
   A. 效率优先　　　　　　　　　　　B. 决策民主
   C. 程序正当　　　　　　　　　　　D. 公平补偿

3. 《国有土地上房屋征收与补偿条例》属于（　　）。
   A. 法律　　　　　　　　　　　　　B. 地方性法规
   C. 行政法规　　　　　　　　　　　D. 部门规章

4. 房屋征收部门可以委托（　　）承担房屋征收与补偿的具体工作。
   A. 房屋拆迁公司　　　　　　　　　B. 建筑施工单位
   C. 房屋征收事务所　　　　　　　　D. 开发商

5. 对违反《国有土地上房屋征收与补偿条例》规定的行为,（　　）有权向有关部门举报。

A. 只有房屋征收事务所　　　　　　　B. 只有房屋所在地居委会
　　C. 任何单位和个人　　　　　　　　　D. 只有物业公司

6. 为保障国家安全、促进国民经济和社会发展等公共利益的需要，确需征收房屋的，由（　　）做出房屋征收决定。
　　A. 房屋征收事务所　　　　　　　　　B. 市、县级房屋行政管理部门
　　C. 市、县级建设行政管理部门　　　　D. 市、县级人民政府

7. 根据《国有土地上房屋征收与补偿条例》的规定，以下不属于确需征收房屋的情形的是（　　）。
　　A. 防灾减灾需要　　　　　　　　　　B. 教育、卫生设施建设需要
　　C. 娱乐设施建设需要　　　　　　　　D. 保障性安居工程建设需要

8. 房屋征收补偿方案实施前应在征收范围内公布，征求意见期限不得少于（　　）日。
　　A. 30　　　　　　B. 15　　　　　　C. 10　　　　　　D. 7

9. 旧城区改建需征收房屋的补偿方案，市、县级人民政府应组织被征收人、公有房屋承租人、律师等公众代表参加（　　）。
　　A. 记者招待会　　　　　　　　　　　B. 讨论会
　　C. 听证会　　　　　　　　　　　　　D. 意见征询会

10. 房屋征收决定做出前，征收部门应当进行（　　），并报市、县级人民政府审核。
　　A. 社会接受度评估　　　　　　　　　B. 社会满意度评估
　　C. 社会稳定风险评估　　　　　　　　D. 社会经济效益评估

11. 房屋征收决定由（　　）做出。
　　A. 省人民政府　　　　　　　　　　　B. 市、县级人民政府
　　C. 市、县级房屋行政管理部门　　　　D. 市、县级建设行政管理部门

12. 被征收人是指被征收房屋的（　　）。
　　A. 承租人　　　　B. 抵押权人　　　　C. 出租人　　　　D. 所有权人

13. （　　）应当将确定的房地产价格评估机构予以公告。
　　A. 房屋主管部门　　　　　　　　　　B. 房屋征收部门
　　C. 房地产价格评估机构　　　　　　　D. 房屋拆迁部门

14. 被征收人、公有房屋承租人或者房屋征收部门对评估结果有异议的，应当自收到评估报告之日起（　　）日内，向房地产价格评估机构申请复核评估。
　　A. 7　　　　　　　B. 8　　　　　　　C. 10　　　　　　D. 15

15. 被征收人、公有房屋承租人或者房屋征收部门对评估结果有异议的，应当自收到评估报告之日起10日内，向（　　）申请复核评估。
　　A. 房屋主管部门　　　　　　　　　　B. 房屋征收部门
　　C. 房地产价格评估机构　　　　　　　D. 房屋拆迁部门

16. （　　）应当依法建立房屋征收补偿档案，并将分户补偿结果在房屋征收范围内向被征收人、公有房屋承租人公布。
　　A. 房屋主管部门　　　　　　　　　　B. 房屋征收部门
　　C. 房地产价格评估机构　　　　　　　D. 房屋拆迁部门

17. 因旧城区改建征收居住房屋的，做出房屋征收决定的（　　）应当提供改建地段

或者就近地段的房源,供被征收人、公有房屋承租人选择,并按照房地产市场价结清差价。

  A. 房屋主管部门   B. 房屋征收部门
  C. 房地产价格评估机构   D. 市、县级人民政府

18. 根据有关规定,房地产估价机构对被征收房屋进行评估时,应以(　　)为准计算评估时点。

  A. 当事人双方签订征收补偿协议之日
  B. 估价机构到现场进行评估之日
  C. 市、县级人民政府做出房屋征收决定之日
  D. 房屋征收决定公告之日

19. 房地产价格评估机构或者房地产估价师出具虚假或者有重大差错的评估报告的,由发证机关责令限期改正,给予警告,对房地产价格评估机构并处(　　)罚款。

  A. 1万元以上3万元以下
  B. 5万元以上20万元以下
  C. 错误评估的房屋建筑面积每平方米50元以上100元以下
  D. 评估总价3％以上5％以下

20. 被征收人、公有房屋承租人在法定期限内不申请行政复议或者不提起行政诉讼,在补偿决定规定的期限内又不搬迁的,由做出房屋征收决定的区(县)人民政府依法申请(　　)强制执行。

  A. 公安局   B. 检察院   C. 人民法院   D. 司法局

三、多项选择题(每题的备选答案中,有两个或两个以上符合题意)

1. 以下属于房屋征收与补偿工作配合部门的有(　　)。

  A. 市建设行政管理部门   B. 市工商行政管理部门
  C. 市、县级人民政府   D. 市发展改革管理部门
  E. 市土地行政主管部门

2. 对于房屋征收与补偿中的违规行为,相关部门接到举报后,应及时(　　)。

  A. 核实   B. 上报
  C. 处理   D. 公示
  E. 报告

3. 根据《国有土地上房屋征收与补偿条例》的规定,以下属于确需进行征收房屋的情形是(　　)。

  A. 由政府组织实施的文物保护需要   B. 商品房建设需要
  C. 国防和外交的需要   D. 由政府组织实施的教育、卫生等基础设施建设需要
  E. 由政府组织实施的旧城区改建需要

4. 房屋征收应当符合(　　)等规划。

  A. 国民经济和社会发展规划   B. 耕地保护规划
  C. 土地利用总体规划   D. 城乡规划
  E. 专项规划

5. 房屋征收范围确定后，不得出现的行为有（　　）。
   A. 新建房屋　　　　　　　　　　B. 维修房屋
   C. 改变房屋用途　　　　　　　　D. 改建房屋
   E. 添置家具

6. 房屋征收补偿方案应当包括以下内容（　　）。
   A. 房屋征收的目的　　　　　　　B. 房屋征收的范围
   C. 房屋征收业务知识　　　　　　D. 房屋征收补偿方式
   E. 解决争议的办法

7. 征收补偿费用包括（　　）。
   A. 用于货币补偿的资金　　　　　B. 用于购买新房的资金
   C. 用于产权调换的房屋　　　　　D. 用于安置的公有住房
   E. 用于搬迁的费用

8. 征收补偿费用中用于货币补偿的资金在房屋征收决定做出前，应当（　　）。
   A. 足额到位　　　　　　　　　　B. 精确计算
   C. 专户存储　　　　　　　　　　D. 专款专用
   E. 发到被征收人卡里

9. 以下部门中负有房屋征收与补偿的宣传、解释工作职责的有（　　）。
   A. 市、县级人民政府　　　　　　B. 市发展改革管理部门
   C. 市房屋征收部门　　　　　　　D. 房屋征收事务所
   E. 市土地行政主管部门

10. 补偿协议订立后，一方当事人不履行补偿协议约定的义务的，另一方当事人可以依法提起（　　）。
    A. 诉讼　　　　　　　　　　　　B. 复议
    C. 仲裁　　　　　　　　　　　　D. 强制执行
    E. 调解

11. 对征收居住房屋的补偿争议，应当决定以（　　）进行补偿。
    A. 房屋产权调换的方式　　　　　B. 货币补偿的方式
    C. 土地补偿的方式　　　　　　　D. 面积补偿
    E. 房屋产权调换与货币补偿相结合的方式

12. （　　）对评估结果有异议的，应当自收到评估报告之日起10日内，向房地产价格评估机构申请复核评估。
    A. 被征收人　　　　　　　　　　B. 房屋主管部门
    C. 公有房屋承租人　　　　　　　D. 房屋征收部门
    E. 普通住房的承租人

四、思考题

1. 什么是"公共利益"，如何界定？
2. 简述国有土地上的房屋征收的要素和环节。
3. 对房屋征收主体"市、县级人民政府"，应如何准确理解？
4. 房屋征收中"公平补偿"的法律内涵是什么？

5. 房屋拆迁补偿费包括哪些？所有的被拆的房屋都有补偿吗？
6. 你认为政府应该如何预防强制拆迁而引发的恶性事故？
7. 如何理解"房屋征收实施单位不得以营利为目的"？
8. 房屋征收实施单位是否需要有专门的房屋征收资质？

五、案例分析题

张某在闹市区有一处临街门面，用来开设一家小吃店。由于经营有道且口碑不错，张某年盈利高达 20 多万。最近，市政府打算将该处门面所在的街道改造为城市主干道，需要将门面征收。

问题：（1）本案中的征收补偿范围有哪些？
（2）如何确定其数额？

第5章
房地产开发建设管理法律制度

教学目标

房地产开发一般指房地产开发企业(即开发商),以赢利为目的投资开发房地产项目,从立项、规划、土地出让或转让、拆迁、建设、到销售等一系列经营行为。众所周知,房地产在项目开发、特别是大型综合性项目开发经营过程中,要和若干个行业的单位及个人发生经济合作关系,要遇到并需要理清各种错综复杂的问题,其难度可想而知。通过本章的学习,应达到以下目标。

(1) 了解房地产开发的类别、房地产开发企业制度和房地产开发规划管理制度。
(2) 理解建设工程项目招投标、建设工程的施工管理与监理、竣工验收制度。
(3) 掌握房地产开发的概念、分类、特点和基本原则,房地产开发项目质量责任。

教学要求

知识要点	能力要求	相关知识
房地产开发概述	(1) 了解房地产开发的分类 (2) 掌握房地产开发的概念和特征 (3) 熟悉我国房地产开发的基本原则	(1) 房地产开发的概念 (2) 房地产开发的类型 (3) 房地产开发的基本原则
房地产开发企业	(1) 了解房地产开发企业的概念和分类 (2) 掌握房地产开发企业的设立条件和程序 (3) 熟悉房地产开发企业的资质等级划分以及资质管理的相关规定	(1) 房地产开发企业的概念 (2) 房地产开发企业的设立及资质 (3) 专营房地产开发企业条件
房地产开发的规划设计管理	(1) 了解勘察设计单位的资质管理、勘察设计市场管理、专业技术人员资格注册制度 (2) 掌握建设工程规划管理 (3) 熟悉城乡规划概念、城市规划管理	(1) 城乡规划、城镇体系规划 (2) 绿线、紫线、蓝线、黄线 (3) 选址意见书、建设用地规划许可证、建设工程规划许可证
房地产开发工程项目的招标和投标	(1) 了解房地产开发工程招标投标的程序 (2) 掌握房地产开发工程招标投标的概念、类型与内容 (3) 熟悉房地产开发工程招标投标的方式	(1) 强制招标制度 (2) 公开招标、邀请招标 (3) 开标、评标、定标
房地产开发项目管理	(1) 了解房地产开发建设立项管理、环境保护管理、房地产开发项目资本金制度 (2) 掌握房地产开发项目施工管理、竣工验收管理制度 (3) 熟悉房地产开发项目的质量责任制度	(1) 立项、项目资本金的概念 (2) 房屋建筑工程质量保修 (3) 施工许可制度 (4)《住宅质量保证书》和《住宅使用说明书》

基本概念

房地产开发；房地产开发企业；规划设计；招标；投标；立项；项目资本金；施工管理；工程监理；竣工验收；住宅质量保证书；住宅使用说明书。

引言

众所周知，房地产开发是一项复杂的系统工程。一个房地产项目的运作，首先要设立房地产开发公司，取得房地产开发资质。其次，要筛选和确定项目，开展项目前期研究工作，编制项目建议书和可行性研究报告，并办理立项审批手续。然后，要进行项目的规划方案设计，办理规划审批手续，落实市政配套。在前期工作的基础上，通过土地出让等方式取得土地使用权，完成建设用地的拆迁安置工作，实现施工场地的"三通一平"，办理开工手续，选定施工单位和监理单位，完成项目工程建设，并进行工程竣工验收。同时，要组织经营销售工作，实现投资回收的良性循环。最后，还要做好物业管理工作，使物业保值增值。以上每一个工作阶段都必须经过一定的法律程序，办理相应的合法手续，取得政府主管机关签发的法律凭证，交纳相关税费，才能进行下一步的工作。多年以来，城市建设及房地产开发主管机关制定和颁布了大量的法律、法规，对规范房地产开发公司的行为，加强开发项目的管理，促进房地产行业的健康发展起到了重要的作用。但是，由于政策不断调整，法规经常修订以及政出多门等因素，加之房地产开发自身的复杂性，都给实际开发工作增加了难度。特别是房地产项目开发过程中需要经过哪些法律程序、涉及哪些主管机关、发生哪些税费以及有哪些具体工作要求等等，令许多开发商感到难以把握，因不熟悉相关规定走了许多弯路，浪费了时间、精力和投资，影响了开发项目的进度，甚至造成开发工作的停滞。房企在项目开发各环节中，熟知相关的法律法规是每个房企的义务，也是对民众的责任。

5.1 房地产开发的法律概述

曾几何时，开发商数钱数到手抽筋，但是由于房地产开发行业对土地这一稀缺资源的依赖性，加之政府对房地产市场调控的常态化，房地产开发告别高增长时代或是不可阻挡的趋势。根据房地产开发价值链，其中开发流程体系，包括项目获取、规划设计、工程建设等多个环节和业务模块。每个环节和业务模块又逐级细化出一、二、三级流程，从而构成全面、系统、层级清晰的制度流程体系。

5.1.1 房地产开发的概念和特征

"开发"一词，原意是指人们以荒地、矿山、森林、水力等自然资源为对象，通过人力的改造，以达到为人类所使用目的的一种生产活动。

1. 房地产开发的概念

房地产开发是最接近于"开发"原意的一项经济活动，即以在依法取得国有土地使用权的土地上，按照城市规划要求进行基础设施、房屋建设的行为。因此，取得国有土地使用权是房地产开发的前提，而房地产开发也并非仅限于房屋建设或者商品房屋的开发，而是包括土地开发和房屋开发在内的开发经营活动。简言之，房地产开发是指在依法取得国有土地使用权的土地上进行基础设施、房屋建设的行为。房地产开发与城市规划紧密相关，是城市建设规划的有机组成部分。为了确定城市的规模和发展方向、实现城市的经济和社会发展目标，必须合理地制定城市规划和进行城市建设以适应社会主义现代化建设的需要。

作为不动产，与其他商品的开发相比，房地产开发投资大、耗力多、周期长、高赢利、高风险的特点，使房地产开发活动在人们的生活中占据越来越重要的地位，经济越发达，时代越进步，房地产开发的范围越广、程度越深、内容越丰富。

国务院建设行政主管部门负责全国房地产开发经营活动的监督管理工作。县级以上地方人民政府房地产开发主管部门负责本行政区域内房地产开发经营活动的监督管理工作。县级以上人民政府负责土地管理工作的部门依照有关法律、行政法规的规定，负责与房地产开发经营有关的土地管理工作。

2. 房地产开发的特征

根据我国《房地产管理法》的规定，房地产开发具有以下特征。

（1）房地产开发是在取得建设用地使用权的国有土地上进行的。《城市房地产管理法》第2条规定："本法所称房地产开发，是指依照本法在取得国有土地使用权的土地上进行基础设施、房屋建设的行为。"《土地管理法》第43条规定："任何单位和个人进行建设，需要使用土地的，必须依法申请使用国有土地。"（兴办乡镇企业、村民建设住宅或乡村公共设施和公益事业建设经依法批准使用集体所有土地的除外。）根据上述法律规定，通过出让或划拨方式依法取得国有土地使用权是房地产开发的前提条件，房地产开发必须是国有土地，而我国另一类型的土地——农村集体土地不能直接用于房地产开发，集体土地必须事先通过国家征收转为国有土地后，才能成为房地产开发用地。

（2）房地产开发的目的是提高土地和房屋的建筑使用功能。如果开发荒地是为获取良田，是为了提高土地的非建筑使用功能，则这类行为不属于房地产开发的范畴。

（3）房地产开发是一项以"经济效益"为杠杆作用的投资活动，具有风险性。房地产开发是以土地和房屋为开发标的（对象）的投资活动，通常是用少量的资金参与巨额资金的营运，从而为已投入和自有资金获取高额的盈利；投资时，必须参与现时的经营以创造未来的回报。因此，当前的投资是确定性的，而未来的回报却是不确定的，从而导致了房地产开发具有风险性。房地产开发的"经济效益"，就是要求以较少的劳动消耗取得较多的劳动成果。如建造开发A幢楼宇时，建设工期短，楼宇发挥的效用早，资金周转就快，基建贷款支付的利息少，经济效益就高；相反，经济效益就低，甚至还会有负效益。因此，房地产开发是一项有较高风险的、以"经济效益"为杠杆作用的投资活动。

（4）房地产开发是一项具有较长周期性的投资活动。房地产开发须经过多个程序，一个开发项目从工程立项、勘察到规划设计、工地动迁、开发土地、各类房屋的建造竣工验收、交付使用，经营一直到房屋管理等，最少需要一两年时间，一般一个中等项目需要三四年时间，大型项目需要五六年时间，特大型项目需要更长时间。由于房地产开发工程周期较长，因此较易受外部客观条件的影响，风险大。

（5）房地产开发是一项涉及面广泛的经济活动。房地产开发活动的合法组织者是房地产开发商。开发商在从事开发活动时需要与土地管理、建设管理、房产管理、规划、建筑施工、测量、设计、市政、通讯、供电、金融、商业、服务、文教卫生、园林、环保等近百个行业和部门发生经济管理关系及经济协作关系，因而它是一项复杂的经济活动。

5.1.2 房地产开发的分类

根据不同的标准和开发内容,我们可以对房地产的开发进行不同的分类。

1. 根据房地产开发规模的大小划分

根据房地产开发规模的大小,可划分为单项开发、小区开发和成片开发3类。

(1) 单项开发:是指开发方式规模小,占地不大,项目功能单一,配套设施简单的开发形式。这种开发形式往往在新区总体开发和旧城区总体改造中形成一个相对独立的项目,但其外貌、风格、设施等要求与总体开发项目相协调,并在较短时间内完成这类开发。

(2) 小区开发:是指新城开发中一个独立小区的综合开发或旧城区改造中一个相对独立的局部区域的更新改建,即等于相对独立街坊的更新改造。这类开发形式要求开发区域范围内做到基础设施完善,配套项目齐全。与单项开发相比,这种开发规模较大,占地亦较大,投资较多,建设周期较长,一般分期、分批开发。

(3) 成片开发:是指范围广阔(其范围大到可以相近于开辟一个新的城区)、投入资金巨大、项目众多、建设周期长的综合性开发。在成片开发中,房地产开发往往成为基础产业和先行项目,发挥其启动和引导作用。

2. 根据房地产开发的内容不同划分

根据房地产开发的内容不同,可将其划分为单纯的土地开发和再开发、单纯的房屋开发和再开发、土地房屋的一体化开发等三大类。

1) 单纯的土地开发和再开发

土地开发是指通过"三通一平"(即通电、通水、通道路)或"七通一平"(即通电、通水、通道路、通排水、通煤气、通热力、通邮、平整土地),按照竖向规划进行土方工程施工。将自然状态的土地变为可供建造各类房屋和各类设施的建筑用地,即把生地变为熟地的开发活动。新城建设一般都需要先进行土地开发。开发公司在平整土地之前,还应对地下物进行勘察,以确定地下是否有文物古迹、管道、电缆、防空洞和其他地下物,并按照规定进行地下物的清除。不能清除的也要在设施施工时加以考虑和处理。

土地再开发是指对已开发区域的现有土地,通过一定量的资金、劳动的投入,调整用地结构、完善基础设施,以提高土地使用功能和开发利用效益。

2) 单纯的房屋开发和再开发

房屋开发是指在具备建设条件的土地上,新建各类房屋的活动,一般包括地基建设、主体工程建设、配套和附属工程建设、安装和装饰工程建设等内容。房屋再开发指的是为了提高现有房屋的使用功能和利用效益,在不拆除现有房屋的前提下,对现有房屋进行较大规模的扩建和改建活动,一般又称旧城区开发。需要指出的是,对房屋的扩建和改建只有达到一定程度和规模,才属于房地产开发的范畴。而对现有房屋进行一般性的修缮和装修,则属于物业管理的范畴,而不是房地产开发。

3) 土地房屋一体化开发

土地房屋一体化开发是指从事土地开发和房屋开发,或从事土地再开发和房屋开发全过程的房地产开发活动。我国目前的房地产开发中此类形式居多。

3. 根据开发目的不同划分

根据开发目的不同，房地产的开发划分为经营性房地产开发和自用性房地产开发。

（1）经营性房地产开发：是指由专业化的房地产开发企业进行，通过房地产的投资开发活动将开发产品（房屋、基础设施、土地使用权）作为商品进行交易，以追求利润回报的开发活动。

（2）自用性房地产开发：是指为自用而进行的房地产开发活动，开发者即使用者，开发的房地产产品不进入流通领域，只是满足开发者自己进行生产、经营或消费的需要，开发环节本身不追求营利。

5.1.3 房地产开发的基本法律原则

房地产开发的基本法律原则是指城市规划区国有土地范围内从事房地产开发并实施房地产开发管理中应依法遵守的基本原则。我国《城市房地产管理法》等有关法律法规都较具体地规定了从事房地产开发应遵循的基本原则。

1. 严格执行城市规划的原则

城市规划是指为了实现一定时期内城市的经济和社会发展目标，确定城市的性质、规模和发展方向，合理利用土地、协调城市空间布局和管理城市的基本依据。它是保证城市土地合理利用和开发经营活动协调进行的前提和基础，是城市发展的纲领，是城市包括房地产开发在内的各项建设必须遵守的法律文件。我国房地产法 24 条规定："房地产开发必须严格执行城市规划。"

（1）土地使用权出让的总体方案应符合城市规划，土地使用性质必须根据城市规划确定，出让的土地必须有规划控制指标。

（2）土地使用者按城市规划的要求开发、利用土地。

（3）在开发建设项目的过程中，应严格执行规划设计方案，未经许可，不得随意修改规划设计图，同时应严格遵守出让合同的各项规定，若需改变土地用途，应当征得出让方同意并经土地管理部门和城市规划部门审批。

（4）城市规划区内的建设工程，建设单位应当在竣工验收后 6 个月内向城市规划主管部门报送有关竣工资料。

2. 房地产开发应坚持经济效益、社会效益、环境效益相统一的原则

房地产开发的经济效益是房地产开发赖以生产和发展的必要条件。房地产开发的特点就是按照商品经济的要求，采用灵活的经营手段和经营方式，积累和融通建设资金，进行城市配套建设，改善城市居民的居住条件和提高城市的综合服务功能。没有经济效益也就没有扩大再生产的能力，也就没有新的建设资金的投入。房地产开发企业是以营利为目的的经济实体，追求经济效益是其从事开发经营活动的主要目的之一。

房地产开发的社会效益是指房地产开发对全社会产生的效果和利益。如通过开发一个小区，可以解决部分居民的住房问题，通过配套建设，可以完善城市基础设施和公共服务设施，提高城市的综合服务功能，这些都是社会效益。提高社会效益也是房地产开发得以生存和发展的重要条件。只有取得明显的社会效益，才能得到全社会的承认和肯定，才能

受到各方面的积极支持和帮助，才能有蓬勃发展的可能，并为全社会做出更大的贡献。

房地产开发的环境效益是房地产开发能为城市做出的最好贡献，是造福群众、造福后代、改善城市形象的重要途径。环境效益包括自然环境效益和社会环境效益两个方面。

房地产开发的效益是一个统一的整体，经济效益、社会效益、环境效益三者是辩证的关系，它们相互依存、相互促进、缺一不可。但是在房地产市场结构形成的过程中，在房地产价格向价值归位的过程中，很容易出现一种倾向，即注重房地产开发的经济效益，而忽视社会效益、环境效益。虽然房地产开发商追求经济效益是无可厚非的，但是绝对不能在损害社会效益、环境效益的情况下而取得经济效益。因此，政府必须从社会的整体利益和长远利益出发加强对房地产开发的引导。

3. 房地产开发应当坚持"全面规划、合理布局、综合开发、配套建设"的原则

"全面规划、合理布局、综合开发、配套建设"是实施房地产综合开发的最主要原则，是城市建设体制的一项重大成果，它有力地推动了我国房地产事业的发展，取得了显著的成绩。

（1）全面规划：房地产开发必须全面规划，一方面要执行城市总体规划，另一方面要对房地产开发区进行科学、合理的详细规划。城市规划是指为了实现一定时期内城市的经济和社会发展目标，确定城市的性质、规模和发展方向，合理利用土地、协调城市空间布局和管理城市的基本依据。它是保证城市土地合理利用和开发经营活动协调进行的前提和基础，是城市发展的纲领，是城市包括房地产开发在内的各项建设必须遵守的法律文件。我国的城市规划分为总体规划和详细规划，其中详细规划又分为控制性详细规划和修建性详细规划。对房地产开发项目产生直接法律约束力的是详细规划。

（2）合理布局：合理布局是城市总体规划的核心，也是房地产开发区详细规划的核心，是城市各项建设协调发展的基础。在房地产开发中，各项开发项目的选址、定点，不得妨碍城市的发展、危害城市的安全、污染和破坏城市的环境、影响城市各项功能的协调。注重开发基础设施薄弱、交通拥挤、环境污染严重以及危旧房屋集中的区域，保护和改善城市生态环境，保护历史文化遗产。

（3）综合开发：首先，综合开发有利于实现城市总体规划，加快改变城市建设的面貌。分散建设、缺乏统一的规划，很容易把城市的整体布局搞乱，不但城市规划无法控制，而且各个单位分散建设，自成体系，影响城市的整体景观；其次，综合开发有利于城市各项建设的协调发展，促进生产、方便生活。不能分散建设，"见缝插针"，搞小生产方式的开发建设。实行综合开发可以有计划地把基础设施、配套工程和主体工程同步建设起来；第三，综合开发有利于缩短建设周期，提高经济效益和社会效益。综合开发建设周期短，工程造价低，有利于施工单位提高劳动生产率，有利于提高工程质量，也有利于保护市容环境。

（4）配套建设：配套建设是城市综合开发的重要内容。它指按城市规划的功能分区，将一地区的土地开发和房屋建设与基础设施和配套设施的建设统一规划、同步建设。房产开发项目的开发建设还应当统筹安排配套基础设施，并根据"先地下、后地上"的原则实施。在房地产开发的同时，加强城市基础设施建设和居住区基础设施建设。城市的供水、排水、道路、桥梁、公共交通、电力、通讯、防洪等设施，应在进行房地产开发中综合设计、统筹施工、全面配套。

4. 房地产开发坚持鼓励开发建设住宅的原则

住宅建设是社会保障体系的一个重要方面，居住水平在不同程度上反映了人民生活水平和社会经济水平的高低。因此，保障公民的住宅权利、改善其居住条件和居住环境，对于维护社会稳定、促进经济发展有着重大意义。世界各国都十分重视住宅法制建设，我国也不例外。为了引导房地产开发投资方向，《城市房地产管理法》第4条就规定，要"扶持发展居民住宅建设，逐步改善居民的居住条件"。第28条又规定："国家采取税收等方面的优惠措施鼓励和扶持房地产开发企业开发建设居民住宅。"

5.2 房地产开发企业

房地产开发业作为目前关注度极高的热点行业，由于其利润高、风险大，关系国民社会的重大利益，因此对房地产开发企业的市场准入资格，也就是其资质，应当加以严格的限制。为实现对房地产开发业的有效规制，需要建立科学、规范、健全的市场准入制度，用以对进入市场的开发主体进行开发资格与能力的认定；需要政府在准确定位房地产市场管理模式的基础上，对房地产开发企业进行全程动态管理，尤其是把好门，搞好房地产开发企业的资质管理，整顿房地产市场的秩序并促进市场的健康发展。

5.2.1 房地产开发企业的概念和分类

房地产开发企业，又称"开发商"或"发展商"。它是指以营利为目的，从事房地产开发和经营的经济组织。因此，它是具有独立法人资格的企业单位，其面向社会实行的是自主经营、独立核算、自负盈亏的管理制度。房地产开发企业的特殊性在于其从事的房地产开发和经营活动，一般具有高投入、高风险、回报周期长、综合性强、关联效应大等特征。依据《中华人民共和国公司法》的规定，房地产开发企业登记为有限责任公司或股份公司。房地产开发企业包括房地产开发的专营公司和兼营公司及房地产开发的项目公司。

按房地产开发业务在企业经营范围中的地位不同分为以下3类。

（1）房地产开发专营公司：指专门以房地产开发为经营内容或为主要内容的公司。其主要形式是房地产综合开发公司。

（2）房地产开发兼营公司：指以其他业务经营项目为主，兼做房地产开发经营业务的公司。

（3）房地产开发项目公司：指以房地产开发项目为对象，从事单项房地产开发经营的企业，其经营的对象只限于批准的项目，项目开发经营完毕后，应向工商部门核销或核减经营范围的登记。

5.2.2 房地产开发企业的设立条件和程序

1. 房地产开发企业设立条件

任何企业的设立均应满足一定的条件，房地产企业也不例外。根据《民法通则》第37

条、《城市房地产管理法》第 29 条和《城市房地产开发经营管理条例》第 5 条的规定，设立房地产开发企业应当具备的条件如下。

（1）有自己的名称和组织机构：房地产开发企业只准有一个名称，在登记主管机关辖区内不得与已登记注册的同行业企业名称相同或者近似。房地产开发企业作为独立法人要有健全的组织机构，包括经营决策层、生产经营组织以及相应的分支和下属机构。

（2）有固定的经营场所：即为企业主要办事机构所在地。在申请设立房地产开发企业时，应提供固定经营场所所有权或使用权的合法证明材料。

（3）有符合规定的注册资本：房地产开发企业是资金密集型企业，对其注册资金的要求高于一般经营性、劳务性、中介性的企业。目前住房和城乡建设部按房地产开发企业的资质等级不同规定了不同的注册资本要求。这有助于扼制房地产开发领域过于严重的投机态势，降低房地产投资风险，保障交易安全。

（4）有足够的专业技术人员：房地产开发是一项专业性很强的经营活动。开发商拥有足够的专业技术人员是保障开发项目产品的安全及开发中其他社会效益和环境效益实现的必要条件。目前，住房和城乡建设部按房地产开发企业的资质等级不同规定了不同的专业技术人员要求。

（5）法律、行政法规规定的其他条件：这里所指的法律、法规主要包括《公司法》、《公司登记管理条例》、《城市房地产开发经营管理条例》等。例如，对于拟设立为有限责任公司或股份有限公司的房地产开发企业，还应当符合《公司法》的有关规定，诸如公司章程、有限责任公司股东的法定人数、股份有限公司发起人的法定人数等方面的规定。

2. 房地产开发企业设立程序

根据我国《企业法人登记管理条例》、《城市房地产开发经营管理条例》、《房地产开发企业资质管理规定》等有关法规、规章的规定，房地产开发企业应当依照法定程序设立。

1）申请登记

设立房地产开发企业，应当向县级以上人民政府工商行政管理部门申请设立登记，根据《中华人民共和国企业法人登记管理条例》的规定，申请企业法人登记，经企业法人主管机关审核，准予登记注册的，领取《企业法人营业执照》，取得法人资格。依法需要办理企业法人登记的，未经企业法人登记主管机关核准登记注册，不得从事经营活动。企业法人设立登记注册的主要事项为：企业法人名称、住所、经营场所、法定代表人、经济性质、经营方式、注册资金、从业人数、经营期限、分支机构。

工商行政管理部门对符合规定条件的，应当自收到申请之日起 30 日内予以登记；对不符合条件不予登记的，应当说明理由。工商行政管理部门在对设立房地产开发企业的申请登记进行审查时，应当听取同级房地产开发主管部门的意见。

设立有限责任公司或股份有限公司，从事房地产开发的，应当执行《公司法》、《公司登记管理条例》的有关规定。外商投资设立房地产开发企业的，应当依照外商投资企业法律、法规的规定，办理有关批准手续。

2）依法备案

新设立的房地产开发企业应当自领取营业执照之日起 30 日内，持下列文件到房地产开发主管部门备案：营业执照复印件；企业章程；验资证明；企业法定代表人的身份证明；专业技术人员的资格证书和劳动合同；房地产开发主管部门认为需要出示的其他文件。

房地产开发主管部门应当在收到备案申请后 30 日内向符合条件的企业核发《暂定资质证书》。申请《暂定资质证书》的条件不得低于四级资质企业的条件。《暂定资质证书》有效期 1 年。房地产开发主管部门可以视企业经营情况延长《暂定资质证书》有效期,但延长期限不得超过两年。

房地产开发企业自领取《暂定资质证书》之日起 1 年内无开发项目的,《暂定资质证书》有效期不得延长。

5.2.3　房地产开发企业的资质管理

房地产开发企业作为房地产开发和交易的主体,对我国房地产业的影响作用是十分重要的,没有房地产开发企业对房地产的开发和经营活动就没有我国房地产市场的繁荣,也就没有我国房地产业的发展。为了规范我国房地产市场、加快房地产业的发展,有关主管房地产业的政府部门必须对房地产开发企业的资质进行审查,并且对房地产开发企业的人员素质、资金数量、管理水平和以往的建设业绩等方面进行综合管理。因此,我国政府高度重视房地产开发企业的资质管理,除了《公司法》、《公司登记管理条例》、《工商登记管理条例》等规范企业市场准入的一般法律法规外,《城市房地产管理法》、《城市房地产开发经营管理条例》、等法律法规,以及在此基础上制定的《房地产开发企业资质管理规定》对房地产开发企业的设立和管理做出了具体规定。

房地产开发企业的资质是指企业进入房地产业或进行房地产新项目开发所应具备的资格,是企业进行当前及后续房地产开发所应具备的素质与能力。国务院住房和城乡建设主管部门负责全国房地产开发企业的资质管理工作;县级以上地方人民政府房地产开发主管部门负责本行政区域内房地产开发企业的资质管理工作。房地产开发企业应当按照规定申请核定企业资质等级。各资质等级企业应当在规定的业务范围内从事房地产开发经营业务,不得越级承担任务。未取得房地产开发资质等级证书的企业,不得从事房地产开发经营业务。

房地产开发企业按资质条件划分为 4 个等级。新设立的房地产开发企业(含新增设房地产开发经营业务的)应当申请暂定资质。各级公司的资质标准均有严格的规定。资质标准的内容包括:自有流动资金和注册资本的数额、专业技术人员的数额和相应的职称要求、从事房地产开发的经历和业绩等。

房地产开发企业的资质等级实行分级审批。一级房地产开发公司由省级人民政府住房和城乡建设主管部门初审,报国务院住房和城乡建设行政主管部门审批;二级资质及二级资质以下企业的审批办法由省、自治区、直辖市人民政府建设行政主管部门制定。经资质审查合格的企业,由资质审批部门发给相应等级的资质证书。资质证书由国务院住房和城乡建设主管部门统一监制。资质证书分为正本和副本,正本、副本具有同等法律效力。任何单位和个人不得涂改、倒卖、出租、出借、或者以其他形式非法转让资质证书。企业遗失资质证书的,必须在新闻媒体上声明作废后,方可补领。

对于不符合原定资质条件或者有不良经营行为的企业,由原资质审批部门予以降级或注销资质证书。企业涂改、出租、出借、转让、出卖资质证书的,由原资质审批部门公告资质证书作废、收回证书,并可处罚款。

5.3 房地产开发的规划设计管理

现在的消费者购买房子,与其说是在买房子,还不如说是在买环境、买功能、买品位,而这些环境、功能和品位,只有通过相当好的规划设计才能表现出来。随着中国房地产市场的日趋成熟,越来越多的房地产开发商已经意识到规划设计的重要性。

5.3.1 城乡规划管理制度与政策

1. 城乡规划的基本概念

城乡规划是以促进经济社会全面、协调、可持续发展为根本任务,促进土地科学使用为基础,促进人居环境根本改善为目的,涵盖城乡居民的空间布局规划。它是各级政府统筹安排城乡居民发展建设空间布局、保护生态和自然环境、合理利用自然资源、维护社会公正与公平的重要依据,具有重要公共政策的属性。城乡规划是按照法定程序编制和批准的,以图纸和文本为表现形式。城乡规划经过法定程序审批确立后,就具有法规效力,城乡规划区内的各项土地利用和建设活动,都必须按照城乡规划进行。

为了加强城乡规划管理、协调城乡空间布局、改善人居环境、促进城乡经济社会全面协调可持续发展,在总结十几年来《城市规划法》和《村庄和集镇规划建设管理条例》施行的基础上,在总结改革开放以来、特别是近10年来我国城乡规划管理工作经验的基础上,2007年10月28日,十届全国人大常委会第三十次会议审议通过了《城乡规划法》,并自2008年1月1日起施行。1989年颁布的《城市规划法》同时废止。

城乡规划包括城镇体系规划、城市规划、镇规划、乡规划和村庄规划。城市规划、镇规划分为总体规划和详细规划。详细规划分为控制性详细规划和修建性详细规划。在城乡规划中,城市规划是城市发展的蓝图,是建设城市和管理城市的基本依据,是保证城市土地合理利用和房地产开发等经营活动协调进行的前提和基础,是实现城市经济和社会发展目标的重要手段。

规划区是指城市、镇和村庄的建成区以及因城乡建设和发展需要、必须实行规划控制的区域。规划区的具体范围由有关人民政府在组织编制的城市总体规划、镇总体规划、乡规划和村庄规划中,根据城乡经济社会发展水平和统筹城乡发展的需要划定。城市规划区是指城市市区、近郊区以及城市行政区域内因城市建设和发展需要实行规划控制的区域。城市规划区的具体范围,由城市人民政府在编制的城市总体规划中划定。

2. 城镇体系规划

城镇体系规划分为全国城镇体系规划、省域城镇体系规划、市域城镇体系规划以及县域城镇体系规划。城镇体系规划是政府综合协调辖区内城镇发展和空间资源配置的依据和手段。它将为政府进行区域性的规划协调提供科学的、行之有效的依据,包括:确定区域城镇发展战略,合理布局区域基础设施和大型公共服务设施,明确需要保护和控制的区域,找出引导区域城镇发展的各项政策和措施。国务院城乡规划主管部门会同国务院有关部门组织编制全国城镇体系规划,用于指导省域城镇体系规划及城市总体规划的编制。全国城镇体系规划由国务院城乡规划主管部门报国务院审批。省、自治区人民政府组织编制省域城镇体系规划，报国务院审批。省域城镇体系规划的内容应当包括：城镇空间布局和规模控制，重大基础设施的布局，为保护生态环境、资源等需要严格控制的区域。

根据侧重点和应用范围的不同，城市规划可以划分为总体规划和详细规划两个层次。

1) 城市总体规划

《城乡规划法》规定：城市总体规划、镇总体规划的主要内容包括城市的发展布局，功能分区，用地布局，综合交通体系，禁止、限制和适宜建设的地域范围，各类专项规划等。规划区范围、规划区内建设用地规模、基础设施和公共服务设施用地、水源地和水系、基本农田和绿化用地、环境保护、自然与历史文化遗产保护以及防灾减灾等内容，应当作为城市总体规划的强制性内容。城市总体规划的规划期限一般为20年。城市总体规划还应当对城市更长远的发展做出预测性安排。

2) 城市分区规划

城市分区规划的主要任务是在总体规划的基础上，对城市土地利用、人口分布和公共设施、城市基础设施的配置做出进一步的安排，以便与详细规划更好地衔接。

城市分区规划的内容包括：原则规定分区内土地使用性质、居住人口分布、建筑及用地的容量控制指标；确定市、区、居住区级公共设施的分布及其用地的范围；确定城市主、次干道的红线位置、断面、控制点坐标和标高，确定支路的走向、宽度以及主要交叉口、广场、停车场的位置和控制范围；确定绿地系统、河湖水面、对外交通设施、风景名胜的用地界限和文物古迹、传统街区的保护范围，提出空间形态的保护要求；确定工程干管的位置、走向、管径、服务范围以及主要工程设施的位置和用地范围。

3) 城市详细规划

城市详细规划是以城市总体规划或分区规划为依据的，对一定时期内城市局部地区的土地利用、空间环境和各项建设用地所做的具体安排。

城市详细规划包括：规划地段各项建设的具体用地范围、建筑密度和高度等控制指标，总平面布置、工程管线综合规划和竖向规划。

根据城市建设的阶段和工作需要，城市详细规划分为控制性详细规划和修建性详细规划。一般来说，控制性详细规划由政府规划主管部门组织编制，修建性详细规划由开发企业委托规划设计院按照政府批准的控制性详细规划编制，完成后报政府主管部门审批。

控制性详细规划是以城市总体规划或分区规划为依据的，确定建设地区的土地使用性质和使用强度的控制指标、道路和工程管线控制性位置以及空间环境控制的规划要求。控制性详细规划的主要内容应包括：①规划范围内各类不同使用性质用地的界线，规定各类用地内适建、不适建或者有条件地允许建设的建筑类型；②规定各地块建筑高度、建筑密度、容积率、绿地率等控制指标；规定交通出入口方位、停车泊位、建筑后退红线距离、建筑间距等要求；③提出各地块的建筑位置、体型、色彩等要求；④确定各级支路的红线位置、控制点坐标和标高；⑤根据规划容量，确定工程管线的走向、管径和工程设施的用地界线；⑥制定相应的土地使用与建筑管理规定。

修建性详细规划以城市总体规划、分区规划和控制性详细规划为依据，制订用以指导各项建筑和工程设施的设计和施工的规划设计。它是城市详细规划的一种。一般来说，控制性详细规划由政府规划主管部门组织编制，修建性详细规划由开发企业委托规划设计院按照政府批准的控制性详细规划编制，完成后报政府主管部门审批。修建性详细规划的主要内容应包括：①建设条件分析及综合技术经济论证；②作出建筑、道路和绿地等的空间布局和景观规划设计、布置总平面图；③道路交通规划设计；④绿地系统规划设计；⑤工程管线规划设计；⑥竖向规划设计；⑦估算工程量、拆迁量和总造价，分析投资效益。

3. 城市规划管理的概念

城市规划管理是指城市人民政府按照法定程序编制和审批城市规划，并依据国家和各级政府颁布的城市规划管理的有关法规和具体规定，对批准的城市规划采用法制的、行政的、经济的管理办法，对城市规划区内的各项建设进行统一的安排和控制，使城市的各项建设用地和建设工程活动有计划、有秩序地协调发展，保证城市规划的顺利实施。依法批准的城市规划是城市建设和规划管理的依据，未经法定程序不得修改。

城市规划管理是一项政府行政职能，它包括城市规划编制审批管理和实施监察管理两部分。城乡规划的编制和管理经费纳入本级财政预算。制定和实施城乡规划时，应当遵循城乡统筹、合理布局、节约土地、集约发展和先规划后建设的原则，改善生态环境，促进资源、能源节约和综合利用，保护耕地等自然资源和历史文化遗产，保持地方特色、民族特色和传统风貌，防止污染和其他公害，并符合区域内人口发展、国防建设、防灾减灾和公共卫生、公共安全的需要。随着我国城市规划走上法制轨道，城市规划综合调控作用得到充分发挥，城市规划监管体制和机制不断创新，并逐步建立了绿线、紫线、蓝线、黄线管理制度。

4. 城市紫线、绿线、蓝线和黄线管理

1) 城市紫线管理

紫线划定：在编制城市规划时应当划定保护历史文化街区和历史建筑的紫线。城市紫线是指国家历史文化名城内的历史文化街区和省、自治区、直辖市人民政府公布的历史文化街区的保护范围界线，以及历史文化街区外经县级以上人民政府公布保护的历史建筑的保护范围界线。国家历史文化名城的城市紫线由城市人民政府在组织编制历史文化名城保护规划时划定。其他城市的城市紫线由城市人民政府在组织编制城市总体规划时划定。编制历史文化名城和历史文化街区保护规划，应当包括征求公众意见的程序。

在城市紫线范围内确定各类建设项目，必须先由市、县人民政府城乡规划行政主管部门依据保护规划进行审查，组织专家论证并进行公示后核发选址意见书。在城市紫线范围内进行新建或者改建各类建筑物、构筑物和其他设施，对规划确定保护的建筑物、构筑物和其他设施进行修缮和维修以及改变建筑物、构筑物的使用性质，应当依照相关法律、法规的规定，办理相关手续后方可进行。

在城市紫线范围内禁止进行下列活动：违反保护规划的大面积拆除、开发；对历史文化街区传统格局和风貌构成影响的大面积改建；损坏或者拆毁保护规划确定保护的建筑物、构筑物和其他设施；修建破坏历史文化街区传统风貌的建筑物、构筑物和其他设施；占用或者破坏保护规划确定保留的园林绿地、河湖水系、道路和古树名木等；其他对历史文化街区和历史建筑的保护构成破坏性影响的活动。

城市紫线范围内各类建设的规划审批实行备案制度。省、自治区、直辖市人民政府公布的历史文化街区，报省、自治区人民政府建设行政主管部门或者直辖市人民政府城乡规划行政主管部门备案。其中国家历史文化名城内的历史文化街区报国务院建设行政主管部门备案。在城市紫线范围内进行建设活动,涉及文物保护单位的,应当符合国家有关文物保护的法律、法规的规定。

2) 城市绿线管理

绿线划定:城市绿地系统规划是城市总体规划的组成部分,要按照规定标准确定绿化用地面积,分层次合理布局公共绿地,确定防护绿地、大型公共绿地等的绿线。城市绿线是指城市各类绿地范围的控制线。控制性详细规划应当提出不同类型用地的界线、规定绿化率控制指标和绿化用地界线的具体坐标。修建性详细规划应当根据控制性详细规划,明确绿地布局,提出绿化配置的原则或者方案,划定绿地界线。

城市绿线内的用地不得改作他用,不得违反法律法规、强制性标准以及批准的规划进行开发建设,不符合规划要求的建筑物及其他设施应当限期迁出。因建设或者其他特殊情况需要临时占用城市绿线内用地的,必须依法办理相关审批手续。

3) 城市蓝线管理

蓝线划定:编制各类城市规划,应当划定城市蓝线。城市蓝线是指城市规划确定的江、河、湖、库、渠和湿地等城市地表水体保护和控制的地域界线。城市总体规划阶段应当确定城市规划区范围内需要保护和控制的主要地表水体,划定城市蓝线,并明确城市蓝线保护和控制的要求。在控制性详细规划阶段,应当依据城市总体规划划定的城市蓝线,规定城市蓝线范围内的保护要求和控制指标,并附有明确的城市蓝线坐标和相应的界址地形图。城市蓝线应当与城市规划一并报批。

在城市蓝线内进行各项建设,必须符合经批准的城市规划。在城市蓝线内新建、改建、扩建各类建筑物、构筑物、道路、管线和其他工程设施,应当依法向建设(城乡规划)主管部门申请办理城市规划许可,并依照有关法律、法规办理相关手续。

在城市蓝线内禁止进行下列活动:违反城市蓝线保护和控制要求的建设活动;擅自填埋、占用城市蓝线内水域;影响水系安全的爆破、采石、取土;擅自建设各类排污设施;其他对城市水系保护构成破坏的活动。

4) 城市黄线管理

黄线划定:在制定城市总体规划和详细规划时应当划定城市黄线。城市黄线是指对城市发展全局有影响的、城市规划中确定的、必须控制的城市基础设施用地的控制界线。城市基础设施包括城市公共交通设施、城市供水设施、城市环境卫生设施、城市供燃气设施、城市供热设施、城市消防设施、城市通信设施等。编制城市总体规划应当根据规划的内容和深度要求,合理布置城市基础设施,确定城市基础设施的用地位置和范围,划定其用地控制界线。编制控制性详细规划应当依据城市总体规划,落实城市总体规划确定的城市基础设施的用地位置和面积,划定城市基础设施用地界线,规定城市黄线范围内的控制指标和要求,并明确城市黄线的地理坐标,修建性详细规划应当依据控制性详细规划,按不同项目具体落实城市基础设施用地界线,提出城市基础设施用地配置原则或者方案,并标明城市黄线的地理坐标和相应的界址地形图。

在城市黄线内新建、改建、扩建各类建筑物、构筑物、道路、管线和其他工程设施,应当依法向建设(城乡规划)主管部门申请办理城市规划许可,并依据有关法律、法规办理相关手续。迁移、拆除城市黄线内城市基础设施的,应当依据有关法律、法规办理相关手续。因建设或其他特殊情况需要临时占用城市黄线内土地的,应当依法办理相关审批手续。

在城市黄线范围内禁止进行下列活动：违反城市规划要求，进行建筑物、构筑物及其他设施的建设；违反国家有关技术标准和规范进行建设；未经批准，改装、迁移或拆毁原有城市基础设施；其他损坏城市基础设施或影响城市基础设施安全和正常运转的行为。

5.3.2 房地产开发建设规划管理

根据《城市房地产开发经营管理条例》的规定，房地产开发项目的确定应当符合土地利用的总体规划、年度建设用地计划、房地产开发年度用地计划和城市规划的要求。也就是说，在城市进行房地产开发需要申请用地的，必须持国家批准建设项目的有关文件，向城市规划行政主管部门申请定点，由城市规划行政主管部门核定其用地位置和界限，提供规划设计条件，核发《建设用地规划许可证》后方可向相应的土地管理部门申请建设用地。简单地说，一个房地产项目的开发立项，首先必须要获得项目规划选址许可、建设用地规划许可和建设工程规划许可。

1. 建设用地选址管理

建设项目选址管理是指城乡规划行政主管部门根据城乡规划及有关法律、法规对建设项目地址进行确认或选择，保证各项建设按照城市规划安排进行，并核发建设项目选址意见书的行政管理工作。

《城乡规划法》规定："按照国家规定需要有关部门批准或者核准的建设项目，以划拨方式提供国有土地使用权的，建设单位在报送有关部门批准或者核准前，应当向城乡规划主管部门申请核发选址意见书。"其他的建设项目不需要申请选址意见书。

《城乡规划法》规定，在城市、镇规划区内以划拨方式提供国有土地使用权的建设项目，经有关部门批准、核准、备案后，建设单位应当向城市、县人民政府城乡规划主管部门提出建设用地规划许可申请，由城市、县人民政府城乡规划主管部门依据控制性详细规划核定建设用地的位置、面积、允许建设的范围，核发建设用地规划许可证。建设单位在取得建设用地规划许可证后，方可向县级以上地方人民政府土地主管部门申请用地，经县级以上人民政府审批后，由土地主管部门划拨土地。

2. 建设用地规划管理

建设用地规划管理就是城乡规划主管部门根据城乡规划法规和批准的城乡规划，确定规划区内建设项目用地的选址、定点和范围，审查总平面，核发《建设用地许可证》等各项管理工作的总称。建设用地规划许可证确定了建设项目的用地位置、范围、规划性质等一系列规划技术参数，包括建设容积率、建筑密度、建筑高度、间距、日照、绿地覆盖面积、停车场、配套的公共设施、消防设施、工程设施等。未经原审批机构许可，任何擅自变更土地的使用性质或规划技术参数和指标的行为都是严重的违法行为，都有可能导致建造好的建筑物无法通过综合竣工验收。项目建设单位或者个人在取得《建设用地规划许可证》后，方可向县级以上地方人民政府土地管理部门申请用地。

建设用地规划许可应当包括标有建设用地具体界限的附图和明确具体规划要求的附件。附图和附件是《建设用地规划许可证》的配套证件，具有同等的法律效力。附图和附件由发证单位根据法律、法规规定和实际情况制定。

在城市、镇规划区内以出让方式提供国有土地使用权的，在国有土地使用权出让前，城市、县人民政府城乡规划主管部门应当依据控制性详细规划，提出出让地块的位置、使用性质、开发强度等规划条件，作为国有土地使用权出让合同的组成部分。未确定规划条件的地块，不得出让国有土地使用权。以出让方式取得国有土地使用权的建设项目，在签订国有土地使用权出让合同后，建设单位应当持建设项目的批准、核准、备案文件和国有土地使用权出让合同，向城市、县人民政府城乡规划主管部门领取《建设用地规划许可证》。城市、县人民政府城乡规划主管部门不得在《建设用地规划许可证》中，擅自改变作为国有土地使用权出让合同组成部分的规划条件。规划条件未纳入国有土地使用权出让合同的，该国有土地使用权出让合同无效；对未取得《建设用地规划许可证》的建设单位批准用地的，由县级以上人民政府撤销有关批准文件；占用土地的，应当及时退回；给当事人造成损失的，应当依法给予赔偿。

3. 建设工程规划管理

建设工程规划管理是指城乡规划行政主管部门根据城乡规划及有关法律、法规和技术规范，对各类建设工程进行组织、控制、引导和协调，审查规划方案，核发《建设工程规划许可证》等行政管理工作的统称。

《建设工程规划许可证》所包括的附图和附件按照建筑物、构筑物、道路、管线以及个人建房等不同要求，由发证单位根据法律、法规规定和实际情况制定。附图和附件是《建设工程规划许可证》的配套证件，具有同等法律效力。

申请办理《建设工程规划许可证》，应当提交使用土地的有关证明文件、建设工程设计方案等材料。需要建设单位编制修建性详细规划的建设项目，还应当提交修建性详细规划。对符合控制性详细规划和规划条件的，由城市、县人民政府城乡规划主管部门或者省、自治区、直辖市人民政府确定的镇人民政府核发建设工程规划许可证。

城市、县人民政府城乡规划主管部门或者省、自治区、直辖市人民政府确定的镇人民政府应当依法将经审定的修建性详细规划、建设工程设计方案的总平面图予以公布。

建设单位应当按照规划条件进行建设；确需变更的，必须向城市、县人民政府城乡规划主管部门提出申请。变更内容不符合控制性详细规划的，城乡规划主管部门不得批准。城市、县人民政府城乡规划主管部门应当及时将依法变更后的规划条件通报同级土地主管部门并公示。建设单位应当及时将依法变更后的规划条件报有关人民政府土地主管部门备案。

建设工程规划许可管理的主要内容包括以下几方面。

（1）建筑管理：主要是按照城市规划要求对各项建筑工程（包括各类建筑物、构筑物）的性质、规模、位置、标高、高度、体量、体形、朝向、间距、建筑密度、容积率、建筑色彩和风格等进行审查和规划控制。

（2）道路管理：主要是按照城市规划要求对各类道路的走向、坐标和标高、道路宽度、道路等级、交叉口设计、横断面设计、道路附属设施等进行审查和规划控制。

（3）管线管理：主要是按照城市规划要求对各项管线工程（包括地下埋设和地上架设的给水、雨水、污水、电力、通讯、燃气、热力及其他管线）的性质、断面、走向、坐标、标高、架埋方式、架设高度、埋置深度、管线相互间的水平距离与垂直距离及交叉点的处理等进行审查和规划控制。管线管理要充分考虑不同性质和类型管线各自的技术规范要求，以及管线与地面建筑物、构筑物、道路、行道树和地下各类建设工程的关系，进行综合协调。

（4）审定设计方案：城市规划行政主管部门对于建设工程的初步设计方案进行审查，并确认其符合规划设计要点的要求后，建设单位就可以进行建设工程的施工图设计。

（5）核发《建设工程规划许可证》：《建设工程规划许可证》是有关建设工程符合城市规划要求的法律凭证。在城市规划区内新建、扩建和改建建筑物、构筑物、道路、管线和其他工程设施，必须持有关批准文件向城市规划行政主管部门提出申请，由城市规划行政主管部门根据城市规划提出的规划设计要求，核发《建设工程规划许可证》。在核发《建设工程规划许可证》前，城市规划行政主管部门应对建设工程施工图进行审查。建设单位或者个人在取得建设工程规划许可证件和其他有关批准文件后，方可申请办理开工手续。

（6）放线、验线制度：为了确保建设单位能够按照建设工程许可证的规定组织施工，建设工程的坐标、标高确认无误，城市规划行政主管部门应派专门人员或认可的勘测单位到施工现场进行放线，建设工程经城市规划行政主管部门验线后，方可破土动工。

（7）建设工程的竣工验收：建设工程竣工验收，主要是监督检查该建设工程是否符合规划设计要求核准的设计方案。县级以上地方人民政府城乡规划主管部门按照国务院规定对建设工程是否符合规划条件予以核实。未经核实或者经核实不符合规划条件的，建设单位不得组织竣工验收。

（8）竣工资料的报送：建设单位应当在竣工验收后 6 个月内向城乡规划主管部门报送有关竣工验收资料。竣工资料包括该建设工程的审批文件（影印件）和该建设工程竣工时的总平面图、各层平面图、立面图，剖面图、设备图、基础图和城市规划行政主管部门指定需要的其他图纸。竣工资料是城市规划行政主管部门进行具体的规划管理过程中需要查阅的重要历史资料，因而任何建设单位和个人都必须依法执行。

4. 临时性建设规划管理

在城市、镇规划区内进行临时建设的，应当经城市、县人民政府城乡规划主管部门批准。临时建设影响近期建设规划或控制性详细规划的实施以及交通、市容、安全等的，不得批准。临时建设应当在批准的使用期限内自行拆除。临时建设和临时用地规划管理的具体办法，由省、自治区、直辖市人民政府制定。

5.3.3 房地产开发项目的勘察设计管理制度

规划和设计是房地产开发前期工作不可缺少的两个方面，设计要服从于规划，同时规划也为设计提供了界定与要求。

1. 工程勘察、设计的概念和意义

工程勘察是指为工程建设的规划、设计、施工、运营以及综合治理等，对地形、地质及水文等要素进行测绘、勘探、测试及综合评定，并提供可行性评价与建设所需要的勘察成果资料，以及进行岩土勘察、设计、处理监测的活动。房地产开发项目的勘察包括选址勘察、初步勘察、详细勘察、施工勘察等 4 个阶段，其主要内容包括地形测量、工程勘察、地下水勘察、地表水勘察、气象调查等。

工程设计是指运用工程技术理论及技术经济方法，按照现行技术标准，对新建、扩建、改建项目的工艺、土建公用工程、环境工程等进行综合设计及技术经济分析，并提供作为建设依据的设计文件和图纸的活动。房地产开发项目的设计一般分初步设计、技术设计、施工图设计 3 个阶段，包括工业建筑设计和民用建筑设计。

勘察设计是房地产开发的关键性环节。勘察是工程的基础，设计是工程的灵魂，其质量和水平往往对工程的质量和效益起决定性的作用。

2. 建设工程勘察设计的监督管理

国务院建设行政主管部门对全国的建设工程勘察、设计活动实施统一监督管理。国务院铁路、交通、水利等有关部门按照国务院规定的职责分工，负责对全国的有关专业建设工程勘察、设计活动的监督管理。县级以上地方人民政府建设行政主管部门对本行政区域内的建设工程勘察、设计活动实施监督管理。县级以上地方人民政府交通、水利等有关部门在各自的职责范围内，负责对本行政区域内的有关专业建设工程勘察、设计活动的监督管理。

建设工程勘察、设计单位在建设工程勘察、设计资质证书规定的业务范围内跨部门、跨地区承揽勘察、设计业务的，有关地方人民政府及其所属部门不得设置障碍，不得违反国家规定收取任何费用。

县级以上人民政府建设行政主管部门或者交通、水利等有关部门应当对施工图设计文件中涉及公共利益、公众安全、工程建设强制性标准的内容进行审查。施工图设计文件未经审查批准的，不得使用。

3. 工程勘察设计企业资质制度

国家对从事建设工程勘察、设计活动的单位，实行资质管理制度。依照《建设工程勘察设计企业资质管理规定》的规定，建设工程勘察、设计企业应当按照其拥有的注册资本、专业技术人员、技术装备和勘察设计业绩等条件申请资质，经审查合格，取得建设工程勘察、设计资质证书后，方可在资质等级许可的范围内从事建设工程勘察、设计活动。取得资质证书的建设工程勘察、设计企业可以从事相应的建设工程勘察、设计咨询和技术服务。

工程勘察资质分为工程勘察综合资质、工程勘察专业资质、工程勘察劳务资质。综合资质包括工程勘察所有专业；专业资质是指岩土工程、水文地质勘察、工程测量等专业中的某一项，其中岩土工程专业类可以是岩土工程勘察、设计、测试监测检测、咨询监理中的一项或全部；劳务类是指岩土工程治理、工程钻探、凿井等。

工程勘察综合资质只设甲级；工程勘察专业资质根据工程性质和技术特点设立类别和级别，原则上设甲、乙两个级别，确有必要设置丙级勘察资质的经建设部批准后方可设置专业类丙级；工程勘察劳务资质不分级别。

取得工程勘察综合资质的企业，承接工程勘察业务范围不受限制；取得工程勘察专业资质的企业，可以承接同级别相应专业的工程勘察业务；劳务类工程勘察企业只能承担岩土工程治理、工程钻探、凿井等工程勘察劳务工作，但地区不受限制。

工程设计资质分为工程设计综合资质、工程设计行业资质、工程设计专业资质和工程设计专项资质 4 个序列。工程设计综合资质是指涵盖 21 个行业的设计资质；工程设计行业资质是指涵盖某个行业资质标准中的全部设计类型的设计资质；工程设计专业资质是指某个行业资质标准中的某一个设计类型的设计资质；工程设计专项资质是指为适应和满足行业发展的需求，对已形成产业的专项技术独立进行设计以及设计、施工一体化而设立的资质。

工程设计综合资质只设甲级；工程设计行业资质、工程设计专业资质、工程设计专项资质设甲级、乙级。根据工程性质和技术特点，个别行业、专业、专项资质可以设丙级。

取得工程设计综合资质的企业，其承接工程设计业务范围不受限制；取得工程设计行业资质的企业，可以承接同级别相应行业的工程设计业务；取得工程设计专项资质的企业，可以承接同级别相应的专项工程设计业务。取得工程设计行业资质的企业，可以承接本行业范围内同级别的相应专项工程设计业务，不需再单独领取工程设计专项资质。

建设工程勘察、设计单位应当在其资质等级许可的范围内承揽建设工程勘察、设计业务。禁止建设工程勘察、设计单位超越其资质等级许可的范围或者以其他建设工程勘察、设计单位的名义承揽建设工程勘察、设计业务。禁止建设工程勘察、设计单位允许其他单位或者个人以本单位的名义承揽建设工程勘察、设计业务。

4. 专业技术人员执业资格注册管理制度

国家对从事建设工程勘察、设计活动的专业技术人员，实行执业资格注册管理制度。未经注册的建设工程勘察、设计人员，不得以注册执业人员的名义从事建设工程勘察、设计活动。工程建设从业人员执业资格制度是指建设行政主管部门及有关部门对从事建筑活动的专业技术人员，依法进行考试和注册，并颁发执业资格证书的一种制度。在技术要求较高的行业实行专业技术人员执业资格制度已成为国际惯例。

从事建设工程勘察、设计活动的专业技术人员是指直接在建筑工程的勘察、设计等专业技术岗位上工作的技术人员。建筑工程技术要求比较复杂，其质量问题直接涉及公众人身、财产安全，关系重大。目前，我国对从事建设工程勘察、设计活动的专业技术人员实施的执业资格制度有注册建筑师、注册结构工程师、注册监理工程师、注册造价工程师、注册规划师、注册风景园林师、注册土木（岩土）工程师等注册工程师制度。

建设工程勘察、设计注册执业人员和其他专业技术人员只能受聘于一个建设工程勘察、设计单位；未受聘于建设工程勘察、设计单位的，不得从事建设工程的勘察、设计活动。

5. 建设工程勘察设计文件的编制与实施

编制建设工程勘察、设计文件，应当以下列规定为依据：项目批准文件；城市规划；工程建设强制性标准；国家规定的建设工程勘察、设计深度要求。铁路、交通、水利等专业建设工程还应当以专业规划的要求为依据。

编制建设工程勘察文件应当真实、准确，满足建设工程规划、选址、设计、岩土治理和施工的需要。编制方案设计文件应当满足编制初步设计文件和控制概算的需要。编制初步设计文件应当满足编制施工招标文件、主要设备材料订货和编制施工图设计文件的需要。编制施工图设计文件应当满足设备材料采购、非标准设备制作和施工的需要，并注明建设工程合理使用年限。

设计文件中选用的材料、构配件、设备，应当注明其规格、型号、性能等技术指标，其质量要求必须符合国家规定的标准。除有特殊要求的建筑材料、专用设备和工艺生产线等外，设计单位不得指定生产厂、供应商。

建设单位、施工单位、监理单位不得修改建设工程勘察、设计文件；确需修改建设工程勘察、设计文件的，应当由原建设工程勘察、设计单位修改。经原建设工程勘察、设计单位书面同意，建设单位也可以委托其他具有相应资质的建设工程勘察、设计单位修改。

修改单位对修改的勘察、设计文件承担相应责任。施工单位、监理单位发现建设工程勘察、设计文件不符合工程建设强制性标准、合同约定的质量要求的，应当报告建设单位，建设单位有权要求建设工程勘察、设计单位对建设工程勘察、设计文件进行补充、修改。建设工程勘察、设计文件内容需要做重大修改的，建设单位应当报经原审批机关批准后，方可修改。

建设工程勘察、设计文件中规定采用的新技术、新材料，可能影响建设工程质量和安全，又没有国家技术标准的，应当由国家认可的检测机构进行试验、论证，出具检测报告，并经国务院有关部门或者省、自治区、直辖市人民政府有关部门组织的建设工程技术专家委员会审定后，方可使用。

建设工程勘察、设计单位应当在建设工程施工前，向施工单位和监理单位说明建设工程勘察、设计意图，解释建设工程勘察、设计文件。建设工程勘察、设计单位应当及时解决施工中出现的勘察、设计问题。

5.4 房地产开发工程项目的招标和投标

招标投标是订立合同的一种法律程序。在房地产开发建设中，这种方式得到了广泛应用。招投标各项工作环节都是至关重要的，它对整个工程项目的建设实施具有关键性的引导作用，这不仅关系到工作界面的划分，而且还关系到工程质量、工期、资金等合同条款的事前约定。更重要的是，它还直接关系到能否选定一个合格且中意的中标单位。

5.4.1 房地产开发工程项目招标投标概述

为了规范招标投标活动，全国人民代表大会于1999年8月通过了《中华人民共和国招标投标法》。通过招标方式发包房地产开发项目的建筑工程有利于开发商控制建造成本，便于开发商实施项目管理，因而与其他发包方式相比，开发商更愿意以招标方式发包工程。

1. 房地产开发工程招标投标的基本概念

招标投标是一种生产交易行为，是商品经济发展到一定阶段的产物。因而，开发商在招标时必须考察投标者的技术实力、经济实力、管理经验、效率高低、价格是否合理、信誉是否良好。对于众多的投标者，开发商只能按照一定标准，如技术先进、质量最佳、工期最短、造价最低等方面选择中标者，再把建设工程发包给他。为了真正选择资质优良的承包商承包建设工程，开发商在招标之前应制定统一的招标文件，以确定统一条件，保证投标者能够在平等的基础上竞争。这些招标文件包括：设计图纸、工程数量、技术规范要求、合同条件等。所有参加投标的承包商都在同一限制条件下公平竞争，都按照规定的招标文件投标，以便开发商进行对比分析，做出公平合理的评价。招标投标是开发商与承包商双方的事，双方必须坚持自愿、公平、等价、有偿的原则，诚实守信，讲求职业道德。双方行为不仅受到法律制约，同时还受到法律保护。

房地产开发工程招标是面对一项开发工程，房地产开发企业将工程可行性研究内容，或监理服务，或勘察、设计要求，或设备需求，或拟建工程的建设要求等，编制成招标文件，通过发布招标公告或向承包企业发出招标通知的形式，招引有能力的承包企业参加投标竞争(或进行协商)，直至签订工程发包合同的全过程。

房地产开发工程投标是指承包企业在获得招标信息后，根据房地产开发企业招标文件提出的各项条件和要求，结合自身能力，提出自己愿意承包工程的条件和报价，供房地产开发企业选择，直至签订工程承包合同的全过程。

2. 强制招标制度

强制招标是指法律规定某些类型的采购项目，凡是达到一定数额的，必须通过招标进行，否则采购单位要承担法律责任。从各国的情况看，由于政府及公共部门的资金主要来源于税收，提高资金的使用效率是纳税人对政府和公共部门提出的必然要求。因此，这些国家在政府采购领域、公共投资领域普遍推行招标投标制，要求政府投资项目、私人投资的基础设施项目必须实行竞争性招标，否则得不到财政资金的支持或审批部门的批准。

根据《中华人民共和国招标投标法》的规定，在中华人民共和国境内进行下列工程建设项目，包括项目的勘察、设计、施工、监理以及与工程建设有关的重要设备、材料等的采购，必须进行招标。

(1) 大型基础设施、公用事业等关系社会公共利益、公众安全的项目。

(2) 全部或者部分使用国有资金投资或者国家融资的项目。

(3) 使用国际组织或者外国政府贷款、援助资金的项目。

前款所列项目的具体范围和规模标准，由国务院发展计划部门会同国务院有关部门制订，报国务院批准。法律或者国务院对必须进行招标的其他项目范围有规定的，依照其规定。

2000年5月1日国家发展计划委员会发布《工程建设项目招标范围和规模标准规定》，将强制招标的范围进一步界定为以下几方面。

(1) 关系社会公共利益、公众安全的基础设施项目，包括能源、交通运输、邮电通讯、水利、城市设施、生态环境保护等项目。

(2) 关系社会公共利益、公众安全的公用事业项目，包括市政工程、科技、教育、文化、卫生、社会福利、商品住宅等项目。

(3) 使用国有资金投资的项目，包括使用各级财政预算资金，纳入财政管理的各种政府性专项建设基金，国有企事业单位自有资金等项目。

(4) 国家融资项目，包括国家使用发行债券所筹资金，国家对外借款或者担保所筹资金，国家政策性贷款，国家授权投资主体融资，国家特许的融资等项目。

(5) 使用国际组织或者外国政府资金的项目，包括使用世界银行、亚洲开发银行等国际组织贷款，外国政府及其机构贷款，国际组织或外国政府援助资金等项目。

上述规定范围内的各类工程建设项目达到下列标准之一的，必须进行招标。

(1) 施工单项合同估算价在200万元人民币以上。

(2) 重要设施、材料等货物采购，单项合同估算价在100万元人民币以上。

(3) 勘察、设计、监理等服务采购，单项合同估算价在50万元人民币以上。

(4) 单项合同估算价低于以上标准，但项目总投资额在3000万元人民币以上。

3. 房地产开发工程招标投标的类型与内容

1）房地产开发工程项目总承包招标

房地产开发工程项目总承包招标又叫建设项目全过程招标，在国外称之为"交钥匙"承包方式。它是指从项目建议书开始，包括可行性研究报告、勘察设计、设备材料询价与采购、工程施工、生产准备、投料试车，直到竣工投产、交付使用为止的建设全过程实行招标。工程总承包企业根据建设单位提出的工程使用要求，对项目建议书、可行性研究、勘察设计、设备询价与选购、材料订货、工程施工、职工培训、试生产、竣工投产等实行全面报价投标。

2）房地产开发工程勘察招标

房地产开发工程勘察招标是指招标人就拟建工程的勘察任务发布通告，以法定方式吸引勘察单位参加竞争，经招标人审查获得投标资格的勘察单位按照招标文件的要求，在规定的时间内向招标人递送标书，招标人从中选择条件优越者完成勘察任务的法律行为。

3）房地产开发工程设计招标

房地产开发工程设计招标是指招标人就拟建工程的设计任务发布通告，以吸引设计单位参加竞争，经招标人审查获得投标资格的设计单位按照招标文件的要求，在规定的时间内向招标人递送投标书，招标人从中择优确定中标单位来完成工程设计任务的法律行为。设计招标主要是设计方案招标，工业项目可进行可行性研究方案招标。

4）房地产开发工程施工招标

房地产开发工程施工招标是指招标人就拟建的工程发布公告或者邀请，以法定方式吸引建筑施工企业参加竞争，招标人从中选择条件优越者完成工程建设任务的法律行为。

5）房地产开发工程监理招标

房地产开发工程监理招标是指招标人为了委托监理任务的完成，以法定方式吸引监理单位参加竞争，招标人从中选择条件优越者完成监理任务的法律行为。

6）房地产开发工程材料设备招标

房地产开发工程材料设备招标是指招标人就拟购买的材料设备发布公告或者邀请，以法定方式吸引建设工程材料设备供应商参加竞争，招标人从中选择条件优越者购买其材料设备的法律行为。

4. 招标机构

当房地产开发商决定采用招标方式发包建筑工程时，需要组织一个招标工作小组，负责招标过程中的决策活动与日常工作的处理。招标人具有编制招标文件和组织评标能力的，可以自行办理招标事宜，并向有关行政监督部门备案；不具备自行招标能力时，也可以委托招标代理机构提供招标代理服务，并与代理机构成立联合招标工作小组。整个招标过程的活动均由招标工作小组负责组织。招标代理机构是依法设立，从事招标代理业务并提供相关服务的社会中介组织。

5.4.2 房地产开发工程招标投标的方式

《招标投标法》将招标分为公开招标和邀请招标两种。房地产开发商可依开发项目的建设规模和复杂程度选择其中某种方式。

1. 公开招标

公开招标也称无限竞争性招标，是一种由招标人按照法定程序，在公开出版物上发布招标公告，所有符合条件的供应商或承包商都可以平等参加投标竞争，从中择优选择中标者的招标方式。任何认为自己符合招标人要求的法人或其他组织、个人都有权向招标人索取招标文件并届时投标。采用公开招标的，招标人不得以任何借口拒绝向符合条件的投标人出售招标文件，依法必须进行招标的项目，招标人不得以地区或者部门不同等借口违法限制任何潜在投标人参加投标。招标公告的发布有多种途径，如可以通过报纸、广播、网络等公共媒体发布。公开招标的优点在于能够在最大限度内选择投标商，竞争性更强，择优率更高，同时也可以在较大程度上避免招标活动中的贿标行为。

公开招标通常适用于工程项目规模较大、建设周期较长、技术复杂的开发项目建设。此时开发商不易掌握其造价和控制工期，因而可以通过公开招标方式，从中选择提供合理标价和较短工期的承包商作为承包单位。按常规，开发商公开招标项目应授标给最低报价者，除非该最低报价者的标价是不合理的或根本无法实现的。此外，由于开发商审查投标者资格及其标书的工作量比较大，所以公开招标需要经历相当长的一段时间，招标支出费用也较高。

2. 邀请招标

邀请招标又称选择性招标，它是有限竞争性的招标。是指招标人以投标邀请书的方式邀请特定的法人或者其他组织投标的形式。招标人采用邀请招标方式的，应当向3个以上具备承担招标项目的能力、资信良好的特定的法人或者其他组织发出投标邀请书。邀请招标虽然也能够邀请到有经验和资信可靠的投标者投标，保证履行合同，但是由于限制了竞争范围，可能会失去技术上和报价上有竞争力的投标者。

按照《工程建设项目施工招标投标办法》第11条规定，国务院发展计划部门确定的国家重点建设项目和各省、自治区、直辖市人民政府确定的地方重点建设项目，以及全部使用国有资金投资或者国有资金投资占控股或者主导地位的工程建设项目，应当公开招标；有下列情形之一的，经批准可以进行邀请招标。

(1) 项目技术复杂或有特殊要求，只有少量几家潜在投标人可供选择的。
(2) 受自然地域环境限制的。
(3) 涉及国家安全、国家秘密或者抢险救灾，适宜招标但不宜公开招标的。
(4) 拟公开招标的费用与项目的价值相比，不值得的。
(5) 法律、法规规定不宜公开招标的。

国家重点建设项目的邀请招标，应当经国务院发展计划部门批准；地方重点建设项目的邀请招标，应当经各省、自治区、直辖市人民政府批准。

全部使用国有资金投资或者国有资金投资占控股或者主导地位并需要审批的工程建设项目的邀请招标，应当经项目审批部门批准，但项目审批部门只审批立项的，由有关行政监督部门批准。

5.4.3 房地产开发工程招标投标的程序步骤

1. 招标

招标程序主要包括：招标人办理审批手续、发布招标公告或投标邀请书、进行资格预审、编制与发售招标文件、组织现场考察和召开标前会议等环节。

1) 招标人办理审批手续

批准建设的房地产开发工程项目只有在具备一定的条件后，才能进行招标，这些条件主要由3方面组成：一是已落实建设资金；二是已履行相关审批手续；三是必要的准备工作已完成。建设工程项目具备必要的条件后，招标人可向当地行政主管部门或其招标办事机构提出招标申请，经审查批准后，方可开展招标活动。

2) 招标人发布招标公告或投标邀请书

招标人采用公开招标方式的，应当发布招标公告。必须依法进行招标项目的招标公告，应当通过国家指定的报刊、信息网络或者其他媒介发布。招标人采用邀请招标方式的，应当向3个以上具备承担招标项目能力、资信良好的特定法人或者其他组织发出投标邀请书。

招标公告或投标邀请书应当载明招标人的名称和地址、招标项目的性质、数量、实施地点和时间以及获取招标文件的办法等事项。

3) 招标人对投标人的资格审查

招标人可以根据招标项目本身的要求，在招标公告或者投标邀请书中，要求潜在投标人提供有关资质证明文件和业绩情况，并对潜在投标人进行资格审查；国家对投标人的资格条件有规定的，依照其规定。招标人不得以不合理的条件限制或者排斥潜在投标人，不得对潜在投标人实行歧视待遇。

招标人对潜在投标人的资格审查主要是审查投标人的财务能力、机械设备条件、技术水平、施工经验、工程信誉及法律资格等方面的有关情况，以剔除资格条件不适合承担或履行合同的潜在投标人或投标人。一般说来，资格审查可分为资格预审和资格后审。资格预审是在投标前对潜在投标人进行的审查；资格后审是在投标后（一般是在开标后）对投标人进行的资格审查。目前，在招标实践中，招标人经常采用的是资格预审程序。

4) 编制和发售招标文件

招标人应当根据招标项目的特点和需要编制招标文件。招标文件应当包括招标项目的技术要求、对投标人资格审查的标准、投标报价要求和评标标准等所有实质性要求和条件以及拟签订合同的主要条款。国家对招标项目的技术、标准有规定的，招标人应当按照其规定在招标文件中提出相应要求。招标项目需要划分标段、确定工期的，招标人应当合理划分标段、确定工期，并在招标文件中载明。招标文件不得要求或者标明特定的生产供应者以及含有倾向或者排斥潜在投标人的其他内容。

对于已经通过资格预审的投标人，招标人应当向其发售招标文件。

招标人对已发出的招标文件进行必要的澄清或者修改的，应当在招标文件要求提交投标文件截止时间至少15日前，以书面形式通知所有招标文件收受人。该澄清或者修改的内容为招标文件的组成部分。招标人应当确定投标人编制投标文件所需要的合理时间。但是，依法必须进行招标的项目，自招标文件开始发出之日起至投标人提交投标文件截止之日止，最短不得少于20日。

5) 招标人组织现场考察

招标人在投标须知规定的时间组织投标人自费进行现场考察。设置此程序，一方面让投标人了解工程项目的现场情况、自然条件、施工条件以及周围环境条件，以便于编制投标书；另一方面要求投标人通过自己的实地考察确定投标的原则和策略，避免合同履行过程中投标人以不了解现场情况为理由推卸应承担的合同责任。

6）招标人召开标前会议

投标人研究招标文件和现场考察后会以书面形式提出某些质疑问题，招标人可以及时给予书面解答，也可以留待标前会议上解答。如果对某一投标人提出的问题给予书面解答时，所回答的问题必须发送给每一位投标人以保证招标的公开和公平，但不必说明问题的来源。在这种情况下就无须召开标前会议。

标前会议的记录和各种问题的统一解释或答复，常被视为招标文件的组成部分，均应整理成书面文件分发给每一位投标人。

2. 投标

1）投标人编制投标文件

《招标投标法》规定："投标文件应当对招标文件提出的实质性要求和条件做出响应。"实质性要求和条件是指招标项目的价格、项目进度计划、技术规范、合同的主要条款等，投标文件必须对其做出响应，不得遗漏、回避，更不能对招标文件进行修改或提出任何附带条件。

2）投标人提交投标文件

投标人应当在招标文件要求提交投标文件的截止时间前，将投标文件送达投标地点。招标人收到投标文件后，应当签收保存，不得开启。投标人少于3家的，招标人应当重新招标。在招标文件要求提交投标文件的截止时间后送达的投标文件，招标人应当拒收。

投标人在招标文件要求提交投标文件的截止时间前，可以补充、修改或者撤回已提交的投标文件，并书面通知招标人。补充、修改的内容为投标文件的组成部分。

3. 开标、评标、定标

在确定的时间和地点，由招标单位主持，邀请所有投标人参加开标。还可邀请招标主管部门、评标委员会、监察部门的有关人员参加，也可委托公证部门对整个开标过程依法进行公证。当众开标，宣读报价和标函内容。然后由评标小组审核招标文件，并负责对各投标单位报送的标函进行比较、评价，做出说明。最后由招标单位最高决策部门确定最佳中标单位，招标和中标单位共同签订工程承包合同。

评标是这一阶段的重点，所谓的评标，就是依据招标文件的规定和要求，对投标文件所进行的审查、评审和比较。评标由招标人组建的评标委员会负责。评标委员会由招标人或其委托的招标代理机构熟悉相关业务的代表，以及有关技术、经济等方面的专家组成，成员人数为5人以上的单数，其中技术、经济等方面的专家不得少于成员总数的2/3。评审工作视内容繁简，可在开标时当场进行，也可在随后进行，但评审原则和标准应当场公布，并记录到开标记录中。评审应坚持公平竞争的原则，对所有单位一视同仁。如果对某些投标者在标价上实行优惠，则应在招标公告或投标须知中事先加以说明。评审的标准是中标单位拥有足以胜任招标工程的技术和财务实力，信誉良好，报价合理。

5.5 房地产开发项目管理

工程建设过程是房地产开发的一个重要阶段，该阶段的科学安排与管理对于房地产开发企业的经营效果和经济效益有着重大的影响。发展商应当重视该阶段的管理内容及管理方法,提高企业经济效率和经济效益。建设工程的质量好坏会严重影响到在日常生活中的使用安全,为此工程的管理就显得尤为重要。建设工程的过程管理涉及的面广,整个管理过程也比较复杂,在对项目进行管理时,一定要抓住要点、有序地进行管理,确保管理的科学合理化。

5.5.1 房地产开发建设立项管理

立项是指房地产开发企业提出的房地产开发项目,经可行性研究并由主管部门批准后确立。我国对房地产开发实行项目审批制度。

房地产开发项目的可行性研究是在投资决策之前对拟开发的项目进行全面、系统的调查研究和分析,运用科学的技术评价方法,得出一系列评价指标值,以最终确定该项目是否可行的综合研究。对房地产开发项目进行可行性研究,是一项重要的工作。其主要内容包括:项目概况、开发项目用地的现状调查及拆迁安置方案的制定、市场分析和建设规模的确定、规划设计方案的选择、资源供给条件分析、环境影响评价、项目开发组织购和管理费用的研究、开发建设计划的编制、项目选择及社会效益分析、结论及建议。

确定房地产开发项目应当符合土地利用总体规划、年度建设用地计划和城市规划、房地产开发年度计划的要求;按照国家有关规定需要经计划主管部门批准的,还应当报计划主管部门批准,并纳入年度固定资产投资计划。

确定房地产开发项目应当坚持旧区改建和新区建设相结合的原则,注重开发基础设施薄弱、交通拥挤、环境污染严重以及危旧房屋集中的区域,保护和改善城市生态环境,保护历史文化遗产。

房地产开发用地应当以出让方式取得;但是,法律和国务院规定可以采用划拨方式的除外。土地使用权出让或者划拨前,县级以上地方人民政府城市规划行政主管部门和房地产开发主管部门应当对下列事项提出书面意见,作为土地使用权出让或者划拨的依据之一:①房地产开发项目的性质、规模和开发期限;②城市规划设计条件;③基础设施和公共设施的建设要求;④基础设施建成后的产权界定;⑤项目拆迁补偿、安置要求。

5.5.2 房地产开发项目环境保护管理

为了防止房地产开发项目产生新的污染、破坏生态环境,国务院于1998年11月颁发实施了《建设项目环境保护管理条例》。房地产开发项目应当根据该条例实行环境保护管理。

1. 建设项目环境影响评价

国家实行建设项目环境影响评价制度。建设项目的环境影响评价工作,由取得相应资格证书的单位承担。

1)分类管理

国家根据建设项目对环境的影响程度,对建设项目的环境保护实行分类管理。

(1)建设项目对环境可能造成重大影响的,应当编制环境影响报告书,对建设项目产生的污染和对环境的影响进行全面、详细的评价。

(2) 建设项目对环境可能造成轻度影响的,应当编制环境影响报告表,对建设项目产生的污染和对环境的影响进行分析或者专项评价。

(3) 建设项目对环境影响很小,不需要进行环境影响评价的,应当填报环境影响登记表。

《建设项目环境保护分类管理名录》由国务院环境保护行政主管部门制订并公布。1999年4月国家环境保护总局制订了《建设项目环境保护分类管理名录(试行)》,对建设项目做出了具体规定。

2) 建设项目环境影响报告书评价文件

建设项目环境影响报告书评价文件包括《建设项目环境影响报告书》、《建设项目环境影响报告表》、《环境影响登记表》等。

《建设项目环境影响报告书》应当包括下列内容:建设项目概况;建设项目周围环境现状;建设项目对环境可能造成影响的分析和预测;环境保护措施及其经济、技术论证;环境影响经济损益分析;对建设项目实施环境监测的建议;环境影响评价结论。

涉及水土保持的建设项目,还必须有经水行政主管部门审查同意的水土保持方案。《建设项目环境影响报告表》、《环境影响登记表》的内容和格式,由国务院环境保护行政主管部门规定。

《建设项目环境影响报告书》、《环境影响报告表》或者《环境影响登记表》,由建设单位报有审批权的环境保护行政主管部门审批;建设项目有行业主管部门的,其《环境影响报告书》或者《环境影响报告表》应当先经相关行业主管部门预审后,再报有审批权的环境保护行政主管部门审批。

2. 环境保护设施建设

房地产开发项目需要配套建设的环境保护设施,必须与主体工程同时设计、同时施工、同时投产使用。

1) 同时设计

建设项目的初步设计应当按照环境保护设计规范的要求,编制环境保护篇章,并依据经批准的《建设项目环境影响报告书》或者《环境影响报告表》,在环境保护篇章中落实防治环境污染和生态破坏的措施以及环境保护设施投资概算。

2) 同时施工

建设项目的主体工程完工后,需要进行试生产的,其配套建设的环境保护设施必须与主体工程同时投入试运行。建设项目试生产期间,建设单位应当对环境保护设施运行情况和建设项目对环境的影响进行监测。

3) 同时投产使用

建设项目竣工后,建设单位应当向审批该建设项目《环境影响报告书》、《环境影响报告表》或者《环境影响登记表》的环境保护行政主管部门,申请该建设项目需要配套建设的环境保护设施竣工验收。环境保护设施竣工验收应当与主体工程竣工验收同时进行。需要进行试生产的建设项目,建设单位应当自建设项目投入试生产之日起3个月内,向审批该建设项目《环境影响报告书》、《环境影响报告表》或者《环境影响登记表》的环境保护行政主管部门,申请该建设项目需要配套建设的环境保护设施竣工验收。

分期建设、分期投入生产或者使用的建设项目，其相应的环境保护设施应当分期验收。

建设项目需要配套建设的环境保护设施经验收合格，该建设项目方可正式投入生产或者使用。

5.5.3 房地产开发项目资本金制度

1996年8月23日国务院发布了《关于固定资产投资项目试行资本金制度的通知》（国发［1996］35号）。该通知规定从1996年开始，对各种经营性投资项目，包括国有单位的基本建设、技术改造、房地产开发项目和集体投资项目试行资本金制度，投资的项目必须首先落实资本金才能进行建设。

1. 项目资本金的概念

投资项目资本金是指在投资项目总投资中，由投资者认购的出资额，对投资项目来说它是非债务性资金，项目法人不承担这部分资金的任何利息和债务；投资者可按其出资的比例依法享有所有者权益，也可转让其出资，但不得以任何方式抽回。

2. 项目资本金的出资方式

项目投资资本金可以用货币出资，也可以用实物、工业产权、非专利技术、土地使用权，必须经过有资格的评估机构依照法律、法规评估作价，不得高估或低估作价出资。以工业产权、非专利技术作价出资的比例不得超过投资项目资本金总额的20%，国家对采用高新技术成果有特别规定的除外。

3. 房地产开发项目资本金

《城市房地产开发经营管理条例》规定："房地产开发项目应当建立资本金制度，资本金占项目总投资的比例不得低于20%。"2004年，《国务院关于调整部分行业固定资产投资项目资本金比例的通知》（国发［2004］13号）印发以来，房地产开发项目资本金占项目总投资的比例提高到不得低于35%。2009年5月25日，国务院出台了《关于调整固定资产投资项目资本金比例的通知》（国发［2009］27号），该文件规定："保障性住房和普通商品住房项目的最低资本金比例为20%，其他房地产开发项目的最低资本金比例为30%。"

房地产开发项目实行资本金制度，即规定房地产开发企业承揽项目必须有一定比例的资本金，可以有效地防止部分不规范的企业的不规范行为，减少楼盘"烂尾"等现象的发生。

延伸阅读：关于普通商品住房的认定

（1）《国务院办公厅转发建设部等部门关于做好稳定住房价格工作意见的通知》规定，享受优惠政策的住房应同时满足以下条件：①住宅小区建筑容积率在1.0以上；②单套建筑面积在120m^2以下；③实际成交价格低于同级别土地上住房平均交易价格1.2倍以下。

（2）目前，各地普通商品住房标准不一。例如，①乌鲁木齐规定，普通商品住房标准必须同时满足两个条件，单套住房建筑面积在140m^2以下（含140m^2），实际成交价格低于同级地段住房平均交易价格的1.4倍；②常州市的普通商品住房原则上应同时满足住宅小区建筑容积率在 1.0 以上、单套建筑面积在 144m² 以下、实际成交价格低于同级别土地上住房平均交易价格 1.44 倍以下；③上海市的普通住房标准(2012年版)为应同时满足以下条件：5 层以上(含 5 层)的多高层住房，以及不足 5 层的老式公寓、新式里弄、旧式里弄等；单套建筑面积在 140m² 以下；实际成交价格低于同级别土地上住房平均交易价格 1.44 倍以下，坐落于内环线以内的低于 330 万元/套，内环线与外环线之间的低于 200 万元/套，外环线以外的低于 160 万元/套。

5.5.4 房地产开发项目施工管理

建筑施工是指包括房屋建筑、土木工程、设备安装、管线铺设等内容的生产活动。建筑施工是房地产开发中的一项实质性工作。它是将设计物化并借以实现开发建设单位开发经营意图的关键环节，其速度和质量往往对开发效益产生至关重要的影响。1979 年以来，国务院及其有关部委共同制订施工管理方面的法规、规章多项。这些法规、规章涉及施工企业资质、工程事故处理、工程安全管理、工程施工现场管理等方面。

1. 建筑施工企业资质管理

我国对建筑施工企业实行资质管理制度，建筑业企业资质分为施工总承包、专业承包和劳务分包 3 个序列。①获得施工总承包资质的企业可以对工程实行施工总承包或者对主体工程实行施工承包，承担施工总承包的企业可以对所承接的工程全部自行施工，也可以将非主体工程或者劳务作业分包给具有相应专业承包资质或者劳务分包资质的其他建筑业企业；②获得专业承包资质的企业可以承接施工总承包企业分包的专业工程或者建设单位按照规定发包的专业工程，专业承包企业可以对所承接的工程全部自行施工，也可以将劳务作业分包给具有相应劳务分包资质的劳务分包企业；③获得劳务分包资质的企业可以承接施工总承包企业或者专业承包企业分包的劳务作业。

施工总承包资质、专业承包资质、劳务分包资质序列按照工程性质和技术特点分别划分为若干资质类别。各资质类别按照规定的条件划分为若干等级。

建筑业企业应当按照其拥有的注册资本、净资产、专业技术人员、技术装备和已完成的建筑工程业绩等资质条件申请资质，经审查合格，取得相应等级的资质证书后，方可在其资质等级许可的范围内从事建筑活动。

国务院建设行政主管部门负责全国建筑业企业资质的归口管理工作。国务院铁道、交通、水利、信息产业、民航等有关部门配合国务院建设行政主管部门实施相关资质类别建筑业企业资质的管理工作。省、自治区、直辖市人民政府建设行政主管部门负责本行政区域内建筑业企业资质的归口管理工作，省、自治区、直辖市人民政府交通、水利、通信等有关部门配合同级建设行政主管部门实施相关资质类别建筑业企业资质的管理工作。

2. 开工管理

我国对开发建设项目实行施工许可制度。建设单位应当按照计划批准的开工项目向工程所在地县级以上地方人民政府行政主管部门办理施工许可证手续。施工许可证应在建筑工程开工前申请领取。

申请领取施工许可证，应当具备下列条件：①已经办理该建筑工程用地批准手续；②在城市规划内的建筑工程，已经取得建筑工程规划许可证；③施工场地已经基本具备施工条件，需要拆迁的，其拆迁进度符合施工要求；④已经确定建筑施工企业；⑤有满足施工需要的施工图纸及技术资料，施工图设计文件已按规定进行了审查；⑥有保证工程质量和安全的具体措施，并办理相关手续；⑦按照规定应委托监理的工程已经委托监理；⑧建设资金已经落实；⑨法律、行政法规规定的其他条件。

对具备上述条件的建设单位，建设行政主管部门向其颁发建筑工程施工许可证。建设单位应在3个月内组织施工单位开工。因故未能开工的，建设单位应在期满前及时向发证机关说明理由并申请延期，延期以两次为限，每次不超过3个月。未按时开工又不申请延期的，或超过延期的次数和时限，施工许可证自行废止。

未取得施工许可证或施工许可证失效的开发建设单位不得擅自开工。

3. 现场管理与工程监理

我国对建设施工本身实行现场管理制度，其主要内容是：施工单位应当编制建设项目施工组织设计。施工组织设计按照施工单位的隶属关系及工程性质、规模，技术繁简程序实行分级审批。具体权限由省级建设行政主管部门确定。施工单位应严格按施工组织设计进行现场施工，不得擅自修改施工组织设计。如需要变更、修改，应由原批准机关批准。

工程监理是房地产开发项目建设施工管理中的另一个环节。它是对工程建设中的技术经济活动进行监督和管理，使之符合有关法规、政策、技术标准、规范及合同的规定，促使工程进度、质量、造价按计划实现。工程监理的内容包括：审查工程计划和施工方案；监督施工企业严格按规范和标准施工；审查技术变更；控制工程进度；检测工程质量、检查安全防范措施；测试原材料和构配件质量；认定工程质量等级和工程数量；验收工程和签发付款凭证；审查工程价款；整理合同文件和技术档案资料；提出竣工报告和处理质量事故等。可见，工程监理是开发项目在施工过程中工期、质量和费用控制的重要保证体系。

工程建设监理制度作为国际惯例，在西方国家有较长的发展历史，它有利于提高建设管理水平，有利于维护工程建设各方的合法权益，有利于加强对工程建设各环节的控制。工程建设监理的工作程序有5个步骤：①取得监理任务；②签订监理合同；③制订监理规划；④实施建设项目监理；⑤进行监理总结，吸取经验教训。

房地产开发项目建设工程监理的主要内容是：①工程进度监理；②工程质量监理；③工程造价监理；④工程竣工验收。

5.5.5 房地产开发项目的竣工验收管理制度

工程项目的竣工验收是建设过程的最后一个程序，是全面检验设计和施工质量，考核工程造价的重要环节。通过竣工验收，质量合格的建筑物即可投入使用、出租或出售给客户，房地产开发商可回收投资。对于预租或预售的房地产开发项目，通过投入使用，开发商就此可以得到预付款外的款项。因此，房地产开发商对于确已符合竣工验收条件的开发项目，都应按有关规定和国家质量标准，及时进行竣工验收。对竣工的开发项目和单项工程，应尽量建成一个验收一个，并抓紧投入经营和交付使用，使之尽快发挥经济效益。

1. 建设工程竣工验收的监督管理机构

国务院建设行政主管部门负责全国工程竣工验收的监督管理工作。县级以上地方人民政府建设行政主管部门负责本行政区域内工程竣工验收的监督管理工作。

工程竣工的验收工作由建设单位(房地产开发企业)负责组织实施。县级以上地方人民政府建设行政主管部门应当委托工程质量监督机构对工程竣工验收实施监督。

2. 竣工验收的要求

当开发项目完工并具备竣工验收条件后,由承包商按国家工程竣工验收有关规定,向开发商提供完整竣工资料及竣工验收报告,并提出竣工验收申请。之后,开发商负责组织设计、施工、工程监理等单位进行竣工验收,并在验收后给予认可或提出修改意见。承包商按要求修改,并承担由自身原因造成修改的费用。

在正式办理竣工验收之前,开发商为了做好充分准备,需要进行初步检查。初步检查是指在单项工程或整个开发项目即将竣工或完全竣工之后,由开发商自己组织统一检查工程的质量情况、隐蔽工程验收资料、关键部位施工记录、按图施工情况及有无漏项等。根据初步检查情况,由工程项目的监理工程师列出需要修补的质量缺陷"清单",这时承包商应切实落实修复这些缺陷,以便通过最终的正式验收。进行初步检查对加快扫尾工程、提高工程质量和配套水平、加强工程技术管理、促进竣工和完善验收都有好处。

3. 竣工验收的依据

开发项目或单体工程,其竣工验收的依据是:经过审批的项目建议书、年度开工计划、施工图纸和说明文件、施工过程中的设计变更文件、现行施工技术规程、施工验收规范、质量检验评定标准以及合同中有关竣工验收的条款。工程建设规模、工程建筑面积、结构形式、建筑装饰、设备安装等应与各种批准文件、施工图纸、标准保持一致。

4. 建设工程竣工验收的程序

(1) 工程完工后,施工单位向建设单位提交工程竣工报告,申请工程竣工验收。实行监理的工程,工程竣工报告须经总监理工程师签署意见。

(2) 建设单位收到工程竣工报告后,对符合竣工验收要求的工程,组织勘察、设计、施工、监理等单位和其他有关方面的专家组成验收组,制定验收方案。

(3) 建设单位应当在工程竣工验收7个工作日前将验收的时间地点及验收组名单书面通知负责监督该工程的工程质量监督机构。

(4) 建设单位组织工程竣工验收。

① 建设、勘察、设计、施工、监理单位分别汇报工程合同履约情况及在工程建设各个环节执行法律、法规和工程建设强制性标准的情况。

② 审阅建设、勘察、设计、施工、监理单位的工程档案资料。

③ 实地查验工程质量。

④ 对工程勘察、设计、施工、设备安装质量和各管理环节等方面做出全面评价,形成经验收组人员签署的工程竣工验收意见。

工程竣工验收合格后,建设单位应当及时提出工程竣工验收报告。工程竣工验收报告主要包括工程概况,建设单位执行基本建设程序情况,对工程勘察、设计、施工、监理等方面的评价,工程竣工验收时间、程序、内容和组织形式,工程竣工验收意见等内容。

负责监督该工程的工程质量监督机构应当对工程竣工验收的组织形式、验收程序、执行验收标准等情况进行现场监督，发现有违反建设工程质量管理规定行为的，责令改正，并将对工程竣工验收的监督情况作为工程质量监督报告的重要内容。

5. 工程竣工验收备案

房地产开发企业应当自建设工程竣工验收合格之日起 15 日内，将建设工程竣工验收报告和规划、公安消防、环保等部门出具的认可文件或者准许使用文件报建设行政主管部门或者其他有关部门备案。办理工程竣工验收备案应提交的文件包括：①工程竣工验收备案表；②工程竣工验收报告。竣工验收报告应当包括：工程报建日期，施工许可证号，施工图设计文件审查意见，勘察、设计、施工、工程监理等单位分别签署的质量合格文件及验收人员签署的竣工验收原始文件，市政基础设施的有关质量检测和功能性试验资料，以及备案机关认为需要提供的有关资料；③法律、行政法规规定应当由规划、公安消防、环保等部门出具的认可文件或者准许使用文件；④施工单位签署的工程质量保修书；⑤法规、规章规定必须提供的其他文件。商品住宅还应当提交《住宅质量保证书》和《住宅使用说明书》。

5.5.6　房地产开发项目的质量责任制度

开发企业要实现其经济目标，首先应提交给用户一个质量合格的产品；否则，便会因其产品质量低下，造成声誉受损，以至产品卖不出去，直接影响企业的经济效益。因此，应树立质量第一的观念。在工程建设过程中，不但要依靠施工单位的力量搞好工程质量，开发企业自身也应当有一个强有力的工程管理机构，严把质量关，严格质量监督、监理制度，促进工程质量的提高。为此，《城市房地产开发经营管理条例》规定，房地产开发企业开发建设的房地产开发项目，应当符合有关法律、法规的规定和建筑工程质量、安全标准，建筑工程勘察、设计、施工的技术规范以及合同的约定。房地产开发企业应当对其开发建设的房地产开发项目的质量承担责任。勘察、设计、施工、监理等单位应当依照有关法律、法规的规定或者合同的约定，承担相应的责任。

1. 住宅质量保证和使用说明制度

房地产开发企业应当在商品住房交付使用时，向购买人提供《住宅质量保证书》和《住宅使用说明书》。

1)《住宅质量保证书》

《住宅质量保证书》应当列明工程质量监督部门核验的质量等级、保修范围、保修期和保修单位等内容。房地产开发企业应当按照《住宅质量保证书》的约定，承担商品房保修责任。

保修期内，因房地产开发企业对商品房进行维修，致使房屋原使用功能受到影响，给购买人造成损失的，房地产开发企业应当依法承担赔偿责任。

原建设部发布的于 1998 年 9 月 1 日起实施的《商品住宅实行住宅质量保证书和住宅使用说明书制度的规定》（以下简称《规定》）规定：商品住宅的保修期不得低于建设工程承包单位向建设单位出具的《质量保证书》约定保修的存续期；存续期少于《规定》中确定的最低保修期限的，保修期不得低于《规定》中确定的最低保修期限（表 5-1）。非住宅商品房的保修期不得低于建设工程承包单位向建设单位出具的质量保修书约定保修的存续期。在保修期限内发生的属于保修范围的质量问题，房地产开发企业应当履行保修义务，并对造成的损失承担赔偿责任。因不可抗拒力或者使用不当造成的损失，房地产开发企业不承担责任。

表 5-1 商品住宅的最低保修期

最低保修项目	保修期限
地基基础和主体结构	在合理使用寿命年限内承担保修
屋面防水	3 年
墙面、厨房和卫生间地面、地下室、管道渗漏	1 年
墙面、顶棚抹灰层脱落	1 年
地面空鼓开裂、大面积起砂	1 年
门窗翘裂、五金件损坏	1 年
管道堵塞	2 个月
供热、供冷系统和设备	1 个采暖期或供冷期
卫生洁具	1 年
灯具、电器开关	6 个月
其他部位、部件的保修期限	由房地产开发企业与用户自行约定

保修期自商品住宅交付之日起计算。目前，有不少商品房并不是在竣工之日就交付使用的，购房消费者的保修期就成了一个实际难题。《规定》对商品住宅各部位、部件保修内容及保修期进行了明确规定，2000 年 1 月 30 日施行的《建设工程质量管理条例》对具体项目的最低保修期限也做了明确规定。《规定》中质量保修是房地产开发企业对商品房买受人的保修期，保修期从交付之日起计。而《建设工程质量管理条例》中是建设工程承包单位向建设单位（房地产开发企业）的保修期，虽然两个保修内容的主体不一致，但保修的部位、部件是相同的。为此，2001 年 6 月 1 日起施行的《商品房销售管理办法》对商品房质量保修期进行了上述规定，使《规定》与《建设工程质量管理条例》紧密衔接起来，既更好地保护了商品房消费者的权益，也体现了法律、法规的严肃性。

《商品房销售管理办法》第 32 条规定：销售商品住宅时，房地产开发企业应当根据《商品住宅实行质量保证书和住宅使用说明书制度的规定》，向买受人提供《住宅质量保证书》、《住宅使用说明书》。《商品房销售管理办法》第 33 条规定：房地产开发企业应当对所售商品房承担质量保修责任。当事人应当在合同中就保修范围、保修期限、保修责任等内容做出约定，保修期从交付之日起计算。非住宅商品房的保修期限不得低于建设工程承包单位向建设单位出具的质量保修书约定保修期的存续期。

该存续期是指《建设工程质量管理条例》中规定的建设工程承包单位向建设单位出具的质量保修书约定保修期时间段。如《建设工程质量管理条例》规定的屋面渗漏的保修期为 5 年，自竣工之日算起；《规定》中确定的保修期为 3 年，自交付之日起计算；一套商品住宅竣工 1 年后出售并交付使用，则房地产开发企业向购房者的质量保修期不得低于 4 年；但若竣工 3 年后交付使用，房地产开发企业向购房者的质量保修期则应不低于 3 年。

2)《住宅使用说明书》的内容

《住宅使用说明书》应当对住宅的结构、性能和各部位(部件)的类型、性能、标准等做出说明,并提出使用注意事项,一般应当包含以下内容:开发单位、设计单位、施工单位,委托监理的应注明监理单位;结构类型;装修、装饰注意事项;上水、下水、电、燃气、热力、通信、消防等设施配置的说明;有关设备、设施安装预留位置的说明和安装注意事项;门、窗类型,使用注意事项;配电负荷;承重墙、保温墙、防水层、阳台等部位注意事项的说明;其他需说明的问题。

住宅中配置的设备、设施,生产厂家另有使用说明书的,应附于《住宅使用说明书》中。

2. 对质量不合格的房地产开发项目的处理方式

房屋竣工后,必须验收合格后方可交付使用。商品房交付使用后,购买人认为主体结构质量不合格的,可以向工程质量监督单位申请重新核验。经核验,确属主体结构质量不合格的,购买人有权退房,给购买人造成损失的,房地产开发企业应当依法承担赔偿责任。这样规定的目的主要是为了保护购买商品房的消费者的合法权益。

应当注意的问题有:一是购房人在商品房交付使用之后发现质量问题,这里的交付使用之后是指办理了交付使用手续之后,可以是房屋所有权证办理之前,也可以是房屋所有权证办理完备之后。主体结构质量问题与使用时间关系不大,主要是设计和施工原因造成的,因而,只要在合理的使用年限内,只要属于主体结构的问题,都可以申请质量部门认定,房屋主体结构不合格的,均可申请退房;二是确属主体结构质量不合格的,而不是一般性的质量问题。房屋质量有很多种,一般性的质量问题主要通过质量保修解决,而不是退房;三是必须向工程质量监督部门申请重新核验,以质量监督部门核验的结论为依据。这里的质量监督部门是指专门进行质量验收的质量监督站,其他单位的核验结果不能作为退房的依据;四是对给购房人造成损失应当有合理的界定,只应包含直接损失,不应含精神损失等间接性损失。

对于经工程质量监督部门核验,确属房屋主体结构质量不合格的,消费者有权要求退房,终止房屋买卖关系,也有权采取其他办法,如双方协商换房等,选择退房还是换房,权力在消费者。这样规定的目的也是为了保护购买商品房的消费者的合法权益。

本 章 小 结

本章首先介绍了房地产开发的概念和特征,并按照不同的标准对房地产开发进行了分类,在此基础上论述了房地产开发的基本原则;其次,介绍了房地产开发企业的概念和分类,阐述了房地产开发企业的设立条件和程序,重点分析了房地产开发企业的资质管理;由于规划设计直接关系到房地产开发的成败,是房地产开发工作的龙头,为此,着重阐述了城乡规划管理制度与政策,包括城乡规划的概念、绿线、紫线、蓝线、黄线管理制度等;然后分别论述了房地产开发建设规划管理和房地产开发项目的勘察设计管理制度等相关内容;接下来介绍了房地产开发工程招标投标的相关知识,包括招投标的概念、类型、招投标方式、程序等;最后介绍了房地产开发建设立项管理和房地产开发项目环境保护管理，论述了房地产开发项目资本金制度，阐述了房地产开发项目施工管理，分析了房地产开发项目的竣工验收管理制度以及质量责任制度。

习　题

一、填空题

1. 房地产开发是指在依法取得（　　）的土地上进行基础设施、房屋建设的行为。
2. 根据房地产开发规模的大小，可划分为单项开发、小区开发和（　　）3 类。
3. 房地产开发企业自领取《暂定资质证书》之日起（　　）内无开发项目的，《暂定资质证书》有效期不得延长。
4. 城市（　　）是指城市规划确定的江、河、湖、库、渠和湿地等城市地表水体保护和控制的地域界线。
5. 按照国家规定需要有关部门批准或者核准的建设项目，以（　　）提供国有土地使用权的，建设单位在报送有关部门批准或者核准前，应当向城乡规划主管部门申请核发选址意见书。
6. 工程勘察资质分为（　　）、工程勘察专业资质、工程勘察劳务资质。
7. 强制招标是指法律规定某些类型的采购项目，凡是达到一定数额的，必须通过招标进行，否则（　　）要承担法律责任。
8. 招标人对已发出的招标文件进行必要的澄清或者修改的，应当在招标文件要求提交投标文件截止时间至少 15 日前，以（　　）通知所有招标文件收受人。
9. 施工许可证应在建筑工程（　　）前申请领取。
10. 房地产开发企业应当在（　　）时，向购买人提供《住宅质量保证书》和《住宅使用说明书》。

二、单项选择题（每题的备选答案中，只有一个最符合题意）

1. 房地产开发的特点不包括（　　）。
   A. 投资规模大　　　　　　　　　　B. 变化多样
   C. 开发周期长　　　　　　　　　　D. 项目多样性
2. 国家对房地产开发企业实行（　　）。
   A. 资质管理　　　　　　　　　　　B. 资本管理
   C. 干部管理　　　　　　　　　　　D. 质量管理
3. 将"房地产开发企业资质按照企业条件分为一、二、三、四 4 个资质等级"的部门规章是（　　）。
   A.《城市房地产开发经营管理条例》
   B.《商品房销售管理办法》
   C.《城市商品房预售管理办法》
   D.《房地产开发企业资质管理规定》
4. 房地产开发企业一级资质由（　　）审批。
   A. 市人民政府

B. 省、自治区、直辖市建设行政主管部门
C. 省、自治区、直辖市人民政府
D. 国务院建设行政主管部门

5.《房地产开发企业资质管理规定》规定,申请《暂定资质证书》的条件不得低于( )级资质企业的条件。
  A. 一   B. 二   C. 三   D. 四

6. 城市规划区的具体范围由城市人民政府在编制的( )中划定。
  A. 城市总体规划   B. 城市分区规划
  C. 城市控制性详细规划   D. 城市修建性详细规划

7. 划定城市规划紫线的作用是确定( )。
  A. 绿地控制范围   B. 历史建筑保护范围
  C. 地表水保护范围   D. 城市基础设施用地控制界线

8. 在城市规划中,用来确定城市地表水体保护和控制地域界线的是( )。
  A. 城市蓝线   B. 城市绿线
  C. 城市紫线   D. 城市黄线

9. 按照国家规定需要有关部门批准或者核准的建设项目,以划拨方式提供国有土地使用权的,建设单位在报送有关部门批准或者核准前,应当向城乡规划主管部门申请核发( )。
  A. 规划许可证   B. 设计条件通知书
  C. 选址意见书   D. 建设工程许可证

10. 出让地块的位置、使用性质等规划条件,作为国有土地使用权出让合同的组成部分,由城乡规划主管部门依据( )提出。
  A. 城镇体系规划   B. 土地利用总体规划
  C. 修建性详细规划   D. 控制性详细规划

11. 临时建设应当在批准的使用期限内( )。
  A. 强制拆除   B. 自行拆除
  C. 没收   D. 转让

12. 政府对从事建设工程勘察、设计活动的专业技术人员,实行( )。
  A. 职业资格注册管理制度   B. 职业资格考试制度
  C. 职业资格审查制度   D. 职业资格认证制度

13. 采用邀请招标的项目应当向( )个以上符合资质条件的施工企业发出投标邀请。
  A. 1   B. 2   C. 3   D. 4

14. 提交投标文件的投标人少于( )个的,招标人应依法重新招标。
  A. 3   B. 5   C. 6   D. 8

15. 2010年7月,某房地产开发公司投资开发建设一普通商品住房项目,总投资2亿元,则该项目资本金应不低于( )万元。
  A. 4000   B. 5000   C. 6000   D. 7000

16. 下列不属于申领《建筑工程施工许可证》的条件是( )。
  A. 已经办理该建筑工程用地批准手续   B. 已经确定施工企业

C. 有保证工程质量和安全的具体措施　　　　D. 建设单位已支付工程款

17. 建设工程竣工验收由（　　）单位组织实施。
   A. 施工　　　　　　　　　　　　　　　B. 建设
   C. 监理　　　　　　　　　　　　　　　D. 工程质量监督管理

18. 房地产开发公司对商品住宅的保修期从商品住宅（　　）之日起计算。
   A. 竣工　　　　B. 竣工验收　　　　C. 入住　　　　D. 交付

19. 房地产开发公司应当在商品住宅交付时，向购买人提供《住宅质量保证书》和（　　）。
   A.《住宅使用说明书》　　　　　　　　B.《住宅验收说明书》
   C.《住宅保修说明书》　　　　　　　　D.《住宅保修保证书》

20. 由于施工的原因导致商品住宅出现质量问题，应首先由（　　）对购房者承担责任。
   A. 施工单位　　　　　　　　　　　　　B. 房地产开发企业
   C. 监理单位　　　　　　　　　　　　　D. 房地产开发主管部门

21. 下列关于主体结构质量不合格的已售商品住房处理方式的表述中，正确的是（　　）。
   A. 购房人只能要求换房，不能要求退房
   B. 购房人只能要求退房，不能要求换房
   C. 购房人有权选择退房或换房
   D. 商品住房买卖双方协商选择退房或换房

22. 经（　　）确认，确属房屋主体结构质量不合格的，购买人有权要求退房，终止房屋买卖关系。
   A. 房地产行政主管部门　　　　　　　　B. 工程质量监督部门
   C. 工程监理部门　　　　　　　　　　　D. 城市规划行政主管部门

三、多项选择题（每题的备选答案中，有两个或两个以上符合题意）

1. 有关《城市房地产开发经营管理条例》表述正确的是（　　）。
   A. 属于法律　　　　　　　　　　　　　B. 属于行政法规
   C. 由全国人大及常委会制定　　　　　　D. 效力高于法律
   E. 由国务院制定

2. 下列关于房地产开发企业的《暂定资质证书》，表述正确的是（　　）。
   A.《暂定资质证书》有效期为3年
   B. 房地产开发主管部门可以视企业经营情况延长《暂定资质证书》的有效期
   C. 房地产开发主管部门延长《暂定资质证书》的有效期不能超过3年
   D. 自领取《暂定资质证书》之日起3年内无开发项目的，《暂定资质证书》的有效期不得延长
   E. 自领取《暂定资质证书》之日起1年内无开发项目的，《暂定资质证书》的有效期不得延长

3. 房地产开发项目的确定，应当符合（　　）的要求。
   A. 土地利用的总体规划　　　　　　　　B. 年度建设用地计划
   C. 城市规划　　　　　　　　　　　　　D. 房地产开发年度用地计划
   E. 国土规划

4. 随着我国城市规划走上了法制轨道,城市规划综合调控作用得到充分发挥,城市规划监管体制和机制不断创新,并逐步建立了(　　)管理制度。
   A. 绿线 B. 紫线
   C. 蓝线 D. 黄线
   E. 红线

5. 下列选项属城市总体规划、镇总体规划的强制性内容的有(　　)。
   A. 规划区范围、规划区内建设用地规模
   B. 基础设施和公共服务设施用地、水源地和水系
   C. 基本农田和绿化用地、环境保护
   D. 建筑密度、容积率、建筑色彩和风格
   E. 自然与历史文化遗产保护、防灾减灾

6. 城市规划的报建审批管理主要包括(　　)。
   A. 对建设项目选址审批核发项目选址意见书
   B. 按照规划实施监察
   C. 对城市用地审批核发建设用地规划许可证
   D. 对违法占地和违法建设的查处
   E. 对建设工程审批核发建设工程规划许可证

7. 未按建设工程规划许可证的规定进行建设的,可能受到的处罚有(　　)。
   A. 警告 B. 罚款
   C. 限期改正 D. 限期拆除
   E. 没收实物

8. 属于建设工程规划审批程序的有(　　)。
   A. 建设申请 B. 建设申请的审查
   C. 竣工资料的报送 D. 建设工程的竣工验收
   E. 提出规划设计要点

9. 下列关于工程勘察和工程设计单位资质管理描述错误的有(　　)。
   A. 取得工程勘察综合资质的企业可以承接各项专业、各等级工程勘察业务
   B. 工程勘察、设计单位应在其资质等级许可的范围内承接勘察、设计业务
   C. 建设工程勘察、设计注册职业人员和其他专业技术人员可以受聘于多个建设工程、设计单位
   D. 勘察、设计单位可以转包承接的工程勘察、设计业务
   E. 取得工程设计综合资质的企业,可以承接各行业、各等级的建设工程设计业务

10. 从招标方式看,房地产开发项目招标一般分为(　　)。
    A. 公开招标 B. 招标代理
    C. 邀请招标 D. 议标
    E. 以上选项均正确

11. 招标文件通常包括(　　)等基本内容。
    A. 投标须知 B. 工程量清单
    C. 各投标单位基本情况 D. 合同的主要条款
    E. 工程的技术要求和设计文件

12. 房地产开发项目竣工验收应满足的条件包括（　　）。
    A. 工程相关的实验报告　　　　　　B. 施工单位的详细信息
    C. 工程相关的质量合格文件　　　　D. 完整的技术档案和施工管理资料
    E. 项目全部设计和合同约定内容

13. 在正常使用情况下，房地产开发商对销售的商品住宅的保修项目保修期限为 1 年的有（　　）等。
    A. 屋面防水　　　　　　　　　　B. 管道渗漏
    C. 顶棚抹灰层脱落　　　　　　　D. 管道堵塞
    E. 卫生洁具

14. 下面关于商品住宅最低保修项目和保修期限，表述正确的是（　　）。
    A. 屋面防水 1 年
    B. 管道堵塞 2 年
    C. 灯具、电器开关 3 个月
    D. 墙面、厨房和卫生间地面、地下室、管道渗漏 1 年
    E. 地基基础和主体结构在合理使用寿命年限内承担保修

15. 购房人发现商品房质量有问题，不能选择退房的情形有（　　）。
    A. 使用一年后发现屋面漏水
    B. 办理房屋所有权证后，确认房屋主体结构有质量问题
    C. 办理房屋所有权证前，确认房屋主体结构有质量问题
    D. 尚未使用即发现下水管道堵塞
    E. 下雨时发现外墙渗水

四、思考题

1. 简述房地产开发的概念与特点。
2. 房地产开发的基本原则有哪些？
3. 房地产开发公司按经营范围不同可以分成哪些类型？
4. 房地产开发企业资质等级管理办法是什么？
5. 设立房地产开发企业应具备哪些条件？
6. 房地产开发项目的规划管理都体现在哪些方面？
7. 《建设工程规划许可证》控制建设工程项目的哪些具体内容？
8. 工程设计的依据和设计内容是什么？
9. 房地产开发建设项目招标程序中的主要步骤是什么？
10. 房地产开发项目招标的方式有哪几种？
11. 申请领取施工许可证应当具备哪些条件？
12. 竣工验收应具备的法定条件有哪些？
13. 在房屋交付时，开发商应提交哪些文件？

五、案例分析题

1. 案例：张晓天家住梅州市中山区新安中里 7 号楼 308 号。未经城市规划部门的批准，擅自在新建楼 12 号楼东北侧便道上搭建了一间简易房屋用于经营。该区城市管理监察大队检查发现后，认为张晓天违反了《梅州市城市规划条例》中的有关规定，依法通知

其限期改正,自行拆除。在规定期限内,张晓天未予改正。2012年12月9日,区城管大队又依据《违反(梅州市城市规划条例)行政处罚办法》第3条的规定,做出了责令限期拆除的决定,并于次日向张晓天送达了决定书,责令其于2012年12月14日前自行拆除违法建设。张晓天不服,向中山区人民法院提起行政诉讼。认为其所搭建的简易房屋虽系违法建设,但其周围还有其他的违法建设,被告不应仅对其违法建设进行查处,故诉请法院撤销被告所做决定。

问题:就该事件,法院应做出如何判决?

2. 案例:中梁置业房地产公司计划在杭州开发一住宅项目,采用公开招标的形式,有A、B、C、D、E、F六家施工单位领取了招标文件。本工程招标文件规定:2012年10月20日下午17:30为投标文件接受截止时间。在提交投标文件的同时,需投标单位提供投标保证金20万元。

在10月20日,A、B、C、D、E五家投标单位在下午17:30前将投标文件送达,F单位于10月20日下午18时送达,所有投标单位按规定提供投标保证金。在10月20日上午10:25,B单位向招标人递交了一份投标价格下降5%的书面说明。

开标时,由招标人检查投标文件密封情况,确认无误后,由工作人员当众拆封,并宣读了A、B、C、D、E五家投标单位的名称、投标价格、工期和其他重要内容。在开标过程中,招标人发现C单位的投标函盖有企业及企业法定代表人的印章,但没有加盖项目负责人的印章。标袋密封处仅有投标单位公章,没有法定代表人印章或签字。

评标委员会由招标人直接确定,共4人组成,其中招标人代表2人,经济专家1人,技术专家1人。

问题:(1)在本项目招投标过程中有何不妥之处?说明理由。

(2)B单位向招标人递交的书面说明是否有效?说明理由。

(3)招标人对F单位的投标文件作废标处理是否正确,理由是什么?

第 6 章 房地产交易法律制度

> **教学目标**

买房是人生中的幸福事,而在买卖房屋中难免会发生各种各样的买卖纠纷。由于房地产和二手房中介消费涉及的法律知识较多较专业,而多数消费者缺乏这方面的法律知识,在实际交易的操作过程中签订下对自己不利的合同,造成损害难以追讨,有时甚至弄得自己成为事实违约一方要承担违约责任。房地产方面的主要问题有虚假广告、暗箱操作、乱收费、订立权利义务不对等的格式合同,做出不合理、不公正的规定,规避法规,加重消费者的责任等。如果真的不幸中弹了,又该怎么解决呢?如何拿起法律的武器来保护自己呢?通过本章的学习,应达到以下目标。

(1) 了解房地产交易的管理机构及职能。
(2) 掌握房地产交易的基本制度,房地产转让的分类及政策规定,房地产抵押的政策规定及实施要点,房地产租赁的政策规定。
(3) 熟悉房地产交易及转让、抵押、租赁的概念,房地产租赁的分类。

> **教学要求**

知识要点	能力要求	相关知识
房地产交易概述	(1) 了解房地产交易的管理机构及职能 (2) 掌握房地产交易的概念和特征 (3) 熟悉房地产交易中的基本制度	(1) 房地产交易的概念 (2) 房地产价格申报制度、价格评估制度、价格评估人员资格认证制度 (3) 房地产交易的管理机构
房地产转让管理	(1) 了解房地产转让的概念、特征和形式;了解房地产开发项目转让与合作开发 (2) 掌握房地产转让的条件、转让程序 (3) 熟悉房地产转让中出租房、抵押房买卖、优先购买权等特殊问题的处理	(1) 房地产转让的概念 (2) 房地产赠与 (3) 房地产转让禁止条件、符合条件 (4) 房地产开发项目转让 (5) 优先购买权
商品房销售	(1) 了解房屋买卖的概念与特征、条件 (2) 掌握商品房预售的条件,商品房预售合同登记备案要求;掌握商品房交付使用的相关规则 (3) 熟悉商品房预售的概念,商品房现售的条件,商品房销售代理的要求,商品房销售中禁止的行为	(1) 房地产买卖 (2) 商品房现售 (3) 商品房预售 (4) 商品房交付 (5) 商品房销售代理 (6) 商品房预售合同登记备案
房屋租赁	(1) 了解房屋租金、房屋转租 (2) 掌握房屋租赁的概念及分类 (3) 熟悉房屋租赁的成立及双方权利义务	(1) 房屋租赁的概念 (2) 房屋租金 (3) 房屋转租
房地产抵押管理	(1) 了解抵押的一般知识 (2) 掌握房地产抵押的概念、明确其原则 (3) 熟悉房地产抵押权的设定、效力、内容及其实现	(1) 抵押权登记制度 (2) 抵押权的设定 (3) 抵押的效力 (4) 共同抵押和最高额抵押

 **基本概念**

　　房地产交易；房地产转让；房屋赠与；房地产抵押；房屋出租；转租；商品房预售；房地产按揭；现房按揭；个人住房按揭贷款。

引言

　　如果我们有机会到房地产市场走走，就经常可以发现这样一幕幕的场景。在房地产中介公司，购房者担心贷款批不下来，但经纪人却会拍着胸脯对你说："没有问题，我们可以帮你搞定！"有些房子的总价比较高高，意味着需交纳的税费大幅增加，但这时又会有些所谓的"内部人士"对你说，他可以帮你"减税"。近期如果你留意一下自己手机上的文字，往往可以发现一些远远低于市场价的房源信息，它们也不由得让你心动。然而，在这一系列诡异"动作"的背后，种种违规甚至是违法的手段却在暗流涌动。比如为了少交税，采用阴阳合同做低房价；为了获得贷款，采用套贷行为骗取房贷；贪图房价便宜，盲目购买限售房；一味想提高租金回报率，铤而走险采用群租；为了降低经营成本，租赁违章建筑等等。说来说去，这些偏门歪招与其说是"自救"，还不如说是火中取栗，看似通过种种狡诈的手段赚了不少便宜，却往往会产生大量的纠纷，最终导致作茧自缚的结果。因为大家要明白的是，无论你使用什么再聪明的手段，如果一旦惹上了官司，都会以法律为准绳来进行判决，到时候发现得不偿失也没有机会再进行补救了。安居才能乐业。房产交易中的陷阱应该及早清除。法律是无情和公正的，它不会因为市场的变化而有丝毫的倾斜，明白了这一点，在房产投资交易中我们就要尽力避免踏入种种"雷区"。

6.1　房地产交易概述

　　房地产交易的形式、种类很多，每一种交易都需要具备不同的条件，遵守不同的程序及办理相关手续，有些可以自由流转，有些限制流转，有些禁止流转。用法律形式规范主要的房地产交易方式，是抑制投机、维护市场秩序的有效措施。

6.1.1　房地产交易的概念和特征

　　房地产是一种特殊的商品，不可移动性是其与劳动力、资本以及其他类型商品的最大区别。虽然土地和地上建筑物不能移动，但它可以被某个人或机构拥有，并且给拥有者带来利益，因此就产生了房地产交易行为。

1. 房地产交易的概念

　　"交易"一词英语为"transaction"，其意思是指人与人之间交互的活动，主要是在经济领域中处理某项具体的事务，如现金交易、赊购交易等。在我国，交易自古以来是指物物交换。在《易·系辞下》中就有"日中为市，致天下之民，聚天下之货，交易而退，各得其所"的记载。交易一般是作为买卖的通称。在现代，"交易"的内涵已扩大了，但围绕某一商品而表现为平等主体的各种自愿交换关系的市场交易仍是其最主要的内容。

　　《城市房地产管理法》第2条将房地产交易的含义定义为："本法所称房地产交易，包括房地产转让、房地产抵押和房屋租赁。"对于此，学术界尚存在分歧。有人认为，房地产交易即房地产买卖，其形式仅指房地产转让。还有人认为，房地产交易是指以房地产为特殊商品而进行的各种经营活动的总称，其形式包括房地产转让、抵押、租赁、出典、交换等交易行为，甚至还包括与房地产交易行为有着密切关系的房地产价格及体系、房地产交易的中介服务。本文以《城市房地产管理法》的定义为准，在行文需要时略作延伸。

房地产交易依其标的性质可分为地产交易和房产交易两类。

（1）地产交易：限于城镇国有土地使用权的出让、转让、抵押等形式。国家通过土地有偿出让及行政划拨两种方式向房地产流通领域提供国有土地使用权。

（2）房产交易：形式主要有买卖、租赁、抵押、交换、典当、信托等方式。

根据《城市房地产管理法》第32条的规定，房地产转让、抵押时，房屋的所有权和该房屋占用范围内的土地使用权同时转让、抵押。

2．房地产交易的特征

作为一种商品交换形式，房地产交易具有一般商品交换的性质和法律特征。但由交易客体的特殊性，它与一般商品交易又有重要的区别。

（1）房地产交易对象的特殊性。房地产交易的对象是作为特殊商品的房地产，包括土地使用权、土地上的房屋以及其他建筑物的所有权。房地产中介服务是直接为房地产交易提供各种条件和方便的，它本身并不属于房地产交易的范畴。

（2）房地产交易形式的确定性。房地产交易的形式仅包括房地产转让、房地产抵押和房屋租赁，不包括房地产开发。尽管在房地产开发中发展商与建筑商也发生一些交易，但这些交易不是以房地产作为对象的，而是以建筑行为或劳务作为交易对象。

（3）房地产交易是数种典型合同的称谓。房地产交易不是单一的典型合同的称谓，而是数种典型合同的总称。它包括土地使用权转让、出税、抵押，地上建筑物、其他附着物的买卖、出租等。因此在法律适用上必须先确定房地产交易的具体类型，然后才能确定可适用的房地产交易规范。

（4）房地产交易属于要式法律行为。与动产交易不同，房地产交易的对象是一种特殊的商品——不动产。不动产交易的价值大，手续繁多，法律对其有更严格的规定，如房地产交易当事人必须签订书面合同，由此引发的房地产权属的变动必须办理登记手续，方能完成房地产权属的转移。

6.1.2 房地产交易中的基本制度

《城市房地产管理法》规定了3项房地产交易基本制度，即房地产价格申报制度、房地产价格评估制度、房地产价格评估人员资格认证制度。

1．房地产价格申报制度

《城市房地产管理法》规定："国家实行房地产成交价格申报制度。房地产权利人转让房地产，应当向县级以上地方人民政府规定的部门如实申报成交价，不得瞒报或者作不实的申报。"《城市房地产转让管理规定》中也规定："房地产转让当事人在房地产转让合同签订后90日内持房地产权属证书、当事人的合法证明、转让合同等有关文件向房地产所在地的房地产管理部门提出申请，并申报成交价格"；"房地产转让应当以申报的成交价格作为缴纳税费的依据。成交价格明显低于正常市场价格的，以评估价格作为缴纳税费的依据"。

只要交易双方按照不低于正常市场价格交纳了税费，无论其合同价格为多少，都不影响办理房地产交易和权属登记的有关手续。房地产行政主管部门发现交易双方的成交价格明显低于市场正常价格时，并不是要求交易双方当事人更改成交价格，只是通知交易双方应当按市场评估价格交纳有关税费。

2. 房地产价格评估制度

《城市房地产管理法》规定："国家实行房地产价格评估制度。房地产价格评估应当遵循公正、公平、公开的原则，按照国家规定的技术标准和评估程序，以基准地价、标定地价和各类房屋的重置价格为基础，参照当地的市场价格进行评估"；"基准地价、标定地价和各类房屋的重置价格应当定期确定并公布。具体办法由国务院规定"。

3. 房地产价格评估人员资格认证制度

《城市房地产管理法》规定："国家实行房地产价格评估人员资格认证制度。"《城市房地产中介服务管理规定》进一步明确："国家实行房地产价格评估人员资格认证制度。房地产价格评估人员分为房地产估价师和房地产估价员。"房地产估价师必须是经国家统一考试、执业资格认证，取得《房地产估价师执业资格证书》，并经注册登记取得《房地产估价师注册证》的人员。未取得《房地产估价师注册证》的人员，不得以房地产估价师的名义从事房地产估价业务。

6.1.3　房地产交易的管理机构及其职责

房地产交易的管理机构主要是指由国家设立的从事房地产交易管理的职能部门及其授权的机构，包括国务院建设行政主管部门即住房和城乡建设部，省级建设行政主管部门即各省、自治区住房和城乡建设厅和直辖市的房地产管理局，各市、县房地产管理部门以及房地产管理部门授权的房地产交易管理所（房地产市场管理处、房地产交易中心等）。

房地产交易管理机构的职责是：①对房地产交易、经营等活动进行指导和监督，查处违法行为，维护当事人的合法权益；②办理房地产交易登记、鉴证等手续；③协助财政、税务部门征收与房地产交易有关的税费；④为房地产交易提供洽谈协议、交流信息、展示行情等各种服务；⑤为房地产市场建立预警预报体系，为政府或其授权的部门公布各类房屋的房地产市场价格，为政府宏观决策和正确引导市场发展服务。

6.2　房地产转让管理

买房子、卖房子，最担心的是什么？老百姓可以扳着手指头，数出一大堆"怕"——怕卖家毁约，临时加价；怕房产过户，却收不到房款；怕付了钱，却拿不到房子；怕辛苦半天，买到一套"伪造房"，房产证等是假的……这些都是房地产转让中常见的问题。

6.2.1 房地产转让概述

1. 房地产转让的概念

《城市房地产管理法》规定:"房地产转让,是指房地产权利人通过买卖、赠与或者其他合法方式将其房地产转移给他人的行为。"显而易见,房地产转让的实质是房地产权属发生转移,张三的房屋转为李四所有,就是房地产转让。该法还规定:"房地产转让、抵押时,房屋的所有权和该房屋占用范围内的土地使用权同时转让、抵押。"这项规定是要求房产所有权与土地使用权的权利主体应当保持一致,避免出现房屋为张三所有,房基地使用权为李四所有的情况。

2. 房地产转让的法律特征

房地产转让是平等主体之间的民事法律行为,是一种民事法律关系。房地产转让法律关系的当事人应当遵循"自愿、公平、等价有偿、诚实信用"的原则。其法律特征如下。

(1) 房地产转让人必须是房地产权利人。在房地产转让行为中,转让的主体是依法享有权利和承担义务的当事人,主要是转让人和受让人。房地产转让的当事人应符合法律规定的条件。房地产转让人必须是房地产权利人,而且该权利人对房地产必须拥有处分权,如所有权人、抵押权人等。所谓房地产权利人就是指拥有合法处分房地产权利的人,国有土地的所有者是国家,只有国家才有处分国有土地所有权的权利。但是,依法取得国有土地使用权的使用者对国有土地使用权也享有处分权,即在符合法律规定条件的情况下,有权转让国有土地的使用权,房屋所有权人有权转让其所有的房屋所有权及该房屋占用范围内的国有土地使用权。如果转让人因主体不合法,那么其转让行为视为无效。

(2) 房地产转让的客体是特定的房屋所有权和土地使用权。我国法律禁止土地的买卖,因此,土地的转让只是指土地使用权的转让。转让的对象是特定的房地产权利,包括国有土地使用权和建在国有土地上的房屋的所有权。转让时,房屋的所有权必须与土地使用权一起转让。即地产转让时,该土地上的房屋必须同时转让;房产转让时,房屋的所有权及其土地使用权一并转让。转让的客体既不能是单纯的国有土地使用权,也不能是单纯的房屋所有权。而且土地使用权的转让并不同时包括地下资源、埋藏物和市政公用设施的转让。

(3) 房地产转让的内容是当事人之间就房地产权利转移而产生的权利义务关系。房地产转让当事人之间的法律关系体现了相互之间的权利和义务的对立统一,即转让人和受让人既享有一定的权利,同时也承担相应的义务。房地产转让必然发生房屋所有权和土地使用权转移的行为,这是房地产转让区别于房地产租赁、抵押等交易行为的主要标志之一。而这种权利的转移或让与必须通过签订书面合同的形式,并经过合法产权变更登记,才能最终生效。

3. 房地产转让的形式

房地产转让的形式是指房地产转让的具体形态和方法。目前,法律明确规定的城市房地产转让形式主要有3种,即房地产买卖、赠与和其他合法方式。

(1) 房地产买卖:这是指转让人将房地产转移给受让人所有,受让人取得房地产产权并支付相应价款的民事法律行为。但是,房地产转让中的土地使用权转移与民法上的一般买卖行为又有所不同。一般买卖行为是将财产所有权由出卖人转移给买受人，而土地使用权的买卖只转移使用权，所有权仍属国家。

(2) 房地产赠与：这是指转让人将其房地产无偿地转移给受赠人一方的民事法律行为。房地产赠与也涉及房地产权属的转移，在这个意义上赠与也是一种转让行为。

(3) 房地产转让的其他合法方式。《城市房地产转让管理规定》中列举的转让方式有：将房地产作价入股、与他人成立企业法人，而使房地产权属发生变更的；一方提供土地使用权，另一方或者多方提供资金，合资、合作开发经营房地产，而使房地产权属发生变更的；因企业被收购、兼并或合并，房地产权属随之转移的；以房地产抵债的；法律、法规规定的其他情形。

6.2.2 房地产转让的条件

房地产是一种特殊的商品，哪些房地产商品可以进入市场流通，哪些房地产商品不可以进入市场流通应当予以明确。这是民法关于财产流转关系原理在房地产转让中的具体体现，也是维护房地产市场秩序、保障当事人合法权益、避免国家收益流失、减少交易纠纷、保障房地产业健康发展的客观要求。

1. 主体资格合法

(1) 自然人主体：自然人必须具有民事权利能力(公民)及完全民事行为能力(满18周岁)；无民事行为能力者或限制民事行为能力者不得自行从事房地产转让行为，而应由其法定代理人代为行使。

(2) 法人主体：企事业单位、机关团体作为权利主体从事房地产买卖的，必须具备法人资格。

其中作为转让人，无论自然人还是法人，都必须是所转让房地产的权利人。

2. 房地产交易的标的必须符合法律规定的流通要求

《城市房地产管理法》和《城市房地产转让管理规定》等法律法规和规章对房地产转让的客体条件做了立法上的界定，房地产交易的标的作为一种特殊的商品，其进入市场流通，必须具备一定的法律要求，一般从以下几个方面进行考察。

1) 房地产转让中土地使用权转让必须达到的条件

土地使用权转让在房地产交易中占据特殊地位。所谓土地使用权转让是指土地使用者将有偿取得的土地使用权单独或随同地上建筑物、其他附着物转移给他人的行为，具体而言，是土地使用权出让后受让方按照土地使用权出让合同规定的期限和条件，对土地投入一定资金进行开发后，通过有偿的出售、交换和无偿赠与等方式，把土地使用权单独或随地上建筑物、其他附着物的所有权一起转让给受让人，受让人也可再转让，土地使用权出让合同和登记文件所载明的权利和义务随之转移。

(1) 以出让方式取得土地使用权的房地产转让。

(2) 以划拨方式取得土地使用权的房地产转让。应当按照国务院规定，报有批准权的人民政府审批。准予转让的，一种情况是应由转让方补办土地使用权出让手续，并依照国家有关规定缴纳土地使用权出让金；另一种情况是可以不办理土地使用权出让手续，但转让方应按照国务院规定将转让房地产所获收益中的土地收益上缴国家或者作其他处理。

转让房地产时房屋已经建成的,还应当持有房屋所有权证书。

2) 房地产转让的禁止性规定

房地产转让的主体和客体的合法性,是确认房地产转让行为合法与否的必备条件和前提,也是有效的民事法律行为在房地产转让行为方面的具体体现。除了民法中的一般规定以外,不允许房地产转让的禁止性条件有以下几种。

(1) 以出让方式取得土地使用权,尚不符合转让房地产法定条件的;以出让方式取得土地使用权用于投资开发的,按照土地使用权出让合同约定进行投资开发,属于房屋建设工程的,应完成开发投资总额的25%以上;属于成片开发的,形成工业用地或者其他建设用地条件。同时规定应按照出让合同约定已经支付全部土地使用权出让金,并取得土地使用权证书。做出此项规定的目的,就是严格限制炒卖地皮牟取暴利,并切实保障建设项目的实施。

(2) 司法机关和行政机关依法裁定、决定查封或者以其他形式限制房地产权利的。如人民法院对不动产进行财产保全,扣押、查封等,或通知有关产权登记部门不予办理该项财产的转移手续;国家行政机关对城市改造规划实施范围内的房地产予以限制转让等。

(3) 依法收回土地使用权的。根据国家利益或社会公共利益的需要,国家有权决定收回出让或划拨给他人使用的土地,任何单位和个人应当服从国家的决定,在国家依法做出收回土地使用权决定之后,原土地使用权人不得再行转让土地使用权。

(4) 共有房地产,未经其他共有人书面同意的。共有房地产是指房屋的所有权、国有土地使用权为两个或两个以上权利人所共同拥有。共有房地产分为按份共有和共同共有两种形式。共有房地产权利的行使需经全体共有人同意,不能因部分权利人的请求而转让。这就要求,在按份共有或者共同共有房地产的情况下,如部分共有人要转让房地产,必须征得其他共有人的书面同意。这样规定,一是保护其他按份共有人的优先购买权,二是保护其他共同共有人对共有房地产的共同权利。

(5) 权属有争议的房地产。权属有争议的房地产是指有关当事人对房屋所有权和土地使用权的归属发生争议,致使该项房地产权属难以确定。转让该类房地产可能影响交易的合法性,因此在权属争议解决之前,该项房地产不得转让。

(6) 未依法登记领取权属证书的房地产。产权登记是国家依法确认房地产权属的法定手续,未履行该项法律手续,房地产权利人的权利不具有法律效力,因此不得转让该项房地产。

(7) 法律、行政法规规定禁止转让的其他情形。例如,《城市房地产管理法》规定:"商品房预售的,商品房预购人将购买的未竣工的预售商品房先行转让的问题,由国务院规定。"为抑制投机性购房,2005年5月9日,国务院决定,禁止商品房预购人将购买的未竣工的预售商品房再行转让。

3. 意思表示真实

房地产转让必须体现"自愿、平等、等价有偿"的原则,双方当事人的意思表示必须真实,以使双方的利益得到切实保护。意思表示真实包括两个方面:①意思表示自愿,任何人不得强迫;②意思表示真实,即行为人的主观意愿和外在意思表示一致。根据我国民法的有关规定,欺诈、胁迫,乘人之危的行为属于意思表示不真实的行为,可以视情况撤消或宣告无效。

4. 房地产转让应符合法律规定的形式要件

房地产交易作为一项民事法律行为,必须依法具备一定的形式要求,这种形式要求具体体现在以下几方面。

(1) 房地产交易双方应当签订书面合同。

(2) 进行房地产交易需要有关部门审批的,应当报有批准权的部门审批。如以划拨方式取得土地使用权的,转让房地产时,应当按照国务院规定,报有批准权的人民政府审批。

(3) 进行房地产交易应当依法办理权属登记。

(4) 进行房地产交易需要备案的,应当向有关部门备案。

按照《中华人民共和国城市房地产管理法》的规定,房屋租赁双方当事人签订书面租赁合同,应向房产管理部门备案。

6.2.3 房地产转让的程序

目前,我国的房地产转让尚无统一规范的法定程序,一般由地方性法规和地方政府规章加以规定。按照房地产交易的一般原则,房地产转让应当经过签约、审核、交纳税费和产权变更登记等主要的程序。

1. 转让合同的订立

房地产转让时,转让当事人应当依法订立房地产转让合同,包括房地产买卖合同、交换合同、赠与合同、抵债合同等。

房地产转让合同的主要内容应包括:转让当事人的姓名或者名称、住所;房地产座落的地点、面积、"四至"范围;土地所有权性质和土地使用权获得方式、使用期限;房屋的平面布局、结构、建筑质量、附属和配套设施等状况;房地产转让的价格、支付方式和期限;房地产交付日期;违约责任等。

房地产转让合同自当事人协商一致正式签订之日起成立,对当事人双方具有法律约束力。但是,转让当事人约定合同生效条件的,转让合同自约定的条件成立之日起生效。

房地产转让合同的成立,并未实现房地产权利的转移。房地产权利的转移,应以房地产交易管理机构变更登记为准。但是,房地产的风险责任转移可以由转让当事人约定,如约定房地产转移占有之日起房地产风险责任由转让人转移给受让人。另外,房地产转让合同签订后,未依法解除合同关系的,房地产转让人不得就同一房地产与第三人签订转让合同。房地产转让人违反上述规定而造成他人损失的,应当承担相应的民事责任。

2. 申请登记

房地产转让当事人应在房地产转让合同签订后 90 日内持房地产权属证书、当事人的合法证明、转让合同等有关文件向房地产所在地的房地产管理部门提出申请,并申报成交价格。

3. 审查

房地产管理部门对提供的有关文件进行审查,并在 7 日内做出是否受理申请的书面答复,7 日内未做书面答复的,视为同意受理。

4. 核评

房地产管理部门核实成交价格,根据需要对转让的房地产进行现场查勘和评估。成交价明显低于正常市场价的,以评估价格作为缴纳税费依据。

5. 交纳税费

通过审核,转让行为符合法律、法规的规定,转让的有关当事人根据申报的成交价或评估价交纳契税、手续费等费用。转让当事人按照规定缴纳有关税费。其收费项目和标准,必须经有批准权的物价部门和建设行政部门批准。房地产交换的,按照申报的交换价格差额计算。转让当事人申报的转让价格明显低于正常市场价格的,应当按照房地产评估价格计算税费。

6. 产权变更登记

房地产管理部门为转让双方办理房地产权属过户手续,受让方领取房地产权属证书。

此外,凡房地产转让的,必须按照规定的程序先到房地产管理部门办理交易手续和申请转移登记,然后凭变更后的房屋所有权证书向同级人民政府土地管理部门申请土地使用权变更登记。

6.2.4　房地产开发项目转让与合作开发

1. 房地产开发项目转让

房地产开发项目转让是指房地产开发企业将其名下的房地产开发项目通过转让合同转让给另一房地产开发企业开发经营的行为。

房地产开发项目转让的条件和程序如下。

(1) 转让房地产开发项目,应当符合《城市房地产管理法》第 38 条、第 39 条规定的房地产转让的条件。

(2) 受让的房地产开发企业应当具备与受让的房地产开发项目相应的营业范围和资质等级。

(3) 项目转让人和受让人应当签订书面的《房地产开发项目转让合同》。

(4) 办理所转让房地产开发项目的土地使用权变更登记手续。

(5) 项目转让人和受让人应当自土地使用权变更登记手续办理完毕之日起 30 日内,持《房地产开发项目转让合同》到房地产开发主管部门备案。

(6) 房地产开发企业转让房地产开发项目时,尚未完成拆迁补偿安置的,原拆迁补偿安置合同中有关的权利义务随之转移给受让人。项目转让人应当书面通知被拆迁人。

2. 房地产合作开发

房地产合作开发主要是具有土地使用权、开发资质、建设资金的双方或多方当事人之间联合开发房地产的行为。按民法通则即为联营。联合开发,有设立法人企业如项目公司等形式进行房地产合作开发,亦有订立协议以合伙方式进行房地产开发。在这些合作开发方式中,如果引起房地产权属在各方之间转移的,则应属房地产转让,否则不能构成实质性的房地产转让。

1) 以协议方式合作开发房地产

不论是出让形式还是划拨形式获得土地(都应符合法定开发条件),拥有土地使用权一方以土地作为投入,与具有建设资金或开发资质另一方以协议方式进行房地产合作开发,是房地产开发领域中的一种主要模式。在这样的前提下,开发主体、立项名义、投资形式、证照列名方式及利益分配等权利义务,都可以由合作各方以协议方式约定,核心问题是合作开发的利益分配。

(1) 合作开发出来的房地产归属,如果约定在一方名下的,则不属房地产转让。土地使用权仍由土地投资方为权利人,与出资方的法律关系应属债权法律关系。出地方获得开发的房地产物权,出资方只能获得房地产销售后的利润分成。

(2) 如果双方约定合作开发的房地产产权应当归属为双方享有,则首先应当将土地使用权变更登记为共有名下,当事人之间形成房地产转让。各方法律关系则为物权法律关系。然后开发出来的房地产按约定比例进行房屋分成,这对各方利益保护都较为有利。

2) 以成立项目公司方式进行房地产合作开发

以土地使用权投资的出地方与出资方组建具有法人资格的项目公司进行房地产合作开发,在双方投资设立过程中,土地使用权应做变更登记,归属项目公司法人名下。毫无疑问,在双方当事人之间已经发生房地产权属的转让。

项目公司的合作开发与协议方式合作开发区别有:①在项目公司名义下的合作人已成为项目公司的股东,其权利义务由公司章程明确,而不需由合作协议方式来规范;②项目公司股东仅以注册资本中的出资为限对房地产合作开发承担有限责任,不再以合伙中的连带责任承担民事责任。

6.2.5 房地产转让中的特殊问题

1. 出租房买卖问题

出租房屋是可以买卖的,但须注意以下3点。

(1) 买卖不破租赁,即在租赁关系存续期间,即使出租人将租赁物让与他人,对租赁关系也不产生任何影响,买受人不能以其已成为租赁物的所有人为由否认原租赁关系的存在并要求承租人返还租赁物。

(2) 出租人出卖出租房屋,应当在出卖之前的合理期限内通知承租人。提前通知承租人,是让承租人有考虑是否购买承租房屋的时间。出租人将出卖条件通知承租人后,承租人应在合理期限(3个月)内答复是否购房。

(3) 承租人享有以同等条件优先购买的权利。这主要是为了保护承租人的居住利益。但是按照《最高人民法院关于审理城镇房屋租赁合同纠纷案件具体应用法律若干问题的解释》的规定,具有下列情形之一,承租人主张优先购买房屋的,人民法院不予支持。

① 房屋共有人行使优先购买权的。

② 出租人将房屋出卖给近亲属,包括配偶、父母、子女、兄弟姐妹、祖父母、外祖父母、孙子女、外孙子女的。

③ 出租人履行通知义务后,承租人在15日内未明确表示购买的。

④ 第三人善意购买租赁房屋并已经办理登记手续的。

出租人出卖租赁房屋未在合理期限内通知承租人或者存在其他侵害承租人优先购买权情形,承租人请求出租人承担赔偿责任的,人民法院应予支持。但请求确认出租人与第三人签订的房屋买卖合同无效的,人民法院不予支持。

2. 抵押房地产买卖问题

根据《担保法》的有关规定,抵押期间,抵押人转让已办理登记的抵押房地产的,应当通知抵押权人并告知受让人转让物已经抵押的情况;抵押人未通知抵押权人或者未告知受让人的,转让行为无效。

《物权法》第 191 条规定:抵押期间,抵押人经抵押权人同意转让抵押财产的,应当将转让所得的价款向抵押权人提前清偿债务或者提存。转让的价款超过债权数额的部分归抵押人所有,不足部分由债务人清偿。抵押期间,抵押人未经抵押权人同意,不得转让抵押财产,但受让人代为清偿债务消灭抵押权的除外。

最高人民法院《关于贯彻执行〈中华人民共和国民法通则〉若干问题的意见》(试行)第 115 条第 1 款规定:"抵押物如由抵押人自己占有并负责保管,在抵押期间,非经债权人同意,抵押人将同一抵押物转让他人,或者抵押物价值已设置抵押部分再作抵押的,其行为无效。"据此规定,抵押人在出卖抵押房屋时须经债权人同意,且不得就抵押房屋价值中已设置抵押部分再作抵押。还有一点需要说明,买受已经设定抵押权的房屋,对买受人而言,就有相当不利的影响。因为债权人的债权到期而未获得清偿时,抵押权人即可申请拍卖该房屋,买受人可能丧失房屋所有权。

3. 优先购买权问题

优先购买权又称先买权,是指特定人依照法律规定或合同约定,在出卖人出卖标的物于第三人时,享有的在同等条件下优先于第三人购买的权利。从有关法律、法规、规章的规定看,对房地产的优先购买权存在以下 4 种情形。

(1)按份共有人的优先购买权。《民法通则》第 78 条第 3 款规定:"按份共有财产的每个共有人有权将自己的份额分出或转让,但在出售时,其他共有人在同等条件下有优先购买的权利。"《民法通则若干问题意见(试行)》第 92 条规定,共同共有财产分割后,一个或数个原共有人出卖自己分得的财产时,如果出卖的财产与其他原共有人分得的财产属于一个整体或配套使用,其他原共有人主张优先购买权的,应当予以支持。《物权法》第 101 条规定:"按份共有人可以转让其享有的共有的不动产或者动产份额。其他共有人在同等条件下享有优先购买的权利。"《民法通则》与《物权法》关于共有中的优先购买权的规定内容具有一致性。立法目的主要是为了保护已经存在的共有关系,维护共有关系的稳定和所有共有人的利益;同时,避免和减少共有人之间的纠纷的发生。

(2)承租人的优先购买权。承租人优先购买权是当今世界各国普遍确立的一项民事法律制度。中国也于 1999 年正式确立了这项法律制度。《合同法》第 230 条规定:"出租人出卖租赁房屋时,应当在出卖之前的合理期限内通知承租人,承租人享有以同等条件优先购买的权利。"据此规定,承租人优先购买权是指承租人基于租赁合同,在出租人出卖租赁物时,在同等条件下可优于其他人购买的权利。

(3)住户对公有旧住房的优先购买权。国务院住房制度改革领导小组《关于鼓励职工购买公有旧住房的意见》(1988 年 2 月 15 日)规定:"出售旧房时,原住户有优先购买权。"

(4) 原公房出售单位的优先购买权。国务院发布的《关于深化城镇住房制度改革的决定》(1994年7月18日)规定：职工以标准价购买的住房，一般住用5年后方可依法进入市场，在同等条件下，原售房单位有优先购买、租用权，原售房单位已撤销的，当地人民政府房产管理部门有优先购买、租用权。

4. 以房地产赠与形式规避法律问题

以房地产赠与形式规避法律，主要存在于以下两种情形。
(1) 以房地产赠与形式掩盖房地产买卖事实。
(2) 以房地产赠与形式逃避其应履行的义务(如债务、抚养、扶养、赡养义务等)。

以合法形式掩盖非法目的的民事行为是无效的。赠与人为了逃避应履行的法定义务，将自己的财产赠与他人，如果利害关系人主张权利的，应当认定赠与无效。

最高人民法院《关于贯彻执行〈中华人民共和国民法通则〉若干问题的意见》(试行)第128条对规范房地产赠与行为做出了规定："公民之间赠与关系的成立，以赠与物的交付为准。赠与房屋，如根据书面赠与合同办理了过户手续的，应当认定赠与关系成立；未办理过户手续，但赠与人根据书面赠与合同已将产权证明书交与受赠人，受赠人根据赠与合同已占有、使用该房屋的，可以认定赠与有效，但应令其补办手续"。

5. 房地产互换纠纷问题

房地产互换也称房地产互易，有两种含义：一是房地产产权互换，即不同产权人交换房屋所有权和国有土地使用权；二是房地产使用权互换，即不同产权人交换一定时期内房屋使用权。房地产互换从其性质和属性来说，仍是不同程度的房地产交易行为，因为它涉及到所有权或者使用权的变更，而且必须交纳有关交易税费。

在实践中，常因双方当事人没有明确是互换产权还是互换使用权而发生纠纷。如果双方没有订立书面互换合同，又未办理房地产权属变更手续，一方提出是互换产权，主张产权转移的，人民法院在审理时只宜确定为互换房地产使用权，对另一方有正当理由要求换回房地产的，应依法予以支持。

6.3 商品房销售法律制度

在房地产转让中房地产买卖是主要的转让形式。在我国房地产市场中交易主体复杂，是多种所有制主体、多元消费者主体的交织体。除房地产开发企业建造的商品房外，还有政府组织建设的经济适用房、公房改制出售的房改房、单位集资房、个人所有的私有房等多种类型的房屋，经济适用房、房改房、集资房不能自由买卖，其交易主要受到国家政策的调整。房地产买卖与一般商品的买卖不同之处在于，不论是房地产一同买卖还是地产单独买卖，其转移的只是房屋所有权，地产只是转移使用权。

6.3.1 房屋买卖概述

1. 房屋买卖的概念与特征

房屋买卖是指双方当事人基于合意，由房屋所有人依法将房屋所有权有偿地转移给买受人,买受人向房屋所有人支付购房款的法律行为。

房屋买卖与一般财产(动产)买卖行为相比,既有共同特点,又有其独特特征。

(1) 房屋买卖的标的是属于不动产的房屋,是转移房屋所有权的法律行为。这一点使其区别于房屋典当行为、房屋租赁行为、房屋借用行为。

(2) 房屋买卖是有偿双务法律行为。买方与卖方的权利和义务是对应的:卖方享有获取价金的权利,同时负有交付房屋的义务;买方享有取得房屋的权利,同时负有交付价金的义务。此特征使得房屋买卖区别于房屋赠与。

(3) 房屋买卖是要式法律行为。买卖双方须签订书面合同(物权转移要件),并到房屋管理部门办理所有权登记手续(物权取得要件),此后买方才合法拥有该房屋。此特征使房屋买卖区别于一般的动产买卖。

2. 房屋买卖的条件

房屋买卖涉及当事人的重大利益,为了维护当事人的合法权益和房屋买卖市场的正常秩序,我国通过立法对房屋买卖的主体、客体和内容都做了严格的规定。

(1) 房屋买卖的主体须合格。不同种类的房屋(指公房、私房和商品房),法律对主体的限制性条件是不同的。房屋买卖的主体包括卖方和买方,所以房屋买卖主体的条件也包括买方条件和卖方条件两个方面。

自然人必须具有民事权利能力及完全民事行为能力;无民事行为能力者或限制民事行为能力者不得自行从事房地产转让行为,而应由其法定代理人代为行使,否则法律不予保护。企事业单位、机关团体作为权利主体从事房地产买卖的,必须具备法人资格。

(2) 房屋买卖当事人的意思表示必须真实、自愿。

(3) 房屋买卖的程序必须合法。依照我国现行法律法规及有关司法解释,房屋买卖必须遵守法定程序。

6.3.2 商品房销售概述

商品房的概念是在我国房地产进入市场后产生的特有的概念,它是指由房地产开发公司综合开发、建成后出售的住宅、商业用房以及其他建筑物。凡是自建或者委托建设或者参加统建,又是自己使用的住宅商业用房和其他建筑物,不属于商品房范围。

1. 商品房销售的概念

商品房销售,是指房地产开发企业将竣工验收合格的商品房出售给买受人,并由买受人支付房价款的行为。

商品房买卖主要适用的法律依据有:2001年建设部发布的《商品房销售管理办法》和2003年3月24日最高人民法院通过的《关于审理商品房买卖合同纠纷案件适用法律若干问题的解释》。

2. 商品房销售的分类

根据不同标准,商品房买卖可划分为以下几种类型。

(1) 按照房地产开发企业建造出售的商品房存在现房和期房两种状态,商品房销售又可分为商品房现售和商品房预售。

(2)按照是否由房地产开发企业销售自己建造的商品房的方式,商品房可以分为由房地产开发企业直接销售和由非开发企业间接销售两种方式。

(3)按照商品房的用途不同,商品房买卖又可分为住宅用商品房买卖和商业用商品房买卖品。

3. 商品房现售

所谓商品房现售,是指房地产开发企业将已经竣工验收合格的商品房出售给买受人,并由买受人支付房价款的行为。

《商品房销售管理办法》(原建设部令第88号)规定,商品房现售应当符合以下条件:①现售商品房的房地产开发企业应当具有企业法人营业执照和房地产开发企业资质证书;②取得土地使用权证书或使用土地的批准文件;③持有建设工程规划许可证和施工许可证;④已通过竣工验收;⑤拆迁安置已经落实;⑥供水、供电、供热、燃气、通讯等配套设施具备交付使用条件,其他配套设施和公共设备具备交付使用条件或已确定施工进度和交付日期;⑦物业管理方案已经落实。

房地产开发企业应当在商品房现售前将房地产开发项目手册及符合商品房现售条件的有关证明文件报送房地产开发主管部门备案。

4. 商品房销售代理

房地产销售代理是指房地产开发企业或其他房地产拥有者将物业销售业务委托给依法设立并取得工商营业执照的房地产中介服务机构代为销售的经营方式。

(1)实行销售代理必须签订委托合同。房地产权利人应当与受托房地产中介服务机构订立书面委托合同,委托合同应当载明委托期限、委托权限以及委托人和被委托人的权利、义务。中介机构销售商品房时,应当向商品房购买人出示商品房的有关证明文件和商品房销售委托书。

(2)房地产中介服务机构的收费。受托房地产中介服务机构在代理销售商品房时,不得收取佣金以外的其他费用。

(3)房地产销售人员的资格条件。房地产专业性强、涉及的法律多,因此对房地产销售人员的资格有一定的要求,必须经过专业培训取得相应的资格后,才能从事商品房销售业务。

5. 商品房销售中禁止的行为

根据《商品房销售管理办法》(原建设部令第88号)的规定,商品房销售中禁止下列行为。

(1)房地产开发企业不得在未解除商品房买卖合同前,将作为合同标的物的商品房再行销售给他人。

(2)房地产开发企业不得采取返本销售或变相返本销售的方式销售商品房。

(3)不符合商品房销售条件的,房地产开发企业不得销售商品房,不得向买受人收取任何预定款性质的费用。

(4)商品住宅不得分割拆零销售。

《商品房销售管理办法》第45条规定:本办法所称返本销售,是指房地产开发企业以定期向买受人返还购房款的方式销售商品房的行为;本办法所称售后包租,是指房地产开发企业以在一定期限内承租或者代为出租买受人所购该企业商品房的方式销售商品房的行为；本办法所称分割拆零销售，是指房地产开发企业以将成套的商品住宅分割为数部分分别出售给买受人的方式销售商品住宅的行为；本办法所称产权登记面积，是指房地产行政主管部门确认登记的房屋面积。

2005 年 5 月 9 日发布的《国务院办公厅转发建设部等部门关于做好稳定住房价格工作意见的通知》中增加了新的规定：国务院根据《城市房地产管理法》第 45 条的授权决定禁止商品房预购人将购买的未竣工的预售商品房再行转让。在预售商品房竣工交付、预购人取得房屋权属证书之前，房地产主管部门不得为其办理转让等手续；房屋所有权申请人与登记备案的预售合同载明的预购人不一致的，房屋权属登记机关不得为其办理房屋权属登记手续。实行实名制购房，推行商品房预售合同网上即时备案，可以防范私下交易的行为。

6.3.3　商品房预售

商品房预售指房地产开发经营单位将建设中的商品房预先出售给承购人，由承购人根据预售合同支付房款并在房屋竣工验收合格后取得房屋所有权的房屋买卖形式。商品房预售方式首创于香港，香港立信置业公司于 1954 年最先推出楼宇"分层售卖，分期付款"。由于房屋尚在施工中便被"拆零砸碎"，分期分批地预售给广大投资者，如落英片片坠落，故商品房预售又被称为"卖楼花"。世界上有许多国家和地区也都有类似制度。1994 年《城市房地产管理法》从国家法律上确立了商品房预售许可制度。《城市商品房预售管理办法》（原建设部令第 131 号）对商品房预售管理机构、预售许可制度的实施和监管做出了具体规定。

预售房与现售房最大的区别在于商品不确定性和预期性。如果管理不善，极易产生"炒楼花"等损害购房者合法权益的问题，扰乱正常的房地产交易管理秩序。因此，高度重视和正确解决商品房预售中的法律问题，对于保护购房人的购房热情、维护购房人的合法权益以及促使开发商规范开发、维护整个房地产业的长期利益，具有十分重要的现实意义。

1. 商品房预售的条件

《城市房地产管理法》第四十五条规定，商品房预售应当符合下列条件。
（1）已交付全部土地使用权出让金，取得土地使用权证书。
（2）持有建设工程规划许可证。
（3）按提供预售的商品房计算，投入开发建设的资金达到工程建设总投资的 25％以上，并已经确定施工进度和竣工交付日期。
（4）向县级以上人民政府房产管理部门办理预售登记，取得《商品房预售许可证》。

2. 商品房预售许可

《城市房地产管理法》规定商品房预售实行预售许可制度，房地产开发企业取得《商品房预售许可证》方能预售商品房。未取得《商品房预售许可证》的项目，房地产开发企业不得以认购、预订、排号、发放 VIP 卡等方式向买受人收取或变相收取定金、预订款等性质的费用，不得参加任何展销活动。

预售许可的最低规模不得小于栋,不得分层、分单元办理预售许可。

3. 商品房预售管理规定

(1) 商品房预售实行许可制度。房地产开发经营企业进行商品房预售应当向市、县房地产管理部门办理预售登记,取得《商品房预售许可证》,否则不能进行商品房预售。出卖人未取得商品房预售许可证明,与买受人订立的商品房预售合同,应当认定无效,但是在起诉前取得商品房预售许可证明的,可以认定有效。

(2) 商品房预售合同实行登记备案制度。房地产开发企业取得了《商品房预售许可证》后,就可以向社会预售其商品房,开发企业应当与承购人签订书面预售合同。商品房预售人应当在签约之日起 30 日内持商品房预售合同到县级以上人民政府房地产管理部门和土地管理部门办理登记备案手续。房地产管理部门应当积极应用网络信息技术,逐步推行商品房预售合同网上登记备案。商品房预售合同登记等手续可以委托代理人办理,委托代理人办理的,应当有书面委托书。

(3) 商品房预售所得款项的专款专用制度。商品房预售所得款项,必须用于有关的工程建设,不得挪用,以确保工程建设所需资金,保护商品房预购人的正当权益。

4. 商品房预售许可证

《商品房预售许可证》是市、县人民政府房地产行政管理部门允许房地产开发企业销售商品房的批准文件。

房地产开发企业申请办理《商品房预售许可证》应当向城市、县人民政府房地产管理部门提交下列证件及资料:①土地使用权证书;②建设工程规划许可证和施工许可证;③投入资金达到工程建设总投资 25% 以上的证明;④开发企业的《营业执照》和资质等级证书;⑤工程施工合同;⑥商品房预售方案。预售方案应当说明商品房的位置、装修标准、竣工交付日期、预售总面积、交付使用后的物业管理等内容,并应当附商品房预售总平面图、分层平面图;⑦其他有关资料。

6.3.4 商品房交付使用的法律问题

房屋买卖是大多数百姓一生中的大事,房屋交付是"大事"中的重要环节之一。不少楼盘项目在房屋交付过程中,房地产开发企业和购房人"因屋生恨",继而"反目成仇"。房屋交付纠纷除了因政府法规、政策不完善,部分开发商存在欺诈行为之外,大部分原因是由于房地产开发企业和购房人不能正确地交付和接收商品房。

1. 商品房交付使用的法律意义

所谓商品房的交付,即指房地产开发企业依据相应法律规定以及相关商品房买卖合同或商品房预售合同的约定,将符合交付使用条件的房屋按期向商品房买受人交付,商品房买受人检验商品房并接受房屋的行为。商品房交付的方式有以下几种。

(1) 房屋的实物交付。对房屋的转移占有,视为房屋的交付使用。这也就是人们常说的"交钥匙"。只要出卖人在合同约定的期限内将房屋转移给买受人占有,就视为出卖人履行了"房屋交付使用"的义务,但这并不表示房屋所有权转移义务的履行。

(2) 房屋的实物和权利的双重交付。根据法律规定,商品房买卖合同的当事人可以对

"房屋交付使用"的内容进行特别约定。如果当事人在合同中明确约定"房屋交付使用"不仅是转移占有房屋,而且同时要转移房屋所有权的,就应当按照约定确定当事人双方的权利义务内容。

(3) 不同交付的处理。在双重交付的约定下,出卖人不仅应当在合同约定的期限内向买受人"交钥匙",而且还应当将房屋所有权转移于买受人,否则将承担违约责任。如果当事人仅约定了"房屋交付使用"的时间,而未明确约定其中包括房屋所有权转移的,出卖人只要在约定的期限内将房屋转移给买受人占用,即"交钥匙",就应认定出卖人按期履行了"房屋交付使用"的义务。至于房屋所有权转移义务的履行期限,当事人既可以另行约定,也可以按照《城市房地产开发经营管理条例》的规定来确定。

2. 商品房交付的条件

房地产开发企业有义务向购房人交付符合交付使用条件的商品房,这里的交付使用条件应包括法定的交付使用条件和合同约定的交付使用条件。

1) 法定的交付使用条件

我国《城市房地产管理法》第26条规定:"房地产开发项目竣工,经验收合格后,方可交付使用。"《建筑法》第61条也规定:"建筑工程竣工经验收合格后,方可交付使用;未经验收或者验收不合格的,不得交付使用。"国务院《城市房地产开发经营管理条例》第36条、37条规定,不得将未经验收的房屋交付使用。《建设工程质量管理条例》第16条规定:"建设工程竣工验收应当具备下列条件:①完成建设工程设计和合同约定的各项内容;②有完整的技术档案和施工管理资料;③有工程使用的主要建筑材料、建筑构配件和设备的进场试验报告;④有勘察、设计、施工、工程监理等单位分别签署的质量合格文件;⑤有施工单位签署的工程保修书。建设工程经验收合格的,方可交付使用。"

根据上述规定,商品房交付必须是经验收合格的。法律法规如此规定的目的是,希望通过工程建设过程中竣工验收这最后一道环节,防止不合格工程流入社会,给用户和其他人的生命与财产造成损害。

2) 合同约定的交付使用条件

房地产开发企业应按照与购房人签订的《商品房买卖合同》及其附件、补充协议的约定标准向购房人交付商品房,合同约定的交付使用条件一般包括:①商品房的面积、户型、尺寸、朝向;②商品房的装饰、装修、设备标准;③上下水、电、燃气、暖气等;④小区道路、绿化、会所等配套设施。上述各项均应具备交付使用条件。

3. 商品房交付的程序

《商品房买卖合同》示范文本第11条规定:商品房达到交付使用条件后,出卖人应当书面通知买受人办理交付手续。双方进行验收交接时,出卖人应当出示本合同第8条规定的证明文件,并签署房屋交接单。所购商品房为住宅的,出卖人还需提供《住宅质量保证书》和《住宅使用说明书》。出卖人不出示证明文件或出示证明文件不齐全,买受人有权拒绝交接,由此产生的延期交房责任由出卖人承担。这一条对商品房交付的程序做了一些大概的规定,也明确了交付时必须书面通知买受人。根据实践中的一些操作,商品房交付大致按如下的程序进行。

(1) 房地产开发企业向买受人发出书面的入住通知,入住通知一般表现为《入住通知书》或《交房通知书》。

（2）买受人持入住通知要求的证件及其他相关资料，在入住通知要求的期限内到房地产开发企业指定的地点，查验房地产开发企业依法应当取得的书面文件。

（3）买受人在房地产开发企业相关工作人员的陪同下实地查验所购买商品房并填写验房单。如果商品房存在法定或约定的可以退房的质量问题或存在解除购房合同的其他情形，买受人应决定是否退房，并在约定的期限内书面通知房地产开发企业；如果若商品房存在未达退房条件的质量问题或未达到约定标准，买受人可将商品房存在的质量问题或未达到约定标准的内容书面递交开发商，由开发商在一定期限内逐项予以修复或赔偿。

（4）房地产开发企业对商品房存在的质量问题逐项予以修复或做出修复书面承诺并经买受人查验同意后，双方根据商品房面积实测技术报告结算房款。

（5）买受人向房地产开发企业交纳商品房买卖合同或商品房预售合同约定的其他费用。

（6）买受人从房地产开发企业或房地产开发企业指定的第三方处领取房屋钥匙。

（7）买受人向房地产开发企业依法选定的前期物业管理企业交纳物业管理费，并办理物业管理的相关手续。

4．商品房交付的风险承担

房屋损毁、灭失风险在交付使用前由出卖人承担，交付使用后由买受人承担；买受人接到出卖人的书面交房通知，无正当理由拒绝接受的，房屋损毁、灭失的风险自书面交房通知确定的交付使用之日起由买受人承担，但法律另有规定或者当事人另有约定的除外。

5．商品房交付中的质量问题

商品房交付使用时，房地产开发企业应当根据规定，向买受人提供《住宅质量保证书》、《住宅使用说明书》，并在合同中就保修范围、保修期限、保修责任等内容做出约定。保修期从交付之日起计算。

（1）房屋主体结构质量不合格的。因房屋主体结构质量不合格不能交付使用，或者房屋交付使用后，房屋主体结构质量经核验确属不合格，买受人请求解除合同和赔偿损失的，应予支持。

（2）房屋质量严重影响居住使用的。因房屋质量问题严重影响正常居住使用，买受人请求解除合同和赔偿损失的，应予支持。

（3）房屋质量的保修责任。交付使用的房屋存在质量问题，在保修期间内，出卖人应当承担修复责任；出卖人拒绝修复或者在合同期限内拖延修复的，买受人可以自行或者委托他人修复。修复费用及修复期间造成的其他损失由出卖人承担。

6．商品房交付中的面积问题

房地产开发企业应当在商品房交付使用前按项目委托具有房产测绘资格的单位实施测绘，测绘成果报房地产行政主管部门审核后用于房屋权属登记。

对于期房来说，《商品房买卖合同》约定的商品房面积是根据设计图纸测出来的，商品房建成后的测绘结果与合同中约定的面积数据如果有差异，有的是因为房屋建造过程中误操作造成的，有的是因为开发商为了多卖面积而有意造成的。如果出现误差，购房人该如何处理呢？商品房交付时，开发商与购房人应对面积差异根据合同载明的方式处理。合同没有约定或者约定不明确的，按照以下原则处理。

(1) 面积误差比绝对值在 3% 以内(含 3%)的,据实结算房价款。
(2) 面积误差比绝对值超出 3% 时,买受人有权退房。买受人退房的,房地产开发企业应当在买受人提出退房之日起 30 日内将买受人已付房价款退还给买受人,同时支付已付房价款利息。买受人不退房的,产权登记面积大于合同约定面积时,面积误差比在 3% 以内(含 3%)部分的房价款由买受人补足;超出 3% 部分的房价款由房地产开发企业承担,产权归买受人。产权登记面积小于合同约定面积时,面积误差比绝对值在 3% 以内(含 3%)部分的房价款由房地产开发企业返还买受人;绝对值超出 3% 部分的房价款由房地产开发企业双倍返还买受人。

面积误差比的基本公式:面积误差比=(产权登记面积-合同约定面积)/合同约定面积×100%;其中产权登记面积指的是最后房产证上经依法测绘核准的面积,也是最终的起法律效力的面积;合同约定面积是指商品房买卖合同上最初由开发商和购买人约定的面积。

此外,因为测量过程漫长、计算复杂,购房人参与测量的可能性不大。为增强透明性,开发商应有公摊部位的详细资料供购房人查阅。如果购房人确实有证据感觉户内面积小,可向房地产产权主管部门申请复查,要求原测量单位复测,还可向上级测绘主管部门申请复查。

7. 商品房延迟交付问题

房地产开发企业应按期交付符合交付使用条件的商品房。房地产开发企业应当按照合同约定,将符合交付使用条件的商品房按期交付给买受人。未能按期交付的,房地产开发企业应当承担违约责任。超过合同约定的期限,开发商仍不能交付商品房的,购房人还有权解除合同。因不可抗力或者当事人在合同中约定的其他原因,需延期交付的,房地产开发企业应当及时告知买受人。

房地产开发企业协助购买人办理土地使用权变更和房屋所有权登记手续。房地产开发企业应当在商品房交付使用之日起 60 日内,将需要由其提供的办理房屋权属登记的资料报送房屋所在地房地产行政主管部门。同时房地产开发企业还应当协助商品房买受人办理土地使用权变更和房屋所有权登记手续,并提供必要的证明文件。

6.3.5 商品房买卖中相关责任认定

《最高人民法院关于审理商品房买卖合同纠纷案件适用法律若干问题的解释》(本节以下简称为《解释》)对商品房买卖中常见的合同纠纷给出了基本处理意见。

1. 销售广告的性质认定

商品房的销售广告和宣传资料为要约邀请,但是出卖人就商品房开发规划范围内的房屋及相关设施所做的说明和允诺具体确定,并对商品房买卖合同的订立以及房屋价格的确定有重大影响的,应当视为要约。该说明和允诺即使未载入商品房买卖合同,亦应当视为合同内容,当事人违反的,应当承担违约责任。

延伸阅读:商品房虚假销售广告

发布房地产广告,应当遵守《中华人民共和国广告法》、《城市房地产管理法》、《土地管理法》及国家有关广告监督管理和房地产管理的规定。房地产广告必须真实、合法、科学、准确，符合社会主义精神文明建设要求，不得欺骗和误导公众。未取得商品房预售许可的房地产开发项目，不得以"内部认购"、"内部认定"、"内部登记"等名目发布房地产广告。房地产广告不得含有风水、占卜等封建迷信内容，对项目情况进行的说明、渲染不得有悖社会良好风尚。

《城市房地产开发经营管理条例》规定，房地产开发企业不得进行虚假广告宣传。虚假内容主要是指向购房者承诺与实际情况不符或根本无法兑现的各种价格优惠、服务标准、环境及配套设施、物业管理等。凡下列情况的房地产，不得发布广告：在未依法取得国有土地使用权的土地上开发建设的；在未经国家征用的集体所有的土地上建设的；司法机关和行政机关依法规定、决定查封或者以其他形式限制房地产权利的；预售房地产，但未取得该项目预售许可证的；权属有争议的；违反国家有关规定建设的；不符合工程质量标准，经验收不合格的；法律、行政法规规定禁止的其他情形。

具体到商品房虚假销售广告的认定时，主要应看开发商是否故意虚构事实或者隐瞒真相，是否有欺诈行为，是否故意误导购房者。开发商在广告中承诺的产品及服务的品质、功能、价格、证明等与事实不符，系故意虚构事实或者隐瞒真相，其目的是误导购房者购房，且开发商根本无意或者不能履行广告承诺，则构成虚假销售广告。例如，某开发商在报纸上发布的促销广告中称其销售的商品房可以观赏到海景，周杰见此广告，遂与开发商签订了购房合同。事后，周杰发现该楼的前面盖起了一栋楼房，挡住了观海景的全部视线，海景完全看不到了，便诉至法院，以虚假广告为由，要求开发商赔偿。那么，开发商发布的广告是否构成了虚假广告？如果开发商发布广告时并不知道楼宇前面将兴建楼房，而是之后因规划发生变化所致，也就是说开发商发布广告时，并未隐瞒事实，并无故意欺诈、误导购房者的企图，则开发商发布的广告不构成虚假销售广告。相反，开发商发布广告时，其楼宇前虽未兴建楼房，但开发商知道此地将要兴建楼房，明知广告中承诺的"观赏海景"无法兑现，为了促销，开发商隐瞒了真实情况，故意欺骗、误导购房者，显然这就构成了虚假销售广告。

2. 商品房预售合同的效力

《解释》第 4 条规定，当事人以商品房预售合同未按照法律、行政法规规定办理登记备案手续为由，请求确认合同无效的，不予支持。当事人约定以办理登记备案手续为商品房预售合同生效条件的，从其约定，但当事人一方已经履行主要义务，对方接受的除外。

注：该《解释》表明预售登记不是商品房买卖合同生效的前提条件。按法律法规的规定，买卖双方在签订商品房买卖预售合同后，应该到房地产行政主管部门履行备案登记手续，主管机关登记后，该套商品房就不能设定抵押，开发商也不能再次上市出售。基于此，有些买受人认为商品房买卖预售合同必须经过行政机关登记备案才生效，其实不然。

3. 被拆迁人的优先权

拆迁人与被拆迁人按照所有权调换形式设立拆迁补偿安置协议，明确约定拆迁人以位置、用途特定的房屋对被拆迁人予以补偿安置，如果拆迁人将该补偿安置房屋另行出卖给第三人，被拆迁人请求优先取得补偿安置房屋的，应予支持。

4. 商品房买卖合同的定金问题

目前开发商在与买受人签正式商品房买卖合同之前一般都通过认购、订购、预订等方式向买受人收受定金。销售中常有开发商故意设定苛刻条款,如果买受人不来与开发商签合同或双方对合同的条款达不成一致意见,大多数开发商定金是不退的。这种定金或订金的约定,对买受人极为不利,使买受人在签约时处于受制于人的境地,买受人往往在定金不退的压力下,违心地接受开发商的不平等条款,自己的真实意思也不能体现在合同中,有失合同公平、公正的原则。这引起众多已购房者的愤怒,也引发了准备购房者的担心与疑虑。

为此,《解释》第4条规定,出卖人通过认购、订购、预订等方式向买受人收受定金作为订立商品房买卖合同担保的,如果因当事人一方原因未能订立商品房买卖合同,应当按照法律关于定金的规定处理;因不可归责于当事人双方的事由,导致商品房买卖合同未能订立的,出卖人应将定金返还买受人。

5. 惩罚性赔偿金

惩罚性赔偿的目的是为了威慑恶意违约行为和违法行为的发生。《解释》中第8条,第9条规定了在下列情形下,由于出卖人的行为构成了欺诈,因此买受人可以在解除合同、返还已付购房款及利息、赔偿损失的前提下,还可以要求出卖人承担不超过已付房款1倍的惩罚性赔偿金:

(1) 商品房买卖合同订立后,出卖人未告知买受人又将该房屋抵押给第三人。
(2) 商品房买卖合同订立后,出卖人又将该房屋出卖给第三人。
(3) 故意隐瞒没有取得《商品房预售许可证明》的事实或者提供虚假《商品房预售许可证明》。
(4) 故意隐瞒所售房屋已经抵押的事实。
(5) 故意隐瞒所售房屋已经出卖给第三人或者为拆迁补偿安置房屋的事实。

此外,《解释》第10条规定:"买受人以出卖人与第三人恶意串通,另行订立商品房买卖合同并将房屋交付使用,导致其无法取得房屋为由,请求确认出卖人与第三人订立的商品房买卖合同无效的,应予支持。"这确定了买房人如果在发展商将他所购买的房子另外卖给了第三方时,法院将支持他"要房子"的请求,可以判令发展商与第三方签署的合同无效。

【例6-1】 商品房销售中的双倍赔偿——杨某诉某房地产开发公司商品房买卖案。

2002年初,某房地产开发公司通过印发宣传材料等方式销售其所兴建的紫金花园期房,该宣传材料称紫金花园24~26层房屋附空中花园及泳池,并印有三面临窗封闭式空中花园的图片。同年7月12日,杨某根据该宣传材料及某房地产开发公司工作人员介绍,与某房地产开发公司签订了购买紫金花园第2座25层B单元期房的订购书,并于当日及7月30日分两次付清购房款1746536元人民币。同年12月9日,杨某与某房地产开发公司订立了正式的房屋买卖合同,合同标明该房建筑面积189.89m²,另附设花园及泳池面积约91.65m²,合同书附有该房平面结构示意图,与宣传材料所载内容一致,但合同书中对空中花园立体结构没有具体说明。合同还规定了买方不如期交款、卖方不如期交房的违约责任。但未对房屋建筑结构问题规定违约责任。2004年6月28日,某房地产公司按约向杨某交付房屋,杨某经查验该房所附花园结构为四周仅有铁栏围护的全开式露台,与宣传材料图片中所显示的三面临窗全封闭式空中花园严重不符,且房屋质量存有严重问题。故杨某向法院起诉,要求:①解除双方房屋买卖合同;②责令房地产开发公司返还购房款人民币 1746536 元，并按购房款额的 1 倍赔偿损失。

【法院判决】 一审认为杨某是为生活消费购买该房，其行为应属消费行为，其权益应受《消费者权益保护法》保护。经勘验，某房地产公司印发的宣传材料与房屋实际情况严重不符，其行为应认定为欺诈行为，所以判决支持了杨某全部诉讼请求。

某房地产开发公司上诉，二审法院经调解双方自愿达成协议：①双方房屋买卖合同自行解除；②某房地开发公司退还杨某全部购房款，并支付房款的一半赔偿杨某损失。

【解析】 近年来，消费者因购买商品房与房地产开发公司发生的纠纷越来越多，房地产开发公司往往在宣传时夸大其辞，致使许多购房者买后大呼上当受骗，主张对房地产开发公司欺诈行为实施双倍赔偿的情况越来越多。对此类纠纷，法院在处理中也大不一致。根据 2003 年 6 月 1 日实施的《最高人民法院关于审理商品房买卖合同纠纷案件适用法律若干问题的解释》第 3 条规定，当商品房的销售广告和宣传材料视为要约时，该说明和允诺即使未载入商品房屋买卖合同，亦应视为合同内容，当事人违反的，应当承担违约责任。该案例的判决具有典型参考价值。

6. 商品房买卖中法定解除权

商品房买卖合同解除的立法目的在于，给予一方当事人根据合同履行中出现了的法定事由、避免因合同的履行而遭受重大损失提供的法律救济措施，以及违约方不应因合同的解除获得不当的利益。商品房买卖合同解除最重要的法律后果即"合同的权利义务终止"。

《解释》中涉及合同解除的条文多达 10 条（分别为第 8 条、9 条、12 条、13 条、14 条、15 条、19 条、23 条、24 条、25 条），商品房买卖合同的解除之事由概括起来主要有以下 4 种情形：协议解除、根本违约、迟延履行和法律规定的其他情形。《解释》对后 3 种事由明确列举规定。

（1）因根本违约而行使合同解除权的情形：①商品房买卖合同订立后，出卖人未告知买受人又将该房屋抵押给第三人；②商品房买卖合同订立后，出卖人又将该房屋出卖给第三人；③故意隐瞒没有取得《商品房预售许可证明》的事实或者提供虚假《商品房预售许可证明》；④故意隐瞒所售房屋已经抵押的事实；⑤故意隐瞒所售房屋已经出卖给第三人或者为拆迁补偿安置房屋的事实；⑥房屋主体结构质量不合格；⑦房屋质量问题严重影响正常居住使用的。

（2）因迟延履行而行使合同解除权的情形：①出卖人迟延交付房屋或者买受人迟延支付购房款，经催告后在 3 个月的合理期限内仍未履行的；②办理房屋所有权登记的期限届满后超过一年，由于出卖人的原因，导致买受人无法办理房屋所有权登记的。

（3）其他解除情形：面积误差比绝对值超出 3%；商品房买卖合同约定，买受人以担保贷款方式付款，因当事人一方原因未能订立商品房担保贷款合同并导致商品房买卖合同不能继续履行的。

7. 约定违约金的计算

《解释》第 16 条规定，当事人以约定的违约金过高为由请求减少的，应当以违约金超过造成的损失 30% 为标准适当减少；当事人以约定的违约金低于造成的损失为由请求增加的，应当以违约造成的损失确定违约金数额。

《解释》第 17 条规定，商品房买卖合同没有约定违约金数额或者损失赔偿额计算方法，违约金数额或者损失赔偿额可以参照以下标准确定。

（1）逾期付款的，按照未付购房款总额，参照中国人民银行规定的金融机构计收逾期贷款利息的标准计算。

注：逾期贷款利率是指银行放贷后借款人未按期还款而支付的额外利率，具有处罚性质，一般为日万分之二左右。通常商品房买卖合同采用同期中国人民银行固定资产贷款利率，显然逾期贷款利率远远高于中国人民银行固定资产贷款利率。

（2）逾期交付使用房屋的，按照逾期交付使用房屋期间有关主管部门公布或者有资格的房地产评估机构评定的同地段同类房屋租金标准确定。

8. 取得房屋权属证书的时间

房屋权属证书是权利人依法拥有房屋所有权并对房屋行使占有、使用、收益和处分权利的唯一合法凭证，延迟办理或无法办理房屋权属证书，无疑会严重影响商品房买受人的权利。《解释》第18和19条对此类做出了规定。

由于出卖人的原因，买受人在下列期限届满未能取得房屋权属证书的，除当事人有特殊约定外，出卖人应当承担违约责任。

（1）商品房买卖合同约定的办理房屋所有权登记的期限。

（2）商品房买卖合同的标的物为尚未建成房屋的，自房屋交付使用之日起90日。

（3）商品房买卖合同的标的物为已竣工房屋的，自合同订立之日起90日。

合同没有约定违约金或者损失数额难以确定的，可以按照已付购房款总额，参照中国人民银行规定的金融机构计收逾期贷款利息的标准计算。

商品房买卖合同约定或者《城市房地产开发经营管理条例》第33条规定的办理房屋所有权登记的期限届满后超过一年，由于出卖人的原因，导致买受人无法办理房屋所有权登记，买受人请求解除合同和赔偿损失的，应予支持。

9. 商品房包销问题

商品房包销是指商品房开发商以合同的形式约定，将商品房授权给包销人销售，从中赚取差价，包销人承担销售剩余商品房的购买义务的行为。

在包销期内，包销人根据包销合同对商品房享有销售权、卖价权和获取包销基价与实销价之间差价的权利。即在包销期限内，开发商将自己一定数量的商品房的预售权或出售权转让包销人专营，取得一定的包销价，把销售价与包销价的差价利益的风险同时转移给包销人。在包销期限届满时，包销人如未将包销的商品房全部售出，则按合同的约定付清全部包销款，剩余的商品房则由包销人承购。对于这部分剩余的包销商品房，包销人与开发商之间则由原来的包销关系转为买卖关系。

由于商品房包销立法滞后以及开发商与包销商权利义务约定的不明确，包销行为的不规范所造成的纠纷也随之出现。《解释》第20~22条对商品房包销问题做出了规定，初步统一了此类纠纷的处理原则。

出卖人与包销人订立商品房包销合同，约定出卖人将其开发建设的房屋交由包销人以出卖人的名义销售的，包销期满未销售的房屋，由包销人按照合同约定的包销价格购买，但当事人另有约定的除外。

出卖人自行销售已经约定由包销人包销的房屋，包销人请求出卖人赔偿损失的，应予支持，但当事人另有约定的除外。

对于买受人因商品房买卖合同与出卖人发生的纠纷，人民法院应当通知包销人参加诉讼；出卖人、包销人和买受人对各自的权利义务有明确约定的，按照约定的内容确定各方的诉讼地位。

10. 商品房买卖合同与贷款合同的效力关系

《解释》第 23～27 条就商品房买卖合同与贷款合同的效力关系做出了规定。

（1）商品房买卖合同约定，买受人以担保贷款方式付款、因当事人一方原因未能订立商品房担保贷款合同并导致商品房买卖合同不能继续履行的，对方当事人可以请求解除合同和赔偿损失。因不可归责于当事人双方的事由未能订立商品房担保贷款合同并导致商品房买卖合同不能继续履行的，当事人可以请求解除合同，出卖人应当将收受的购房款本金及其利息或者定金返还买受人。

（2）因商品房买卖合同被确认无效或者被撤销、解除，致使商品房担保贷款合同的目的无法实现，当事人请求解除商品房担保贷款合同的，应予支持。

（3）以担保贷款为付款方式的商品房买卖合同的当事人一方请求确认商品房买卖合同无效或者撤销、解除合同的，如果担保权人作为有独立请求权第三人提出诉讼请求，应当与商品房担保贷款合同纠纷合并审理；未提出诉讼请求的，仅处理商品房买卖合同纠纷。担保权人就商品房担保贷款合同纠纷另行起诉的，可以与商品房买卖合同纠纷合并审理。商品房买卖合同被确认无效或者被撤销、解除后，商品房担保贷款合同也被解除的，出卖人应当将收受的购房贷款和购房款的本金及利息分别返还担保权人和买受人。

（4）买受人未按照商品房担保贷款合同的约定偿还贷款，亦未与担保权人办理商品房抵押登记手续，担保权人起诉买受人，请求处分商品房买卖合同项下买受人合同权利的，应当通知出卖人参加诉讼；担保权人同时起诉出卖人时，如果出卖人为商品房担保贷款合同提供保证的，应当列为共同被告。

（5）买受人未按照商品房担保贷款合同的约定偿还贷款，但是已经取得房屋权属证书并与担保权人办理了商品房抵押登记手续，抵押权人请求买受人偿还贷款或者就抵押的房屋优先受偿的，不应当追加出卖人为当事人，但出卖人提供保证的除外。

【例 6-2】 解除商品房买卖合同后银行贷款如何处理？

张某向某房地产开发公司购买由该房地产开发公司开发的某小区商品房一套，为此，双方签订了一份《商品房买卖合同》，合同中约定：买方首付二成房款，其余的以银行按揭方式支付，卖方应于 2006 年 4 月 30 日前交楼，逾期 30 天交楼，买方有权解除合同，并有权按已付房款的 30% 收取违约金。双方还约定了其他条款。

签订了此《商品房买卖合同》后，张某即依照有关规定，向某银行申请个人住房按揭贷款，并与某银行签订了一份《个人住房借款合同》。不久后，银行将贷款根据张某的事前授权，直接划给了某房地产开发公司。此后，张某按时按期向银行还款。但到了 2006 年 4 月 30 日，某房地产开发公司未能按约定交楼，经张某催告后，逾期 30 天仍未能交楼。为此，张某要求解除《商品房买卖合同》，某房地产开发公司不同意解除合同，并就银行的按揭贷款问题，双方各执己见，无法达成一致意见，张某遂向人民法院提出诉讼。

【问题】 本案中，张某与某房地产开发公司签订的《商品房买卖合同》能否解除？商品房买卖合同解除后，银行的按揭贷款该怎样处理？

【解析】 本案的《商品房买卖合同》可以解除。

我国《合同法》第 93 条规定："当事人可以约定一方解除合同的条件，解除合同的条件成就时,解除权人可以解除合同。"本案中,张某与某房地产开发公司已在《商品房买卖合同》中约定了"逾期 30 天交楼,买方有权解除合同"的条款,现某房地产开发公司逾期了 30 天仍未能交楼,那么双方在合同约定解除合同的条件已成就,作为解除权人的张某提出解除双方签订的《商品房买卖合同》的,该合同就应当解除。

本案的《商品房买卖合同》属于以担保贷款为付款方式的商品房买卖合同,《个人住房借款合同》属于商品房担保贷款合同,商品房买卖合同的解除,必然会牵涉到张某与银行签订的《个人住房借款合同》,《商品房买卖合同》解除后,银行的按揭贷款该怎样处理?对此问题,可以通过下列途径处理。

第一条途径:银行作为有独立请求权的第三人提出诉讼请求或就商品房担保贷款合同纠纷另行起诉。最高人民法院《关于审理商品房买卖合同纠纷案件适用法律若干问题的解释》第 25 条规定:"以担保贷款为付款方式的商品房买卖合同的当事人一方请求确认商品房买卖合同无效或者撤销、解除合同的,如果担保人作为有独立请求权第三人提出诉讼请求,应当与商品房担保贷款合同纠纷合并审理;未提出诉讼请求的,仅处理商品房买卖合同纠纷。担保权人就商品房担保贷款合同纠纷另行起诉的,可以与商品房买卖合同纠纷合并审理。商品房买卖合同被确认无效或者被撤销、解除后,商品房担保贷款合同也被解除的,出卖人应当将收受的购房贷款和购房款的本金和利息分别返还担保权人和买受人。"

第二条途径:商品房买卖合同解除后,再另行起诉,请求解除商品房担保贷款合同。最高人民法院《关于审理商品房买卖合同纠纷案件适用法律若干问题的解释》第 24 条规定:"因商品房买卖合同被确认无效或者撤销、解除,致使商品房担保贷款合同的目的无法实现,当事人请求解除商品房担保贷款合同的,应予支持。"

6.4 房屋租赁

房屋租赁对于人口高度流动的城市来说几乎是人人都会接触到的一个社会现象,随着市场经济的高速发展以及住房制度改革的日益深化,房屋租赁经营方式日益普遍,房屋租赁业迅猛发展。在这样的背景下,房屋租赁出现了许多新情况、新问题,房东和房客之间的矛盾不断增多,如何租房、选房、签合同?怎样保障自己的权益?成为困惑租房一族的首要问题。

6.4.1 房屋租赁概述

为了加强商品房屋租赁管理、规范商品房屋租赁行为、维护商品房屋租赁双方当事人的合法权益,住房城乡建设部出台了《商品房屋租赁管理办法》,并于 2011 年 2 月 2 日起施行。

1. 房屋租赁的概念和特征

房屋租赁是房地产市场中重要的一种交易形式,是指房屋所有权人作为出租人,在一定期限内,将其房屋出租给承租人使用,由承租人向出租人支付租金的行为。交出房屋供他人使用并收取租金的一方,是出租人;得到定期或不定期房屋使用权并支付租金的一方,是承租人。所谓的房屋租金,是承租人为取得一定期限内房屋的使用权而付给房屋所有权人的经济补偿。目前,我国未出售公有住房的租金标准是由人民政府确定的。其他经营性的房屋和私有房屋的租金标准则由租赁双方协商议定。

房屋租赁具有以下几个主要特征。

(1) 出租方一般是房屋所有权人,某些情况下可以是房屋的经营管理权人、房屋所有权人委托的代理人或典权人。

(2) 房屋租赁一般具有明确的期限。

(3) 房屋是法律允许出租的。

(4) 房屋租赁法律关系的成立要进行登记备案。

2. 房屋租赁的条件

出租人必须是房屋所有权人或者国家授权管理经营者;承租人必须是不受法律限制者;公民、法人或其他组织对享有所有权的房屋以及国家授权管理和经营的房屋可以依法出租;而且租赁期限不得超过 20 年。但有下列情形之一的房屋不得出租。

(1) 属于违法建筑的。

(2) 不符合安全、防灾等工程建设强制性标准的。

(3) 违反规定改变房屋使用性质的。

(4) 法律、法规规定禁止出租的其他情形。

出租住房的,应当以原设计的房间为最小出租单位,人均租住建筑面积不得低于当地人民政府规定的最低标准。

厨房、卫生间、阳台和地下储藏室不得出租供人员居住。

3. 房屋租赁的分类

1) 公房租赁和私房租赁

公房是指国家所有和集体所有的房屋,基本上可分为直管公房(房产管理机关直接管理经营的公房)和自管公房(全民所有制的机关、团体和企业事业单位自行管理的公房)两部分。公房租赁一般具有不定期、标准租金、按规定分配承租权等特征。

私房是指公民个人所有的房屋,即个人所有、数人共有的住宅和非住宅房屋。私房租赁由房屋所有权人与承租人签订租赁合同,租金由双方协商确定。

2) 定期租赁和不定期租赁

定期租赁的,房屋租赁期限届满,租赁合同终止;承租人需要继续租用的,应当在租赁期限届满前 3 个月提出,并经出租人同意,重新签订租赁合同。

当事人对租赁期限没有约定或者约定不明确的,视为不定期租赁,当事人可以随时解除合同,但出租人解除合同应当在合理期限之前通知承租人。

3) 住宅租赁和非住宅租赁

住宅用房的租赁应当执行国家和房屋所在城市人民政府规定的租赁政策。租用房屋从事生产、经营活动的,由租赁双方协商议定租金和其他租赁条款。

4) 国内租赁和涉外租赁

将房屋出租给外国人和外国机构的,为涉外房屋租赁;将房屋出租给港澳台同胞和港澳台在大陆的办事机构的,属于国内房屋租赁的特殊情形。

4. 房屋租赁的法律特征

(1) 房屋租赁的标的物是特定的房屋。出租人只能向承租人提供租赁合同约定的房屋，而不能是其他同类的房屋。租赁合同终止后，承租人也应将原房屋交还给出租人，而不能以同类房屋来替代。这是房屋租赁与借贷的重要区别所在。

(2) 房屋租赁只转移房屋的占有、使用和收益权，而不转移所有权。在房屋租赁关系中，出租人只是转移出租房屋租赁期间的占有、使用的收益权，出租房屋的所有权始终属于出租人。在租赁期间因占有、使用租赁房屋获得的收益，归承租人所有。这是房屋租赁与房屋买卖的根本区别所在。

(3) 房屋租赁是双务、有偿的。出租人有义务将房屋交付给承租人使用，同时享有向承租人收取租金的权利；承租人有权请求出租人提供房屋给自己使用，同时有按期支付租金的义务，不能无偿使用。这是房屋租赁与房屋借用的区别之处，房屋借用一般是无偿的。

(4) 房屋租赁不受出租房屋产权转移的影响。在房屋租赁期间，即使出租房屋的所有权发生转移，原租赁合同确立起来的租赁关系也仍然有效，房屋新所有权人必须尊重承租人的合法权益。《合同法》第229条规定，租赁物在租赁期间发生所有权变动的，不影响租赁合同的效力。

(5) 房屋租赁属于要式行为。房屋租赁中，出租人和承租人应当签订书面租赁合同，约定租赁期限、租赁用途、租赁价格、修缮责任等条款，以及双方的其他权利和义务，并向房产管理部门登记备案。房屋租赁实行登记备案制度。但登记备案并非房屋租赁的成立要件或有效要件。

6.4.2 房屋租赁合同

房屋租赁合同是以房屋为租赁物的合同，即出租人和承租人之间关于出租人将房屋交付承租人使用、收益，承租人交付租金并于合同终止时将租用的房屋返还给出租人的协议。作为租赁合同的主要类型之一，房屋租赁合同具备租赁合同的通性，而由于其租赁标的物是不动产，它又有自身的突出特点。随着市场经济的发展，房屋作为市场主体的主要财产形式之一，具有举足轻重的地位。时至今日，房屋租赁合同纠纷已经难以避免地成为司法实践中常见的民事合同纠纷，从而受到广泛关注。

1. 租赁合同的形式和主要条款

房屋租赁当事人应当依法订立租赁合同。租赁合同是出租人与承租人签订的，用于明确租赁双方权利义务关系的协议。租赁是一种民事法律关系，在租赁关系中出租人与承租人之间所发生的民事关系主要是通过租赁合同确定的。

房屋租赁当事人应当采用书面形式订立租赁合同。当事人可以使用有关部门的租赁合同、转租合同的示范文本，也可以参照示范文本订立合同。公有居住房屋租赁应使用统一印制的《租用公房凭证》。

房屋租赁合同的内容由当事人双方约定，一般应当包括以下内容：①房屋租赁当事人的姓名(名称)和住所；②房屋的坐落、面积、结构、附属设施，家具和家电等室内设施状况；③租金和押金数额、支付方式；④租赁用途和房屋使用要求；⑤房屋和室内设施的安全性能；⑥租赁期限；⑦房屋维修责任；⑧物业服务、水、电、燃气等相关费用的缴纳；⑨争议解决办法和违约责任；⑩其他约定。

房屋租赁当事人应当在房屋租赁合同中约定房屋被征收或者拆迁时的处理办法。

建设（房地产）管理部门可以会同工商行政管理部门制定房屋租赁合同示范文本，供当事人选用。

2. 租赁期限

房屋的租赁期限由租赁当事人协商确定，但不得超过土地使用权出让合同、土地租赁合同约定的土地使用年限，并且最长不得超过 20 年。按照《合同法》第 214 条规定，租赁期限不得超过 20 年。超过 20 年的，超过部分无效。租赁期间届满，当事人可以续订租赁合同，但约定的租赁期限自续订之日起不得超过 20 年。

租赁当事人对租赁期限没有约定或约定不明确的，可补充协议确定；仍不能确定的，视为不定期租赁，当事人可随时解除合同，但出租人应在合理期限前书面通知承租人。不定期是任意期限租赁，非指永久租赁，在不定期间可任意提出退租或撤租。

租赁期限 6 个月以上的，应采用书面形式，当事人未采用书面形式的，视为不定期租赁。

租赁期间届满，承租人继续使用租赁房屋。出租人未提出异议的，原租赁合同继续有效，但租赁期限为不定期。

承租人在房屋租赁期间死亡的，与其生前共同居住的人可以按原租赁合同租赁该房屋。

3. 租赁双方主要权利与义务

出租人应当按照合同约定履行房屋的维修义务并确保房屋和室内设施安全。未及时修复损坏的房屋，影响承租人正常使用的，应当按照约定承担赔偿责任或者减少租金。房屋租赁合同期内，出租人不得单方面随意提高租金水平。

承租人应当按照合同约定的租赁用途和使用要求合理使用房屋，不得擅自改动房屋承重结构和拆改室内设施，不得损害其他业主和使用人的合法权益。

承租人因使用不当等原因造成承租房屋和设施损坏的，承租人应当负责修复或者承担赔偿责任。

承租人转租房屋的，应当经出租人书面同意。承租人未经出租人书面同意转租的，出租人可以解除租赁合同，收回房屋并要求承租人赔偿损失。

4. 房屋租赁合同的终止

租赁合同一经签订，租赁双方必须严格遵守。合法租赁合同的终止一般有两种情况：一是合同的自然终止，二是人为终止。

1）自然终止

自然终止主要包括：①租赁合同到期，合同自行终止，承租人需继续租用的，应在租赁期限届满前 3 个月提出，并经出租人同意，重新签订租赁合同；②符合法律规定或合同约定可以解除合同条款的；③因不可抗力致使合同不能继续履行的。

因上述原因终止租赁合同，使一方当事人遭受损失的，除依法可以免除责任的外，应当由责任方负责赔偿。

2) 人为终止

人为终止主要是指由于租赁双方人为的因素而使租赁合同终止，一般包括无效合同的终止和由于租赁双方在租赁过程中的人为因素而使合同终止。由于租赁双方的原因而使合同终止的情形主要有：①将承租的房屋擅自转租的；②将承租的房屋擅自转让、转借他人或私自调换使用的；③将承租的房屋擅自拆改结构或改变承租房屋使用用途的；④无正当理由，拖欠房租6个月以上的；⑤公有住宅用房无正当理由闲置6个月以上的；⑥承租人利用承租的房屋从事非法活动的；⑦故意损坏房屋的；⑧法律、法规规定的其他可以收回的情形。

发生上述行为，出租人除终止租赁合同、收回房屋外，还可索赔由此造成的损失。

6.4.3 租赁权的物权效力

1. 租赁权的物权效力表现

(1) 在同一物上只能设立一个租赁权，在租赁合同存续期间，出租方不得将该租赁物再出租给第三人。

(2) 买卖不破租赁。

在租赁期间，租赁房屋的所有权变动时，原租赁合同继续有效，不受其影响。

这一点不仅适用买卖致使租赁物所有权发生转移情形，而且适用赠与、公司投资、继承、遗赠、互易等致使租赁物所有权发生变动的情形。

(3) 承租人在同等条件下的优先购买权。

承租人行使优先购买权，应符合的条件：①出租人要出卖租赁房屋；②出卖行为须发生于租赁期间；③承租人可以满足出租人与第三人所订买卖合同的条件；④承租部分房屋的，未达到整栋的50%以上的，不享有整栋房屋的优先购买权。

出租人出卖其房屋，应在出卖前的一段合理期限内（3个月）将其欲卖房之事由书面通知承租人。这是出租人法定义务。

【例6-3】 承租人在同等条件下有优先购买权。

主要案情：赵医生退休后想在县城开一药店，便向好友朱某借款3万元，双方于2003年10月签订了借款协议，约定：赵某向朱某借款3万元，以其闲置的两间房屋作抵押，借款月息0.8%，最迟于2005年年底连本带利还清，如到期未还，则加息0.2%，延期两个月，延期后仍不能归还的，朱某有权从变卖抵押房款中受偿。赵医生拿到借款后便在县城租了两间房办理了有关登记手续正式开业。2004年6月，赵将设定抵押的两间房屋租给陈某居住，租期两年，陈知道该房已设定抵押，但自己只是暂住也就承租下来。2005年10月赵某因销售假药被逮捕，药店也被工商局查封。朱某知道赵已无力还款，便向赵的家属提出变卖抵押的房屋用来还款，赵的家属没有异议。但承租人陈某不同意，认为自己租赁期限未满不能变卖，朱某说买主已找到而且出价很高，怕错过机会，陈万不得已愿以同样价格购买该房，但朱仍不同意，认为自己已与买主商定，执意要陈搬出，双方争执不下，陈向法院提起诉讼请求优先购买该房屋。

【解析】 本案焦点是抵押权和租赁关系并存时，如何确定两者效力。

根据《民法通则》的规定当债务人不能偿还到期债务时，债权人有权出卖抵押物，从变卖款中受偿。问题是该设定抵押权的房屋又出租他人且租期未满,朱某要求变卖房屋行使抵押权,是合法的应予支持。但陈某的租赁关系也是合法有效的,如何维护其合法权益呢?通常有以下两种情况。

(1) 租赁在先,抵押在后。根据"买卖不破租赁"的原则,即租赁关系成立后,即使租赁物转让,其租赁关系对受让人仍然有效,在租赁关系届满前受让人不能解除租赁关系,提高租金。

(2) 抵押在先,租赁在后。根据"物权优于债权的"原则,当抵押权人变卖抵押物时,租赁关系相应解除,但在同等条件下承租人有优先购买权,承租人的这项权利也适用于租赁在先,抵押在后的情况甚至在租赁期满,出租人出卖租赁物时承租人在同等条件下也有优先购买权。

因此本案,陈某对赵某的房屋有优先权,法院应予支持。

2. 取得房屋租赁的物权效力条件

(1) 当事人订立租赁合同有效。
(2) 出租人已将租赁房屋交付给承租人占有使用。
(3) 租赁合同完成登记备案。

土地租赁合同应完成登记,房屋租赁也经登记备案,登记备案不是房屋租赁合同生效要件,因为租赁合同是诺成合同。但经登记备案,具有对抗第三人的效力。

当事人一方要求登记,另一方不予配合的,登记备案的一方可持租赁合同或转租合同及规定应提交的材料办理登记备案。

房屋租赁合同应具备上述(1)(2)或(1)(2)(3)条件,否则,不能赋予物权性质的效力。

6.4.4 房屋的转租

房屋的转租是指房屋承租人在租赁期限内,征得出租人同意,将其承租的房屋的部分或全部再租给他人(即次承租人)。原承租人被称为"二房东"。根据其法律后果不同,转租可以分为同意转租与自行转租。

1. 转租的特征

(1) 在转租的情形下,租赁权仍属于原承租人,原承租人与出租人并不解除租赁关系。
(2) 次承租人因原承租人(转租人)的转租而取得了一个新的租赁权。
(3) 转租可以是承租房屋的一部分或全部。
(4) 转租应签订转租合同,并经原出租人书面同意,转租合同确定的租期不能超出原租赁合同确定的租期,但出租人与转租双方另有约定的除外。

2. 不得转租的情形

有下列情形之一的房屋不得转租。
(1) 承租人拖欠租金的。
(2) 承租人在承租房屋内擅自搭建的。
(3) 预租的商品房。

另外，租赁合同中未约定可以转租且出租人不同意转租的，承租人也不能擅自转租。承租人擅自转租的，出租人可以解除与承租人的租赁合同。

3. 转租的合法情形

（1）房屋租赁合同约定可以转移的。

（2）承租人转租房屋征得出租人书面同意的；未经同意，出租人可解除租赁合同，转租无效。

（3）公有居住房屋的承租人在签订租赁合同前书面告知出租人的。未告知出租人的，出租人可以解除租赁合同。

（4）出租人的同意，有明示的和默示的同意；可以是事前同意，也可以是事后同意；同意可以向承租人表示，亦可向第三人表示。

4. 合法转租产生的法律后果

出租人与承租人的租赁合同继续有效。

出租人与第三人之间不发生直接的法律关系。第三人对租赁物造成损失的，应由承租人而不是由第三人向出租人赔偿损失。

承租人作为转租人，其与第三人的关系与一般租赁关系并无区别。

6.4.5 房屋租赁管理

1. 房屋租赁管理体制

国务院住房和城乡建设主管部门负责全国房屋租赁的指导和监督工作。县级以上地方人民政府建设（房地产）主管部门负责本行政区域内房屋租赁的监督管理。直辖市、市、县人民政府建设（房地产）主管部门应当加强房屋租赁管理规定和房屋使用安全知识的宣传，定期分区域公布不同类型房屋的市场租金水平等信息。

2. 房屋租赁合同的登记备案

房屋租赁合同订立后30日内，房屋租赁当事人应当到租赁房屋所在地直辖市、市、县人民政府建设（房地产）主管部门办理房屋租赁登记备案。房屋租赁当事人可以书面委托他人办理租赁登记备案。

办理房屋租赁登记备案，房屋租赁当事人应当提交下列材料：房屋租赁合同；房屋租赁当事人身份证明；房屋所有权证书或者其他合法权属证明；直辖市、市、县人民政府建设（房地产）主管部门规定的其他材料。房屋租赁当事人提交的材料应当真实、合法、有效，不得隐瞒真实情况或者提供虚假材料。

对符合下列要求的，直辖市、市、县人民政府建设（房地产）主管部门应当在3个工作日内办理房屋租赁登记备案，向租赁当事人开具房屋租赁登记备案证明。

（1）申请人提交的申请材料齐全并且符合法定形式。

（2）出租人与房屋所有权证书或者其他合法权属证明记载的主体一致。

（3）不属于不得出租的房屋。

申请人提交的申请材料不齐全或者不符合法定形式的，直辖市、市、县人民政府建设

(房地产)主管部门应当告知房屋租赁当事人需要补充的内容。

房屋租赁登记备案证明应当载明出租人的姓名或者名称、承租人的姓名或者名称、有效身份证件种类和号码、出租房屋的坐落、租赁用途、租金数额、租赁期限等。房屋租赁登记备案内容发生变化、续租或者租赁终止的，当事人应当在30日内，到原租赁登记备案的部门办理房屋租赁登记备案的变更、延续或者注销手续。房屋租赁登记备案证明遗失的，应当向原登记备案的部门补领。

直辖市、市、县建设(房地产)主管部门应当建立房屋租赁登记备案信息系统，逐步实行房屋租赁合同网上登记备案，并纳入房地产市场信息系统。

房屋租赁登记备案记载的信息应当包含以下内容：出租人的姓名(名称)、住所；承租人的姓名(名称)、身份证件种类和号码；出租房屋的坐落、租赁用途、租金数额、租赁期限；其他需要记载的内容。

3. 违反房屋租赁管理责任

(1) 违反房屋不得出租情形规定的，由直辖市、市、县人民政府建设(房地产)主管部门责令限期改正，对没有违法所得的，可处以5000元以下罚款；对有违法所得的，可以处以违法所得一倍以上三倍以下，但不超过30000元的罚款。

(2) 对分割出租行为进行规范，对违反相关规定的，由直辖市、市、县人民政府建设(房地产)主管部门责令限期改正，逾期不改正的，可处以五千元以上三万元以下罚款。

(3) 对不及时办理房屋租赁登记备案或变更手续的，由直辖市、市、县人民政府建设(房地产)主管部门责令限期改正；个人逾期不改正的，处以1000元以下罚款；单位逾期不改正的，处以1000元以上10000元以下罚款。

(4) 直辖市、市、县人民政府建设(房地产)主管部门对符合规定的房屋租赁登记备案申请不予办理，对不符合规定的房屋租赁登记备案申请予以办理，或者对房屋租赁登记备案信息管理不当，给租赁当事人造成损失的，对直接负责的主管人员和其他直接责任人员依法给予处分；构成犯罪的，依法追究刑事责任。

6.5 房地产抵押管理

抵押作为债的担保方式的一种，由于能够较好地担保债的履行，在实践中被广泛采用而房地产又以其现实性、稳定性、保值性、安全性最强等特性成为普遍采用的抵押物。抵押的房地产属于不动产，设定抵押权时，需履行抵押登记的法律行为，房地产抵押安全可靠，在现实生活中也极为普遍，随之而来产生的纠纷也就愈多。所以说，确有探讨的必要。

6.5.1 房地产抵押概述

房地产抵押是伴随着中国土地使用权制度改革和房地产业的发展而产生的一种房地产利用方式，也是融资风险的一种防范措施。房地产价值巨大，由其作为债权担保的标的物，对于债权的实现甚为有利。

1. 房地产抵押的概念

房地产抵押是指抵押人以其合法的房地产以不转移占有的方式向抵押权人提供债务履行担保的行为。债务人不履行债务时，抵押权人有权依法以抵押的房地产拍卖所得的价款优先受偿。抵押人是指以房地产作为本人或第三人履行债务担保的企业法人、个人和其他经济组织。抵押权人是指接受房地产抵押作为履行债务担保责任的法人、个人和其他经济组织。抵押物是指由抵押人提供并经抵押权人订可的作为债务人履行债务担保的房地产。对房地产抵押定义的理解如下。

（1）房地产抵押是一种物的担保。房地产抵押是以房地产作为债务履行的担保的，一旦债务人到期不履行债务，抵押的房地产即成为履行债务的财产。

（2）房地产抵押权是在债务人或第三人提供的合法房地产上设定的担保物权。房地产抵押人可以是债务人，也可以是第三人，即债务人可以以自己的房地产向债权人提供债务履行担保，也可以由第三人以其房地产向债权人提供债务履行担保。

（3）房地产抵押权是以不转移占有的方式设立的担保物权。担保物权包括留置权、质权和抵押权等，前二者均以转移占有方式设立，而抵押权则以不转移占有的方式设定。房地产抵押人在其房地产上设立抵押权之后，仍继续占有，并有权对抵押房地产进行使用、收益。

（4）房地产抵押权是就其抵押房地产的变价优先受偿的担保物权。

2. 房地产抵押权法律特征

房地产抵押作为一种法律行为，具有以下的法律特征。

（1）抵押人必须是对房地产享有所有权或者使用经营权的人，即抵押人对抵押物必须享有处分权，具有处分能力。如果是没有处分权或没有处分能力的人，即使是房地产的所有人，也不得设立抵押权。

（2）抵押人是以其合法的房地产，以不转移占有的方式，向抵押权提供担保。合法的房地产是指其合法所有或合法占有的房地产。设定抵押的房地产，抵押人对该房地产必须享有所有权或经营权，这种权利必须是真实存在的，具有确定性。如果是未经登记的房地产或者是所有权有争议的房地产，不能认为是合法的房地产。不转移占有即抵押人保留对房地产的占有权。由于房地产是一种不动产，因而，一般情况下归抵押人占有，他可以实际控制房地产。这里分两种情况，一种是抵押人以其合法的房屋进行抵押，这是一种财产抵押；另一种是抵押人以其合法的土地作为抵押物，这时抵押的是土地的使用权，土地使用权的抵押就其性质来说，不是财产实物抵押，而是一种权利的抵押。

（3）向抵押权人提供债务履行担保。抵押人拿自己合法的房地产向抵押权人设定抵押，目的是向抵押权人提供一种债务担保，以保证履行主债务。这是向债权人提供的一种保证。从某种角度上讲，如果没有这种保证，抵押权人，即债权人对债务人的信任度可能降低，很可能作为主债务的合同就无法签订。正因为有了这一经济后盾，主债务才得以存在。

3. 房地产抵押的种类

按房地产抵押的用途不同分类如下。

（1）用于房地产开发建设筹资的房地产抵押贷款（或称项目贷款）。

(2) 用于商品房购置的商品房，抵押贷款和职工住房抵押贷款(亦称职工公积金贷款)。
(3) 用于其他商业信用，合同担保的一般抵押贷款。

按设押的房地产所有权性质不同分类如下。

(1) 房地产产权抵押：抵押物为已取得法定权证的物业和现购的竣工并符合销售条件的商品房。

(2) 限制产权房地产抵押：如划拨土地上的房地产、以成本价购买的公有住房、部分产权房等。这类房地产抵押人虽已取得合法的权证，但设定抵押时要受原有约定或法定条件的限制。

(3) 房地产期权抵押：抵押物为房地产开发企业在建的房地产期权。这是指抵押人为取得在建工程继续建造资金的贷款，以其合法方式取得的土地使用权连同在建工程的投入资产，以不转移占有的方式抵押给贷款银行作为偿还贷款履行担保的行为。当事人预购的商品房期权，如预购商品房贷款抵押，即购房人在支付首期规定的房价款，由贷款银行代其支付其余的购房款，将所购商品房抵押给贷款银行作为偿还贷款履行担保的行为。

以抵押的房地产所有权转移与否分类如下。

(1) 房地产抵押：抵押人对自己拥有的房地产物业既不转移占有权，也不转移所有权，只是将其作为抵押，使抵押权人可取得对该物业的某些权益，如对物业占管人的监督权，保险受益权，处分抵押物优先受偿权等，而获取履行债务的担保。

(2) 房地产按揭：按揭人以不转移占有方式将自己所购物业中未付款部分作为按揭房屋让予按揭权人(贷款方)，以此为购房贷款进行担保。然后按揭人在按揭期内分期偿还本息，至所借购房款清偿完毕，按揭权人再将按揭房屋让归按揭人所有。

6.5.2 房地产抵押权的设定

房地产抵押，应当遵循"自愿、互惠、公平和诚实信用"的原则，依法设定的房地产抵押受国家法律保护。

1. 房地产抵押权设定的概念和分类

房地产抵押权设定是指当事人以房地产抵押为担保方式，依法律规定程序设定抵押关系的行为。

房地产抵押权设定的分类，一类是基于法律规定产生的抵押权，另一类是基于当事人订立的抵押合同。房地产抵押主要是通过当事人订立抵押合同加以设定。

房地产抵押的负担行为和处分行为，抵押合同是设定抵押权的约定，是在当事双方设定的抵押权的债务和请求设定抵押权的债权。抵押合同的履行，即是抵押人实际设定抵押权，然后再予以抵押登记，才是物权变动。前者为"设定抵押权之约定"，是债权契约的负担行为，后者为"抵押权之设定"，是物权契约的处分行为。

2. 房地产作为抵押物的条件

房地产抵押随抵押物土地使用权的取得方式不同，对抵押物要求也不同。

《城市房地产管理法》规定："依法取得的房屋所有权连同该房屋占用范围内的土地使用权，可以设定抵押权。以出让方式取得的土地使用权，可以设定抵押。"

从上述规定可以看出，房地产抵押中可以作为抵押物的条件包括两个基本方面：一是依法取得的房屋所有权连同该房屋占用范围内的土地使用权同时设定抵押权。对于这类抵押，无论土地使用权来源于出让还是划拨，只要房地产权属合法，即可将房地产作为统一的抵押物同时设定抵押权。二是以单纯的土地使用权抵押的，也就是在地面上尚未建成建筑物或其他地上定着物时，可以取得的土地使用权设定抵押权。对于这类抵押，设定抵押的前提条件是，要求土地必须是以出让方式取得的。

《物权法》第184条规定，下列财产不得抵押：①土地所有权；②耕地、宅基地、自留地、自留山等集体所有的土地使用权，但法律规定可以抵押的除外；③学校、幼儿园、医院等以公益为目的的事业单位、社会团体的教育设施、医疗卫生设施和其他社会公益设施；④所有权、使用权不明或者有争议的财产；⑤依法被查封、扣押、监管的财产；⑥法律、行政法规规定不得抵押的其他财产。

3. 房地产抵押的一般规定

（1）以享受国家优惠政策购买的房地产抵押的，其抵押额以房地产权利人可以处分和收益的份额为限。

（2）国有企业、事业单位法人以国家授予其经营管理的房地产抵押的，应当符合国有资产管理的有关规定。

（3）以集体所有制企业的房地产抵押的，必须经集体所有制企业职工（代表）大会通过，并报其上级主管机关备案。

（4）以中外合资企业、合作经营企业和外商独资企业的房地产抵押的，必须经董事会通过，但企业章程另有约定的除外。

（5）以股份有限公司、有限责任公司的房地产抵押的，必须经董事会或者股东大会通过，但企业章程另有约定的除外。

（6）有经营期限的企业以其所有的房地产抵押的，所担保债务的履行期限不应当超过企业的经营期限。

（7）以具有土地使用年限的房地产抵押的，所担保债务的履行期限不得超过土地使用权出让合同规定的使用年限减去已经使用年限后的剩余年限。

（8）以共有的房地产抵押的，抵押人应当事先征得其他共有人的书面同意。

（9）预购商品房贷款抵押的，商品房开发项目必须符合房地产转让条件并取得《商品房预售许可证》。

（10）以已出租的房地产抵押的，抵押人应当将租赁情况告知抵押权人，并将抵押情况告知承租人。原租赁合同继续有效。

（11）企、事业单位法人分立或合并后，原抵押合同继续有效。其权利与义务由拥有抵押物的企业享有和承担。

抵押人死亡、依法被宣告死亡或者被宣告失踪时，其房地产合法继承人或者代管人应当继续履行原抵押合同。

（12）《物权法》规定："抵押权人在债务履行期届满前，不得与抵押人约定债务人不履行到期债务时抵押财产归债权人所有。"

（13）《物权法》规定："担保期间，担保财产毁损、灭失或者被征收等，担保物权人可以就获得的保险金、赔偿金或者补偿金等优先受偿。被担保债权的履行期未届满的，也可以提存该保险金、赔偿金或者补偿金等。"

（14）学校、幼儿园、医院等以公益为目的的事业单位、社会团体，可以其教育设施、医疗卫生设施和其他社会公益设施以外的房地产为自身债务设定抵押。

（15）《物权法》规定订立抵押合同前抵押财产已出租的，原租赁关系不受该抵押权的影响。抵押权设立后抵押财产出租的，该租赁关系不得对抗已登记的抵押权。

（16）抵押人未经抵押权人同意将已抵押的房屋出租的，抵押权实现后，租赁合同对受让人不具有约束力。抵押人将已抵押的房屋出租时，如果抵押人未书面告知承租人该房屋已抵押的，抵押人对出租抵押物造成承租人的损失承担赔偿责任；如果抵押人已书面告知承租人该房屋已抵押的，抵押权实现造成承租人的损失，由承租人自己承担。

（17）《物权法》规定以正在建造的建筑物抵押的，应当办理抵押登记。抵押权自登记时设立。

（18）《物权法》规定被担保的债权既有物的担保又有人的担保的，债务人不履行到期债务或者发生当事人约定的实现担保物权的情形，债权人应当按照约定实现债权；没有约定或者约定不明确，债务人自己提供物的担保的，债权人应当先就该物的担保实现债权；第三人提供物的担保的，债权人可以就物的担保实现债权，也可以要求保证人承担保证责任。提供担保的第三人承担担保责任后，有权向债务人追偿。

（19）《物权法》规定有下列情形之一的，担保物权消灭：①主债权消灭；②担保物权实现；③债权人放弃担保物权；④法律规定担保物权消灭的其他情形。

6.5.3 房地产抵押合同

《物权法》规定设立担保物权，应当依照本法和其他法律的规定订立担保合同。担保合同是主债权债务合同的从合同。主债权债务合同无效，担保合同无效，但法律另有规定的除外。担保合同被确认无效后，债务人、担保人、债权人有过错的，应当根据其过错各自承担相应的民事责任。

1. 房地产抵押合同的概念

所谓房地产抵押合同，是指抵押人和抵押权人就在某一特定房地产上设立抵押权以担保某一特定债权而达成的书面协议。

房地产抵押合同特征如下。

（1）房地产抵押合同是一种从合同。

（2）房地产抵押合同的标的物只能是不动产和特定物。

（3）房地产抵押合同是诺成性合同。

（4）房地产抵押合同是要式合同。采取书面合同形式是房地产抵押合同成立的特殊要件，进行房地产抵押登记是房地产抵押合同生效的特殊条件。《城市房地产管理法》、《物权法》等法律均规定房地产抵押合同必须采用书面形式。

2. 房地产抵押合同的主要条款

《物权法》、《担保法》均规定，抵押合同一般包括下列条款：①被担保债权的种类和数额；②债务人履行债务的期限；③抵押财产的名称、数量、质量、状况、所在地、所有权归属或者使用权归属；④担保的范围。抵押权人需在房地产抵押后限制抵押人出租、出借或者改变抵押物用途的，应在合同中约定。

3. 房地产抵押的效力

1）房地产抵押权所担保债权的范围

抵押合同另有约定的，按照约定。当事人双方在抵押合同中未约定或者约定不明确的，抵押所担保的债权包括主债权及利息、违约金、损害赔偿金和实现抵押权的费用。

2）房地产抵押权效力所及标的物的范围

（1）抵押房地产。

（2）抵押房地产的从物：房地产抵押权设定前为抵押房地产的从物的，抵押权的效力及于抵押房地产的从物。但抵押房地产与其从物为两个以上的人分别所有时，抵押权的效力不及于抵押房地产的从物。

（3）抵押房地产的从权利。

（4）抵押房地产的附合物：当上述物件成为抵押房地产的一部分之后，不论其结合于设定抵押权之前，还是设定抵押权之后，都属于房地产抵押范围之内。

（5）抵押房地产的孳息：包括天然孳息和法定孳息。债务履行期届满，债务人不履行债务致使抵押房地产被人民法院依法扣押的，自扣押之日起抵押权人有权收取由抵押房地产分离的天然孳息以及抵押人就抵押房地产可以收取的法定孳息。自扣押之日起抵押权人收取的由抵押房地产分离的天然孳息和法定孳息，按照下列顺序清偿：收取孳息的费用、主债权的利息、主债权。

（6）抵押房地产的代位物：在抵押房地产灭失、毁损或者被征用的情况下，抵押权人可以就该抵押房地产的保险金、赔偿金或者补偿金优先受偿。

抵押房地产范围内新增的房屋的处理：房地产抵押合同签订后，土地上新增的房屋不属于抵押财产。需要拍卖该抵押的房地产时，可以依法将土地上新增的房屋与抵押财产一同拍卖，但对拍卖新增房屋所得，抵押权人无权优先受偿。

【例6-4】 张三用建设用地使用权作抵押，向工商银行借款500万元，土地抵押时地上无建筑物。后张三在该土地上建成两栋商业楼，并办理了房屋所有权初始登记，现张三申请以该商业楼作抵押，向农业银行借款1000万元，可否？

【解析】 实务中一般不予登记。就本案而言，张三与工商银行之间的抵押登记中抵押财产只是地，商业楼在张三设定土地抵押时不存在而在抵押期间建造，为土地上新增的建筑物，不属于抵押财产（《物权法》第200条）。假使允许商业楼抵押，那么从理论上来讲，对商业楼享有抵押权的抵押权人也是第一顺序抵押权人，因为之前商业楼未抵押给任何人。而且依据房、地一并抵押原理，该抵押权人对土地也享有第一顺序抵押权。这就出现了一种奇怪的现象：作为抵押财产的建设用地使用权，前后两次抵押，本应产生第一、第二顺序两个抵押权，可现在，两个抵押权人却均享有第一顺序抵押权，不能自圆其说。另外，如果允许商业楼抵押，那么在行使房地产抵押权时（如拍卖抵押房地产），就可能出现建设用地使用权与地上房屋异其主体的现象，这与房屋登记中房、地主体一致原则明显相悖，进而造成建设用地使用权人与房屋所有权人的权利冲突。

拍卖划拨房地产所得价款的处理：如果抵押房地产属于划拨土地，拍卖抵押房地产所得价款该如何处理？设定房地产抵押权的土地使用权是以划拨方式取得的，依法拍卖该房地产后，应当从拍卖所得的价款中缴纳相当于应缴纳的土地使用权出让金的款额后，抵押权人方可优先受偿。

3）房地产抵押人的权利

抵押权设定后，抵押人仍拥有对抵押房地产占有、使用、收益及处分的权利，但受到一定的限制。

（1）转让抵押财产的权利。债权人设定抵押权，其实质并不是要取得抵押物的使用价值，而是通过牢牢把握抵押物的交换价值，以便在债务人到期未履行债务时有权就抵押物的交换价值优先受偿。根据《物权法》第191条的规定，抵押人转让抵押物应注意把握以下几个方面的问题：一是不论抵押权是否经过登记，抵押人在转让抵押物时都必须取得抵押权人的"同意"，而不是"通知"抵押人，并告知受让人转让物已抵押的情况；二是如果抵押人未经抵押权人同意，与买受人订立了买卖合同，该合同依然有效，只是不发生所有权转移的法律效果；三是"受让人代为清偿债务消灭抵押权"之规定是抵押权消灭的从属性当然结论；四是抵押人转让抵押物价款中超过债权数额的部分归抵押人所有，不足部分由债务人清偿。

（2）同一抵押财产上设定多个抵押权。《物权法》颁布之前是禁止超额抵押的。所谓超额抵押，是指抵押人以同一抵押物为一个或者几个债权设定抵押，这些抵押权所担保的债权总额大于抵押物价值的情形。如抵押人甲以50万元的房屋向乙抵押，担保债权40万元，后又以该房屋向丙抵押，担保债权20万元，则在超出抵押财产价值的债权部分上（10万元）设定的抵押属于超额抵押。而《物权法》并未明确禁止超额抵押，并允许同一财产向两个以上债权人抵押（《物权法》第199条）。建设部《城市房地产抵押管理办法》第22条规定："设定房地产抵押时，抵押房地产的价值可以由抵押当事人协商确定，也可以由房地产价格评估机构确定。"可见，如果当事人一定要进行抵押登记，完全可以通过双方议定抵押物价值的方式，来实现可能是以价值低的抵押财产担保价值高的债权。另外对抵押物价值的确定，是当事人之间的事，谁也没有权利限制他们之间的民事行为，包括登记机关。

（3）出租抵押财产。抵押人作为抵押物的所有权人并不因设定抵押权而丧失对抵押物的用益权能。因此，抵押人能够将抵押物加以出租，以获得法定孳息，直到因债务人不履行债务或者发生约定的实现抵押权的事由而导致抵押物被扣押（《物权法》第197条）。

（4）在抵押财产上设定用益物权。用益物权是指依照法律规定占有、使用和收益他人所有的不动产或者动产的物权，如建设用地使用权。《物权法》第156条又规定了一类新的用益物权即地役权。所谓地役权，是指不动产所有人或者使用人为了提高自己不动产利用的效益，而利用他人不动产的用益物权。因此建设用地使用权人可以在该使用权抵押之后，再设定地役权。

4）房地产抵押权人的权利

次序权：在同一房地产上存在先后设定的两个以上抵押权时，抵押权人按照房地产抵押登记的先后顺序清偿。

处分权：抵押权人可以将抵押权（连同主债权）让与他人，抛弃抵押权，将抵押权（连同主债权）供作担保等。

保全权：抵押人的行为足以使抵押房地产价值减少的，抵押权人有权要求抵押人停止其行为。

实现权：抵押权人在债务履行期届满而未受清偿时，可以与抵押人协议以抵押房地产折价或者以拍卖、变卖该抵押房地产所得的价款受偿。

4. 具体房地产抵押合同

（1）国有土地使用权抵押合同：以无地上定着物（包括建筑物、构筑物及在建工程）的国有土地使用权抵押的，应当签订国有土地使用权抵押合同，并到核发土地使用权证书的土地管理部门办理抵押物登记。

（2）预购商品房贷款抵押合同：以预购商品房抵押的，房地产抵押登记机关应当在《房地产抵押合同》上做记载。抵押的房地产在抵押期间竣工的，当事人应当在抵押人（购房人）领取房地产权属证书后，重新办理房地产抵押登记。

（3）在建工程抵押合同：在建工程抵押是指抵押人为取得在建工程继续建造资金的贷款，以其合法方式取得的土地使用权连同在建工程的投入资产，以不转移占有的方式抵押给贷款银行作为偿还贷款履行担保的行为。抵押人与贷款银行就此签订的书面合同，称之为在建工程抵押合同。以在建工程抵押的，房地产抵押登记机关应当在房地产抵押合同上做记载。抵押的房地产在抵押期间竣工的，当事人应当在抵押人领取房地产权属证书后，重新办理房地产抵押登记。

（4）最高额抵押合同：是指抵押人与抵押权人约定在最高债权额限度内，以抵押物对一定期间连续发生的债权作担保的书面协议。按规定，借款合同以及债权人与债务人就某项商品在一定期间内连续发生交易而签订的合同，可以附最高额抵押合同。房地产可以成为最高额抵押合同的标的物。按规定，最高额抵押的主合同债权不得转让。

6.5.4 房地产抵押程序

1. 签订房地产抵押合同

抵押人与抵押权人签订书面抵押合同是房地产抵押的第一道程序。抵押合同应载明法律法规规定的主要内容，以在建工程抵押的，抵押合同还应当载明以下内容：①《国家土地使用权证》《建设用地规划许可证》和《建设工程规划许可证》编号；②已交纳的土地使用权出让金或需要交纳的相当于土地使用权出让金的数额；③已投入在建工程的工程款；④施工进度及工程竣工日期；⑤已完成的工作量和工程量。

抵押权人要求抵押房地产保险的，以及要求在房地产抵押后限制抵押人出租、转让抵押房地产或者改变抵押房地产用途的，抵押当事人应在抵押合同中载明。

2. 进行房地产抵押登记

1）房地产抵押设定登记

房地产抵押必须经过登记才能发生法律效力，否则即使签订了抵押合同，经过了抵押合同公证，也起不到担保作用。

以依法取得的房屋所有权证书的房地产抵押的，登记机关有的在原《房屋所有权证》上作他项权利记载后，由抵押人收执，并向抵押权人颁发《房屋他项权证》。

房地产抵押合同签订后，抵押人违背诚实信用原则拒绝办理抵押登记致使债权人受到损失的，抵押人应当承担赔偿责任。

2）房地产抵押变更或者注销登记

抵押合同发生变更或者抵押关系终止时，房地产抵押合同当事人应当在变更或者终止之日起 15 日内，到原房地产抵押登记机关办理房地产抵押变更或者注销登记。注销登记后，房地产抵押权在形式上归于消灭。

6.5.5 房地产抵押权的实现

房地产抵押权的实现是指抵押权人在其债权已届清偿期而未受清偿的情况下，行使抵押权，对抵押房地产进行变价，并从中优先受偿的法律行为。

1. 房地产抵押权实现的条件

当债务人不履行债务时，抵押权人有权依法以抵押的房地产拍卖所提的价款优先受偿。债务人即抵押人在债务履行期届满时不履行债务，包括全部不履行和部分不履行、无力履行和拒绝履行。债务人依合同规定应当履行债务而不履行时，债权人才能行使抵押权。抵押权人有权依照《民法通则》的规定，以用作抵押物的房屋和土地，按照法定程序进行拍卖，这是抵押权人的一种支配权。卖得的价款，抵押权人可以从其中优先获得受偿。优先性表现在：首先，优先于普通债权。当债务人设定两个以上债务，其中有设定抵押权的债务和未设定抵押权的债务时，抵押权人就抵押财产有优先于未设定抵押的普通债权受偿的权利。如果抵押财产价值不足以清偿债权的全部，其余额作普通债权清偿。其次，抵押权优先于其他法定优先权而受偿。如果一项抵押物有数个抵押权，一般应按照设定抵押权的先后顺序受偿。抵押权与其他物权并存时，如抵押权与留置权、地上权、典权并存，应依登记或设定的先后顺序确定优先受偿顺序。根据《城市房地产抵押管理办法》第 40 条的规定，有下列情况之一的，抵押权人有权要求处分抵押的房地产。

(1) 债务履行期满，抵押权人未受清偿的，债务人又未能与抵押权人达成延期履行协议的。

(2) 抵押人死亡，或者被宣告死亡而无人代为履行到期债务的；或者抵押人的合法继承人、受遗赠人拒绝履行到期债务的。

(3) 抵押人被依法宣告解散或者破产的。

(4) 抵押人违反《城市房地产抵押管理办法》的有关规定，擅自处分抵押房地产的。

(5) 抵押合同约定的其他情况。

2. 房地产抵押权实现的方式

房屋抵押权实现的方式，除个别地方性法规做了规定外，一般未做规定。从理论上讲，抵押权可以通过折价或拍卖抵押物的方式实现。法律规定只允许以拍卖的方式实现抵押权。拍卖就是由指定的拍卖机构进行，拍卖获得的价款，除支付拍卖费用和处理房地产所有权、使用权的其他费用及有关税款外，应偿还抵押权人的债权。拍卖所得价款不足偿还本息时，抵押权人有权另行追索。如果偿付有余的，应退还抵押权人。

3. 抵押房地产变价的清偿

同一房地产向两个以上债权人抵押的，抵押房地产变价按照房地产抵押登记的先后顺序清偿。

同一房地产向两个以上债权人抵押的，顺序在先的抵押权与该房地产的所有权归属一人时，该房地产的所有权人可以以其抵押权对抗在后的抵押权。

处分抵押房地产所得的价款，按下列顺序分配：①支付处分抵押房地产的费用；②扣除抵押房地产应缴纳的税款；③偿还抵押权人债权本息及支付违约金；④赔偿由债务人违反合同而对抵押权人造成的损害；⑤剩余金额交还抵押人。

6.5.6 个人住房按揭贷款

随着我国市场经济的深入发展，个人住房私有化趋势日益明显。但由于广大中低收入者尚不具备一次性付清房款的经济实力，政府及其他社会机构的各种参与成为必然。个人住房按揭在开发商、银行、购方人三者利益上找到了一个最佳结合点，既能帮助开发商尤其是中小开发商渡过难以筹集大量资金以应付高昂地价和建设费用的困境，又能帮助购房人缓解一时难以凑足较大数额购房款的困难，进而解决了资金供求矛盾，有利于实现住房的扩大再生产。因此，自个人住房按揭产生之日起，就大受三方欢迎并不断发展完善。

1. 个人住房按揭的内涵及类型

"按揭"具有房地产抵押及分期还款两层含义。住房按揭是指购房人向售房人支付部分购房款后，将其所购的房屋抵押于银行，作为取得银行贷款的保证，银行贷款给购房人并以购房人名义将款项交由售房人，由售房人作为购房人的保证人，在购房人不偿还贷款本息时，银行有权将该房屋折价或以拍卖、变卖该房屋的价款优先受偿，或者由售房人将该房屋回购，并将回购款偿付银行贷款本息的一种担保方式。银行发放的个人住房按揭贷款数额，不高于房地产评估机构评估的拟购买住房的价值或实际购房费用总额的80%（以二者低者为准）。贷款期限最长不超过30年。通常，贷款最终到期日借款人年龄不超过65周岁，如有共同借款人的，可以年龄较小者为基准计算贷款期限。

我国住房按揭的类型：根据内容不同，住房按揭可分为现房按揭和期房按揭。所谓现房按揭是指，购房人就建成的房屋（包括二手房）与售房人签订房屋买卖合同并支付部分房款，不足部分向银行申请贷款，将所购房产作为抵押物抵押并将有关产权证明提交银行作为贷款担保的购房担保方式。期房按揭是指商品房建设中、交付前，购房人与房产商（开发商或经销商）签订商品房预售合同并支付部分房款，不足部分向银行申请贷款并将其预购的在建房屋抵押给银行，同时由房产商作为保证人的购房担保方式。

住房按揭贷款一般情况下分为3种：公积金贷款、商业贷款、组合贷款。

个人住房公积金贷款是银行根据住房公积金管理部门的委托，以住房公积金存款为资金来源，按规定的要求向购买、建造、大修城镇各类型住房的自然人发放的贷款。它属于政策性住房贷款，贷款利率较低，但条件较为严格。

个人住房商业性贷款是用银行信贷资金向购房借款人发放的住房贷款。商业性个人住房贷款以银行的自有信贷资金向客户提供贷款，其贷款条件较为宽松，但是贷款利率较高。

个人住房组合贷款是指向缴存公积金的购房借款人同时发放个人住房公积金贷款和个人住房商业性贷款的一种贷款方式。一般情况下，当公积金贷款不足以购买所需要的房屋时，另外再申请商业性个人住房贷款，从而构成个人住房组合贷款。

2. 个人住房按揭贷款程序

按揭贷款买房的流程如下。

1) 选择房产

购房者如想获得住房按揭服务，在选择房产时应着重了解这方面的内容。购房者在广告中或通过销售人员的介绍得知一些项目可以办理按揭贷款时，还应进一步确认开发商开发建设的房产是否获得银行的支持，以保证按揭贷款的顺利取得。

2) 贷款申请

购房者在确认自己选择的房产得到银行按揭支持后，应向银行或银行指定的律师事务所了解银行关于购房者获得按揭贷款支持的规定，准备有关法律文件，填写《按揭贷款申请书》。

3) 签订购房合同

银行收到购房者递交的按揭申请有关法律文件，经审查确认购房者符合按揭贷款的条件后，发给购房者同意贷款通知或按揭贷款承诺书。购房者即可与开发商或其代理商签订《商品房预售、销售合同》。

4) 签订房产按揭合同

购房者与开发商签订商品房买卖合同文本，支付开发商不低于20%的首期购房款，合同中约定采用按揭付款方式，购房者向银行申请贷款，签订贷款合同。开发商、贷款银行、购房者三方为担保贷款的归还签订按揭合同，明确贷款数额、年期、利率、还款方式及其他权利义务。

5) 办理抵押登记、保险

购房者、开发商和银行持房产按揭合同及购房合同到房地产管理部门办理抵押登记备案手续。对期房，在竣工后应办理变更抵押登记。在通常情况下，由于按揭贷款期间相对较长，银行为防范贷款风险，要求购房者申请人寿、财产保险。购房者购买保险，应列明银行为第一受益人，在贷款履行期内不得中断保险，保险金额不得少于抵押物的总价值。在贷款本息还清之前，保险单由银行执管。

6) 开立专门还款账户

购房者在签订房产按揭合同后，按合同约定，在银行指定的金融机构开立专门还款账户并签订授权书，授权该机构从账户中支付银行与按揭贷款合同的贷款本息和欠款。银行在确认购房者符合按揭贷款条件后，履行房产按揭合同约定义务；办理相关手续后，一次性将该贷款划入发展商在银行开设的银行监管账户，作为购房者的购房款。

7) 按揭贷款的还款方式

按揭贷款的还款方式有两种。

(1) 等额本金还款：是将本金每月等额偿还，然后根据剩余本金计算利息，所以初期由于本金较多，将支付较多的利息，从而使还款额在初期较多，而在随后的时间每月递减，这种方式的好处是，由于在初期偿还较大款项而减少利息的支出，比较适合还款能力较强的家庭。

(2) 等额本息还款：在还款期内，每月偿还同等数额的贷款（包括本金和利息），这样由于每月的还款额固定，可以有计划地控制家庭收入的支出，也便于每个家庭根据自己的收入情况，确定还贷金额。

本 章 小 结

本章围绕房地产交易管理制度，首先阐述了房地产交易的概念和特征，以及房地产交易基本制度，即房地产价格申报制度、房地产价格评估制度、房地产价格评估人员资格认证制度，介绍了房地产交易的管理机构及其职责；其次，在分析房地产转让的概念、特征和形式的基础上，重点论述了房地产转让的条件和程序，此外，还介绍了房地产开发项目转让与合作开发以及房地产转让中碰到出租房买卖、抵押房买卖、优先购买权等特殊问题该如何处理；第三，由于在房地产转让中房地产买卖是主要的转让形式，为此，在房屋买卖的概念与特征基础上，论述了商品房销售的概念、分类、现售、销售代理以及销售中的禁止行为，重点分析了商品房预售制度、商品房交付使用的法律问题以及商品房买卖中常见的合同纠纷基本处理意见；第四，通过阐述房屋租赁的概念和特征、房屋租赁的形式和范围，以及房屋租赁合同的主要内容和房屋租赁管理，要求深入掌握房屋租赁当事人的权利和义务、房屋的转租、承租人的优先购买权、买卖不破租赁等一些相对比较复杂的法律关系，正确认识这些关系对于处理房屋租赁纠纷是有着较强的现实性和实用性；最后，分析了房地产抵押的有关规定以及个人住房按揭贷款相关知识。

习　　题

一、填空题

1．国家通过土地有偿出让及（　　）两种方式向房地产流通领域提供国有土地使用权。

2．国家实行（　　）申报制度。房地产权利人转让房地产，应当向县级以上地方人民政府规定的部门如实申报成交价，不得瞒报或者做不实的申报。

3．房地产转让时，房屋的所有权必须与（　　）一起转让。

4．房地产转让合同的成立，并未实现房地产权利的转移。房地产权利的转移应以房地产交易管理机构（　　）为准。

5．房地产开发企业有义务向购房人交付符合交付使用条件的商品房，这里的交付使用条件应包括法定的交付使用条件和（　　）的交付使用条件。

6．房地产开发企业取得了商品房预售许可证后，就可以向社会预售其商品房，开发企业应当与承购人签订（　　）。

7．出租住房的，应当以原设计的（　　）为最小出租单位，人均租住建筑面积不得低于当地人民政府规定的最低标准。

8．房屋的转租是指房屋承租人在（　　）内，征得出租人同意，将其承租的房屋的部分或全部再租给他人。

9．以股份有限公司、有限责任公司的房地产抵押的，必须经（　　）或者股东大会通过，但企业章程另有约定的除外。

10．住房按揭贷款一般情况下分为3种：公积金贷款、（　　）、组合贷款。

二、单项选择题(每题的备选答案中,只有一个最符合题意)

1. 在我国,房地产价格评估制度是根据(　　)确立的一项房地产交易基本制度。
   A. 行政法规　　　　　　　　　　B. 法律
   C. 部门规章　　　　　　　　　　D. 政府规范性文件

2. 房地产入股属于(　　)。
   A. 有偿转让　　　　　　　　　　B. 无偿转让
   C. 既属于有偿转让又属于无偿转让　　D. 两者都不是

3. 房地产交易的形式不包括(　　)。
   A. 房地产转让　　　　　　　　　B. 房地产抵押
   C. 房屋租赁　　　　　　　　　　D. 房地产开发

4. 一方提供土地使用权,另一方提供资金进行房地产项目建设而使房地产权属发生变化的行为,是一种房地产(　　)行为。
   A. 出让　　B. 资金借贷　　C. 转让　　D. 租赁

5. 下列行为中,不属于房地产有偿转让的是(　　)。
   A. 房地产抵债　　　　　　　　　B. 房地产继承
   C. 房地产作价入股　　　　　　　D. 房地产买卖

6. 房地产转让当事人在房地产转让合同签订后(　　)日内,向房地产所在地的房地产管理部门提出申请,并申报成交价格。
   A. 15　　B. 30　　C. 60　　D. 90

7. 以(　　)方式取得出让土地使用权的权利人,其实际使用年限不是出让合同约定的年限,而是出让合同约定的年限减去原土地使用权已经使用年限后的剩余年限。
   A. 土地使用权出让　　　　　　　B. 房地产出租
   C. 房地产转让　　　　　　　　　D. 房地产抵押

8. 房地产赠与属于(　　)。
   A. 双务行为,即买卖双方均享有一定权利
   B. 单务行为,即买卖双方均享有一定权利
   C. 双务行为,即受让人不需承担任何义务
   D. 单务行为,即受让人不需承担任何义务

9. 《预售管理办法》第6条规定:"商品房预售实行许可制度。开发企业进行商品房预售,应当向房地产管理部门申请预售许可,取得《商品房预售许可证》。未取得《商品房预售许可证》的,(　　)进行商品房预售。"
   A. 不得　　B. 可以　　C. 允许　　D. 能够

10. 李斌与武汉长江房地产开发公司签订了商品房预售合同,合同约定建筑面积为$100m^2$。后经过有关部门批准,李斌所预购商品房产权登记建筑面积为$93m^2$。其面积误差比的绝对值为(　　)。
    A. −3%　　B. 3%　　C. −7%　　D. 7%

11. 预售商品房登记备案制度是一种针对房地产开发企业的(　　)制度。
    A. 非强制性　　B. 强制性　　C. 半强制性　　D. 随意性

12. 《城市房地产管理法》规定:"商品房预售的,商品房预购人将购买的未竣工的预

售商品房现行转让的问题，由（　　）规定。"

A. 国务院　　　　　　　　　　　　B. 全国人民代表大会常委会
C. 住房和城乡建设部　　　　　　　D. 国土资源部

13. （　　）是指房地产开发商企业（以下统称出卖人）或代销商与买受人签订的，由开发商或代销商承诺向买受人到期交付房屋，买受人支付购房款的合同。

A. 商品房买卖合同　　　　　　　　B. 商品房买卖协议
C. 商品房预售协议　　　　　　　　D. 商品房预售合同

14. 商品房买卖当事人应当在合同中就保修范围、保修期限、保修责任等内容做出约定，其保修期从（　　）起计算。

A. 商品房竣工之日　　　　　　　　B. 商品房竣工验收之日
C. 商品房竣工验收合格之日　　　　D. 商品房交付之日

15. 杭州市某房地产开发商销售给张三一套商品房，合同约定建筑面积$110m^2$，售价4000元/m^2，张三交付了全部价款。买卖双方对面积误差的处理方式未做约定。若该商品房产权登记的建筑面积为$100m^2$，张三选择不退房，则该房地产开发商应当返还张三购房款（　　）元。

A. 40000　　　　B. 53600　　　　C. 66800　　　　D. 80000

16. 以已出租的房地产抵押的，抵押人应将租赁情况告知（　　）。

A. 抵押登记部门　　　　　　　　　B. 租赁登记备案部门
C. 借款人　　　　　　　　　　　　D. 抵押权人

17. 商品房预售合同登记备案应由（　　）办理。

A. 房地产开发商
B. 房地产销售代理机构
C. 商品房预购人
D. 房地产开发商和商品房预购人共同

18. 甲与乙订立了租期为35年的房屋租赁合同。依据我国《合同法》的规定，该合同中关于租期的约定（　　）。

A. 20年以下均有效　　　　　　　　B. 25年以下均有效
C. 30年以下均有效　　　　　　　　D. 35年以下均有效

19. 王、赵二人各以20%与80%的份额共有1间房屋，出租给汪某，现王某欲将自己的份额转让，下列表述中正确的是（　　）。

A. 赵、汪都有优先购买权，赵的优先购买权优先于汪的优先购买权
B. 赵有优先购买权，汪没有优先购买权
C. 汪有优先购买权，赵没有优先购买权
D. 赵、汪都有优先购买权，两人处于平等地位

20. 无正当理由拖欠房租（　　）个月以上的，属于由于租赁双方的原因而使合同终止的情形。

A. 1　　　　　B. 3　　　　　C. 5　　　　　D. 6

21. 在租赁合同中，承租人经出租人的同意，将租赁物转租给第三人时，如果第三人对租赁物造成损失的，应当如何赔偿损失？（　　）

A. 应当由承租人赔偿损失

B. 应当由承租人与第三人按份承担损失

C. 应当由第三人赔偿损失

D. 应当由承租人与第三人连带赔偿损失

22. 以已出租的房地产抵押的,抵押人应将租赁情况告知(　　)。
    A. 抵押登记部门　　　　　　　　　　B. 租赁登记备案部门
    C. 借款人　　　　　　　　　　　　　D. 抵押权人

23. (　　)是指房屋承租人将承租的房屋再出租的行为。
    A. 房屋出租　　B. 房屋承租　　C. 房屋批租　　D. 房屋转租

24. 某公司以一宗房地产先向甲银行申请抵押贷款,同时办理了抵押登记,后又以该房地产同乙银行申请抵押贷款,也办理了抵押登记。贷款到期后,该公司无力还款,依法定程序拍卖,拍卖所得款(　　)。
    A. 甲银行优先受偿
    B. 按两家银行的债权数额大小确定受偿顺序
    C. 乙银行优先受偿
    D. 按两家银行的债权比例受偿

25. 甲大学为了筹集建设资金,拟将建有教学大楼的房地产向银行抵押以获取贷款,该教学大楼的建设资金是财政拨款。对此,下列说法正确的是(　　)。
    A. 该房地产可以抵押
    B. 该房地产不能抵押
    C. 房屋不可以抵押,但土地可以抵押
    D. 房屋可以抵押,但土地不能抵押

26. 折价处置抵押房地产的,应当参照(　　)。
    A. 原购买价　　B. 重建价格　　C. 重置价格　　D. 市场价格

27. 房屋抵押权自(　　)之日起生效。
    A. 抵押合同签订　　　　　　　　　　B. 抵押合同生效
    C. 抵押权登记　　　　　　　　　　　D. 核发他项权利证书

28. 下列关于"抵押权设立后抵押房屋出租",表述错误的是(　　)。
    A. 该租赁关系可以对抗已登记的抵押权
    B. 抵押权实现后,租赁合同对受让人不具有约束力
    C. 抵押人将已抵押的房屋出租时,如果抵押人未书面告知承租人该房屋已抵押的,抵押人对出租抵押物造成承租人的损失承担赔偿责任
    D. 抵押人将已抵押的房屋出租时,如果抵押人已书面告知承租人该房屋已抵押的,抵押权实现造成承租人的损失由承租人自己承担

29. 在一手个人住房交易时,在借款人购买的房屋没有办好抵押登记之前,由(　　)提供阶段性或全程担保。
    A. 经纪公司　　　　　　　　　　　　B. 有担保能力的第三人
    C. 借款人　　　　　　　　　　　　　D. 开发商

30. 个人住房贷款抵押合同自(　　)之日起生效。
    A. 合同签订　　B. 借款合同生效　　C. 抵押登记　　D. 债权生效

三、多项选择题（每题的备选答案中，有两个或两个以上符合题意）

1. 《中华人民共和国城市房地产管理法》规定，房地产交易包括（   ）。
   A. 房地产转让   B. 房地产抵押
   C. 房地产开发   D. 房地产权属登记
   E. 房屋租赁

2. 《中华人民共和国城市房地产管理法》规定的房地产交易基本制度有（   ）。
   A. 房地产价格申报制度   B. 经济适用住房只售不租制度
   C. 房地产价格评估制度   D. 房地产经纪人职业资格认证制度
   E. 房地产价格评估人员资格认证制度

3. 房地产价格评估，应当遵循公正、公平、公开的原则，按照国家规定的技术标准和评估程序，以（   ）为基础，参照当地的市场价格进行评估。
   A. 基准地价   B. 各类房屋的重置价格
   C. 标定地价   D. 各类房屋的租赁价格
   E. 各类房屋的抵押价格

4. 下列不属于房地产有偿转让的是（   ）。
   A. 房地产买卖   B. 房地产入股
   C. 房地产继承   D. 房地产抵债
   E. 房地产赠与

5. 下列房地产项目中，不得转让的有（   ）。
   A. 已支付全部土地出让金并取得建设用地使用权证书的成片开发工业用地
   B. 已完成开发投资总额35%的高档公寓项目
   C. 已支付全部土地出让金，尚未取得建设用地使用权证书的成片开发建设用地
   D. 少数共有人已书面表示不同意转让的共有房产
   E. 未竣工已取得《商品房预售许可证》的商品房

6. 房地产开发企业申请商品房预售许可证，必须提交的要件包括（   ）。
   A. 国有建设用地使用权证书   B. 工程施工合同
   C. 房屋拆迁许可证   D. 建设工程施工许可证
   E. 建设工程规划许可证

7. 商品房销售中，禁止的行为包括（   ）。
   A. 返本销售
   B. 实名制购房
   C. 成套住宅分割拆零销售
   D. 未取得商品房预售许可证收取定金
   E. 预购人将购买的期房再行转让

8. 关于商品房预售，下列判断正确的是（   ）。
   A. 房屋预售，必须交付全部土地使用权出让金，取得土地使用权证书
   B. 房屋预售，必须持有建设工程规划许可证或者施工许可证
   C. 按提供预售的商品房，投入开发建设的资金达到工程建设总投资额的三分之一以上

D. 按提供预售的商品房，投入开发建设的资金达到工程建设总投资额的四分之一以上

E. 预售房屋，必须已经确定施工进度和竣工交付日期

9. 当房屋涉及转让、抵押、租赁时，房地产中介机构不应接受代理的房屋有（   ）。

　　A. 权属有争议的　　　　　　　　　　B. 权利人住院治疗的
　　C. 房屋被司法机关查封的　　　　　　D. 未取得房地产权证的
　　E. 权利人在国外定居的

10. 房屋租赁合同人为终止的情形有（   ）。

　　A. 将承租的房屋擅自转租
　　B. 因不可抗力导致合同不能履行
　　C. 公有住房无正当理由闲置6个月以上
　　D. 根据合同约定可以解除合同条款
　　E. 承租人无正当理由，拖欠房屋租金6个月以上

11. 孙某夫妇于2005年承租胡某的一套房屋，租期5年。2006年孙某夫妇的儿子因无房可住，遂搬来与父母一起生活，并照看父母。2007年5、6月间孙某夫妇相继去世。同年7月胡某在未做任何通知的情况下，将这套房屋出售给朋友张某。张某在办理了房产转移之后，要求收回房屋，孙某的儿子因无房可搬而予以拒绝。下列关于本案的说法正确的有（   ）。

　　A. 孙某的儿子作为承租人的同住人，有权继续承租该房屋直到合同终止
　　B. 因为承租人已经死亡，所以孙某的儿子无权拒绝搬出房屋
　　C. 因为胡某在出售房屋之前没有通知孙某的儿子，所以孙某的儿子有权主张胡某与张某的买卖合同无效
　　D. 张某购买房屋之后，有义务继续履行该租赁合同
　　E. 因为承租人已经死亡，所以租赁合同终止

12. 下列情形中，属于人为原因造成房屋租赁合同终止的有（   ）。

　　A. 将承租的房屋擅自改变使用用途的
　　B. 租赁合同到期的
　　C. 将承租的房屋擅自转借他人使用的
　　D. 因不可抗力致使房屋租赁合同不能继续履行的
　　E. 无正当理由，拖欠房租3个月以上的

13. 《物权法》规定房地产抵押权实现的方式有（   ）。

　　A. 抵押权人可以与抵押人协议以拍卖、变卖抵押房地产所得的价款优先受偿
　　B. 抵押权人直接向人民法院提起诉讼
　　C. 抵押权人与抵押人未就抵押权实现方式达成协议的，抵押权人可以请求人民法院拍卖抵押房地产
　　D. 按合同约定将抵押房地产转移给抵押权人
　　E. 抵押权人与抵押人未就抵押权实现方式达成协议的，抵押权人可以请求人民法院变卖抵押房地产

14. 下列房地产中，不得抵押的有（   ）。

　　A. 集体所有的土地使用权

B. 村办企业厂房
C. 列入城市房屋拆迁范围的房屋
D. 宅基地
E. 已经设定抵押权的房地产

15. 下列关于房地产抵押规定的表述中，正确的有（　　）。
    A. 村办企业的厂房可以抵押
    B. 以两宗以上房地产设定同一抵押权的，视为同一抵押房地产
    C. 公立学校的教学楼因本校扩建实验室可以抵押
    D. 抵押人将已出租的房屋抵押的，租赁合同在有效期内对抵押物的受让人继续有效
    E. 同一房地产不得设定两个以上抵押权

16. 当抵押人与债务人不是同一人时，债务履行期届满抵押权人未受清偿的，抵押权人可以按（　　）方式处理抵押房地产。
    A. 与抵押人协商折价抵债　　　　B. 自行拍卖
    C. 与债务人协商变卖　　　　　　D. 将抵押物直接过户给自己
    E. 向人民法院提起诉讼

17. 某房地产开发公司将其拥有的房地产抵押给银行，以担保未来3年连续获得总额1.2亿元的贷款额度，下列表述中，正确的有（　　）。
    A. 该抵押是最高额抵押
    B. 该抵押属一般房地产抵押
    C. 若银行实际发放了1.5亿元贷款，其优先受偿价款为1.2亿元
    D. 若银行实际发放了1.5亿元贷款，其优先受偿价款为1.5亿元
    E. 该抵押可以不经登记即产生合同效力

18. 下列关于房地产抵押规定的表述中，错误的有（　　）。
    A. 学校教育设施以外的房地产可以为第三人提供担保
    B. 抵押人死亡，其合法继承人应当继续履行原抵押合同
    C. 同一财产不得向两个以上的债权人抵押
    D. 在建工程不得为第三人提供担保
    E. 以集体所有制企业的房地产抵押，必须经该企业职工代表大会通过

四、思考题

1. 简述房地产交易的概念及其法律特征。
2. 我国房地产交易的一般制度有哪些？
3. 房地产转让的基本法律规定有哪些？
4. 简述房地产转让的禁止性规定。
5. 简述房地产转让的程序。
6. 什么是商品房预售？商品房预售需要具备哪些条件？
7. 什么是商品房现售？房地产现售需要具备哪些条件？
8. 商品房预售的主要程序是什么？
9. 简述房屋租赁的条件。

10. 简述房屋出租人和承租人各自的权利和义务。
11. 什么是房屋转租？它有哪些特征？
12. 房地产抵押的概念与法律是什么？
13. 设定抵押权的注意事项有哪些？
14. 简述房地产抵押的范围。
15. 简述抵押房地产处分所得的分配顺序。

五、案例分析题

1. 案例：2005年原告刘某经朋友介绍，决定将坐落于江河市的一幢私有房屋卖给王某。5月5日，在中间人张某、李某在场的情况下，刘某与王某签订了房屋买卖协议，约定房屋价款为8万元，王某当天即向刘某交付了5万元，在王某未交齐房款时，刘某即表示反悔，曾拒收王所欠的房款，但在后来，经中间人说合，刘某又接受了王交给他的3万元房款，5月17日，在王某要求刘某办理房产转移手续时，刘以卖房时未通知四邻，四邻已向他提出意见为由，正式通知王某房子不卖了。王某认为双方已签订了协议，且按协议约定交付了房款，房屋产权就是自己的。2005年6月10日，王某强行搬入了该房，2005年7月2日，刘某向法院提起诉讼，要求判令房屋买卖无效，王某搬出该房。在诉讼期间，王某将房屋进行了整修。

问题：（1）刘某与王某之间的房屋买卖行为是否有效？为什么？
（2）你认为本案应该如何处理？

2. 案例：2004年8月20日，王某向刘某借款45000元，双方签订了借款抵押协议并办理了登记，约定于2005年4月20日还本付息，王某以其所有的一幢二层楼房作为借款抵押物。借款期满后，刘某多次向王某催还借款，王某始终借口推脱不还。2005年7月21日，王某又将上述抵押房屋连同附属物品以42000元的价格变卖给了张某，并办理了房屋产权转移手续。刘某得知情况后即向法院起诉，要求判令王某与张某之间的房屋买卖关系无效。

问题：（1）刘某与王某之间的借款抵押协议是否有效？
（2）王某与张某之间的房屋买卖行为是否有效？
（3）你认为本案应该如何处理？

第7章
房地产市场管理法律制度

> **教学目标**

　　房地产市场管理是通过对市场活动的研究制定市场规则来规范市场行为。当前,面对房地产交易主体的多元化、交易信息的网络化、交易活动的市场化,如何顺应形势,在传统管理模式的基础上创新思维,建立科学、合理、规范、高效的房地产市场管理运行体系,是房地产市场管理部门应该认真考虑和解决的问题。通过本章的学习,应达到以下目标。

　　(1)了解房地产市场的分类、国家对土地市场的价格管理相关制度。
　　(2)掌握房地产中介服务机构的管理、房地产估价师执业资格制度、房地产中介服务行业信用档案制度;掌握住房公积金制度的相关政策。
　　(3)熟悉和理解房地产价格评估制度和成交价格申报制度相关规定。

> **教学要求**

知识要点	能力要求	相关知识
房地产市场管理概述	(1)了解房地产市场的分类 (2)掌握房地产市场的参与主体 (3)熟悉房地产市场的概念和特性	(1)房地产市场的概念 (2)一级市场、二级市场和三级市场 (3)房地产市场主体
房地产买卖合同管理	(1)了解房地产买卖合同概念、特征和分类 (2)掌握房地产买卖合同有效和成立条件 (3)熟悉商品房买卖合同相关内容	(1)房地产买卖合同概念 (2)房地产买卖合同有效和成立条件 (3)商品房买卖合同
房地产市场价格管理	(1)了解国家对土地市场的价格管理相关制度,基准地价、标定地价和各类房屋的重置价格定期公布制度 (2)掌握房地产价格评估制度相关规定 (3)熟悉房地产成交价格申报制度规定	(1)基准地价、标定地价、重置价格 (2)房地产价格评估 (3)房地产成交价格申报
房地产中介服务	(1)了解房地产中介服务体系的构成,房地产中介机构设立的条件,以及房地产价格评估和房地产经纪人执业资格制度有关规定 (2)掌握房地产中介服务的含义,房地产中介服务业务管理的内容 (3)熟悉房地产中介机构的权利和义务	(1)房地产中介服务 (2)房地产咨询从业人员、房地估价师、房地产经纪人 (3)房地产中介机构设立
住房公积金管理	(1)了解住房公积金的性质、特点 (2)掌握住房公积金的归集、提取和使用,住房公积金的利率政策和税收政策 (3)熟悉住房公积金管理的基本原则	(1)住房公积金的性质、特点 (2)住房公积金的缴存、提取、使用、管理和监督

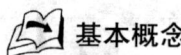 **基本概念**

房地产市场；房地产市场主体；合同管理；商品房买卖合同；基准地价；标定地价；重置价格；价格评估；成交价格；房地产咨询；房地产估价；房地产经纪；住房公积金。

 **引言**

这些年，迅速发展的房地产行业乱象丛生。从设计、建设到销售、管理，各种问题不断挑战人们的承受底线，刺激社会情绪。畸高不下的房价、不时曝出的黑幕运作、一抓一堆的"房多多"，反映出我们的经济结构和分配秩序存在不少问题。有人靠权力、靠投机，动辄拥有十几套、几十套乃至上百套房，轻松坐拥巨额财富；普通百姓却要么沦为"房奴"，要么"望楼却步"。巨大的心理落差、贫富差距在这里集中、激化。显然，房地产畸形发展不只是经济问题，还是社会问题，任其发展下去，将给我国经济社会发展埋下巨大风险隐患。细究这种种乱象，可以说是权力和资本的不正当结合使然。从市场建立之初，房地产行业的制度设计便不够完善，加之后天管理不够严格，导致在这个行业，谁只要能跟权力挂上钩，能够跟金融资本挂上钩，谁就能获得巨额利润。资本追逐的永远只是利益，为此它可以无所不为。若再与权力结合，更是后患无穷。住房是关系国计民生的大事，影响着社会稳定。特别是在今天的中国，城镇化快速发展，房地产市场需求巨大，尤其要规范，必须要用制度的笼子圈住其中的权力和资本，加以严格看守。所有的房地产市场参与者，包括开发商、购房者、金融机构以及相关政府部门，都应该被置于强有力的监管之下，接受制度的约束。

7.1 房地产市场管理概述

如今房地产市场问题已不再仅仅是某个行业的问题，或者说不是一个纯粹的经济问题，而上升为国民普遍关心的社会问题。作为房地产开发商、投资者或为其提供顾问服务的专业人员，要想准确地分析房地产市场的现状、把握房地产市场的未来发展趋势及其对房地产投资的影响，有必要了解房地产市场的基本情况。

7.1.1 房地产市场的概念和特性

房地产既然是商品，也只有通过市场出租或出售，才能最终转移到消费者或使用者手中，实现其价值和使用价值。

1. 房地产市场的概念

房地产市场是指国有土地使用权出让、转让、出租、抵押和城市房地产转让、房地产抵押、房屋租赁等交易活动的总称。土地和房屋这两种生产要素（也是生活要素），已逐步成为市场经济的重要组成部分。房地产经济学中对房地产市场的定义，则是指当前潜在的房地产买者和卖者，以及当前的房地产交易活动。一个完整的房地产市场是由市场主体、客体、价格、资金、运行机制等因素构成的一个系统。

与一般市场相同，房地产市场也是由参与房地产交换的当事者、房地产商品、房地产交易需求、交易组织机构等要素构成的。这些要素反映着房地产市场运行中的种种现象，决定并影响着房地产市场的发展与未来趋势。房地产市场与商品市场、金融市场、劳务市场、技术市场、信息市场、企业产权转让市场、期货市场一起形成全国统一的、开放的市场体系。

2. 房地产市场的特性

房地产市场具有一般市场的共性，如要求贯彻"平等、自愿、公平、诚实信用"的原则；但作为一类特殊商品交换，它又具有自己的若干特性。

（1）综合功能：房地产是房产与地产的总称，既可以用作生活资料，又可以用作生产要素，因而形成综合功能市场。

（2）多级市场：房地产交易既包括土地使用权的出让（一级市场）以及出让后的转让、抵押、租赁（二级市场），还包括土地使用权出让（一级市场）后的房地产开发经营（二级市场）以及投入使用的房地产的买卖、抵押和房屋的租赁（三级市场）等，由此形成多层次的市场。

（3）法定形式：房地产市场是房地产权益的交易市场。房地产市场交易的对象实际上是附着在每一宗具体房地产上的权益（或权利）而不是土地或物业本身。这些权利往往还受到各种事先约定的条件限制，如须给其他人以通行权、须受城市规划和建筑条例的约束等。因此，房地产交易活动属于严格的要式法律行为。凡土地使用权和房屋所有权的转移，都必须依照法律规定到当地房地产行使主管部门办理登记手续。

（4）国家适度干预：对房地产市场实行国家宏观调控，与此同时充分运用市场竞争机制，既要规范化，又要放开搞活。

7.1.2 房地产市场的分类

依据房地产交易中的产权关系，可将房地产市场划分为一级市场、二级市场和三级市场。

1. 一级市场

一级房地产市场又称土地一级市场（土地出让市场），是土地使用权出让的市场，即国家通过其指定的政府部门将城镇国有土地或将农村集体土地征用为国有土地后出让给使用者的市场。《土地储备管理办法》第22条规定："储备土地完成前期开发整理后，纳入当地市、县土地供应计划，由市、县人民政府国土资源管理部门统一组织供地。"房地产一级市场是由国家垄断的市场。政府作为土地唯一的所有者，具有垄断性，表现为政府与土地使用者的纵向交易行为。一级市场包括土地使用权的出让和土地使用权的租赁。

2. 二级市场

二级房地产市场又称增量房地产市场，是指生产者或者经营者把新建、初次使用的房屋向消费者转移，主要是生产者或者经营者与消费者之间的交易行为。比如新建商品房的销售和商业地产的出租等；或者直接将土地使用权再转让，投向市场进行交易流通。

3. 三级市场

三级房地产市场又称存量房地产市场，是购买房地产的单位和个人再次将房地产转让或租赁的市场。也就是房地产再次进入流通领域进行交易而形成的市场,也包括房屋的交换,比如二手房的转让市场。

在我国房地产三级市场中,一级房地产市场占据最重要的地位,是二、三级市场的前提和基础,一级市场决定着土地的价格和供给量,起导向作用。二、三级是交易者之间的横向交易,是一级市场的延伸,能够促进房地产市场的发展与繁荣。

7.1.3 房地产市场的参与主体

房地产市场主体亦即房地产市场的参与者,主要由市场中的买卖双方以及为其提供支持和服务的人员或机构组成。这些参与者分别涉及房地产的开发建设过程、交易过程和使用过程。每个过程内的每一项工作或活动,都是由一系列不同的参与者来分别完成的。按照在房地产领域的生产、交易和使用过程中所涉及角色的大致顺序,逐一加以介绍,将有助于对房地产市场的把握。应该指出的是,由于所处阶段的特点不同,各参与者的重要程度是有差异的,也不是每一个过程都需要这些人或机构的参与(图7.1)。

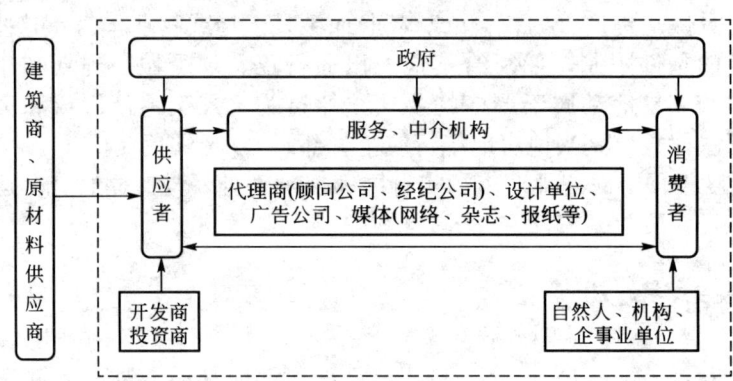

图 7.1 房地产市场主体的组成及相互关系

(1) 房地产供应者:即指房地产交易中的房地产让渡方,向房地产市场提供交易对象的供给者。按提供的交易对象的差异供给主体又分为两类:①房地产所有者,这类市场主体,一般来说向市场提供的交易对象是所有权,在某些特定情况下,也向市场提供经营使用权、租赁权、抵押权等。在土地国有制或集体所有制条件下,国家或集体经济组织作为土地所有者成为土地市场供给主体,在土地私有制条件下,土地私有者成为供给主体;②房地产产品(房屋)的提供者,如建筑商、原材料供应商。

(2) 房地产消费者:房地产交易中的受让方,即指通过交易所得房地产所有权、使用权(及其租赁权、抵押权等)的受让者。

(3) 房地产经营主体:在房地产市场上直接从事房地产商品化经营的经济组织,如各类房地产开发企业。经营主体开展活动的全过程包括相互联系、互为条件的两个环节:一是从市场上获得房地产作为经营活动的基本条件;二是将开发、建设好的房地产提供给市场出售或出租,以获得相应的收益。

(4) 房地产交易服务、中介机构(经纪人):在房地产市场交易中,在房地产供给主体和需求主体之间起媒介和桥梁作用的,是具有法人资格的机构或个人。服务、交易中介机构是房地产市场中的一个不可或缺的构成要素。在活跃房地产经营、提高房地产交易效率等方面，发挥着越来越重要的作用。

（5）政府：在我国，政府垄断了国有土地使用权出让的一级市场，当前的土地使用者也对有关土地的交易有着至关重要的影响。政府及政府机构在参与房地产市场运行的过程中，既有制定规则的权力，又有监督、管理的职能，在有些方面还会提供有关服务。

7.2 房地产买卖合同管理

近年来，我国房地产业发展迅猛，交易市场持续活跃，但情势变化与立法滞后、交易活跃与制度缺失、宏观调控与市场失范之间的矛盾日渐突出，导致房地产（商品房）买卖合同纠纷案件成为社会投诉热点和关注焦点。

7.2.1 房地产买卖合同概述

1. 房地产买卖合同的概念

房地产买卖合同是由房管局统一编制，用以明确买卖双方权利和义务的协议，所有的商品房销售都须签订此合同。目前，不管是内销的房产合同还是外销的都需要做公证。房地产买卖合同是买房人同卖房人之间签订的一种具有法律效力的文本合同。卖房人一般指的是房地产开发商。

房屋买卖合同是一方转移房屋所有权于另一方，另一方支付价款的合同。转移所有权的一方为出卖人或卖方，支付价款而取得所有权的一方为买受人或者买方。

2. 房地产买卖合同特征

房地产买卖合同具有以下特点。

（1）该合同以房地产为标的物。房地产买卖合同只能以房地产为标的，房地产具有不同于其他一般商品的特殊性，这决定了房地产买卖合同具有其特殊和复杂的一面。

（2）该合同是一方转让房屋所有权及其土地使用权的权利，另一方则以支付货币为对价，否则就不是房地产买卖合同，而是其他合同。

（3）该合同处分的是房屋所有权及其土地使用权。房地产买卖合同与其他买卖合同的不同之处在于房屋是附着于土地上的不动产，房屋所有权转移时，根据房地产权利一致的原则，土地使用权也随之转移。

（4）房地产买卖合同是法律所规定的一种要式合同。房地产买卖合同不同于一般的买卖合同，标的物所有权的转移不以交付为标志，而是以办理相关的房产过户手续作为标志，也就是说该合同处分权利的结果是以房地产行政主管部门进行房地产权属登记并依法确认房屋归属关系为要件。房地产买卖合同必须是书面合同，而不能是口头合同。

3. 房地产买卖合同分类

按照不同的标准，房地产买卖合同可以划分不同的类别。

（1）按转移产权的内容不同，可分为土地使用权的买卖和房屋所有权及土地使用权的买卖。这种分类的意义在于法律对转让的限制条件不同：以出让方式取得的土地使用权，受让方必须依照土地出让合同约定的期限和条件对土地进行投资开发后，方可出让；除此之外，国家严禁以任何方式对土地使用权倒买倒卖；对以出让方式取得的土地上建有房屋的房地产的转让，只要不在法律规定的禁止转让之列，均可自由买卖。

（2）按房地产的性质不同，可分为商品房的买卖、公有房屋和经济适用房的买卖和私房买卖。这种分类的意义在于法律规定的符合买卖的条件不同。商品房买卖专指由房地产开发企业建设的用于出售的住宅、商业用房以及其他建筑物。《商品房销售管理办法》、《城市商品房预售管理办法》专门规定了商品房买卖的条件。公有住房和经济适用房买卖的主体资格有严格的规定；《已购公有住房和经济适用房上市出售管理暂行办法》对已购公有住房和经济适用房出售条件做出了规定；除此之外，已经取得合法产权证书的私有房地产，只要不在法律规定的禁止转让之列，均可自由买卖。

7.2.2 房地产买卖合同的成立

房地产买卖合同成立的条件如下。

1. 房地产买卖合同成立的一般要件

当事人订立合同，采取要约、承诺方式。要约是希望和他人订立合同的意思表示，该意思表示内容具体确定，并表明经受要约人承诺，要约人即受该意思表示约束。承诺是受要约人同意要约的意思表示。承诺生效时合同成立。

2. 房地产买卖合同成立的特殊要件

房地产买卖合同应当采用书面形式，故书面形式为房地产买卖合同成立的特殊要件。当事人采用合同书形式订立合同的，自双方当事人签字或者盖章时合同成立。

3. 房地产买卖合同成立的行为承诺

法律、行政法规规定或者当事人约定采用书面形式订立合同，当事人未采用书面形式但一方已经履行主要义务，对方接受的，该合同成立。采取合同书形式订立合同，在签字或者盖章之前，当事人一方已经履行主要义务，对方接受的，该合同成立。

4. 缔约过失责任

假借订立房地产买卖合同，恶意进行磋商；故意隐瞒与签订房地产买卖合同有关的重要事实或者提供虚假情况；房地产买卖合同订立过程中有其他违背诚实信用原则的行为给对方造成损失的，应当承担损害赔偿责任。

当事人泄露或者不正当使用在房地产买卖合同订立过程中知悉的商业秘密给对方造成损失的，应当承担损害赔偿责任。

7.2.3 房地产买卖合同的有效

实践中房屋买卖纠纷时有发生。房屋买卖纠纷涉及产权、价款、原承租户的利益等多种问题，但都离不开买卖合同的有效性问题。房地产买卖行为是一种特殊标的买卖的民事行为，其行为不仅要符合国家制定的调整不动产方面的法律法规，同时买卖行为要发生法律效力也应符合民法和合同法规定的一般民事法律行为的构成要件，买卖合同行为才合法有效。

1. **房地产买卖合同有效的基本要件**

（1）房地产买卖主体具有完全民事行为能力。参与房地产交易的公民和法人，应具有相应的民事行为能力。作为房地产买卖主体的公民，必须是完全民事行为能力人，限制民事行为能力人或无民事行为能力人不能直接参与房地产交易（限制民事行为能力人签订的合同，经其法定代理人追认后，该合同有效）。

（2）房地产买卖主体的意思表示真实。房地产买卖合同主体之间的意思表示不仅要一致，而且要真实。由于合同双方对于买卖房地产（商品房）的真实情况的信息的知情不对称，承购方往往处于弱势地位。因此出售方应按照买卖合同所规定的有关内容向承购方真实、完整地披露有关承购方所要购买的房地产（商品房）的真实情况。特别是预售，承购方不可能真实地感受到商品房的客观存在，也不可能对商品房做任何的评价，所以这就更要要求出售方按照诚实信用的原则履行自己的告知义务，以保护承购方的合法权益。也只有如此，承购方才能在知情的基础上做出自己真实的意思表示。意思表示不真实，可能导致房地产买卖合同无效（或者成为可变更、撤销的合同）。

（3）合同内容的合法性。合同内容不违反法律、行政法规的强制性规定，且不损害社会公共利益。如果购房者通过划拨取得的国有土地使用权，其房屋转让必须办理土地使用权出让手续，或者将其中的土地收益按规定上缴国家，否则不得买卖。

（4）合同形式的合法性。房地产买卖合同涉及金额较大，履行期限较长，且内容比较复杂。为保护当事人合法权益，我国相关的法律法规规定，双方应当签订书面合同并履行登记备案手续。例如，《城市房地产开发经营管理条例》明确规定"商品房销售，当事人双方应当签订书面合同"，我国《城市房地产管理法》规定，商品房预售合同签订后，"商品房预售人应当按照国家有关规定将预售合同报县级以上人民政府房产管理部门和土地管理部门登记备案"。

2. **有效的房地产买卖合同**

只有符合法律规定的生效条件的房地产买卖合同，才是有效的合同，否则有可能不仅无效而且会受到法律的制裁。

3. **无效的房地产买卖合同**

有下列情形之一的，房地产买卖合同无效。

（1）无民事行为能力人订立的；根据我国《民法通则》的规定，无民事行为能力人由其法定代理人代理实施民事行为，因此，无民事行为能力人的房地产买卖均由其法定代理人代理签订合同，由他们独立签订的房地产买卖合同属无效合同。

（2）一方以欺诈、胁迫的手段订立合同，损害国家利益的。

（3）恶意串通，损害国家、集体或者第三人利益的。

（4）以合法形式掩盖非法目的。

（5）损害社会公共利益。

（6）违反法律、行政法规的强制性规定。

无效的房地产买卖合同自始没有法律约束力。

4. 效力待定的房地产买卖合同

限制民事行为能力人订立的合同、不具有代理权限的人订立的合同以及无处分权的人订立的房地产交易合同等，属于效力待定的合同。

行为人没有代理权、超越代理权或者代理权终止后以被代理人名义订立的合同，未经被代理人追认，对被代理人不发生效力，由行为人承担责任。被代理人追认的，则对被代理人生效。

无处分权的人处分他人财产，经权利人追认或者无处分权的人订立合同后取得处分权的，该合同有效。

5. 可变更、撤销的房地产买卖合同

因重大误解订立的，在订立合同时显失公平的房地产交易合同，第三人一方有权请求人民法院或者仲裁机构变更或者撤销。

一方以欺诈、胁迫的手段或者乘人之危，使对方在违背真实意思的情况下订立的合同，受损害方有权请求人民法院或者仲裁机构变更或者撤销。

6. 房地产买卖合同的生效

房地产买卖合同生效是指已经成立的房地产买卖合同对当事人发生法律约束力。有效的房地产买卖合同才能生效。

有效的房地产买卖合同可分为依法成立时立即生效的合同和符合法定和约定特殊生效条件时生效的合同。商品房买卖合同自双方签字盖章之日起生效。在签订合同时，合同双方应仔细阅读合同的各项条款，明确每一条款的真实意思表示。出卖人除加盖公章外，其法定代表人或委托代理人应当在合同上签字；买受人为单位的，其法定代表人（负责人）或委托代理人也应当在合同上签字。为防止合同对方换页，买卖双方应在合同的每一页上签字或者加盖专用的骑缝章。

当事人对合同的效力可以约定附条件。附生效条件的合同，自条件成就时生效；附解除条件的合同，条件成就时失效。房地产买卖合同当事人对合同的效力可以约定附期限。附生效期限的合同，自期限届至时生效；附终止期限的合同，自期限届满时失效。

法律、行政法规规定应当办理批准、登记等手续生效的，依照其规定。

7.2.4 商品房买卖合同

商品房买卖合同是指房地产开发企业将尚未建成或者已经竣工的房屋向社会销售，转移房屋所有权于买受人，买受人支付价款的合同。商品房销售时，房地产开发企业和买受人应当订立书面商品房买卖合同。

1. 商品房买卖合同的特征

（1）出卖人的特定性。出卖人应当是具有城市房地产开发经营资质的房地产开发企业。

（2）标的物的特殊性。交易的标的物是房屋，而且房屋可能是现实存在的，也可能是现实并不存在、将来建造的房屋。

（3）出售行为的社会化、公开化。开发企业销售的房屋，并不是明确指向某个购买人，而是向社会公开销售，面向的群体有不特定性。

2. 商品房买卖合同的主要内容

商品房买卖合同应当包括以下主要条款。

（1）买卖合同的双方当事人：买方和卖方。

（2）标的物的基本情况：合同应载明标的物即房地产的坐落、地号、产权所有人、产权证号、土地使用权取得方式、土地使用性质、房屋建筑面积、占用土地面积、房屋结构、四至界限、附着物、附图等。

（3）如系出让土地，应载明剩余使用年限。

（4）房地产成交价格。

（5）房地产价金的币种、支付期限和方式。合同应载明以人民币或某一特定外币支付房地产价金，一次性或分期支付以及最后付清的期限。

（6）定金：双方可以在合同中约定定金。定金可以充抵房地产价金。给付定金的一方不履行合同的，无权请求返还定金，接受定金的一方不履行合同的，应当双倍返还定金。

（7）房地产交付时间。

（8）卖方的产权保证条款。卖方保证出卖的房地产权属清楚，若发生与卖方有关的产权纠纷或债权债务，一概由卖方负责处理，并承担民事诉讼责任，因此给买方造成的经济损失，卖方负责赔偿。

（9）违约责任。双方可以约定违约时应支付一定比率或数额的滞纳金。

（10）税费负担。在办理房地产过户手续时应缴纳的税费，由双方按规定各自承担。

（11）纠纷的解决。双方可以在合同中约定纠纷的解决方法。

（12）生效条件。

（13）其他约定的条款。

3. 计价方式

商品房销售有按套（单元）计价、按套内建筑面积计价和按建筑面积计价 3 种方式。产权登记需要按建筑面积进行登记，按套、套内建筑面积计价并不影响用建筑面积进行产权登记。

商品房建筑面积由套内建筑面积和分摊的共有建筑面积组成，套内建筑面积部分为独立产权，分摊的共有建筑面积部分为共有产权，买受人按照法律、法规的规定对其享有权利，承担责任。

按套（单元）计价或按套内建筑面积计价的，商品房买卖合同中应当注明建筑面积和分摊的共有建筑面积。

4. 中途变更规划、设计

房地产开发企业应当按照批准的规划、设计建设商品房。商品房销售后，房地产开发企业不得擅自变更规划、设计。

经规划部门批准的规划变更、设计单位同意的设计变更导致商品房的结构型式、户型、空间尺寸、朝向变化，以及出现合同当事人约定的其他影响商品房质量或者使用功能情形的，房地产开发企业应当在变更确立之日起 10 日内，书面通知买受人。

买受人有权在通知到达之日起 15 日内做出是否退房的书面答复。买受人在通知到达之日起 15 日内未做书面答复的，视同接受规划、设计变更以及由此引起的房价款的变更。房地产开发企业未在规定时限内通知买受人的，买受人有权退房；买受人退房的，由房地产开发企业承担违约责任。

5. 保修责任

买受人购买的商品房为商品住宅的，将《住宅质量保证书》作为合同的附件。出卖人自商品住宅交付使用之日起，按照《住宅质量保证书》承诺的内容承担相应的保修责任。

买受人购买的商品房为非商品住宅的，双方应当以合同附件的形式详细约定保修范围、保修期限和保修责任等内容。

在商品房保修范围和保修期限内发生质量问题，出卖人应当履行保修义务。因不可抗力或者非出卖人原因造成的损坏，出卖人不承担责任，但可协助维修，维修费用由购买人承担。

7.3 房地产市场价格管理

在房地产市场中，价格问题是一个至关重要的问题，它不仅涉及房地产交易双方当事人的利益，而且涉及到国家税费的征收和宏观调控政策的落实。由于价格是房地产市场运行健康与否的一个重要信号，国家必须适时掌握房地产市场运行状态，从而及时进行正确调控。

7.3.1 基准地价、标定地价和各类房屋的重置价格定期公布制度

基准地价是指按照不同的土地级别、区域分别评估和测算的商业、工业、住宅等各类用地的使用权的平均价格。基准地价主要反映地价总体变化趋势和较稳定的各级、各类土地使用权的平均价格，是国家对土地使用权价格进行宏观控制、管理和引导房地产市场中土地使用权价格的依据；同时又是国家征收土地使用税、参与土地收益分配、防止各地竞相压价和地价狂涨的衡量标准。

标定地价是指对需要进行土地使用权出让、转让、抵押的地块评定的具体价格，它是以基准地价为依据，根据市场行情、地块大小、形状、容积率、微观区位和土地使用年限等条件评定的具体某一块地块在某一时间的价格。标定地价为地方人民政府管理土地使用权的价格、防止土地使用权价格的暴涨暴跌、维持合理的地价水平提供了依据。标定地价要求准确，尽量接近市场价格。

房屋的重置价格是指按照当前的建筑技术、工艺水平、建筑材料价格、人工和运输费用等条件，重新建造同类结构、式样、质量标准的房屋的价格。由于房屋的建筑结构、式样、质量不同，所以现实生活中不可能存在适用于所有房屋的重置价格，而只能存在各类房屋的重置价格。房屋的重置价格，对于房屋拆迁中的价格补偿等，具有十分重要的现实意义。

上述 3 种价格在房地产交易中有重要作用，因此，《城市房地产管理法》第 32 条规定，基准地价、标定地价和各类房屋的重置价格应当定期确定并公布。定期确定和公布基准地价、标定地价和各类房屋的重置价格，就是指城市人民政府或者其授权的部门应当根

据经济和社会发展的情况，在一定的时期内评定基准地价、标定地价和各类房屋的重置价格，并予以公布。具体来讲，就是城市人民政府或者其授权的部门每隔一段时间，按照不同的土地级别、区域分别评估和测算的商业、工业、住宅等各类用地的使用权的平均价格，并予以公布，即定期确定和公布基准地价；根据市场行情、地块大小、形状、容积率、微观区位和土地使用年限等条件评定的具体某一块地块在某一时间的价格，并予以公布，即定期确定和公布标定地价；按照当前建造同类结构、式样、质量标准的房屋价格，并予以公布，即定期确定和公布各类房屋的重置价格。

7.3.2 房地产价格评估制度

所谓房地产价格评估制度，是指遵循公正、公平、公开的原则，按照国家规定的技术标准和评估程序，以基准地价、标定地价和各类房屋的位置价格为基础，参照当地的市场价格对房地产的合理价格进行科学估算的制度。我国《城市房地产管理法》第33条规定："国家实行房地产价格评估制度。"之所以如此规定，是因为公正、科学的房地产估价，是房地产交易顺利进行的基础，是维护房屋拆迁当事人合法权益的重要保障，是防范房地产信贷风险的有效屏障，是确定房地产损害赔偿金额的必要前提，是公平课税的有力依据。

在我国，全国城市房地产价格评估的管理工作由国务院建设行政主管部门负责；县级以上地方人民政府房地产行政主管部门负责本行政区内城市房地产价格评估的管理工作。

1. 房地产价格评估程序

房地产估价必须遵守有关的法律、法规、规章和政策规定，严格执行价格标准和估价程序，实行现场评估、按质论价。根据原建设部颁布施行的《城市房地产市场估价管理暂行办法》的有关规定，房地产市场估价应当依照下列程序进行。

(1) 申请估价。当事人应当依照该《办法》第6条的规定，向估价机构或估价事务所递交估价申请书。估价申请书应当载明下列内容：①当事人的姓名（法人代表）、职业、地址；②标的物的名称、面积、坐落；③申请估价的理由、项目和要求；④当事人认为其他需要说明的内容。估价申请书应当附有标的物的产权证书和有关的图纸、资料或影印件。

(2) 估价受理。估价机构或估价事务所收到估价申请书后，应当对当事人的身份证件、标的物的产权证书及估价申请书进行审查。对符合条件者，交由估价人员承办。每个估价项目的承办，不得少于两名估价人员。

(3) 现场勘估。承办人员应当制订估价方案，对标的物进行实地勘测评估，核对各项数据和有关资料，调查标的物所处环境状况并做好详细记录。

(4) 综合作业。承办人员应综合各种因素进行全面分析，提出估价结果。

书面估价结果应包括以下内容：①估价的原因，标的物名称、面积、结构、地理位置、环境条件、使用情况，所处区域城市规划现状及发展前景，房地产市场行情；②标的物及其附着物质量等级评定；③估价的原则、方法、分析过程和估价结果；④必要的附件，包括估价过程中作为估价依据的有关图纸、照片、背景材料，原始资料及实际勘测数据等；⑤其他需要说明的问题。

估价结果书应由承办人员亲自签名。估价结果书由承办估价业务的估价机构或估价事务所签署意见并加盖单位公章后，书面通知当事人。

2. 房地产价格评估应该考虑的因素

房地产价格是众多影响房地产价格的因素相互作用的结果，是这些因素相互影响汇聚而成的。因此，房地产估价人员必须熟练地掌握各种影响房地产价格的因素以及它们是如何影响房地产价格的。各种影响房地产价格的因素对房地产价格的影响方向是不尽相同的，有的因素降低房地产的价格，有的因素则提高房地产的价格。影响房地产价格的因素主要有以下几种。

（1）供求状况：供给和需求是影响价格的两个最终因素。其他一切因素，要么是通过影响供给来影响价格，要么是通过影响需求来影响价格。房地产价格与需求成正比，与供给成反比。

（2）物理因素：所谓物理因素是指那些对房地产价格有影响的反映房地产自身的自然物理情况的因素。它又分为以下几类。

① 位置：各种经济活动和生活活动对房地产位置都有不同需求，位置的优势直接影响房地产所有者的收益。

② 地力：它有两种解释，即土地的肥力或土地的承载力，它影响地价的高低。

③ 地形地势：土地形状的规则或地势的高低都影响地价。

④ 日照：对房地产来说，就是采光。采光的好坏是影响房地产价格的重要因素。

⑤ 通风、风向、风力。

⑥ 天然的周期性的灾害。

⑦ 建筑物的外观、内部设计的合理性等都会影响房地产价格。

（3）环境因素：所谓影响房地产价格的环境因素，是指房地产周围的状况对房地产价格的影响，如噪声，空气污染程度，开阔度，清洁度，绿化度等。

（4）行政因素：影响房地产价格的行政因素是指有关房地产价格的制度、政策、法规、行政措施等方面的因素。例如，土地制度、住房制度、城市发展规划、房地产价格政策、税收、交通管制、行政隶属的变更等都对房地产价格有影响。

（5）经济因素：包括一定区域里的经济发展、物价波动、居民收入状况等。

（6）人口因素：包括人口数量、人口素质、家庭规模等。

（7）社会因素：包括治安状况、社会治安程度、房地产投机、城镇化程度。

（8）心理因素：包括购买或出让的心态、欣赏趣味、时尚风气；讲究风水、讲究门牌号码等。

（9）国际因素：包括国际经济状况、军事冲突情况、政治对立状况、国际竞争能力等方面。

（10）其他因素：如一些个性原因，某个重要人物的去世，某个人急于变卖房地产而用于其他方面，或者说天灾人祸。

3. 房地产估价中常用的方法

房地产价格的估定应借助科学的估价方法进行，不能单纯凭借估价人员的经验。从已掌握的国内外情况来看，房地产估价方法很多。

（1）市场比较法：所谓市场比较法，是在求取估价对象房地产的价格时，将估价对象房地产与在较近时期内已经发生了交易的类似房地产加以比较对照，从已经发生了交易的类似房地产的已知价格，修正得出估价对象房地产真实、客观、合理的价格的一种估价方法。该方法是一种比较常用、成熟的估价方法。

（2）成本估价法：所谓成本估价法，是一种以建造房地产所需耗费的各项费用之和为基础，再加上一定的利润和应纳税金等来确定房地产价格的估价方法。成本估价法的理论依据，从买方的角度看是替代原理，即买方愿意支付的价格不能高于他重新建造该房地产所花费的费用。若从卖方角度看是该房地产的价值论，即卖方愿意接受的价格不能低于他为之建造时所花的费用，否则，他就认为亏本，不愿意出卖。成本估价法在各种估价方法中有特殊的用途，它特别适用于独立的、比较狭小的市场上无法利用市场比较法进行估价的房地产。例如，既无收益又很少出现买卖情况的学校、公园等公共建筑、公益设施的估价。

（3）收益法：所谓收益法是一种运用适当的资本化率，将未来的纯收益折算为现值的估价方法。收益法又称为投资法、资本化法、纯收益还原法等。其基本思想是：由于房地产的耐用期限相当长久，因此占用某一房地产，不仅现在能取得一定的纯收益，而且能长时间继续、确实取得这个纯收益。这样，这一处房地产价格就相当于这样一个货币额，如果将货币存起来，它可以生息，它的收益如同此房的收益，那么，这一货币额就可视为该宗房地产的价格。操作方法是：先求取总收益，其次是计算总费用，然后由收益减去总费用后得出纯收益，再决定资本化率，最后选用具体的计算公式即可求得估价额。收益法只适用于有收益或有潜在收益的房地产，对于政府机关、学校、公园等公用设施就不太适用。

估价方法还有假设开发法、长期趋势法、购买年法、路线价法等。每种估价方法都有它的适用范围和基本原理以及相关的计算公式，这里就不一一介绍了。

7.3.3 房地产成交价格申报制度

房地产成交价格不仅关系当事人之间的财产权益，而且也关系着国家的税费收益。因此，加强房地产交易价格管理对于保护当事人合法权益和保障国家的税费收益，促进房地产市场健康有序发展，有着极其重要的作用。

《城市房地产管理法》第34条规定，国家实行房地产成交价格申报制度。房地产权利人转让房地产，应当向县级以上地方人民政府规定的部门如实申报成交价，不得瞒报或者做不实的申报。2001年8月原建设部发布的《城市房地产转让管理规定》（原建设部令第96号，以下简称《转让管理规定》）中也规定："房地产转让当事人在房地产转让合同签订后90日内持房地产权属证书、当事人的合法证明、转让合同等有关文件向房地产所在地的房地产管理部门提出申请，并申报成交价格"；"房地产转让应当以申报的成交价格作为缴纳税费的依据。成交价格明显低于正常市场价格的，以评估价格作为缴纳税费的依据"。这些规定为房地产成交价格申报制度提供了法律依据，如实申报房地产成交价格是交易当事人的法定义务，是房地产交易受法律保护的必要条件之一。

房地产权利人转让房地产、房地产抵押权人依法处分抵押房地产，应当向房屋所在地县级以上地方人民政府房地产管理部门如实申报成交价格，由国家对成交价格实施登记审验后，才予办理产权转移手续，取得确定的法律效力。这一规定改变了原来计划经济体制下价格由国家确定或审批的管理模式，实行交易双方自愿成交定价、向房地产管理部门申报价格的制度。房地产管理部门在接到价格申报后，如发现成交价格明显低于市场正常价格，应当及时通知交易双方，并不要求交易双方当事人更改合同约定的成交价格，但交易双方应当按不低于房地产行政主管部门确认的评估价格缴纳有关税费，然后才可为其办理房地产交易手续，核发权属证书。房地产经纪人在代办有关交易手续时，应坚持如实申报，不可迁就当事人意愿瞒价申报，避免可能的房地产交易纠纷及由此引发的含税收征管在内的一系列法律责任，防范执业风险。

如果交易双方对房地产管理部门确认的评估价格有异议，可以要求重新评估。重新评估一般应由交易双方和房地产管理部门共同认定的房地产评估机构执行。交易双方对重新评估的价格仍有异议，可以按照法律程序，向人民法院提起诉讼。通过对房地产成交价格进行申报管理，既能防止房地产价格大起大落，又能有效防止交易双方为偷逃税费对交易价格做不实的申报，保证国家的税费不流失。

7.3.4 国家对土地市场的价格管理相关制度

《城市房地产管理法》第12条规定，采取双方协议方式出让土地使用权的出让金不得低于按国家规定所确定的最低价。

（1）国家对协议出让国有土地使用权采取最低限价。《城市房地产管理法》第12条规定，采取双方协议方式出让土地使用权的出让金不得低于按国家规定所确定的最低价。

（2）政府对土地使用权的转移有优先购买权。《城镇国有土地使用权出让和转让暂行条例》第26条规定："土地使用权转让价格明显低于市场价格的，市、县人民政府有优先购买权。"

（3）政府对地价上涨进行干预。《城镇国有土地使用权出让和转让暂行条例》第26条规定："土地使用权转让的市场价格不合理上涨时，市、县人民政府可以采取必要的措施。"

（4）征收土地增值税。《中华人民共和国土地增值税暂行条例》第1条规定，征收土地增值税为了规范土地、房地产市场交易秩序，合理调节土地增值收益，维护国家权益。

7.4 房地产中介服务

在城市生活，房价高涨，买房不易，房子的确是个让人幸福，也让人感到沉重的话题。特别是在租房或者买二手房时，和房产中介公司"过招"似乎是绕不过去的弯，但对于大多数想购房、却又处于信息弱势地位的消费者来说，这个"交道"可真不怎么好打。尤其是备受诟病的"吃差价"行为，让购房者防不胜防。

7.4.1 房地产中介服务概述

随着我国房地产市场的发展，房地产中介服务活动日益成为房地产活动中最活跃的环节，特别是《城市房地产管理法》颁布实施后，房地产中介服务行业的法律地位得到确认。房地产中介服务对促进我国房地产市场的快速健康发展，以及房地产交易市场、资本市场等要素市场体系的发育和发展起到不可替代的作用。

1. 房地产中介服务的概念及特征

房地产中介服务是指具有专业执业资格的人员在房地产投资、开发、销售、交易等各个环节中，为当事人提供居间服务的经营活动，是房地产咨询、房地产价格评估、房地产经纪等活动的总称。

房地产咨询是指为从事房地产活动的当事人提供法律、法规、政策、信息、技术等方面服务的经营活动。

房地产估价是指专业房地产估价人员根据特定的估价目的，遵循公认的估价原则，按照严谨的估价程序，运用科学的估价方法，在对影响房地产价值的因素进行综合分析的基础上，对房地产在特定时点的价值进行测算和判定的活动。

房地产经纪是指以收取佣金为目的，为促成他人房地产交易而从事居间、代理等经纪业务的经济活动。

房地产中介服务主要有3个特点。

（1）人员特定。从事房地产中介服务的人员必须是具有特定资格的专业人员，并不是所有的人都可以从事房地产中介服务活动或提供房地产中介服务。这些特定资格的专业人员都有一定的学历和专业经历，并通过了专业资格考试，掌握了一定的专业技能。

（2）委托服务。房地产中介服务是受当事人委托进行的，并在当事人委托的范围内从事房地产中介服务活动，提供当事人所要求的服务。

（3）服务有偿。房地产中介服务是一种服务性的经营活动，委托人一般都应按照一定的标准向房地产中介服务机构支付相应的报酬、佣金。

2. 房地产中介服务的内容

房地产中介服务内容很广，主要包括房地产咨询、房地产估价、房地产经纪这三大类。

房地产咨询又可分为法规类咨询（为从事房地产活动的当事人提供法律、法规、政策咨询）、信息类咨询（如市场调查、市场信息分析等）、技术类咨询（如投资项目可行性研究论证、营销策划等）等。

房地产价格评估又称房地产估价，其业务范围越来越广泛，无论是房地产买卖、租赁、交换、抵押、课税、入股、保险、征收、征用、拆迁补偿、分割析产、司法诉讼，还是企业的合资、合作、租赁经营、股份制改组、破产清算、结业清算都需要房地产估价。房地产估价的对象包括土地、在建工程、建筑物、构筑物等。

房地产经纪又可分为房地产居间、房地产代理和主要以代理为主兼有行纪色彩的房地产包销等。

7.4.2 房地产中介服务人员资格管理

对房地产中介服务人员进行资格管理，是为了保证房地产中介服务人员的基本素质和服务质量，维护房地产中介服务市场的秩序，有利于提高房地产中介服务的水平，更好地促进房地产业的发展。

1. 房地产咨询从业人员的资格管理

房地产咨询从业人员是指为房地产活动当事人提供法律法规、政策、信息、技术等方面服务的人员。

房地产咨询从业人员必须是具有房地产及相关专业中等以上学历，有与房地产咨询业务相关的初级以上专业技术职称并取得考试合格证书的专业技术人员。房地产咨询人员的考试办法，由省、自治区人民政府建设行政主管部门和直辖市房地产管理部门制订。

2. 房地产价格评估人员的资格管理

房地产价格评估人员，是指对房地产进行测算、评定其经济价值和价格的人员。

国家实行房地产估价人员执业资格认证和注册登记制度。凡从事房地产评估业务的单位，必须配备有一定数量的房地产估价师。房地产价格评估人员分为房地产估价师和房地产估价员。

房地产估价师必须是经国家统一考试、执业资格认证，取得《房地产估价师执业资格证书》，并经注册登记取得《房地产估价师注册证》的人员。房地产估价师执业资格注册有效期一般为3年，有效期满前3个月，持《房地产估价师注册证》者应当到原注册机关重新办理注册手续。再次注册时，应有受聘单位考核合格和知识更新、参加业务培训的证明。

未取得《房地产估价师注册证》的人员，不得以房地产估价师的名义从事房地产估价业务。房地产估价师的作业范围包括房地产估价、房地产咨询以及与房地产估价有关的其他业务。房地产估价师承办业务，由其所在单位统一受理并与委托人签订委托合同。房地产评估费用由所在单位统一收取。房地产估价师与委托人有利害关系的，应当回避，委托人也有权要求其回避。

房地产估价员必须是经过考试并取得《房地产估价员岗位合格证》的人员。未取得《房地产估价员岗位合格证》的人员，不得从事房地产估价业务。房地产估价员的考试办法，由省、自治区人民政府建设行政主管部门和直辖市房地产管理部门制订。

3. 房地产经纪人的资格管理

房地产经纪人是指为委托人提供房地产信息和居间代理业务的人员。

我国房地产经纪人员职业资格分为房地产经纪人执业资格和房地产经纪人协理从业资格两个层次。

1) 房地产经纪人执业资格考试及其注册管理

房地产经纪人执业资格实行全国统一大纲、统一命题、统一组织的考试制度，由人事部、建设部共同组织实施，原则上每年举行一次。凡中华人民共和国公民，遵守国家法律、法规，已取得房地产经纪人协理资格，并达到规定的学历和工作年限，均可报名参加房地产经纪人执业资格考试。考试合格人员，由省级人事部门颁发人事部统一印制，人事部、建设部共同用印的《中华人民共和国房地产经纪人执业资格证书》。该证书全国范围有效，用人单位可根据工作需要聘请持证者任经济师职务。

房地产经纪人执业资格考试科目共有4个科目，包括"房地产基本制度与政策"、"房地产经纪概论"、"房地产经纪实务"和"房地产经纪相关知识"。考试成绩实行两年为一个周期的滚动管理。参加全部4个科目考试的人员必须在连续两个考试年度内通过应试科目。对已经取得房地产估价师执业资格的，报名参加房地产经纪人执业资格考试可免试"房地产基本政策与制度"科目，但必须在一个考试年度内通过其他3个应试科目。

取得《中华人民共和国房地产经纪人执业资格证书》的人员，经注册并取得《中华人民共和国房地产经纪人注册证》后,方能以房地产经纪人名义从事房地产经纪活动。

2)房地产经纪人协理从业资格考试及其注册管理

房地产经纪人协理从业资格实行全国统一大纲,由各省、自治区、直辖市命题并组织考试的制度。凡中华人民共和国公民,遵守国家法律、法规,具有高中以上学历,愿意从事房地产经纪活动的人员,均可报名参加房地产经纪人协理从业资格考试。考试合格人员,由各省、自治区、直辖市人事部门颁发人事部、建设部统一格式的《中华人民共和国房地产经纪人协理从业资格证书》。该证书在所在行政区域内有效。房地产经纪人协理从业资格注册登记管理工作由各省级房地产管理部门负责。

3)房地产经纪人员的权利和义务

房地产经纪人有权依法发起、设立或加入房地产经纪机构,承担房地产经纪机构关键岗位工作,指导房地产经纪人协理进行各种经纪业务,经所在机构授权订立房地产经纪合同等重要业务文书,执行房地产经纪业务并获得合理佣金。在执行房地产经纪业务时,房地产经纪人有权要求委托人提供与交易有关的资料,支付因开展房地产经纪活动而发生的成本费用,并有权拒绝执行委托人发出的违法指令。

房地产经纪人协理有权加入房地产经纪机构,在房地产经纪人的指导下,协助房地产经纪人处理经纪有关事务并获得合理的报酬。

房地产经纪人和房地产经纪人协理应当利用专业知识和职业经验处理或协助处理房地产交易中的细节问题,向委托人披露相关信息,诚实信用,恪守合同,完成委托业务,并为委托人保守商业秘密,充分保障委托人的利益。房地产经纪人和房地产经纪人协理必须接受职业继续教育,不断提高业务水平。

房地产经纪人和房地产经纪人协理只能注册、受聘于一个经纪机构,并以该房地产经纪机构的名义从事经纪活动,不得以房地产经纪人或房地产经纪人协理的身份从事经纪活动或在其他经纪机构兼职。未取得《注册房地产经纪人资格证》、《注册房地产经纪人协理资格证》的人员,一律不得从事房地产经纪活动。

经国家有关部门同意,获准在中华人民共和国境内就业的外籍人员及港、澳、台地区的专业人员,符合规定要求的,也可报名参加房地产经纪人员执业资格考试以及申请注册。

4. 律师的资格管理

律师是指依法取得律师执业证书,接受委托或者指定,为当事人提供法律服务的执业人员。律师执业资格是指具有律师资格的人员,在符合了国家规定的执业条件后,经司法行政机关批准,可以以律师名义从事律师业务。我国实行国家司法考试制度。

律师为社会提供法律服务的内容和范围:担任法律顾问;担任诉讼代理人;担任刑事辩护人;担任非诉讼代理,参与调解和仲裁;解答法律咨询,代写法律文书等,以维护当事人的合法权益,维护法律的正确实施。

律师执业应当取得《法律职业资格证书》和执业证书。

5. 公证员的资格管理

公证员是公证处独立办理公证事务的公证业务人员。其职责是受理、承办具体的公证事项,草拟、出具公证文书,并在公证书上署名。根据规定,公证员必须在公证处履行职务。

根据相关法律规定，担任公证员必须具备以下条件：具有中华人民共和国国籍；具有选举权和被选举权；年龄在25周岁以上65周岁以下；公道正派，遵纪守法，品行良好，具备良好的职业道德；通过国家司法考试；在公证机构实习两年以上或者具有三年以上其他法律职业经历并在公证机构实习一年以上，经考核合格。

从事法学教学、研究工作，具有高级职称的人员，或者具有本科以上学历，从事审判、检察、法制工作、法律服务满10年的公务员、律师，已经离开原工作岗位，经考核合格的，可以担任公证员。

担任公证员，应当由符合公证员条件的人员提出申请，经公证机构推荐，由所在地的司法行政部门报省、自治区、直辖市人民政府司法行政部门审核同意后，报请国务院司法行政部门任命，并由省、自治区、直辖市人民政府司法行政部门颁发公证员执业证书。

非公证人员不得从事房地产公证业务。

6. 对违法行为的惩戒

《刑法》第二百二十九条规定，承担资产评估、验资、验证、会计、审计、法律服务等职责的中介组织的人员故意提供虚假证明文件，情节严重的，处5年以下的有期徒刑或者拘役，并处罚金。前款规定的人员，索取他人财物或者非法收受他人财物，犯前款罪的，处5年以上10年以下有期徒刑，并处罚金；严重不负责任，出具的证明文件有重大失实，造成严重后果的，处3年以下有期徒刑或者拘役，并处或者单处罚金。

对伪造、涂改、转让《房地产估价师执业资格证》、《房地产估价师注册证》、《房地产估价员岗位合格证》、《房地产经纪人资格证》的，房管部门收回资格证书或公告资格证书作废，并可处以1万元以上3万元以下的罚款。

对未取得房地产中介资格擅自从事房地产中介业务的，县级以上房管部门责令其停止房地产中介业务，并可处以1万元以上3万元以下的罚款。

7.4.3 房地产中介服务机构管理

2004年7月1日《行政许可法》实施后，对房地产估价机构的管理主要从市场准入抓起，采取资格认证、资质分级与日常监督相结合的管理措施；而对房地产经纪、房地产咨询则主要通过行业组织自律的方式进行自我管理。

1. 房地产中介服务机构的设立

从事房地产中介服务业务的都应设立相应的房地产中介服务机构。设立房地产中介服务机构的条件有以下几种。

(1) 有自己的名称、组织机构：房地产中介服务机构应当有自己的名称，并以自己的名义从事房地产中介服务，享受权利，承担义务。房地产中介服务机构应当设立自己的组织机构，如设立房地产中介服务有限责任公司，应当具有股东会、董事会、监事会等机构。

(2) 有固定的服务场所：服务场所是指房地产中介服务机构进行业务活动的所在地。没有固定的服务场所，既不利于房地产中介服务机构开展业务活动，也不利于服务对象的监督和房地产中介服务主管部门的管理。

(3) 有规定数量的财产和经费：房地产中介服务机构在从事业务活动时，应有必要的设施(如办公用房、办公用品、交通工具、专业设备等)和经费。此外,房地产中介服务机构的自有财产也是其对外承担民事责任的基础。

(4) 有足够数量的专业人员:从事房地产咨询业务的,具有房地产及相关专业中等以上学历、初级以上专业技术职称人员须占总人数的50%以上;从事房地产估价业务的,须有规定数量的房地产估价师;从事房地产经纪业务的,须有规定数量的房地产经纪人。

(5) 法律、法规规定的其他条件:设立房地产中介服务机构,应当向当地工商行政管理部门申请设立登记,领取营业执照后,方可开业。房地产中介服务机构在领取营业执照后的一个月内,应当到登记机关所在地的县级以上房地产行政主管部门备案。

2. 房地产中介服务机构的义务

房地产中介服务机构是自主经营、自担风险、自我约束、自我发展、平等竞争的经济组织,在执业过程中应该遵循以下义务:遵守有关的法律、法规和政策;遵守自愿、公平、诚实信用的原则;按照核准的业务范围从事经营活动;按规定标准收取费用;依法交纳税费;接受行业主管部门及其他有关部门的指导、监督和检查。

3. 房地产估价机构的资质管理

为加强对房地产估价机构的管理、规范房地产估价行为,对房地产估价机构实行资质等级管理。房地产估价机构按照专业人员状况、经营业绩和注册资本等条件,资质等级分为一级、二级、三级,资质有效期为3年。资质证书分正本和副本,它们具有同等法律效力。资质证书遗失,应在公众媒体上声明作废后申请补办。新成立的房地产估价机构的资质等级按照最低等级核定,并设1年暂定期。

各资质等级通用标准如下。

(1) 机构名称要求:有房地产估价或者房地产评估字样。

(2) 法定代表人或执行合伙人要求:注册后从事房地产估价工作3年以上的专职注册房地产估价师。

(3) 专职注册房地产估价师股份或者出资额比例要求:有限责任公司的股份或者合伙企业的出资额中专职注册房地产估价师的股份或者出资额合计不低于60%。

(4) 经营场所要求:有固定的经营服务场所。

(5) 制度要求:估价质量管理、估价档案管理、财务管理等各项管理制度健全。

(6) 估价报告质量要求:随机抽查的1份房地产估价报告符合《房地产估价规范》的要求。

(7) 行为要求。在申请核定资质等级之日前3年内无《房地产估价机构管理办法》禁止的行为。禁止行为包括:①涂改、倒卖、出租、出借或者以其他形式非法转让资质证书;②超越资质等级业务范围承接房地产估价业务;③以迎合高估或者低估要求、给予回扣、恶意压低收费等方式进行不正当竞争;④违反房地产估价规范和标准;⑤出具有虚假记载、误导性陈述或者重大遗漏的估价报告;⑥擅自设立分支机构;⑦未经委托人书面同意,擅自转让受托的估价业务;⑧法律、法规禁止的其他行为。

国务院建设行政主管部门负责一级房地产估价机构资质许可。省、自治区人民政府建设行政主管部门、直辖市人民政府房地产行政主管部门负责二、三级房地产估价机构资质许可,并接受国务院建设行政主管部门的指导和监督。房地产估价机构应当由自然人出资,以有限责任公司或者合伙企业形式设立。

4. 房地产经纪机构备案公示制度

房地产经纪机构及所设的分支机构和交易保证机构应当自领取营业执照之日起 30 日内，到工商登记所在地的房地产管理部门备案，由房地产管理部门出具备案证明。房地产管理部门及时将已备案的房地产经纪机构的名称、住所、法定代表人、注册资本、注册房地产经纪人及房地产经纪人协理等信息向社会公布，供房地产交易当事人选择。

7.4.4 房地产中介业务管理

房地产中介服务机构的业务管理包括承办业务管理、中介服务行为的管理及财务管理。

1) 承办业务管理

房地产中介服务人员承办业务，应当由其所在房地产中介服务机构与委托人签订书面合同。中介服务人员不得以个人名义承揽业务，也不得以个人名义与委托人签订委托合同。房地产中介服务合同应包括以下主要事项：当事人姓名或名称、住所；中介服务项目名称、内容、要求和标准；合同履行期限；收费金额和支付方式、时间；违约责任和纠纷解决方式；当事人约定的其他内容。

在承办业务时，中介服务人员若与委托人、相关当事人有利害关系时，中介服务人员应当实行回避制度并主动告知委托人及所在中介服务机构。委托人也有权要求其回避。

房地产中介服务人员执行业务，可以根据需要查阅委托人的有关资料和文件，查看现场，委托人应当协助。经委托人同意，房地产中介服务机构可以将委托的房地产中介业务转让委托给具有相应资格的中介服务机构代理，但不得增加佣金。

2) 中介服务行为管理

房地产中介服务人员的权利与义务：①房地产中介服务人员执行业务可以根据需要查阅委托人的有关资料和文件，查勘业务现场和设施，委托人应当提供必要的协作；②对委托人提供的资料、文件，中介服务机构和中介服务人员有为委托人保密的义务，未经委托人同意不得转借相关资料、文件；③由于房地产中介服务人员失误给当事人造成经济损失的，由其所在中介服务机构承担赔偿责任，所在机构可以对有关人员追索。

房地产中介服务人员在房地产中介活动中不得有下列行为：①索取、收受委托合同以外的酬金或者其他财物，或者利用工作之便，牟取其他不正当的利益；②允许他人以自己的名义从事房地产中介业务；③同时在两个或者两个以上中介服务机构执行业务；④与一方当事人串通损害另一方当事人利益；⑤法律、法规禁止的其他行为。有上述行为之一的，房地产管理部门会同其他有关部门对责任者没收非法所得，并可处以罚款。

3) 财务的管理

房地产中介服务实行有偿服务。房地产中介服务机构为企事业单位、社会团体和其他社会组织、公民及外国当事人提供有关房地产开发投资、经营管理、消费等方面中介服务的应向委托人收取中介服务费。房地产中介服务机构在接受委托时应主动向当事人介绍有关中介服务的价格及服务的内容，出示收费标准。中介服务费必须由中介服务机构统一收取，并给缴费人开发票。在房地产中介服务活动中严禁只收费不服务、多收费少服务。

7.5 住房公积金管理

住房公积金是我国在城镇住房制度改革当中，借鉴国外经验并结合国情加以创造性发展应用的一种义务性长期储金制度。住房公积金制度的建立，对促进住房消费，支持职工购建自住住房，改善城镇住房条件起到了重要作用。1999 年，国务院颁布《住房公积金管理条例》，以行政法规的立法形式，将全国住房公积金制度的运作和管理纳入统一的法制化轨道。

7.5.1 住房公积金制度概述

住房公积金是指国家机关、国有企业、城镇集体企业、外商投资企业、城镇和私营企业及其他城镇企业、事业单位、民办非企业单位、社会团体（以下统称单位）及其在职职工缴存的长期住房储金。住房公积金是住房分配货币化、社会化和法制化的主要形式。住房公积金制度是国家法律规定的重要的住房社会保障制度。单位和职工个人必须依法履行缴存住房公积金的义务。

以住房公积金制度为基础，我国建立了政策性的住房金融，初步形成商业性和政策性并存的住房金融体系。

1. 住房公积金的性质

住房公积金本质属性是工资，是住房分配货币化的需要形式。

住房公积金的个人所有权是限制性所有权，职工对公积金的占有、使用、收益和处分 4 项权利的行使受到一定程度的限制。住房公积金未被提取之前，职工不能实际占有。

住房公积金由职工所在单位缴存到住房公积金管理中心，在受委托银行设立的专户统一管理，实现保值和增值，个人不能直接决定保值方法和收益率。

2. 住房公积金的特点

住房公积金制度具有普遍性、强制性、专用性、福利性、返还性的特点。

（1）普遍性：是指一个辖区内所有城镇在职职工及单位都必须缴存住房公积金。

（2）义务性：又称强制性，是指缴纳住房公积金是国家法规、政策规定的必要义务和基本权利，凡在职职工及其所在单位都需要按规定的缴存基数、缴交比例并按月缴存住房公积金。不按规定缴存住房公积金将承担规定的违法责任。

（3）专用性：是指住房公积金专门用于职工购买、建造、翻修、大修自住房屋，任何单位和个人不得挪作他用；住房公积金管理中心是管理住房公积金的唯一合法机构，其他任何单位不得擅自管存住房公积金。

（4）互助性：是指住房公积金具有储备和融通的特性，可集中全社会职工的力量，把个人较少的钱集中起来，形成规模效应。缴存住房公积金的人都具有使用住房公积金的权利，有房的人帮助无房的人，暂时不买房的人支持即期买房的人，通过所有职工互帮互助，达到提高或改善居住条件的目的。

（5）保障性：是指住房公积金定向用于职工住房，并可通过安全运作实现合理增值。

公积金增值收益除了提取贷款风险准备金和中心的管理费用之外,还作为城市廉租住房建设的补充资金,保障低收入人群的基本住房需求。

(6) 福利性:是指住房公积金在缴存者间具有互助性,缴存者购建自住住房享受低利率贷款,在职职工依法享有本单位资金匹配的权利,职工缴存的住房公积金存款利息免征个调税。

(7) 返还性:是指在一定条件下,职工的住房公积金本息将全部返还职工本人。

3. 住房公积金管理的基本原则

《住房公积金管理条例》规定,"住房公积金管理委员会决策、住房公积金管理中心运作、银行专户存储、财政监督"是住房公积金管理的基本原则,其目的是保障住房公积金规范管理和安全运作,实现保值、增值,维护住房公积金所有人的合法权益。

(1) 住房公积金管理委员会决策。住房公积金管理委员会由各地政府负责人,财政、建设等部门负责人,工会代表,专家组成。它主要决策:拟定住房公积金的缴存比例;审批住房公积金的筹集、使用计划;确定公积金最高贷款额度。

(2) 住房公积金管理中心运作。一个城市只建立一个中心;该中心在住房公积金管理委员会的领导下,履行管理运作职责,是住房公积金筹集、使用和管理的执行机构。作为事业单位,其工作不以营利为目的。

(3) 银行专户。住房公积金管理中心在住房公积金管理委员会指定的受委托银行设立住房公积金的专用账户。我国《住房公积金管理条例》规定,住房公积金归职工个人所有,不论是企业资金、国家财政拨款资金,还是单位为职工缴存的住房公积金,都为职工劳动报酬一部分,属于个人收入。住房公积金缴存多少,决定职工个人可使用住房公积金的多少。

(4) 财政监督是指住房公积金的运营和管理必须接受监督。对住房公积金运营和管理的监督是以财政监督为代表的一个完整的监督体系,包括财政、人民银行、审计、职工、单位和社会等方面,对住房公积金归集、提取和使用情况进行监督。

4. 住房公积金制度的作用

住房公积金制度作为法定的住房货币分配方式,是改革住房分配制度、把住房实物分配转变为货币工资分配的重要手段之一,通过增加职工工资当中的住房消费含量,实现分配体制的转换。

住房公积金制度建立了职工个人住房资金积累机制,增强了职工解决住房问题的支付能力,调整了职工消费结构,确保了职工住房消费支出,有利于扩大住房消费,增加住房有效需求。

住房公积金制度实行"低存低贷"原则,为缴存职工提供比商业贷款利率低的住房公积金个人住房委托贷款,住房公积金的部分增值收益用于城市廉租住房建设,为我国住房保障制度建设和完善政策性住房金融体系奠定了基础。

5. 住房公积金的缴存

职工个人缴存和单位匹配缴存的住房公积金,以职工本人上一年度的月平均工资总额为计算基数。住房公积金缴存比例实行下限和上限双控制。单位匹配和职工个人缴存的住房公积金,其比例均不得低于上一年度职工工资总额的5%,最高不得超过12%。职工和单位缴存比例合计超过 24％的部分，应按照国家税收政策规定纳税。

计算住房公积金缴存额的工资范围，按照国家统计局发布的《关于工资总额组成的规定》执行。工资总额包括计时工资、计件工资、奖金、津贴和补贴、加班加点工资、特殊情况下支付的工资共 6 个部分。内退职工及与单位存续劳动关系的下岗职工，住房公积金缴存基数按职工本人的工资、生活费等薪资收入计算。

住房公积金实行单位代扣代缴，职工所在单位应在每月发放工资后的 5 日内缴存至住房公积金管理中心指定的专户内。任何单位、个人不得以任何理由，将住房公积金截留、自行存放、挪作他用，违者将予以依法处理。

经济确有困难的单位，可以实事求是地申请降低缴存比例或缓交住房公积金。降缴、缓缴的办理程序如下。

(1) 单位将降缴、缓缴预案提交本单位职工代表大会或工会讨论通过。

(2) 单位根据职代会或工会的决议向当地住房公积金管理中心提出降缴或缓缴书面申请。

(3) 住房公积金管理中心对收到的申请审核后，报住房公积金管理委员会审批。

(4) 住房公积金管理委员会审查后，出具批复文件。

职工缴入住房公积金管理机构的住房公积金所产生的利息是职工个人法定收益，免征个人所得税。其计算办法是：当年归集的资金按结息日挂牌公告的活期存款利率计息，以往年度归集的资金按结息日挂牌公告的 3 个月定期整存整取利率计息；结算的利息收入转入职工本人在住房公积金管理机构的个人账户内。住房公积金的年度结息日为当年的 6 月 30 日。

6. 提取住房公积金的条件

按照《住房公积金管理条例》的规定，职工有下列情形之一的，可以提取职工本人住房公积金账户内的存储余额。

(1) 购买、建造、翻建、大修自住住房的。

(2) 离休、退休的。

(3) 完全丧失劳动能力，并与单位终止劳动关系的。

(4) 出境定居的。

(5) 偿还购房贷款本息的。

(6) 房租超出家庭工资收入的规定比例的。

依照前款第(2)、(3)、(4)项规定，提取职工住房公积金的，应当同时注销职工住房公积金账户。

职工死亡或者被宣告死亡的，职工的继承人、受遗赠人可以提取职工住房公积金账户内的存储余额；无继承人也无受遗赠人的，职工住房公积金账户内的存储余额纳入住房公积金的增值收益。

7.5.2 住房公积金个人住房委托贷款

个人住房公积金贷款与个人住房商业贷款是个人住房抵押贷款主要类别。住房公积金贷款是政府政策性贷款，是指由各地住房公积金管理中心运用住房公积金，委托银行向购买、建造、翻建、大修自住住房的公积金缴存人和在职期间缴存住房公积金的离退休职工发放的贷款。

住房公积金管理中心应当自受理申请之日起 15 日内做出准予贷款或者不准贷款的决定，并通知申请人；准予贷款的，由受委托银行办理贷款手续。

住房公积金贷款的风险由住房公积金管理中心承担。

1. 职工购建自住住房申请公积金贷款的基本条件

（1）具有常住户口或者有效居住证件。

（2）正常缴存住房公积金一年以上。

（3）具有稳定的经济收入、信用良好，有偿还贷款本息的能力。

（4）持有经住房公积金管理机构和受委托银行认可的、符合法律规定的购房合同（协议）或者建造、翻建住房的批准手续。

（5）有购买、建造、翻建或大修自住住房全部价款 30% 以上的自有资金。

（6）同意办理贷款抵押、找贷款人认可的还款证人。

2. 职工购买自住住房申请贷款的办理程序

（1）申贷者持正式购房合同和首付 30% 以上房款的凭证，到住房公积金管理机构领取《申请审批表》两份。

（2）申贷者按要求填写《申请审批表》并落实好贷款人认可的还款证人，将填好后的《申请审批表》一式两份送交当地住房公积金管理机构审核、审批。

（3）申贷者持住房公积金管理机构出具的放款通知书和已审批的《申请审批表》一份，到指定的委托银行办理借款手续。

3. 住房公积金贷款还款方式

住房公积金贷款采取每月（期）定额、定时委托扣款归还本息的还款方式。贷款满一年后，可申请大额还款，申请大额还款的次数在贷款期限内不超过 3 次；借款人可申请用夫妇双方的住房公积金大额归还住房公积金贷款。

本 章 小 结

本章首先阐述了房地产市场的概念、特性、分类和参与主体；其次，在分析房地产买卖合同的概念、特征和分类的基础上，论述了房地产买卖合同有效和成立的条件，重点介绍了商品房买卖合同的相关内容；第三，由于在房地产市场中，价格问题是一个至关重要的问题，为此，论述了基准地价、标定地价和各类房屋的重置价格定期公布制度，重点分析了房地产价格评估制度以及房地产成交价格申报制度，此外还介绍了国家对土地市场价格管理的相关制度；第四，阐述房地产中介服务的概念及特征、中介服务的内容，在房地产中介服务人员资格管理中分别介绍了房地产咨询从业人员、价格评估人员、房地产经纪人、律师、公证员等的资格认定和对违法行为的惩戒，此外，本章还阐述了房地产中介服务机构的设立、义务，房地产估价机构的资质管理和房地产经纪机构备案公示制度；最后，本章介绍了住房公积金的有关规定以及个人住房公积金贷款相关知识。

习 题

一、填空题

1. 房地产市场是指国有土地使用权出让、转让、出租、抵押和城市房地产转让、房地产抵押、（　　）等交易活动的总称。
2. 三级房地产市场又称（　　），是购买房地产的单位和个人，再次将房地产转让或租赁的市场。
3. 房地产买卖行为是一种特殊标的买卖的民事行为，其行为不仅要符合国家制定的调整不动产方面的法律法规，同时买卖行为要发生法律效力也应符合（　　）规定的一般民事法律行为的构成要件，买卖合同行为才合法有效。
4. 商品房销售有按套(单元)计价、按（　　）或者按建筑面积计价3种方式。
5. 房屋的（　　）是指按照当前的建筑技术、工艺水平、建筑材料价格、人工和运输费用等条件，重新建造同类结构、式样、质量标准的房屋的价格。
6. 所谓（　　），是一种以建造房地产所需耗费的各项费用之和为基础，再加上一定的利润和应纳税金等来确定房地产价格的估价方法。
7. 国家实行房地产估价人员执业资格认证和注册登记制度。凡从事房地产评估业务的单位，必须配备有一定数量的（　　）。
8. 房地产估价机构按照（　　）、经营业绩和注册资本等条件，资质等级分为一级、二级、三级，资质有效期为3年。
9. 住房公积金的个人所有权是（　　），职工对公积金的占有、使用、收益和处分4项权利的行使受到一定程度的限制。
10. 住房公积金贷款采取每月(期)定额、（　　）的还款方式。

二、单项选择题(每题的备选答案中，只有一个最符合题意)

1. 以下属于房地产三级市场交易的是（　　）。
    A. 房地产开发经营　　　　　　　B. 新建商品房的销售
    C. 房屋租赁　　　　　　　　　　D. 土地使用权出让
2. 一级土地市场是土地使用权的（　　）市场。
    A. 征收　　　　B. 划拨　　　　C. 转让　　　　D. 出让
3. 土地使用权转让价格明显低于（　　）的，市、县人民政府有优先购买权。
    A. 标定价格　　　　　　　　　　B. 出让价格
    C. 评估价格　　　　　　　　　　D. 市场价格
4. 为了防御地质灾害，甲房地产开发公司对已预售的房屋结构进行更改，如果该更改对购房者有利，则甲公司（　　）。
    A. 不必通知买受人　　　　　　　B. 可在交房时再告知买受人
    C. 应书面通知买受人　　　　　　D. 应公示通知买受人
5. 房地产估价报告应有至少（　　）名专职注册房地产估价师签字。
    A. 1　　　　　B. 2　　　　　C. 3　　　　　D. 4

6. 《中华人民共和国城市房地产管理法》规定，基准地价、标定地价和各类房屋重置价格应当定期确定并公布，具体办法由（　　）规定。
   A. 全国人大　　　　　　　　　　　　B. 国务院
   C. 国土资源部　　　　　　　　　　　D. 住房和城乡建设部
7. 我国的房地产成交价格申报制度要求房地产权利人转让房地产时应向（　　）如实申报成交价格。
   A. 县级人民政府　　　　　　　　　　B. 县级以上国土资源管理部门
   C. 县级税务征管部门　　　　　　　　D. 县级以上人民政府规定的部门
8. 下列关于房地产中介的表述中，错误的是（　　）。
   A. 房地产中介服务人员不得以个人名义承揽业务
   B. 房地产中介服务人员不得以个人名义与委托人签订委托合同
   C. 房地产中介委托合同的主要事项包括违约责任和纠纷处理方式
   D. 因房地产中介服务人员的过失给当事人造成经济损失的，房地产中介服务机构可以免责
9. 下列各种经济活动中，属于房地产经纪的是（　　）。
   A. 房地产咨询　　　　　　　　　　　B. 房地产代理
   C. 物业管理　　　　　　　　　　　　D. 房地产评估
10. 设立房地产中介服务机构，应当向当地（　　）管理部门申请设立登记。
    A. 工商行政　　B. 税务　　C. 建设行政　　D. 价格
11. 凡已经取得房地产估价师执业资格者，报名参加房地产经纪人执业资格考试可免试（　　）科目。
    A. "房地产经纪相关知识"　　　　　　B. "房地产经纪概论"
    C. "房地产经纪实务"　　　　　　　　D. "房地产基本政策与制度"
12. 新设立中介服务机构的房地产估价机构资质等级核定为三级资质，设（　　）年的暂定期。
    A. 1　　B. 2　　C. 3　　D. 5
13. 房地产中介服务机构的业务管理不包括（　　）。
    A. 薪酬管理　　　　　　　　　　　　B. 承办业务管理
    C. 中介服务行为管理　　　　　　　　D. 财务的管理
14. 住房公积金属于（　　）所有。
    A. 缴存住房公积金的单位　　　　　　B. 缴存住房公积金的职工
    C. 缴存住房公积金的单位及个人　　　D. 住房公积金管理中心
15. 住房公积金的本质属性是（　　）。
    A. 工资性　　B. 义务性　　C. 互助性　　D. 保障性
16. 住房公积金不具备的特点是（　　）。
    A. 义务性　　B. 互助性　　C. 普遍性　　D. 无偿性
17. 我国住房公积金制度实行的利率政策是（　　）。
    A. 低存低贷　　B. 低存高贷　　C. 高存低贷　　D. 高存高贷
18. 住房公积金管理的决策机构为（　　）。
    A. 住房公积金管理委员会　　　　　　B. 住房公积金管理中心

C. 财政管理部门　　　　　　　　　　D. 各级人民银行
19. 住房公积金缴存比例不应低于职工上一年度月平均工资的（　）。
   A. 5%　　　　B. 6%　　　　C. 10%　　　　D. 12%
20. 在丧失住房公积金缴存条件和（　）的情况下，职工可以提取住房公积金。
   A. 住房大修　　　　　　　　　　B. 支付医疗费
   C. 支付子女学费　　　　　　　　D. 生活消费需要

三、多项选择题（每题的备选答案中，有两个或两个以上符合题意）

1. 一个完整的房地产市场是由（　）等因素构成的一个系统。
   A. 市场主体与客体　　　　　　　B. 价格
   C. 技术环境　　　　　　　　　　D. 资金
   E. 运行机制
2. 房地产估价的基本方法有（　）。
   A. 成本法　　　　　　　　　　　B. 假设开发法
   C. 收益法　　　　　　　　　　　D. 路线价法
   E. 市场比较法
3. 一般来说，有利于增加所在地区房地产市场需求的因素有（　）。
   A. 城市化水平的提高　　　　　　B. 房地产本身价格的提高
   C. 消费者收入水平的提高　　　　D. 房地产开发建设的技术进步
   E. 房地产开发建设要素价格下降
4. 房地产中介服务合同应包括的主要事项有（　）。
   A. 当事人姓名或名称
   B. 当事人住所
   C. 当事人联系方式
   D. 中介服务项目名称、内容、要求和标准
   E. 合同履行期限
5. 房地产中介服务的主要特点包括（　）。
   A. 人员特定　　　　　　　　　　B. 专业化程度要求低
   C. 委托服务　　　　　　　　　　D. 无经营风险
   E. 有偿服务
6. 下列关于房地产经纪人执业资格考试，说法正确的是（　）。
   A. 房地产经纪人执业资格考试，原则上每年举行1次
   B. 房地产经纪人执业资格考试，原则上每两年举行1次
   C. 考试时间定于每年的第二季度
   D. 考试时间定于每年的第一季度
   E. 考试成绩实行两年为一个周期的滚动管理
7. 成立房地产经纪机构应具备的条件有（　）。
   A. 依法成立　　　　　　　　　　B. 有必要财产或经费
   C. 有自己的名称、组织机构和场所　D. 有主管部门
   E. 能够独立承担民事责任

8. 住房公积金管理的基本原则有（　　）。
   A. 住房公积金管理委员会决策　　B. 住房公积金管理中心运作
   C. 银行专户存储　　　　　　　　D. 业主委员会参与管理
   E. 财政监督
9. 下列不属于住房公积金缴存对象的有（　　）。
   A. 国家机关　　　　　　　　　　B. 外资企业
   C. 国有企业在职职工　　　　　　D. 国有企业退休职工
   E. 农村居民
10. 住房公积金缴存基数是职工本人上一年度月平均工资，共由（　　）等组成。
    A. 加班工资　　　　　　　　　　B. 住房补贴
    C. 计时或计件工资　　　　　　　D. 工会对职工的困难补助
    E. 职务津贴

四、思考题

1. 何谓房地产市场？
2. 房地产市场的参与者有哪些？其角色是什么？
3. 房地产买卖合同生效应具备哪些条件？合同生效与合同成立有何区别？
4. 房地产无效合同包括哪几种类型？
5. 简述基准地价、标定地价、房屋重置价格的概念。
6. 如何理解房地产中介服务的概念？
7. 房地产中介服务机构的设立条件有哪些？
8. 简述房地产中介服务机构的业务管理有哪些要求。
9. 简述住房公积金管理中心的职责。
10. 简述住房公积金管理委员会的职责。
11. 简述可以提取住房公积金账户内的存储余额的情形。

五、案例分析题

1. 案例：2005 年 5 月，张某与上海某置业有限公司签订购买某小区 9 幢某室的《上海市商品房预售合同》一份，约定：张某向上海某置业有限公司购买房屋一套，房屋总价为 1382430 元；张某购买该房屋的总房价款是指该房屋的产权和相应比例的土地使用权的总价格；签订本合同后，上海某置业有限公司不得擅自变更该房屋的建筑设计，确需变更的应当征得张某的书面同意并报规划管理部门审核批准；上海某置业有限公司未征得张某同意擅自变更该房屋的建筑设计，张某有权单方解除本合同；上海某置业有限公司不得擅自变更已与张某约定的小区平面布局，确需变更的应当征得张某书面同意；上海某置业有限公司未征得张某同意变更小区平面布局，张某有权要求上海某置业有限公司恢复，如不能恢复的，上海某置业有限公司应当向张某支付总房价款的 1% 违约金。

合同签订后，张某向上海某置业有限公司付清了房款，上海某置业有限公司向张某交付了房屋。但至 2011 年张某发现上海某置业有限公司正在建造的小区三期，其布局明显与原有规划及售房合同、售楼书有所差别。故张某将上海某置业有限公司诉至法院要求其承担违约责任。

问题：三期"新"规划已经政府部门审批，上海某置业有限公司是否仍需承担违约责任？请简单分析理由。

2. 案例：2012 年 8 月，王杰为购买房屋，由平安易居房产中介公司提供居间服务，带王杰看房，最终王杰看中其中一套 90m² 的小户型房，房价为 85 万，王杰对该房的户型结构、朝向、价款均表示满意，并与平安易居房产中介公司签订了《看房确认书》，承诺不和业主或第三方私下交易，否则按照总价款的 2.5％支付平安易居房产中介公司违约金。看房后，王杰觉得通过平安易居房产中介公司完成交易，需支付一笔"不菲"的费用，遂通过其他渠道与业主取得联系，最终完成交易。平安易居房产中介公司在要求王杰支付违约金未果的情况下，将王杰诉至法院。王杰辩称：双方只是签订了《看房确认书》，尚未签订正式的房屋买卖合同，故该《看房确认书》只是预约性质的合同，不具有法律效力，据此要求自己承担责任没有道理。

问题：你觉得法院应该如何判决？理由是什么？

第8章
物业管理法律制度

教学目标

物业管理兴起并流行于国际,成为现代化城市的朝阳产业,主要有两方面的原因:其一,城市化的发展,多层建筑与居住小区的出现使物业管理成为必要;其二,社会分工、所有权与管理权的分离加速物业管理的发展。老子云:"甘其食,美其服,安其居,乐其俗。"今人将建筑看做是凝固的音乐,物业管理法律制度就是现代建筑交响乐里精彩的乐谱,如何谱好曲子使其奏出和谐知音,我们任重而道远。通过本章的学习,应达到以下目标。

(1) 了解物业管理公司的设立及其机构设置,了解住宅小区和住宅管理、高层楼宇管理、房屋维修管理、房屋设备管理及物业综合管理的一般知识;了解物业管理的基本制度。

(2) 熟悉物业管理的基本概念、物业管理的基本内容。

(3) 掌握物业管理公司、业主、业主委员会三者间的关系及各自的权利义务。掌握物业服务收费的构成,住宅专项维修基金的性质、筹集使用、管理。

教学要求

知识要点	能力要求	相关知识
物业管理概述	(1) 了解物业管理的产生和发展,我国物业管理制度建设的历史前沿 (2) 掌握物业、物业管理的概念 (3) 熟悉物业管理的基本特征,《物业管理条例》建立的基本制度	(1) 物业、物业管理 (2) 物业管理的基本特征 (3) 物业管理起源与发展 (4)《物业管理条例》
物业管理服务	(1) 了解物业管理服务标准,物业使用与维护的有关规定 (2) 掌握物业管理服务的基本内容,物业服务成本的构成,包干制和酬金制收费形式 (3) 熟悉物业服务合同的主要内容	(1) 物业管理服务 (2) 包干制和酬金制 (3) 物业使用与维护 (4) 物业服务合同
物业管理实施与运作	(1) 了解成立业主大会的工作内容和程序,物业管理招投标,物业管理从业人员职业资格制度,物业承接查验的规定,物业服务企业资质的申报程序 (2) 掌握物业管理的主要阶段,业主大会的职责和表决规则,业主委员会的职责,管理(临时)规约的内容和法律效力 (3) 熟悉业主的权利和义务,物业服务企业资质管理的必要性	(1) 物业管理的策划阶段、前期准备阶段、启动阶段、日常运作阶段 (2) 物业服务企业资质管理 (3) 业主、业主大会、业主委员会 (4) 管理(临时)规约 (5) 物业管理招投标制度 (6) 物业承接查验制度 (7) 物业管理从业人员职业资格制度
住宅专项维修资金制度	(1) 了解住宅共用部位、共用设施设备的范围、挪用住宅专项维修资金的法律责任 (2) 掌握住宅专项维修资金的交存、使用 (3) 熟悉住宅专项维修资金的监督管理,住宅专项维修资金代管单位的义务	(1) 住宅专项维修资金的概念 (2) 住宅共用部位、共用设施设备 (3) 住宅专项维修资金的分摊规则

基本概念

物业；物业管理；业主；业主大会；业主委员会；物业服务企业；管理（临时）规约；物业服务合同；住宅专项维修资金。

引言

现在的人们早已不只是单纯地追求温饱了，而是要在充分享受物质财富的同时，更注重精神享受。物质的丰富，不只提高了人们的生活质量，同时在物业管理方面也引发一系列新问题，如高层物业的管理、物业小区内业主的个人财产与共有财产、公共设施的关系、物业小区由谁管理、如何管理、业主有什么权利又如何行使自己的权利、物业小区与当地相关职能部门的关系等。这些问题如不解决，势必会影响小区的人居环境、影响小区与社会的关系，甚至有可能对整个社会造成不稳定，使人们身体虽居住在高档豪华的住宅里，内心遭受的却是紧张、沉重压抑的精神生活。实践证明，物业业主的自治管理以及受托物业管理机构的专业管理有助于建立多层建筑和住宅小区物业所有人之间的和谐秩序。一个完善的物业管理法律制度将有助于规范物业管理行业，维护业主权益，推动房地产市场，促进城市社区建设。

近年来，物业管理公司与业主之间的矛盾，经常地上升为纠纷，不断地见诸于报端和各种媒体。物业管理法律背后的属性认识不清是今天纠纷出现的根源。《物业管理条例》的颁布和《物权法》的出台，看起来似乎可以缓冲很大一部分已经发现的，或者还没有发现的矛盾和问题。但实际上，如果找不准矛盾真正的实质，执行实施就不易着力，那么，法律法规就不仅会打很大的折扣，而且还有成为一纸空文的可能。

8.1 物业管理概述

市场经济下的物业管理不仅涉及物业区域维修养护、安全防范、环境卫生、绿化美化、车辆管理等多方面的公共服务，而且影响市民工作生活的质量，更攸关现代化建设。物业管理因此牵涉多方面关系，包括房地产生产、流通、消费领域的众多参与者，既有业主、开发商、物业管理企业之间平等的民事关系，也有相关政府部门对物业管理企业监督参与的行政关系。在各种复杂的关系中，通过立法能够明确各方主体——政府、业主、物业使用人、物业管理企业、开发商的地位、作用、权利义务，使物业管理有法可依，避免纠纷的产生。

8.1.1 物业管理的概念

1. 物业的含义

"物业"一词是在20世纪70年代末由香港传入内地、逐渐流传、以致现在被普遍接受应用的一个专有名词。在香港，"物业"主要指单元性房地产。从物业管理的角度来说，物业是指各类房屋及配套的设施设备和相关场地。各类房屋可以是建筑群，如住宅小区、工业区等，也可以是单体建筑，如一幢多层或高层住宅楼、写字楼、商业大厦、宾馆、停车场等；同时，物业也是单元房地产的称谓，如一个住宅单元。同一宗物业，往往分属一个或多个产权所有者。配套的设施设备和相关场地是指为实现建筑物使用功能、与建筑物相配套或为使用者服务的室内外各类设施、设备和与之相邻的场地、庭院、道路等。

在日常生活中，我们经常会遇到"不动产"、"房地产"、"物业"几个概念相互混用的情况。从非专业角度，一般情况下三者可以通用、互为替代。但严格说来，从专业角度看这3个词既有联系，又有区别。"不动产"侧重于指物质形态，"房地产"则物质形态和权益并重，"物业"侧重于指权益。不过，我们现在经常所称物业管理一词中"物业"侧重于物质形态。即使单纯指物质形态，"物业"与"房地产"二词确切说来也有所区别：其一，房地产一般用于泛指一个国家、地区或城市所有的房产与地产，物业则一般用于指某宗具体的房屋建筑及其相关设施设备与场地；其二，房地产往往是指生产、流通、消费整个过程的房地产产品，而物业主要是指已建成、投入使用进入消费领域的房地产产品。

2. 物业管理的含义

物业管理有广义与狭义之分，广义的物业管理既包括政府部门的行政管理和行业管理，又包括企业化、专业化的管理，也包括个人的、分散的、自发性的房屋管理，并且涉及物业生产、交换、分配、消费的各个环节，狭义的物业管理仅指企业主要针对物业的消费环节、对物业所做的维修、养护、管理。

国务院《物业管理条例》第2条对物业管理做了清晰的界定，该条规定，物业管理是指业主通过选聘物业服务企业，由业主和物业服务企业按照物业服务合同约定，对房屋及配套的设施设备和相关场地进行维修、养护、管理，维护相关区域内的环境卫生和秩序的活动。

注：业主是指房屋的所有权人，其法律依据是房产登记簿，其表现为房屋产权证。业主可以是个人、集体、国家。业主大会是物业管理区域内代表和维护全体业主在物业管理活动中的合法权益的组织。业主委员会是业主大会的执行机构。物业服务企业是指依法设立、具有独立法人资格，从事物业管理活动的企业。

《物业管理条例》中对物业管理的定义表明：①物业管理是由业主通过选聘物业服务企业的方式来实现的；②物业管理活动的依据是物业服务合同；③物业管理的内容是对物业进行维修、养护、管理，对相关区域内的环境卫生和秩序进行维护。

物业管理是市场经济管理模式下的经营型服务性的管理。实施管理的实体是具有法人资格的专业企业，所管房产产权分散，物业服务企业是通过合同或契约受业主聘用或委托，代表业主行使物业管理权运用经济手段经营管理物业。业主在管理中处于主导地位，物业服务企业实际上是扮演了"大管家"的角色。物业服务企业与业主之间是服务与被服务的关系，其管理行为属企业行为、经营行为(出售服务)。在管理内容上，物业服务企业除对物业进行维修养护以外，还提供清洁卫生、绿化、交通、治安等专项管理和尽可能周全的各种服务。另外，物业管理是"以业养业"，经费主要来自于业主、使用人交纳的服务费，物业服务企业是独立核算、自负盈亏的经营企业。

8.1.2 物业管理的特征

物业管理是一种与房地产综合开发，与现代化生产方式相配套的综合性管理；是随着住房制度改革的推进而出现的产权多元化格局后与之相衔接的统一管理；是与建立社会主义市场经济体制相适应的社会化、专业化、市场化的管理。按照社会产业部门划分的标准，物业管理属于第三产业。

社会化、专业化、市场化是物业管理的 3 个基本特征。

1. 社会化

物业管理的社会化指的是摆脱了过去那种自建自管的分散管理体制，由多个产权单位、产权人通过业主大会选聘一家物业服务企业；变多个产权单位、多个管理部门的多头、多家管理为物业服务企业的统一管理，在业主大会委托授权的范围内集中实施社会化管理，从而克服旧体制下各自为政、多头管理、相互扯皮、互相推诿的种种弊端，有利于提高整个城市管理的社会化程度，充分发挥住宅小区与各类房屋的综合效益和整体功能，使之实现社会效益、经济效益和环境效益的统一。

物业管理社会化有两个基本含义：一是物业的所有权人要到社会上去选聘物业服务企业；二是物业服务企业要到社会上去寻找可以代管的物业。

物业的所有权、使用权与物业的经营管理权相互分离，是物业管理社会化的必要前提，现代化大生产的社会专业分工，则是实现物业管理社会化的必要条件。

2. 专业化

物业管理的专业化指的是由物业服务企业通过合同或契约的签订，按照产权人和使用人的意志和要求去实施专业化管理。这就要求物业服务企业：有专业的人员配备；有专门的组织机构；有专门的管理工具设备；有科学、规范的管理措施与工作程序；运用现代管理科学和先进的维修养护技术实施专业化的管理。物业管理专业化是现代化大生产专业分工的必然结果。因此，要求物业服务企业必须具备一定的资质等级，物业管理从业人员必须具备一定的职业资格。

3. 市场化

市场化是物业管理最主要的特点。在市场经济条件下，物业管理的属性是经营，所提供的商品是劳务，方式是等价有偿，业主通过招投标选聘物业服务企业，由物业服务企业来具体实施。物业服务企业是按照现代企业制度组建并运作，具有明确的经营宗旨和管理章程，实行自主经营、独立核算、自负盈亏，能够独立承担民事责任的企业法人。物业服务企业向业主和使用人提供劳务和服务，业主和使用人购买并消费这种服务。在这样一种新的机制下逐步形成有活力的物业管理竞争市场，业主有权选择物业服务企业，物业服务企业必须靠自己良好的经营和服务才能进入和占领这个市场。这种通过市场竞争机制和商品经营的方式实现的商业行为就是市场化。双向选择和等价有偿是物业管理市场化的集中体现。

8.1.3 物业管理的发展史

物业管理起源于 19 世纪 60 年代的英国。当时正值资本主义上升时期，在城市化迅猛发展的形势下，大量农村人口涌入城市，但城市房屋跟不上人口的激增，造成严重的房荒。由于当时房屋管理混乱，居住环境恶劣，引起大量事端。当时有一名叫奥克维亚·希尔的女士迫不得已为其名下出租的物业制定了一套规范租户行为的管理办法，出乎预料地收到了良好效果，不仅改善了居住环境，而且还使业主和承租人的关系由原来的对立变得友善起来，首开物业管理之河。

物业管理在中国的发展如下。

（1）1981年3月10日，中国第一家专业化物业管理企业——深圳市物业管理企业成立。

（2）1990年深圳市在新开发的莲花二村住宅小区进行了全方位的物业管理试点。1992年该小区被评为全国模范文明住宅小区。

（3）1993年3月26日～30日，建设部房地产业司在番禺、深圳召开了一次较高层次的全国房屋管理高级研讨会，第一次确立了将物业管理作为我国房屋管理走向市场经济的新模式与新体制。会议的结论是我国必须走专业化、社会化的物业管理之路。

（4）1994年3月23日，建设部颁发第33号令：《城市新建住宅小区管理办法》。该办法是我国第一部系统规范物业管理制度的规范性文件。

（5）1994年6月18日，我国第一部地方性物业管理法规《深圳经济特区住宅区物业管理条例》颁布，开创新兴行业——物业管理。

（6）1996年建设部人事教育劳动司与房地产业司联合下发了《关于实行物业管理企业经理、部门经理、管理员岗位培训合格上岗制度的通知》，主要针对物业管理人员素质普遍偏低的状况，通过建立物业管理从业人员培训合格上岗制度来规范物业管理人员行为，提升管理质量，提高物业管理人员的理论水平和专业素质。

（7）2000年中国物业管理协会在北京成立。

（8）2001年1月，物业管理被写进我国国民经济发展纲要。

（9）2002年，建设部建立全国物业管理企业信用档案系统，有力促进了物业管理行业的诚信建设，推动了物业管理企业规范运作。

（10）2002年3月建设部发布了《住宅室内装饰装修管理办法》，该办法是物业管理企业提供装饰装修管理服务的法规依据，对规范装饰装修行为起到了重要作用。

（11）2003年6月8日，我国第一部物业管理法规《物业管理条例》颁布并于2003年9月1日起执行，并根据2007年8月26日《国务院关于修改〈物业管理条例〉的决定》进行了修订。

（12）2004年3月，建设部发布《物业管理企业资质管理办法》，根据2007年11月26日中华人民共和国建设部令第164号《建设部关于修改〈物业管理企业资质管理办法〉的决定》修正为《物业服务企业资质管理办法》。

（13）2005年11月，人事部、建设部发布《物业管理师制度暂行规定》、《物业管理师资格考试实施办法》和《物业管理师资格认定考试办法》。

（14）2007年3月16日，我国第一部物业管理法《中华人民共和国物权法》颁布并于2007年10月1日起执行。

（15）2008年2月1日，《住宅专项维修资金管理办法》正式实施，该办法适用于商品住宅、售后公有住房住宅专项维修资金的交存、使用、管理和监督。

8.1.4 物业管理条例确立的基本制度

《物业管理条例》（本章中简称为《条例》）是一部规范物业管理活动的重要行政法规。

《条例》的适用范围既包括城市，也涵盖乡村。该条例明确了业主、物业管理企业和物业开发建设单位的权利、义务，规范了物业管理企业的行为以及业主大会、业主委员会的职责及运作，保护业主的共同利益，为改善人民群众的生活和工作环境创造良好的条件。《条例》确立了物业管理活动的一些基本制度。

1) 业主大会制度

《条例》确立了业主大会和业主委员会并存，业主大会决策、业主委员会执行的制度。它规定物业管理区域内全体业主组成业主大会，业主大会代表和维护物业管理区域内全体业主的合法权益。同时，明确了业主大会的成立方式、职责、会议形式、表决原则以及议事规则的主要事项，规定了业主委员会的产生方式、资格条件、职责、备案等。业主委员会作为业主大会的执行机构，可以在业主大会的授权范围内就某些物业管理事项做出决定，但重大的物业管理事项的决定只能由业主大会做出。这一制度有利于维护大多数业主的合法权益，保障物业管理活动的顺利进行。

2) 管理规约制度

管理规约是业主共同订立并遵守的行为准则，对全体业主具有约束力。物业管理往往涉及到多个业主，业主之间既有个体利益，也有共同利益。在单个业主的个体利益与全体业主的整体利益发生冲突时，个体利益应当服从整体利益，单个业主应当遵守物业管理区域内涉及到公共秩序和公共利益的有关约定。鉴于业主之间在物业管理过程中发生的关系属于民事关系，不宜采取行政手段进行管理，《条例》对各地实施物业管理中已具有一定实践基础的业主公约制度进行了确认，规定管理规约对全体业主具有约束力；规定建设单位应当在销售物业之前制定临时管理规约，对有关物业的使用、维护、管理，业主的公共利益，业主应当履行的义务，违反公约应当承担的责任等依法做出约定。建设单位制定的临时管理规约，不得侵害物业买受人的合法权益。业主大会有权起草、讨论和修订管理规约，业主大会制定的管理规约生效时临时管理规约终止。实行管理规约制度有利于提高业主的自律意识，预防和减少物业管理纠纷。

3) 物业管理招投标制度

提倡业主通过公平、公开、公正的市场竞争机制选择物业管理企业，鼓励建设单位按照房地产开发与物业管理相分离的原则，通过招投标的方式选聘物业管理企业。

4) 物业承接验收制度

物业管理企业承接物业时，应当对物业共用部位、共用设施设备进行查验，应当与建设单位或业主委员会办理物业承接验收手续，建设单位、业主委员会应当向物业管理企业移交有关资料。

5) 物业管理企业资质管理制度

为了有利于整顿和规范物业管理市场，《条例》规定了国家对从事物业管理活动的企业实行资质管理制度。对物业管理行业实行市场准入制度，严格审查物业管理企业的资质是加强行政监管、规范企业行为、有效解决群众投诉、改善物业管理市场环境的必要手段。

6) 物业管理从业人员职业资格制度

物业管理活动的特殊性、经营管理的专业性以及涉及学科多、管理复杂等特点，决定了应对物业管理专业人员实行职业资格制度。为此，《条例》第33条规定："从事物业管理的人员应当按照国家有关规定，取得职业资格证书。"2005年11月，原建设部和原人事部已将这一制度纳入国家专业人员职业资格制度系列。

7) 住宅专项维修资金制度

建立住宅专项维修资金，目的是为了解决住宅共用部位、共用设施设备的维修和更新、改造资金问题，保障住宅共用部位、共用设施设备能够得到及时的维修和正常使用。住宅专项维修资金素有房屋"养老金"之称，其重要性是不言而喻的，它有利于提高和保持房屋完好率，延长房屋的使用寿命；有利于解除购房人的后顾之忧，保障房屋安全；有利于协调各方面的利益，缓解社会矛盾，维护社会稳定；有利于构建社会主义和谐社会。

8.2 物业管理服务

随着住宅小区化，物业管理行业日渐壮大，为小区有序运行做出了贡献。但是，在物业公司与小区业主之间，却不时因收费与交费、管理与服务不够协调而发生一些矛盾。其中较为突出的表现是，有的物业公司显示出强制性气势，引起业主不满。如何加强物业管理服务品质管理，已经成为中国物业管理行业亟须解决的问题。

8.2.1 物业管理服务的基本内容

物业管理服务的基本内容按服务的性质和提供的方式可分为：常规性的公共服务、针对性的专项服务和委托性的特约服务三大类。

1. 常规性的公共服务

这是指物业管理中公共性的管理和服务工作，是物业服务企业面向全体住用人提供的最基本的管理和服务，目的是确保物业的完好与正常使用，保证正常的工作生活秩序和良好的环境。公共性服务管理工作是物业内所有住用人每天都能享受到的，其具体内容和要求在物业服务合同中应有明确规定。因此，物业服务企业有义务按时按质提供这类服务；住用人在享受这些服务时也不需要事先再提出或做出某种约定。

公共服务主要有以下 7 项：①房屋共用部位的维护与管理；②房屋共用设备设施及其运行的维护和管理；③环境卫生、绿化管理服务；④物业管理区域内公共秩序、消防、交通等协助管理事项的服务；⑤物业装饰装修管理服务，包括房屋装修的申请与批准及对装修的设计、安全等各项管理工作；⑥维修资金的代管服务，这是指物业服务企业接受业主委员会或物业产权人委托，对代管的房屋共用部位、共用设施设备维修资金的管理工作；⑦物业档案资料的管理。

2. 针对性的专项服务

针对性的专项服务是指物业服务企业面向广大住用人，为满足其中一些住户、群体和单位的一定需要而提供的各项服务工作。其特点是物业服务企业事先设立服务项目，并将服务内容与质量、收费标准公布，当住用人需要这种服务时，可自行选择。专项服务实质上是一种代理业务，为住用人提供工作、生活的方便。

专项服务的内容主要有日常生活、商业服务、文教体卫、社会福利及各类中介和金融服务五大类。其中，各类中介服务是指物业服务企业受业主委托，开展代办各类保险，代理市场营销、租赁，进行房地产评估及其他中介代理工作。需要注意的是，有些中介代理工作需要具有相应的资格或委托具有相应资质条件的机构和人员进行。

3. 委托性的特约服务

特约服务是为满足物业产权人、使用人的个别需求受其委托而提供的服务，通常指在物业服务合同中未要求、物业服务企业在专项服务中也未设立，而物业产权人、使用人又提出该方面的需求，此时，物业服务企业应在可能的情况下尽量满足其需求，提供特约服务。

特约服务实际上是专项服务的补充和完善。当有较多的住用人有某种需求时，物业服务企业可将此项特约服务纳入专项服务。

上述三大类管理与服务工作是物业管理的基本内容。物业服务企业在实施物业管理时，第一大类是最基本的工作，是必须做好的。同时根据自身的能力和住用人的需求，确定第二、第三大类中的具体服务项目与内容，采取灵活多样的经营机制和服务方式，以人为本做好物业管理的各项管理与服务工作，并不断拓展其广度和深度。

8.2.2 物业管理服务标准

为了规范住宅小区物业管理服务的内容和标准，中国物业管理协会根据我国物业管理现实情况，于 2004 年印发了《普通住宅小区物业管理服务等级标准（试行）》（以下简称《标准》），从物业管理服务的基本要求、房屋管理、共用设施设备维修养护、协助维护公共秩序、保洁服务、绿化养护管理等 6 个方面界定了物业管理服务的内容，制定了 3 个等级的服务标准，作为物业管理企业与建设单位或业主大会签订物业服务合同，确定物业服务等级，约定物业服务项目、内容、标准以及测算物业服务价格的参考依据。

物业管理企业和业主在使用《普通住宅小区物业管理服务等级标准（试行）》时，应当注意以下问题。

(1)《标准》为普通商品住房、经济适用住房、房改房、集资建房、廉租住房等普通住宅小区物业服务的试行标准。物业服务收费实行市场调节价的高档商品住宅的物业服务不适用本标准。

(2)《标准》根据普通住宅小区物业服务需求的不同情况，由高到低设定为一级、二级、三级 3 个服务等级，级别越高表示物业服务标准越高。

(3)《标准》各等级服务分别由基本要求、房屋管理、共用设施设备维修养护、协助维护公共秩序、保洁服务、绿化养护管理等六大项主要内容组成。《标准》以外的其他服务项目、内容及标准，由签订物业服务合同的双方协商约定。

(4) 选用《标准》时，应充分考虑住宅小区的建设标准、配套设施设备、服务功能及业主(使用人)的居住消费能力等因素，选择相应的服务等级。

8.2.3 物业服务收费

物业服务收费指物业服务企业按照物业服务合同的约定，对房屋及配套的设施设备和相关场地进行维修、养护、管理，维护相关区域内的环境卫生和秩序，向业主所收取的费用。

1. 物业服务收费原则

《物业管理条例》第41条规定，物业服务收费应当遵循合理、公开以及费用与服务水平相适应的原则，区别不同物业的性质和特点，由业主和物业服务企业按照国务院价格主管部门会同国务院建设行政主管部门制定的物业服务收费办法，在物业服务合同中约定。为此，2003年11月国家发改委、建设部发布了《物业服务收费管理办法》，对物业服务收费做了规定。从长远发展方向看，物业服务收费应在市场竞争机制下，由物业委托者和物业服务企业双方协商，按质论价、质价相符。

2. 物业服务定价形式

根据《物业服务收费管理办法》，物业服务收费分为政府指导价和市场调节价。具体定价形式由省、自治区、直辖市人民政府价格主管部门会同房地产行政主管部门确定。

物业服务收费实行政府指导价的，有定价权限的人民政府价格主管部门应会同房地产行政主管部门根据物业管理服务等级标准等因素，制定相应的基准价及其浮动幅度，并定期公布。具体收费标准由业主与物业服务企业根据规定的基准价和浮动幅度在物业服务合同中约定。按照我国《价格法》的规定，政府指导价的确定应通过听证会，征求业主、物业服务企业和有关方面的意见后最终确定。同时，政府指导价的具体适用范围、价格水平，应当根据经济运行情况，按照规定的定价权限和程序适时调整。消费者、经营者可以对政府指导价提出调整建议。

市场调节价是指由经营者自主制定，通过市场竞争形成的价格。在实际招标和中标谈判中，通过市场竞争，物业服务收费实质是业主和物业服务企业双方协商的结果。实行市场调节价的物业服务收费，由业主与物业服务企业在物业服务合同中约定。

3. 物业服务计费方式

根据《物业服务收费管理办法》，业主与物业管理企业可以采取包干制或者酬金制等形式约定物业服务费用。

包干制是指由业主向物业服务企业支付固定物业服务费用，盈余或者亏损均由物业服务企业享有或者承担的物业服务计费方式。实行包干制时，物业服务费用的构成包括物业服务成本、法定税费和物业服务企业的利润。

酬金制是指在预收的物业服务资金中按约定比例或者约定数额提取酬金支付给物业服务企业，其余全部用于物业服务合同约定的支出，结余或者不足均由业主享有或者承担的物业服务计费方式。

4. 物业管理服务成本构成

包干制的物业服务成本或者酬金制的物业服务支出，一般包括以下部分。

(1) 管理服务人员的工资、社会保险和按规定提取的福利费等。
(2) 物业共用部位、共用设施设备的日常运行、维护费用。
(3) 物业管理区域清洁卫生费用。
(4) 物业管理区域绿化养护费用。
(5) 物业管理区域秩序维护费用。
(6) 办公费用。

(7) 物业管理企业固定资产折旧。
(8) 物业共用部位、共用设施设备及公众责任保险费用。
(9) 经业主同意的其他费用。

物业共用部位、共用设施设备的大修、中修和更新、改造费用等项从维修资金予以列支，不得计入物业服务支出或者物业服务成本。

5. 物业服务费的缴纳和督促

1) 非业主使用人的交费责任

业主缴纳物业服务费用是最普遍的现象。业主是物业的所有权人。在物业管理活动中，物业管理企业受业主委托，对业主的物业进行管理，为业主提供服务，因此，业主理所当然地应当向物业管理企业支付相应服务费用。在现实生活中，业主拥有的物业，不一定为业主所占有和使用。当业主将其物业出租给他人或者交由他人使用时，业主可以和物业使用人约定，由物业使用人缴纳物业服务费用。《条例》进一步规定，业主负连带缴纳责任。所谓连带缴纳责任，是指当物业使用人不履行或者不完全履行与业主关于物业服务费用缴纳的约定时，业主仍负缴纳物业服务费用的义务，物业管理企业可以直接请求业主支付物业服务费用。

2) 未交付房屋的交费主体

在一个物业管理区域内的新建物业，产权的多元化需要一个过程。在建设单位销售物业之前，建设单位是唯一的业主。如果建设单位聘请了物业管理企业实施前期物业管理服务的，应当支付物业管理服务费用。《条例》规定，已竣工但尚未出售或者尚未交给物业买受人的物业，物业服务费用由建设单位交纳。已经出售并交付给业主的物业，物业服务费用由业主缴纳。

物业管理区域内，供水、供电、供气、供热、通讯、有线电视等单位应当向最终用户收取有关费用。物业管理企业接受委托代收上述费用的，可向委托单位收取手续费，不得向业主收取手续费等额外费用。利用物业共用部位、共用设施设备进行经营的，应当在征得相关业主、业主大会、物业管理企业的同意后，按照规定办理有关手续。业主所得收益应当主要用于补充专项维修资金，也可以按照业主大会的决定使用。物业服务企业已接受委托实施物业服务并相应收取服务费用的，其他部门和单位不得重复收取性质和内容相同的费用。

3) 业主委员会对欠费业主的督促义务

按时、足额交纳物业服务费用或者物业服务资金，应当是业主自觉履行的义务。但现实中，业主违反物业服务合同约定，逾期不交纳服务费用或者服务资金的情况也客观存在，有些物业管理区域业主欠交物业费的情况甚至相当严重。

为维护物业管理活动的交易秩序，《条例》和《物业服务收费管理办法》均明确规定：对于欠费业主，业主委员会应当督促其限期交纳；逾期仍不交纳的，物业管理企业可以依法追缴。对拒不交费的业主，物业管理企业有权依法追缴，但不得采取停水、停电等违法措施胁迫业主交费。依法追缴的方式，就是依据物业服务合同中关于解决争议条款的约定，通过仲裁或向人民法院起诉解决。

8.2.4　物业服务合同

物业服务企业与业主确定聘用关系的法律形式是双方签订物业服务合同，只有签订了物业服务合同，才能将各方享有的权利和承担的义务确定下来。物业服务企业通过履行物业服务合同取得经营收益，业主通过履行付费义务得到合同约定的物业服务。

1. 物业服务合同概述

1) 物业服务合同的属性

业主、业主大会委托物业服务企业对物业实施物业管理，物业服务企业接受委托从事物业管理服务，双方应当签订书面的物业服务合同。物业服务合同属于我国合同分类中的委托合同，委托合同是受托人以委托人的名义和费用为委托人处理委托事务，委托人支付约定报酬的协议。物业服务合同既可以发生在法人之间，也可以发生在公民与法人之间。

2) 物业服务合同的类型

物业服务合同按委托人的不同和签订的先后顺序分为以下几种（表8-1）。

表8-1 3个物业服务合同的差异一览表

项目	前期物业服务合同	前期物业管理服务协议	物业服务合同
合同主体	甲方：开发商或建设单位 乙方：甲方选聘的物业管理公司	甲方：与前期物业服务合同相对应，即房地产开发单位或其委托的物业服务企业 乙方：购房人（业主）	甲方：业主委员会（代表所有业主） 乙方：物业管理公司
签订时间	甲方出售住宅前	每个购房人（业主）在签订《房屋买卖（预售）合同》时同时签订	一般应在业主委员会成立后3个月内，最迟不应迟于6个月
合同有效期限	合同有效期限自签订之日起，到业主委员会成立后与其选聘的物业管理公司签订物业服务合同生效时止	协议的有效期限从房屋出售之日（业主购房之日）起，至业主委员会成立后与其选定的物业管理公司签订物业服务合同生效时止	合同有效期限由双方协议商定，以年为单位，一般为3年

(1)《前期物业服务合同》：这是针对前期物业管理服务所签订的，合同甲方是房地产开发企业或公房出售单位；合同乙方是甲方选聘的物业服务企业。签订日期在开发商取得预售许可证（期房）或现房销售之前。按照《物业管理条例》规定，该合同期限到业主大会成立，选出业主委员会并选聘物业管理公司，签订新的物业服务合同时止。前期物业服务合同是一种过渡性质的合同，也是一种要式合同。

(2)《前期物业管理服务协议》：合同甲方是开发商或开发商选聘的物业管理公司，或开发商和开发商选聘的物业管理公司；合同乙方是购房人。签订日期在购房人签订购房合同前。该协议的目的是保障前期物业管理活动当事人（包括业主、物业服务企业双方）的合法权益，减少物业管理纠纷。前期物业管理协议有效期从房屋出售之日起，至业主委员会成立后与其选定的物业管理公司签订新的物业服务合同生效为止。前期物业管理服务协议的基本特征是：①购房人在购房时必须同时签订协议；②协议的基本内容应与前期物业服务合同一致；③协议应在政府主管部门备案；④协议的内容必须对所有购房人一致。

(3)《物业服务合同》：根据业主大会的授权，业主委员会应当与业主大会选聘的物业服务企业订立书面的物业服务合同。合同甲方是业主委员会，合同乙方是其选聘的物业服务企业。委托管理期限由双方协议商定，一般为3年。该合同一经签订，原房地产开发企业或公房出售单位与物业服务企业所签订的《前期物业服务合同》即自行失效。委托期满，需要再次决定是续聘还是另行选聘其他物业管理公司。

（4）专项服务的委托合同：物业服务企业将绿化、保安、保洁等服务委托给其他专业的服务公司承担。这些专项服务的委托合同不属于物业服务合同，虽然它们和物业管理活动相关。

2. 物业服务合同的内容

前期物业服务合同和物业服务合同的主要内容包括以下几种。

1）物业管理事项

业主与物业服务企业在物业服务合同中约定的物业管理事项是指在签订合同时已经协商一致的物业管理服务的具体内容，双方未达成一致的服务项目或履行中发生的新项目协商一致后应当另行签订补充协议。

2）物业服务质量

约定物业服务质量就是约定各项具体服务应当达到的标准。业主与物业服务企业可以参照中国物业管理协会印发的《普通住宅小区物业管理服务等级标准》，结合物业项目情况、物业收费标准，以及物业管理项目的具体情况，协商确定物业服务质量要求。

3）物业服务费用

明确物业服务的收费形式，是实行包干制还是酬金制，或者是其他收费形式。根据不同收费形式明确收费标准、酬金数额或取费比例、交费时间、交费方式及结算方式等。

4）双方的权利义务

双方的权利义务是泛指法定义务之外的其他需要约定的权利义务。

5）专项维修资金的管理与使用

在国家规定基础上，合同应当约定业主对物业管理企业使用专项维修资金的申请、审议程序和监督方式等具体内容。

6）物业管理用房

必要的物业管理用房是物业服务企业开展物业服务的前提条件。对于物业管理用房的配置、用途、产权归属等，《条例》已经有了明确规定。当事人需要在合同中就相关内容予以细化。

7）合同期限

合同的期限是指合同的有效期。物业服务合同属于在较长期限内履行的合同，因此当事人需要对合同的期限进行约定。物业服务合同的期限条款应当尽量明确、具体，或者明确规定计算期限的方法。

8）违约责任

违约责任对于合同的履行非常重要，因此合同法以及其他相关法律法规对违约责任的规定比较详细。例如，约定违约损害的计算方法、赔偿范围等。

物业服务合同除需明确以上8项内容外，还应包括当事人双方根据物业服务需要商定的其他条款，如约定合同生效的条件、解除合同的损失赔偿、免责条款约定、合同履行争议的解决方式等。

应当指出的是，房屋和设备设施的各种图纸、技术资料、使用说明、检修记录档案，以及与物业管理相关的业主情况资料，是进行物业管理与服务的基本条件，物业管理企业与业主应就物业管理资料的移交内容和程序规则在物业服务合同中约定明确。

确定物业服务合同的内容可以参考使用原建设部印发的《前期物业服务合同(示范文本)》(建住房〔2004〕155号)。

3. 物业服务企业的义务

物业服务合同约定物业管理企业的义务是多方面的,其中一些服务义务仅靠物业服务企业单方面的行为就可以完成,还有一些服务义务较为复杂,仅靠物业服务企业单方面的行为难以完成,需要业主以及相关行政管理部门共同发挥作用,其中包括物业服务企业维护物业管理区域秩序和协助安全防范的义务。

1) 物业服务企业维护物业管理区域秩序的义务

物业管理区域秩序需要全体业主共同遵守法规才能得到良好的维护,在物业管理活动中,总有个别业主缺乏法制观念,道德意识淡薄,为个人利益违反物业管理秩序,损害其他业主的合法权益。

为维护物业管理活动的正常秩序,《条例》规定对物业管理区域内违反有关治安环保、物业装饰装修和使用等方面法律法规规定的行为,物业服务企业应履行如下义务。

(1) 履行告知义务。业主对在物业管理区域内应当遵守哪些制度、如何进行各项活动享有知情权。物业管理企业对于《临时管理规约》、《管理规约》、《房屋及设备设施使用说明书》,以及关于房屋装修、环境卫生、绿化等公共秩序的规章制度,应当利用业主入住通知、公告栏、各种宣传资料等形式,向业主广泛宣传告知。业主需要装饰装修房屋的,物业管理企业应当将房屋装饰装修中的禁止行为和注意事项告知业主。

(2) 履行制止义务。对已经发生的业主违规行为,物业服务企业必须履行管理职责,通过劝告、批评教育等方式制止业主的违规行为。值得注意的是,《条例》只是为物业服务企业设定了一项制止义务,并没有赋予物业服务企业行政执法权。

(3) 履行报告义务。对一些违法违规行为,例如入室盗窃行为,物业服务企业可能能够制止。对一些违法违规行为,例如擅自改变房屋用途行为,物业服务企业可能无法制止,因为没有相应手段。这时,物业服务企业所应当做的,是及时向有关主管部门报告。为了及时解决违法行为,防止有关行政主管部门的不作为,《条例》强调,有关主管部门应当及时处理物业服务企业的报告。按照这一规定,如果物业服务企业报告之后,相关主管部门不予理睬,属于行政不作为,应当承当相应的法律责任。

物业服务企业认真履行告知、制止、报告3项义务后,对于故意违规,并给其他业主造成损害后果的业主,依照《民法通则》关于相邻权规定及相关法律的规定,由违规业主承担侵权责任,物业服务企业不承担物业服务合同的违约责任。

2) 物业管理区域的安全防范协助义务

《条例》第47条第1款规定:"物业服务企业应当协助做好物业管理区域内的安全防范工作。发生安全事故时,物业服务企业在采取应急措施的同时,应当及时向有关行政管理部门报告,协助做好救助工作。"其中,《条例》首先强调了物业管理企业在安全防范工作中的地位,是协助相关主管部门做好安全防范工作,而不是对物业管理区域内的安全防范工作全面负责。其次,在发生安全事故时,要求物业服务企业履行3项义务。

(1) 发生安全事故时要立即采取应急措施,避免扩大损失。例如发生火灾,应当及时拉断电源并采取灭火措施;发生犯罪案件时,物业服务企业应当积极配合公安机关抓捕罪犯。

（2）及时向有关行政管理部门报告事故。火灾向消防部门报告；燃气爆炸向市政部门报告；刑事案件向公安部门报告；工程事故向建设部门报告；物业管理方面的事故向物业主管部门报告等。

（3）协助做好救助工作。协助抢救受害人员和财产，协助做好各方面的善后工作。

物业保安人员的主要职责是维护物业管理区域内的公共秩序，为业主提供良好的生活环境。按照有关规定，物业保安人员执行任务时，必须着统一的保安制式服装、佩戴统一的保安专用标志（包括帽徽、胸牌、臂章、肩章、级别标识等）。保安人员在值勤巡逻中，遇到正在实施的不法行为时，应迅速制止；在门卫勤务中，当发生群体性事件，干扰、破坏客户单位正常的生产、生活、工作秩序时，应将有关情况及时报告客户单位或当地公安机关。同时，物业保安人员不得剥夺、限制公民人身自由；不得搜查他人的身体或者扣押他人合法证件、合法财产；不得辱骂、殴打他人或者教唆殴打他人。

4. 物业服务企业的责任

《条例》第36条第2款规定："物业服务企业未能履行物业服务合同的约定，导致业主人身、财产安全受到损害的，应当依法承担相应的法律责任。"因此，对不履行合同约定、造成业主人身和财产损害的，物业服务企业应承担相应的合同责任，而非法定责任。

物业服务企业就业主受到的人身和财产损害承担责任有一个前提条件，就是物业服务企业未能履行物业服务合同的约定，即物业管理企业存在违约行为。未能履行包括根本不履行和不完全履行两种情形。根据合同法的规定，物业服务企业根本不履行合同义务和不完全履行合同义务的，均需承担违约责任。

物业服务企业在物业管理活动中的权利、义务和责任，除了《条例》和其他法律法规的明文规定外，来自于物业服务合同的约定。如果物业服务企业完全遵守了法律法规的规定和物业服务合同的约定，则即使业主人身、财产在物业管理区域内受到损害，物业管理企业也不一定因此承担法律责任。

【例8-1】 物业公司是否该为小区住户的遇害负责？

2003年某日，在福建省某县商业城租店开设金正通信店的郑某在店内被人杀害。随后，郑某父母将某市场发展总公司告上法院，要求判令被告给付因郑某死亡的赔偿费6万多元。理由是，该市场发展总公司对商业城市场行使管理职能，并对商业城业主、经营者进行有偿服务，向郑某等业主、经营者每月收取一定的物业费，其服务内容包括安全保卫等工作。

【疑惑】 郑某被杀，作为其物业管理者的某市场发展总公司是否要承担责任？请简单分析理由。

【解析】 郑某被杀，作为其物业管理者的某市场发展总公司无需承担。原告与商业城业主及物业使用者对安全保卫的内容未做特别约定，故依照限行物业管理的相关法规，可以认定物业公司的保安义务仅是为维护物业管理区域内的公共秩序和物业使用的安全而实施的必要的正常的防范性安全保卫活动，而不包括对业主及物业使用者人身安全不受第三人非法侵害提供保障。

本案中，郑某被害的地点位于商业城外的沿街商店内，案发后店门无异常，此时物业公司即使履行了正常的防范性安全保卫义务，也无法避免店内犯罪行为的发生。因此，被告物业管理公司的管理行为与郑某的死亡无法律上的因果关系。

5. 物业服务合同的变更与解除

1）物业服务合同的变更

物业服务合同的变更是指合同生效后，在履行过程中，因合同签订时所依据的主客观情况或条件发生变化，由双方当事人依据法律法规和合同规定对原合同内容进行的修改或补充。合同的变更有两种情况：①一方先提出变更自己的权利义务，另一方只做与之相对应的变更；②双方同时提出合作变更，一方变更条款时，另一方做相应变更。

无论何种变更，都要求双方协商一致。

2）物业服务合同的解除

合同的解除是指在合同的有效期内，依法终止合同的权利义务关系，终止合同的履行。

物业服务合同解除的主要原因有：①约定解除合同的条件成立；②事后协商解除；③因物业服务企业被吊销资质、解散、撤销、破产等不再具备签订合同的主体资格的原因；④合同期限届至；⑤其他原因。

8.2.5 物业的使用与维护

在物业的使用和维护中，各方面反响比较强烈的问题主要有：公共建筑和共用设施改变用途问题；占用、挖掘物业管理区域内的道路、场地问题；供水、供电、供气、供热、通信、有线电视等物业管理区域内相关管线和设施设备的维修养护问题；房屋装饰装修问题；建立住宅专项维修资金制度问题；利用物业共用部位、共用设施设备经营问题；存在安全隐患，危及公共利益及他人合法权益的物业维修养护问题等。这些问题涉及公共利益和公共安全，如果处理不当，会侵犯多个业主甚至是全体业主的合法权益。实践中，由于此类问题处理不当造成的矛盾和纠纷屡见不鲜，严重的还造成居民生命财产损失等恶性事故，社会反响极大。为此，《条例》对各主体使用和维护物业的行为进行了明确的规范。

1. 公共建筑和共用设施规划用途不得擅自改变

物业管理区域内按照规划建设的公共建筑和共用设施，是满足业主正常的生产、生活需求所必需的。因此，无论业主大会、业主委员会、业主还是物业服务企业，都不得擅自改变物业管理区域内按照规划建设的公共建筑和共用设施用途。但是，因原规划设计不合理或实际需要，现实中存在确需改变公共建筑和共用设施用途的客观情况。为保证城市规划的有序进行和防止对公共利益造成侵害，对确需改变公共建筑和共用设施用途的情况，当事人必须依照法律程序进行，通过向规划部门提出申请，经规划部门批准后方可实施。

2. 物业管理区域内的道路场地不得擅自占用与挖掘

对于业主因维修物业或者公共利益需要，确需临时占用、挖掘道路、场地的情况，为加强管理和保护公共利益，当事业主不得擅自实施占用、挖掘行为，只有在征得业主委员会和物业服务企业同意的情况下才可实施。物业服务企业因维修物业或者公共利益需要确需临时占用、挖掘道路、场地的，也必须征得业主委员会的同意，不得擅自施工。无论业主还是物业服务企业临时占用、挖掘道路、场地，均应当在约定期限内恢复原状。

3. 公用事业单位应当依法履行相关管线和设施设备的维修养护责任

供水、供电、供气、供热、通信、有线电视等单位，应当依法承担物业管理区域内相关管线和设施设备维修、养护的责任。供水、供电、供气、供热、通信、有线电视等单位，因维修、养护等需要，临时占用、挖掘道路、场地的，应当及时恢复原状。

4. 业主装饰装修房屋应当依法规范

装饰装修房屋是业主的权利，但这一权利的行使应以不损害他人利益和社会公共利益为前提。在一个存在多业主的物业管理区域内，业主装饰装修房屋的行为有可能会对其他业主造成影响。鉴于此，《条例》规定了业主装修房屋前对物业服务企业的告知义务。

《条例》规定物业服务企业在知道业主装修后应当将相关禁止行为和注意事项告知业主。一是可以帮助业主更好地装饰装修房屋；二是可以起到预防作用，避免出现违法装修或者装修扰民的情况。

5. 利用物业共用部位、共用设施设备经营应当遵守有关规定

《条例》关于利用物业共用部位、共用设施设备进行经营，主要做了几方面的规定：一是原则规定了利用物业共用部位、共用设施设备进行经营的办理程序；二是明确相关业主、业主大会、物业服务企业对利用物业共用部位、共用设施设备进行经营的事前否决权；三是确定业主由于物业共用部位、共用设施设备经营所得收益的使用方向。

利用共用部位、共用设施设备经营需要征得业主大会的同意是因为业主大会代表和维护着物业管理区域内全体业主的合法权益。利用共用部位、共用设施设备经营需要经过物业服务企业的同意是由物业服务企业的服务性质和服务内容决定的。

关于利用共用部位、共用设施设备经营所得经营收益的使用问题，各方面的认识比较一致，即应当优先用于补充住宅专项维修资金。为尊重全体业主的意愿和特殊使用需要，业主所得收益也可以按照业主大会的决定使用。

利用共用部位、共用设施设备经营的前提是，必须符合国家、地方有关共用部位、共用设施设备安全使用、管理等相关要求及规定。在征得相关业主、业主大会、物业服务企业的同意后，还必须按照国家有关法律法规的规定办理有关合法经营手续。

【例8-2】 小区的绿化地带安装电信基站该如何处理？

2002年4月，北京某小区建设单位在没有征得业主同意的情况下，擅自和电信部门签署了一份协议，将小灵通基站装在了小区的绿化地带，电信部门向该建设单位支付了一定的费用。因小灵通基站影响了业主的生活，业主对此不满，向建设单位提出意见，但建设单位置之不理，业委会诉诸法院。

【疑惑】 建设单位是否有权决定在小区安装电信基站？并简单分析理由。

【解析】 建设单位无权决定在小区安装电信基站。《物业管理条例》第27条规定："业主依法享有的物业共用部位、共用设施设备所有权或者使用权，建设单位不得擅自处分。"《物业管理条例》第58条规定："违反本条例的规定，建设单位擅自处分属于业主的物业共用部位、共用设施设备的所有权或者使用权的，由县级以上房地产行政主管部门处5万元以上20万元以下的罚款；给业主造成损失的，依法承担赔偿责任。"本案中，建设单位未经业主同意，擅自将物业共用设施设备商用，安装小灵通基站，违反了《物业管理条例》第27条之规定。

8.3 物业管理实施与运作

物业管理市场的供需主体是物业服务企业和业主、物业使用人。物业管理市场的协调主体是政府及其行业行政管理部门。业主作为物业管理的委托人，采用招标方式将所拥有物业的物业管理服务委托给中标的物业服务企业来实施；物业服务企业通过投标竞争，选择物业。政府则通过一系列法律、法规、政策营造物业管理的市场氛围和环境，指导、规范、监督物业服务企业和业主大会的组建、运作及其相互关系，界定双方的权利、义务和共同的行为准则，加大监管力度，规范市场主体行为，促进物业管理健康发展。

8.3.1 物业管理的主要阶段

根据物业管理在房地产开发、建设和使用过程中不同时期的地位、作用、特点及工作内容，按先后顺序分4个阶段介绍物业管理工作的主要内容：物业管理的策划阶段；物业管理的前期准备阶段；物业管理的启动阶段；物业管理的日常运作阶段。

1. 物业管理的策划阶段

这一阶段的工作包括物业管理的早期介入、制定物业管理方案、制定临时管理规约及有关制度、选聘物业服务企业4个基本环节。

1）物业管理的早期介入

所谓物业管理的早期介入，是指物业服务企业在接管物业以前的各个阶段（项目决策、可行性研究、规划设计、施工建设等阶段）就参与介入，从物业管理运作的角度对物业的环境布局、功能规划、楼宇设计、材料选用、配套设施、管线布置、施工质量、竣工验收等多方面提供有益的建设性意见，协助开发商把好规划设计关、建设配套关、工程质量关和使用功能关，以确保物业的设计和建造质量，为物业投入使用后的物业管理创造条件，这是避免日后物业管理混乱的前提与基础。

2）制定物业管理方案

房地产开发项目确定后，开发企业就应尽早制定物业管理方案，也可聘请物业服务企业代为制定。制定物业管理方案，首先是根据物业类型、功能等客观条件以及住用人的群体特征和需求等主观条件，规划物业管理消费水平，确定物业管理的档次；其次，确定相应的管理服务标准；然后进行年度物业管理费用收支预算，确定各项管理服务的收费标准和成本支出，进行费用的分摊。

3）制定临时管理规约及有关制度

房地产开发企业应当在销售物业之前，制定临时管理规约，对有关物业的使用、维护、管理，业主的共同利益，业主应当履行的义务，违反公约应当承担的责任等事项依法做出约定。建设单位制定的临时管理规约，不得侵害物业买受人的合法权益。

房地产开发企业应当在物业销售前将临时管理规约向物业买受人明示，并予以说明。建设单位还应制定物业共用部位和共用设施设备的使用、公共秩序和环境卫生的维护等方面的规章制度。

4) 选聘物业服务企业

在物业管理方案制定并经审批之后,即应根据方案确定的物业管理档次,着手进行物业服务企业的选聘工作。达到一定规模的住宅物业的建设单位,应当通过招投标的方式选聘具有相应资质的物业服务企业,物业服务企业不得超越资质承接物业管理项目。房地产开发企业应与选聘的物业服务企业签订《前期物业服务合同》。

房地产开发企业通过招投标方式选聘物业服务企业,新建现售商品房项目应当在现售前30日完成;预售商品房项目应当在取得《商品房预售许可证》之前完成;非出售的新建物业项目应当在交付使用前90日完成。

上述4个环节均由房地产开发企业来主持。这4个环节是物业管理全面启动和有效运作的必要先决条件,建设单位对此应给予足够的重视。

2. 物业管理的前期准备阶段

物业管理的前期准备阶段的工作包括物业服务企业内部机构的设置与人员编制的拟定、物业管理人员的选聘与培训、物业管理规章制度的制定3个基本环节。

1) 物业服务企业内部机构的设置与人员编制的拟定

企业内部机构及岗位要依据所管物业的规模和特点以及业主对物业管理服务的需求档次灵活设置。其设置原则就是使企业的人力、物力、财力资源得到优化高效的配置,以最少的人力资源达到最高运营管理效率和最佳经济效益。

2) 物业管理人员的选聘和培训

从事物业管理的人员需要有敬业精神,要求各岗位工种人员达到一定的水平,对其上岗资格须进行确认。电梯、锅炉、配电等特殊工种应取得政府主管部门的资格认定方可上岗。

3) 物业管理规章制度的制定

规章制度是物业管理顺利运行的保证。规章制度的制定应依据国家法律、法规、政策的规定和物业管理行政主管部门推荐的示范文本,结合本物业的实际情况进行,管理部门应制定一些必要的、适用的制度和管理细则。

3. 物业管理的启动阶段

物业管理的全面启动以物业的接管验收为标志,从物业的接管验收开始到业主大会选聘新的物业服务企业并签订物业服务合同。在此阶段,除了要开展日常的物业管理服务以外,有4个基本环节需要特别重视,即物业的接管验收、用户入住、档案资料的建立、首次业主大会的召开和业主委员会的正式成立。

1) 物业的接管验收

物业的接管验收包括新建物业的接管验收和原有物业的接管验收。新建物业的接管验收是在项目竣工验收的基础上进行的再验收。接管验收一旦完成,即由开发商或建设单位向物业服务企业办理物业管理的交接手续,就标志着物业正式进入实施物业管理阶段。原有物业的接管验收通常发生在产权人将原有物业委托给物业服务企业管理之时;或发生在原有物业改聘物业服务企业,在新老物业服务企业之间。在这两种情况下,原有物业接管验收的完成也都标志着新的物业管理工作全面开始。

对物业服务企业而言,物业的接管验收主要是对物业的共用部位、共用设施设备的接管验收。

物业的接管验收是直接关系到物业管理工作能否正常顺利开展的重要一环。在接管验收的过程中，物业服务企业要充分发挥自己的作用，对验收中发现的问题应准确记录在案，明确管理、维修责任，并注意审查接收的图纸资料档案。

2）用户（业主）入住

用户（业主）入住是指住宅小区的居民入住，或商贸楼宇中业主和租户的迁入，这是物业服务企业与服务对象的首次接触，是物业管理十分重要的环节。业主入住时，物业服务企业向业主发放《临时管理规约》等材料，将房屋装饰装修中的禁止行为和注意事项告知业主，还要通过各种宣传手段和方法，使业主了解物业管理的有关规定，主动配合物业服务企业日后的管理服务工作。

3）档案资料的建立

档案资料包括业主或租住户的资料和物业的资料。业主或租住户入住以后，应及时建立他们的档案资料，例如业主的姓名、家庭人员情况、工作单位、平时联系的电话或地址、收缴管理费情况、物业的使用或维修养护情况等。

物业档案资料是对前期建设开发成果的记录，是以后实施物业管理时工程维修、配套、改造必不可少的依据，是更换物业服务企业时必须移交的文件之一。档案资料要尽可能完整地收集从规划设计到工程竣工、从地下到楼顶、从主体到配套、从建筑物到环境的全部工程技术维修资料，尤其是隐蔽工程的技术资料。经整理后按照资料本身的内在规律和联系进行科学的分类与归档。可按建筑物分类，如设计图、施工图、竣工图、设备图等；也可按系统项目分类，如配电系统、供水排水系统、消防系统、空调系统等。

4）首次业主大会的召开和业主委员会的成立

当物业销售和业主入住达到一定比例和一定年限时，业主应在物业所在地的区、县人民政府房地产主管部门和街道办事处的指导下成立业主大会，召开首次业主大会会议，审议和通过业主大会议事规则和管理规约，选举产生业主委员会，决定有关业主共同利益的事项。至此，物业管理工作就从全面启动转向日常运作。

4. 物业管理的日常运作阶段

物业管理的日常运作是物业管理最主要的工作内容，包括日常的综合服务与管理，系统的协调两个基本环节。

1）日常综合服务与管理

日常综合服务与管理是指业主大会选聘新的物业服务企业并签订《物业服务合同》后，物业服务企业在实施物业管理中所做的各项工作。例如，房屋修缮管理、房屋设备管理、环境卫生管理、绿化管理、治安管理、消防管理、车辆道路管理，以及为改善居住与工作环境而进行的配套设施及公共环境的进一步完善等各项服务工作。

2）系统的协调

物业管理社会化、专业化、市场化的特征，决定了其具有特定的复杂的系统内部、外部环境条件。系统内部环境条件主要是物业服务企业与业主、业主大会、业主委员会的相互关系以及业主之间相互关系的协调；系统外部环境条件就是与相关部门及单位相互关系的协调。例如，供水、供电、居委会、通讯、环卫、房管、城管等有关部门，涉及面相当广泛。

8.3.2 物业服务企业

物业服务企业是依法定程序设立,以物业管理为主业,独立核算、自主经营、自负盈亏的具有独立的企业法人地位的经济实体。

1. 物业服务企业的设立

物业管理企业应当具有独立的法人资格。依法独立享有民事权利和承担民事义务,按照《公司法》等法律法规的规定,物业管理企业应当具备下列条件:①依法成立,依法成立是指依照法律规定而成立。这是程序性要件,也就是说,物业管理企业的设立程序要符合法律法规的规定;②有必要的财产或者经费,物业管理企业属于营利性法人。必要的财产和经费是其生存和发展的前提,也是其承担民事责任的物质基础;③有自己的名称、组织机构和场所;④能够独立承担民事责任。

物业服务企业设立的程序一般包括资质审批、工商注册登记、税务登记和公章刻制等几个步骤。

(1) 根据《公司法》规定,准备好材料和文件。
(2) 向所在地房地产行政主管部门提出书面申请。
(3) 向所在地工商行政管理机关申请法人注册登记和开业登记,领取营业执照。
(4) 到税务部门办理税务登记,到公安部门办公章登记和刻制等。

物业服务企业向工商行政管理部门进行注册登记,领取营业执照,并到税务部门办理税务登记后,方可开业。

2. 物业服务企业的资质管理

国家对从事物业管理活动的企业实行资质管理制度。对物业管理行业实行市场准入制度,严格审查物业管理企业的资质,是加强行政监管、规范企业行为、有效解决群众投诉、改善物业管理市场环境的必要手段。

为加强物业服务企业的资质管理,原建设部印发了《物业服务企业资质管理办法》(以下简称《资质管理办法》)。房地产行政主管部门根据物业服务企业的资产、专业技术人员和物业管理业绩等,对设立的物业服务企业核定资质等级。未经主管部门进行资质评定并取得资质证书的,不得从事物业服务业务。

物业服务企业资质等级分为一级、二级、三级。《资质管理办法》从企业的资产、人员构成、管理物业的类型与规模、业绩、诚信和内部规章制度等方面对一、二、三级3个资质等级做了规定。

新设立的物业服务企业应当自领取营业执照之日起30日内,持下列文件向工商注册所在地县(市)人民政府房地产行政主管部门申报临时资质:①营业执照;②企业章程;③验资证明;④企业法定代表人的身份证明;⑤物业管理专业人员的职业资格证书和劳动合同,管理和技术人员的职称证书和劳动合同。

新设立的物业服务企业,其资质等级按照最低等级核定,并设一年的暂定期。一年内物业服务企业未能承接物业管理项目,资质审批部门应当取消其从事物业管理活动的资格。

物业服务企业的资质管理实行分级审批。国务院建设主管部门负责一级物业服务企业资质证书的颁发和管理。省、自治区人民政府建设主管部门、直辖市人民政府房地产主管部门负责二级和三级物业服务企业资质证书的颁发和管理，并接受国务院建设主管部门的指导和监督。设区的市的人民政府房地产主管部门负责三级物业服务企业资质证书的颁发和管理，并接受省、自治区人民政府建设主管部门的指导和监督。

申请核定资质等级的物业服务企业，应当提交下列材料：①企业资质等级申报表；②营业执照；③企业资质证书正、副本；④物业管理专业人员的职业资格证书和劳动合同，管理和技术人员的职称证书和劳动合同，工程、财务负责人的职称证书和劳动合同；⑤物业服务合同复印件；⑥物业管理业绩材料。

资质审批部门应当自受理企业申请之日起 20 个工作日内，对符合相应资质等级条件的企业核发资质证书；一级资质审批前，应当由省、自治区人民政府建设主管部门或者直辖市人民政府房地产主管部门审查，审查期限为 20 个工作日。

物业服务企业申请核定资质等级，在申请之日前一年内有下列行为之一的，资质审批部门不予批准：①聘用未取得物业管理职业资格证书的人员从事物业管理活动的；②将一个物业管理区域内的全部物业管理业务一并委托给他人的；③挪用专项维修资金的；④擅自改变物业管理用房用途的；⑤擅自改变物业管理区域内按照规划建设的公共建筑和共用设施用途的；⑥擅自占用、挖掘物业管理区域内道路、场地，损害业主共同利益的；⑦擅自利用物业共用部位、共用设施设备进行经营的；⑧物业服务合同终止时，不按规定移交物业管理用房和有关资料的；⑨与物业管理招标人或者其他物业管理投标人相互串通，以不正当手段谋取中标的；⑩不履行物业服务合同，业主投诉较多，经查证属实的；⑪超越资质等级承接物业管理业务的；⑫出租、出借、转让资质证书的；⑬发生重大责任事故的。

经资质审查合格的企业，由资质审批部门发给相应等级的《资质证书》。

3. 物业服务企业的权利、义务

物业服务企业在物业管理中最根本的权利、义务是：依据物业服务合同对受委托物业实施物业管理的权利、义务。

物业服务企业的权利：①根据有关法律、法规、政策和合同的约定，结合实际情况制定物业管理制度；②依照物业服务合同和有关规定收取物业服务费；③制止违反物业管理制度的行为；④要求委托人协助管理；⑤选聘专业公司承担专项经营服务管理业务；⑥法律、法规规定的其他权利。

物业服务企业的义务：①履行物业服务合同，提供物业管理服务；②接受业主委员会、业主及使用人的监督；③定期公布物业管理服务费用和代管基金收支账目，接受质询和审计；④接受有关行政主管部门的监督管理；⑤法律、法规规定的其他义务。

8.3.3 业主、业主大会及业主委员会

为了规范业主大会的活动，保障民主决策，维护业主的合法权益，根据《物业管理条例》，原建设部制定了《业主大会规程》，对业主及其权利义务、业主大会及业主委员会的性质、管理规约等做了明确规定。

1. 业主及其权利、义务

1) 业主在物业管理中的地位

业主指物业的所有权人。在物业管理中，业主又是物业服务企业所提供的物业管理服

务的对象。业主是物业管理市场的需求主体。

单个业主最基本的权利就是依法享有所拥有物业的各项权利和参与物业管理、要求物业服务企业依据物业服务合同提供相应的管理与服务的权利。

业主对建筑物内的住宅、经营性用房等专有部分享有所有权,对专有部分以外的共有部分享有共有和共同管理的权利;对其建筑物专有部分享有占有、使用、收益和处分的权利。业主行使权利不得危及建筑物的安全,不得损害其他业主的合法权益;对建筑物专有部分以外的共有部分,享有权利,承担义务;不得以放弃权利不履行义务。

业主转让建筑物内的住宅、经营性用房,其对共有部分享有的共有和共同管理的权利一并转让。建筑区划内的道路属于业主共有,但属于城镇公共道路的除外。建筑区划内的绿地属于业主共有,但属于城镇公共绿地或者明示属于个人的除外。建筑区划内的其他公共场所、公用设施和物业服务用房,属于业主共有。建筑区划内,规划用于停放汽车的车位、车库应当首先满足业主的需要。建筑区划内,规划用于停放汽车的车位、车库的归属,由当事人通过出售、附赠或者出租等方式约定。占用业主共有的道路或者其他场地用于停放汽车的车位,属于业主共有。

具体地说,在物业管理中,业主具有以下权利:①按照物业服务合同的约定,接受物业服务企业提供的服务;②提议召开业主大会会议,并就物业管理的有关事项提出议案;③提出制定和修改管理规约、业主大会议事规则的建议;④参加业主大会会议,行使投票权;⑤选举业主委员会委员,并享有被选举权;⑥监督业主委员会的工作;⑦监督物业服务企业履行物业服务合同;⑧对物业共用部位、共用设施设备和相关场地使用情况享有知情权和监督权;⑨监督物业共用部位、共用设施设备专项维修资金的管理和使用;⑩法律、法规规定的其他权利。

业主的义务有:①遵守管理规约、业主大会议事规则;②遵守物业管理区域内物业共用部位和共用设施设备的使用、公共秩序和环境卫生的维护等方面的规章制度;③执行业主大会的决议和业主大会授权业主委员会做出的决定;④按照国家有关规定缴纳专项维修资金;⑤按时缴纳物业服务费用;⑥法律、法规规定的其他义务。

单个业主的上述权利是由法律和管理规约及物业服务合同来保障和维护的,是通过业主大会和业主委员会来实现的。

2) 物业使用人及其权利、义务

物业使用人(通常简称为使用人)是指不拥有物业的所有权,但通过某种形式(如签订租赁合同)而获得物业使用权并实际使用该物业的人。

由于物业使用人首先与业主发生关系(如租赁关系),物业使用人的基本权利、义务就受到租赁合同的一定限制。即在租赁合同中,要明确阐明业主赋予物业使用人哪些权利、义务。同时,物业使用人作为物业的实际使用人,也是物业管理服务的对象,也应享有物业服务合同约定的相应的权利、应履行相应的义务。

物业使用人和业主在权利上的最大区别是物业使用人没有对物业的最终处置权,例如物业的买卖。

2. 业主大会

1) 业主大会及其职责

业主大会是由物业管理区域内全体业主组成,只有一个业主,或者业主人数较少且经全体业主同意，决定不成立业主大会的，由业主共同履行业主大会、业主委员会职责。业主大会自首次业主大会会议召开之日起成立。

业主大会是物业管理区域内物业管理的最高权力机构，是物业管理的决策机构，代表和维护物业管理区域内全体业主在物业管理活动中的合法权益，并履行以下职责：①制定、修改管理规约和业主大会议事规则；②选举、更换业主委员会委员，监督业主委员会的工作；③选聘、解聘物业服务企业；④决定专项维修资金的使用、续筹方案，并监督实施；⑤制定、修改物业管理区域内物业共用部分和共用设施设备的使用、公共秩序和环境卫生的维护等方面的规章制度；⑥法律、法规或者业主大会议事规则规定的其他有关物业管理的职责。

2）业主大会的成立及首次业主大会

原建设部《业主大会规程》规定：业主筹备成立业主大会的，应当在物业所在地的区、县人民政府房地产行政主管部门和街道办事处（乡镇人民政府）的指导下，由业主代表、建设单位（包括公有住房出售单位）组成业主大会筹备组（以下简称筹备组），负责业主大会筹备工作。筹备组主要做好下列4项筹备工作：①确定首次业主大会会议召开的时间、地点、形式和内容；②参照政府主管部门制定的示范文本，拟订《业主大会议事规则》（草案）和《管理规约》（草案）；③确认业主身份，确定业主在首次业主大会会议上的投票权数；④确定业主委员会委员候选人产生办法及名单。这些内容应当在首次业主大会会议召开15日前以书面形式在物业管理区域内公告。

筹备组应当自组成之日起30日内组织业主召开首次业主大会会议。在这次会议上，最重要的是要表决通过今后物业管理活动中最重要的两个文件，即《业主大会议事规则》和《管理规约》；选举产生一个重要的机构——业主委员会；做出一个重要决定，即对原物业服务企业是续聘还是另行招聘。业主委员会选举产生后，筹备组应将筹备过程中的相应文件材料移交给业主委员会，与业主委员会进行交接，至此，筹备组才算完成了它的使命。

3）业主大会会议的召开

业主大会会议分为定期会议和临时会议。定期会议应当按照业主大会议事规则的规定召开，一般一年召开一次。经20%以上的业主提议或发生重大事故或者紧急事件需要及时处理时以及业主大会议事规则或者管理规约规定的其他情况时，业主委员会应当组织召开业主大会临时会议。

4）业主共同决定的事项

《物权法》规定，下列事项由业主共同决定：①制定和修改业主大会议事规则；②制定和修改建筑物及其附属设施的管理规约；③选举业主委员会或者更换业主委员会成员；④选聘和解聘物业服务企业或者其他管理人；⑤筹集和使用建筑物及其附属设施的维修资金；⑥改建、重建建筑物及其附属设施；⑦有关共有和共同管理权利的其他重大事项。决定前款第⑤项和第⑥项规定的事项，应当经专有部分占建筑物总面积三分之二以上的业主且占总人数三分之二以上的业主同意。决定前款其他事项，应当经专有部分建筑物总面积过半数的业主且占总人数过半数的业主同意。

3. 业主委员会

1）业主委员会的性质、地位和职责

业主委员会是业主大会的执行机构，由业主大会选举产生。业主大会和业主委员会并存，业主决策机构和执行机构分离，业主委员会向业主大会负责。

业主委员会应当接受县级以上地方人民政府房地产行政主管部门监督管理。业主委员会应当配合公安机关，与居民委员会相互协作，共同做好维护物业管理区域内的社会治安等相关工作。在物业管理区域内业主委员会应当积极配合相关居民委员会依法履行自治管理职责，支持居民委员会开展工作，并接受其指导和监督。

业主委员会的宗旨是代表本物业的合法权益，实行业主自治与专业化管理相结合的管理体制，保障物业合理、安全地使用，维护本物业的公共秩序，创造整洁、优美、安全、舒适、文明的环境。

2) 业主委员会的产生

业主大会应当在首次会议召开时选举产生业主委员会。一个物业管理区域应当成立一个业主委员会，人数为 5～11 名的单数。业主委员会成员应当由热心公益事业、责任心强、具有一定组织能力和必要工作时间的业主担任。业主委员会应当自选举产生之日起 30 日内，向物业所在地的街道办事处和区、县人民政府房地产行政主管部门备案。业主委员会应当自选举产生之日起 3 日内召开首次业主委员会会议，推选产生业主委员会主任 1 人，副主任 1～2 人。

3) 业主委员会的职责

业主委员会应履行的职责有：①召集业主大会会议，报告物业管理的实施情况；②代表业主与业主大会选聘的物业服务企业签订物业服务合同；③及时了解业主、物业使用人的意见和建议，监督和协助物业服务企业履行物业服务合同；④监督管理规约的实施；⑤业主大会赋予的其他职责。

4. 管理规约

管理规约是一种公共契约，有协议、合约的性质。它是由全体业主承诺共同订立的，对全体业主(也包括物业使用人)有共同约束力。管理规约应当对有关物业的使用、维护、管理，业主的公共利益，业主应当履行的义务，违反规约应当承担的责任等事项依法做出约定。管理规约是物业管理中的一个重要的基础性文件。它一般是依据政府制定的示范文本，结合物业的实际情况进行修改补充，经业主大会讨论通过生效。在第一次业主大会会议召开之前，最初的管理规约可由建设单位依据政府制定的示范文本代为拟定，提交第一次业主大会会议讨论通过，并经业主签字后生效。以后根据实际情况进行的修订则只需业主大会讨论通过即生效。管理规约对全体业主具有约束力。

5. 业主大会议事规则

业主大会议事规则由业主经过民主协商和表决通过，约定业主大会的议事方式、表决程序、业主投票权确定办法、业主委员会的组成和委员任期等事项。业主大会议事规则是《物业管理条例》中首次提出的。它的制定原则基于物业管理的"业主自治"。业主大会议事规则是每一个业主通过民主的程序和方法参与物业管理并正确行使自己权利的必要条件，它规定了物业管理区域内物业管理活动中重要事项的运作方式和运作规则。

对业主大会议事规则，有两点需要注意：一是议事规则中的任何规定不得违反国家相关的法律、法规；二是议事规则必须在首次业主大会上最先讨论和通过，然后才能按此议事规则讨论决定其他问题。

【例 8-3】 业主大会可以"炒"物业公司"鱿鱼"吗？

2008年年底上海市闵行区某小区的业主大会与上海某物业公司签订了《物业服务合同》，委托该物业为小区提供物业服务，合同履行期限4年，自2008年12月1日至2012年11月30日，其中2008年12月1日至2010年11月30日为固定合同期间，2010年12月1日至2012年11月30日为滚动合同期间，在滚动合同期间，原告的服务质量须通过小区年度业主大会评估。如业主大会评估合格，合同继续有效；如不合格，则合同自动解除。

该物业在为小区服务的过程中出现了种种侵害业主利益的行为。就该物业存在的种种问题小区的业主委员会召开了几次业主代表会议，会议上业主代表大都表示小区不需要这样的物业，应当提前解除与其的《物业服务合同》。2010年5月8日，小区召开了业主大会，经表决小区物业管理区域内持有二分之一以上投票权（即业主人数、房产面积双过半）的业主赞成与物业提前解除《物业服务合同》。整个业主大会的召开程序、结果业委会都通报了政府部门，得到政府部门的认可。但该物业公司在收到业主大会、业主委员会提前解除《物业服务合同》的通知后却拒不退出小区，还大批更换管理处工作人员，造成小区混乱。更有业主不断受到外来不明人士的恐吓与伤害，发生业主财产伤害、人身伤害。

【疑惑】 小区的业主大会在2010年5月8日做出"小区提前解除与物业公司《物业服务合同》"的决议是否有效？请简单分析理由。

【解析】 决议合法有效。小区业委会、业主大会因为物业公司在为小区提供服务的过程中有违反《物业服务合同》及相关法律的行为，故决定以书面形式召开业主大会。业主大会的召开经业委会提前15天张贴公告，业主签字领取表决票，计票过程公开、全程录像。所以此次业主大会的召开程序完全符合法律规定，合乎小区《业主大会议事规则》。经小区业主表决有占小区总户数1/2以上，占小区总建筑面积1/2以上的业主赞成提前与该物业公司解除《物业服务合同》。这完全符合《物权法》第七十六条："下列事项由业主共同决定：……（四）选聘和解聘物业服务企业或者其他管理人；……决定前款其他事项，应当经专有部分占建筑物总面积过半数的业主且占总人数过半数的业主同意。"

8.3.4 物业管理的委托和物业管理招投标

1. 物业管理委托方

物业管理的委托方是业主。按物业产权归属和物业管理委托的时间，物业管理的委托方有房地产开发企业、公房出售单位和业主大会三类主体。

1）房地产开发企业

房地产开发企业在以下两种情况下是物业管理的委托方。

一是对建成后以销售为主的物业，在物业建成和出售前，其产权归房地产开发企业。因此，由房地产开发企业负责首次选聘物业服务企业。

二是对建成后并不出售而出租经营的物业，因其产权始终归开发企业，所以，房地产开发企业一直是物业管理的委托方。

2）公房出售单位

随着我国住房制度改革的深入，政府单位原有公房正在逐步出售给住用人。公房在出售前,产权属政府单位所有;出售后,产权发生转移。由于住用人购买原住房的时间不等,物业区域内发生产权转移的份额不等,所以,在业主大会成立之前,公房出售单位作为原业主,与房地产开发企业一样,负责首次选聘物业服务企业。

3)业主大会

以销售为主的物业,当业主入住达到一定时间或一定比例时,以及原有公房的出售达到一定比例时均应按规定成立业主大会,并选举业主委员会。业主大会成立后就是全体业主的代表,与新选聘的物业服务企业签订物业服务合同,前期物业服务合同自行终止。

2. 物业管理招投标

1)物业管理招投标的内涵

物业管理招投标包括物业管理招标和物业管理投标两部分。

物业管理招标是指物业所有人通过制定符合其管理服务要求和标准的招标文件,通过招投标确定物业服务企业的过程。

物业管理投标是指物业服务企业为开拓业务,依据物业管理招标文件的要求组织编写标书,并向招标单位递交应聘申请和投标书,参加物业管理竞标,以求通过市场竞争获得物业管理权的过程。

物业管理招投标是物业管理招标行为和物业管理投标行为的有机结合,通过招投标,物业管理供需主体在平等互利的基础上建立起一种新型的劳务商品关系。物业管理招投标实质是一种市场双向选择行为。

国家提倡建设单位按照房地产开发与物业管理相分离的原则,通过招投标的方式选聘具有相应资质的物业服务企业,为了规范物业管理招标投标活动,保护招标投标当事人的合法权益,促进物业管理市场的公平竞争,原建设部制定了《前期物业管理招标投标管理暂行办法》(建住房〔2003〕130号),其中规定"住宅及同一物业管理区域内非住宅的建设单位,应当通过招投标的方式选聘具有相应资质的物业服务企业",并且明确了"前期物业管理招标投标应当遵循公开、公平、公正和诚实信用的原则"。

2)物业管理招标方式

物业管理招标的形式可分为公开招标和邀请招标。除特殊情况(如单一产权人招标)外,物业管理不适用议标。《前期物业管理招标投标管理暂行办法》第三条规定:投标人少于3个或者住宅规模较小的,经物业所在地的区、县人民政府房地产行政主管部门批准,可以采用协议方式,即议标,选聘具有相应资质的物业服务企业。另外,对物业服务合同到期后原物业服务企业的再次聘用通常采用议标方式。

公开招标又称为无限竞争性公开招标,由招标人通过报刊、电视、网络等各种媒体向社会公开发布招标公告,凡符合投标基本条件又有兴趣的物业服务企业均可申请投标。

公开招标的优点是招标方有较大的选择范围,同时比较有利于避免各种关系的影响;但由于涉及面广,这种招标方式的时间长、资金成本高。公开招标一般适用于规模较大的物业,尤其是收益性物业。

邀请招标又称有限竞争性招标,由招标人以投标邀请书的方式向预先选择的有能力承担的若干物业服务企业发出招标邀请,请它们参与竞标。《前期物业管理招投标管理暂行办法》中规定,邀请招标应向3家以上企业发出投标邀请书。

相对于公开招标来说,邀请招标的成本比较低,可以保证投标企业具有相关的资质条件和经验；但邀请招标可能会漏掉一些有较强竞争力的物业服务企业，暗箱操作的可能性有时比较大。因此，在选择招标方式的时候应注意权衡利弊。

3）物业管理招投标的程序

物业管理招标程序：①成立招标机构；②编制招标文件；③发布招标公告或招标邀请书；④组织资格预审；⑤发放招标文件及有关设计图纸、技术资料等；⑥组织答疑与现场勘查；⑦开标与评标；⑧中标后谈判与合同签订。

物业管理投标程序：①获取招标信息，决定是否参与投标；②报送投标申请，接受资格审查；③获取与熟悉招标文件并参与答疑和现场踏勘；④投标决策与编制投标书；⑤报送投标书；⑥参加开标及答辩会；⑦中标和签订物业服务合同。

8.3.5　物业承接查验制度

物业接管验收是指物业服务企业在承接物业时，进行以物业的主体结构安全和满足使用功能为主要内容的再检验，同时接受图纸、说明文件等物业资料，从而着手实施物业管理。物业的接管验收是物业管理的基础工作和前提条件，也是物业管理工作真正开始开展的首要环节。物业承接验收是物业管理的基础工作。

为了明确开发建设单位、业主、物业服务企业的责、权、利，减少物业管理矛盾和纠纷，并促使开发建设单位提高建设质量，加强物业建设与管理的衔接，《条例》第28条规定："物业服务企业承接物业时，应当对物业共用部位、共用设施设备进行查验。"同时，第29条规定，在办理物业承接验收手续时，建设单位应当向物业服务企业移交下列资料：竣工总平面图，单体建筑、结构、设备竣工图，配套设施、地下管网工程竣工图等竣工验收资料；设施设备的安装、使用和维护保养等技术资料；物业质量保修文件和物业使用说明文件；物业管理所必需的其他资料。

目前，在物业管理过程中，老百姓反映较多的质量缺陷、配套设施不完善等热点问题，多数是在开发建设阶段遗留下来的。物业管理企业在承接物业项目时对共用部位、公用设施设备以及档案资料认真清点验收，各方共同确认交接内容和交接结果，有利于明确各方的责、权、利，对维护建设单位、业主和物业管理企业的正当权益，避免矛盾纠纷，都具有重要的保障作用。实行物业承接查验制度，可以督促建设单位根据规划设计标准和售房约定，重视物业共用部位、共用设施设备的建设，对提高建设质量，保障业主财产权益具有重要意义。可以弥补前期物业管理期间业主大会缺位的弊端，加强物业建设与物业管理的衔接，保障开展物业管理的必备条件。而在新老物业管理企业交接时进行承接查验，有利于界定物业共用部位共用设施设备的管理责任。

8.3.6　物业管理从业人员职业资格制度

物业管理企业提供的服务，表现在消费者面前，更多的是维护公共秩序、打扫卫生，如保安、保洁等，但其最基本的服务还是负责房屋及其设备设施的维护管理。维修养护以及物业管理服务水平，直接影响物业的保值增值，关系到业主共同利益和社会公共利益，这就要求物业管理企业建立一套科学、规范的管理措施及工作程序，作为物业管理活动的直接组织者，物业管理专业人员，如物业管理处主任（项目经理）等，只有在掌握和了解法律、经济、工程、环保、消防以及公共关系、心理等多方面学科和知识，并经过相关专业岗位实践锻炼的基础上，才能有效地做好管理服务工作。

物业管理从业人员主要是指物业管理经营管理人员和技术工种人员。其中，物业管理经营管理人员，主要是指管理处主任、物业经理、小区经理等专业人员；技术工种人员，主要是指从事技术复杂、通用性广、涉及国家财产、人民生命安全和消费者利益工种（职业）的人员。比如说电梯操作工应该取得相应上岗证。物业管理从业人员职业资格是《条例》设定的行政许可。

我国对从事物业管理工作的专业管理人员，实行职业准入制度，并纳入全国专业技术人员职业资格证书系列。执业资格名称命名为物业管理师（英文译为：Certified Property Manager）。物业管理师是指经全国统一考试，取得《中华人民共和国物业管理师资格证书》，并依法注册取得《中华人民共和国物业管理师注册证》，从事物业管理工作的专业管理人员。

原国家人事部和原建设部于2005年11月16日制定并颁布了《物业管理师制度暂行规定》、《物业管理师资格考试实施办法》和《物业管理师资格认定考试办法》。上述3个文件实施后，物业管理师资格正式纳入了国家专业技术人员职业资格系列。

物业管理师制度包括考试、注册和执业等内容，涉及申请、考试、审查、注册、继续教育等多个环节。住房和城乡建设部、人力资源和社会保障部共同负责全国物业管理师制度的总体工作，是该项制度的制定、实施和监督管理部门。住房和城乡建设部执业资格注册中心和中国物业管理协会受住房和城乡建设部委托，负责物业管理师考试注册等相关具体工作。地方人民政府房地产主管部门、人事行政部门按职责分工负责本行政区域内的资格考试、注册审查、执业监督等工作。

8.4 住宅专项维修资金制度

2007年12月4日，根据《物权法》、《物业管理条例》等法律、行政法规，建设部会同财政部发布了《住宅专项维修资金管理办法》，并于2008年2月1日起施行。该办法对加强住宅专项维修资金的管理，保障住宅共用部位、共用设施设备的维修和正常使用，维护住宅专项维修资金所有者的合法权益，都起着重要的作用。

8.4.1 住宅专项维修资金的概述

住宅专项维修资金是指专项用于住宅共用部位、共用设施设备保修期满（见《房屋建筑工程质量保修办法》、《住宅质量保证书》的规定，其中两者保修的开始时间不同：前者规定房屋建筑工程保修期从工程竣工验收合格之日起计算；后者规定住宅保修期从开发企业将竣工验收的住宅交付用户使用之日起计算）后的维修和更新、改造的资金。

共用部位是指根据法律、法规和房屋买卖合同，由单幢住宅内业主或者单幢住宅内业主及与之结构相连的非住宅业主共有的部位，一般包括住宅的基础、承重墙体、柱、梁、楼板、屋顶以及户外的墙面、门厅、楼梯间、走廊通道等。

共用设施设备是指根据法律、法规和房屋买卖合同，由住宅业主或者住宅业主及有关非住宅业主共有的附属设施设备，一般包括电梯、天线、照明、消防设施、绿地、道路、路灯、沟渠、池、井、非经营性车场车库、公益性文体设施和共用设施设备使用的房屋等。

住宅专项维修资金管理实行专户存储、专款专用、所有权人决策、政府监督的原则。

国务院建设主管部门会同国务院财政部门负责全国住宅专项维修资金的指导和监督工作。县级以上地方人民政府建设（房地产）主管部门会同同级财政部门负责本行政区域内住宅专项维修资金的指导和监督工作。

8.4.2 住宅专项维修资金的交存

1. 住宅专项维修资金的交存主体

住宅专项维修资金的交存主体主要包括以下 3 类：①住宅的业主，但一个业主所有且与其他物业不具有共用部位、共用设施设备的除外；②住宅小区内的非住宅或者住宅小区外与单幢住宅结构相连的非住宅的业主；③涉及公有住房出售的，售房单位应当按照规定交存住宅专项维修资金。

业主交存的住宅专项维修资金属于业主所有。从公有住房售房款中提取的住宅专项维修资金属于公有住房售房单位所有。

2. 住宅专项维修资金的交存金额

（1）商品住宅的业主、非住宅的业主按照所拥有物业的建筑面积交存住宅专项维修资金，每平方米建筑面积交存首期住宅专项维修资金的数额为当地住宅建筑安装工程每平方米造价的 5%至 8%。每平方米建筑面积交存的首期住宅专项维修资金的数额，由直辖市、市、县人民政府建设（房地产）主管部门根据本地区情况确定并公布。

（2）出售公有住房的，业主按照所拥有物业的建筑面积交存住宅专项维修资金，每平方米建筑面积交存首期住宅专项维修资金的数额为当地房改成本价的 2%。售房单位按照多层住宅不低于售房款的 20%、高层住宅不低于售房款的 30%，从售房款中一次性提取住宅专项维修资金。

3. 住宅专项维修资金的交存方式

（1）商品住宅的业主应当在办理房屋入住手续前，将首期住宅专项维修资金存入住宅专项维修资金专户。

（2）已售公有住房的业主应当在办理房屋入住手续前，将首期住宅专项维修资金存入公有住房住宅专项维修资金专户或者交由售房单位存入公有住房住宅专项维修资金专户。公有住房售房单位应当在收到售房款之日起 30 日内，将提取的住宅专项维修资金存入公有住房住宅专项维修资金专户。

（3）未按规定交存首期住宅专项维修资金的，开发建设单位或者公有住房售房单位不得将房屋交付购买人。

（4）业主分户账面住宅专项维修资金余额不足首期交存额 30%的，应当及时续交。成立业主大会的，续交方案由业主大会决定。未成立业主大会的，续交按照直辖市、市、县人民政府建设（房地产）主管部门会同同级财政部门制定的具体管理办法实施。

4. 住宅专项维修资金的管理

1) 业主大会成立前住宅专项维修资金的管理

业主大会成立前，商品住宅业主、非住宅业主交存的住宅专项维修资金，由物业所在地直辖市、市、县人民政府建设（房地产）主管部门委托的当地商业银行开立的住宅专项维修资金专户代管。开立的住宅专项维修资金专户，以物业管理区域为单位设账，按房屋户门号设分户账，未划定物业管理区域的，以幢为单位设账，按房屋户门号设分户账。

业主大会成立前，已售公有住房住宅专项维修资金，由物业所在地直辖市、市、县人民政府财政部门或者建设（房地产）主管部门委托所在地商业银行开立公有住房住宅专项维修资金专户负责管理。开立公有住房住宅专项维修资金专户，按照售房单位设账，按幢设分账；其中，业主交存的住宅专项维修资金，按房屋户门号设分户账。

2) 业主大会成立后住宅专项维修资金的管理

业主大会应当委托所在地一家商业银行作为本物业管理区域内住宅专项维修资金的专户管理银行，并在专户管理银行开立住宅专项维修资金专户。开立住宅专项维修资金专户，应当以物业管理区域为单位设账，按房屋户门号设分户账。

业主委员会应当通知所在地直辖市、市、县人民政府建设（房地产）主管部门；涉及已售公有住房的，应当通知负责管理公有住房住宅专项维修资金的部门。

直辖市、市、县人民政府建设（房地产）主管部门或者负责管理公有住房住宅专项维修资金的部门在收到通知之日起 30 日内，通知专户管理银行将该物业管理区域内业主交存的住宅专项维修资金账面余额划转至业主大会开立的住宅专项维修资金账户，并将有关账目等移交业主委员会。

住宅专项维修资金划转后的账目管理单位，由业主大会建立住宅专项维修资金管理制度进行管理。业主大会开立的住宅专项维修资金账户，应当接受所在地直辖市、市、县人民政府建设（房地产）主管部门的监督。

8.4.3 住宅专项维修资金的使用

1. 住宅专项维修资金的使用范围和原则

1) 使用范围

住宅专项维修资金用于住宅共用部位、共用设施设备保修期满后的维修和更新、改造。

住宅共用部位的维修和更新、改造范围包括：屋面防水层破损，顶层房间渗漏；楼房外墙出现雨水渗漏，引起外墙内表面浸湿；地下室出现渗漏、积水；楼房外墙外装饰层出现裂缝、脱落或空鼓率超过国家相应标准、规范的规定值；增加保温层、建筑保温层出现破损或脱落，或建筑保温不良引起外墙内表面出现潮湿、结露、结霜或霉变；外墙及楼梯间、公共走廊涂饰层出现开裂、锈渍、起泡、翘皮、脱落、污染；公共区域窗台、门廊挑檐、楼梯踏步及扶手、维护墙、院门等出现破损；公共区域门窗或窗纱普遍破损；其他情况。

住宅共用设施设备的维修和更新、改造范围包括：电梯主要部件需要进行维修或更换的；二次供水系统设备部件磨损、锈蚀严重的；避雷设施不满足安全要求的；配电设备部分电缆、电线、配电箱(柜)内元件损坏的;消防系统出现功能障碍,或部分设备、部件损坏严重的;楼内排水(排污)设备出现故障,给、排水管道漏水、锈蚀严重,排污泵锈蚀或其他设备损坏的;其他情况。

2) 使用原则

住宅专项维修资金的使用,应当遵循方便快捷、公开透明、受益人和负担人相一致(谁受益谁分摊的原则)的原则。

2. 住宅专项维修资金的分摊规则

(1) 商品住宅之间或者商品住宅与非住宅之间共用部位、共用设施设备的维修和更新、改造费用,由相关业主按照各自拥有物业建筑面积的比例分摊。

(2) 售后公有住房之间共用部位、共用设施设备的维修和更新、改造费用,由相关业主和公有住房售房单位按照所交存住宅专项维修资金的比例分摊;其中,应由业主承担的,再由相关业主按照各自拥有物业建筑面积的比例分摊。

(3) 售后公有住房与商品住宅或者非住宅之间共用部位、共用设施设备的维修和更新、改造费用,先按照建筑面积比例分摊到各相关物业。其中,售后公有住房应分摊的费用,再由相关业主和公有住房售房单位按照所交存住宅专项维修资金的比例分摊。

(4) 住宅共用部位、共用设施设备维修和更新、改造,涉及尚未售出的商品住宅、非住宅或者公有住房的,开发建设单位或者公有住房单位应当按照尚未售出商品住宅或者公有住房的建筑面积,分摊维修和更新、改造费用。

3. 住宅专项维修资金的使用程序

1) 住宅专项维修资金划转业主大会管理前的使用程序

(1) 物业服务企业根据维修和更新、改造项目提出使用建议;没有物业服务企业的,由相关业主提出使用建议。

(2) 住宅专项维修资金列支范围内专有部分占建筑物总面积三分之二以上的业主且占总人数三分之二以上的业主讨论通过使用建议。

(3) 物业服务企业或者相关业主组织实施使用方案。

(4) 物业服务企业或者相关业主持有关材料,向所在地直辖市、市、县人民政府建设(房地产)主管部门申请列支;其中,动用公有住房住宅专项维修资金的,向负责管理公有住房住宅专项维修资金的部门申请列支。

(5) 直辖市、市、县人民政府建设(房地产)主管部门或者负责管理公有住房住宅专项维修资金的部门审核同意后,向专户管理银行发出划转住宅专项维修资金的通知。

(6) 专户管理银行将所需住宅专项维修资金划转至维修单位。

2) 住宅专项维修资金划转业主大会管理后的使用程序

(1) 物业服务企业提出使用方案,使用方案应当包括拟维修和更新、改造的项目、费用预算、列支范围、发生危及房屋安全等紧急情况以及其他需临时使用住宅专项维修资金的情况的处置办法等。

(2) 业主大会依法通过使用方案。

(3) 物业服务企业组织实施使用方案。

(4) 物业服务企业持有关材料向业主委员会提出列支住宅专项维修资金;其中,动用公有住房住宅专项维修资金的,向负责管理公有住房住宅专项维修资金的部门申请列支。

(5) 业主委员会依据使用方案审核同意,并报直辖市、市、县人民政府建设(房地产)主管部门备案;动用公有住房住宅专项维修资金的,经负责管理公有住房住宅专项维修资金的部门审核同意;直辖市、市、县人民政府建设(房地产)主管部门或者负责管理公有住房住宅专项维修资金的部门发现不符合有关法律、法规、规章和使用方案的,应当责令改正。

(6) 业主委员会、负责管理公有住房住宅专项维修资金的部门向专户管理银行发出划转住宅专项维修资金的通知。

(7) 专户管理银行将所需住宅专项维修资金划转至维修单位。

3) 住宅专项维修资金的紧急使用程序

发生危及房屋安全等紧急情况,需要立即对住宅共用部位、共用设施设备进行维修和更新、改造的,按照以下规定列支住宅专项维修资金。

(1) 住宅专项维修资金划转业主大会管理前,由物业服务企业或者相关业主持有关材料,向所在地直辖市、市、县人民政府建设(房地产)主管部门申请列支;其中,动用公有住房住宅专项维修资金的,向负责管理公有住房住宅专项维修资金的部门申请列支;直辖市、市、县人民政府建设(房地产)主管部门或者负责管理公有住房住宅专项维修资金的部门审核同意后,向专户管理银行发出划转住宅专项维修资金的通知;专户管理银行将所需住宅专项维修资金划转至维修单位。

(2) 住宅专项维修资金划转业主大会管理后,由物业服务企业持有关材料向业主委员会提出列支住宅专项维修资金;其中,动用公有住房住宅专项维修资金的,向负责管理公有住房住宅专项维修资金的部门申请列支;业主委员会对使用方案审核同意,并报直辖市、市、县人民政府建设(房地产)主管部门备案;动用公有住房住宅专项维修资金的,经负责管理公有住房住宅专项维修资金的部门审核同意;直辖市、市、县人民政府建设(房地产)主管部门或者负责管理公有住房住宅专项维修资金的部门发现不符合有关法律、法规、规章和使用方案的,应当责令改正;业主委员会、负责管理公有住房住宅专项维修资金的部门向专户管理银行发出划转住宅专项维修资金的通知;专户管理银行将所需住宅专项维修资金划转至维修单位。

(3) 发生上述情况后,未按规定实施维修和更新、改造的,直辖市、市、县人民政府建设(房地产)主管部门可以组织代修,维修费用从相关业主住宅专项维修资金分账户中列支。其中,涉及已售公有住房的,还应当从公有住房住宅专项维修资金中列支。

4. 住宅专项维修资金的使用禁止

下列费用不得从住宅专项维修资金中列支:①依法应当由建设单位或者施工单位承担的住宅共用部位、共用设施设备维修、更新和改造费用;②依法应当由相关单位承担的供水、供电、供气、供热、通讯、有线电视等管线和设施设备的维修、养护费用;③应当由当事人承担的因人为损坏住宅共用部位、共用设施设备所需的修复费用;④根据物业服务合同约定,应当由物业服务企业承担的住宅共用部位、共用设施设备的维修和养护费用。

5. 住宅专项维修资金使用的其他规定

(1) 利用住宅专项维修资金购买国债的限制条件:①必须在保证住宅专项维修资金正常使用的前提下;②利用住宅专项维修资金购买国债的,应当在银行间债券市场或者商业银行柜台市场购买一级市场新发行的国债,并持有到期;③利用业主交存的住宅专项维修资金购买国债的,应当经业主大会同意;未成立业主大会的,应当经专有部分占建筑物总面积三分之二以上的业主且占总人数三分之二以上业主同意;④利用从公有住房售房款中提取的住宅专项维修资金购买国债的,应当根据售房单位的财政隶属关系,报经同级财政部门同意;⑤禁止利用住宅专项维修资金从事国债回购、委托理财业务或者将购买的国债用于质押、抵押等担保行为。

(2) 下列资金应当转入住宅专项维修资金滚存使用:①住宅专项维修资金的存储利息;②利用住宅专项维修资金购买国债的增值收益;③利用住宅共用部位、共用设施设备进行经营的业主所得收益,但业主大会另有决定的除外;④住宅共用设施设备报废后回收的残值。

8.4.4 住宅专项维修资金的监督管理

1. 房屋转让或灭失时住宅专项维修资金的处理

房屋所有权转让时,业主应当向受让人说明住宅专项维修资金交存和结余情况并出具有效证明,该房屋分户账中结余的住宅专项维修资金随房屋所有权同时过户。受让人需要持住宅专项维修资金过户的协议、房屋权属证书、身份证等到专户管理银行办理分户账更名手续。

房屋灭失的,房屋分户账中结余的住宅专项维修资金返还业主;售房单位交存的住宅专项维修资金账面余额返还售房单位;售房单位不存在的,按照售房单位财务隶属关系,收缴同级国库。

2. 相关主体对住宅专项维修资金的监管义务

1) 管理单位的法律义务

直辖市、市、县人民政府建设(房地产)主管部门,负责管理公有住房住宅专项维修资金的部门及业主委员会,每年至少一次与专户管理银行核对住宅专项维修资金账目,并向业主、公有住房售房单位公布下列情况:①住宅专项维修资金交存、使用、增值收益和结存的总额;②发生列支的项目、费用和分摊情况;③业主、公有住房售房单位分户账中住宅专项维修资金交存、使用、增值收益和结存的金额;④其他有关住宅专项维修资金使用和管理的情况。

业主、公有住房售房单位对公布的情况有异议的,可以要求复核。

2) 专户管理银行的法律义务

专户管理银行应当每年至少一次向直辖市、市、县人民政府建设(房地产)主管部门、负责管理公有住房住宅专项维修资金的部门及业主委员会发送住宅专项维修资金对账单。

直辖市、市、县建设(房地产)主管部门,负责管理公有住房住宅专项维修资金的部门及业主委员会对资金账户变化情况有异议的,专户管理银行应根据要求进行复核。

专户管理银行应当建立住宅专项维修资金查询制度,接受业主、公有住房售房单位对其分户账中住宅专项维修资金使用、增值收益和账面余额的查询。

3) 审计、财政部门的监督管理

住宅专项维修资金的管理和使用,应当依法接受审计部门的审计监督。

住宅专项维修资金的财务管理和会计核算应当执行财政部的有关规定。财政部门负责对住宅专项维修资金收支财务管理和会计核算制度执行情况的监督。

住宅专项维修资金专用票据的购领、使用、保存、核销管理，应当按照财政部以及省、自治区、直辖市人民政府财政部门的有关规定执行，并接受财政部门的监督检查。

3. 住宅专项维修资金相关主体的法律责任

公有住房售房单位未按规定交存住宅专项维修资金的；或将房屋交付未按规定交存首期住宅专项维修资金的买受人的；以及未按规定分摊维修、更新和改造费用的，由县级以上地方人民政府财政部门会同同级建设(房地产)主管部门责令限期改正。

开发建设单位在业主按照规定交存首期住宅专项维修资金前，将房屋交付买受人的，由县级以上地方人民政府建设(房地产)主管部门责令限期改正；逾期不改正的，处以3万元以下的罚款；开发建设单位未按规定分摊维修、更新和改造费用的，由县级以上地方人民政府建设(房地产)主管部门责令限期改正；逾期不改正的，处以1万元以下的罚款。

挪用住宅专项维修资金的，由县级以上地方人民政府建设(房地产)主管部门追回挪用的住宅专项维修资金，没收违法所得，可以并处挪用金额两倍以下的罚款；构成犯罪的，依法追究直接负责的主管人员和其他直接责任人员的刑事责任。

(1) 物业服务企业挪用住宅专项维修资金，情节严重的，除按上述规定予以处罚外，由颁发资质证书的部门吊销资质证书。

(2) 直辖市、市、县人民政府建设(房地产)主管部门挪用住宅专项维修资金的，由上一级人民政府建设(房地产)主管部门追回挪用的住宅专项维修资金，对直接负责的主管人员和其他直接责任人员依法给予处分；构成犯罪的，依法追究刑事责任。

(3) 直辖市、市、县人民政府财政部门挪用住宅专项维修资金的，由上一级人民政府财政部门追回挪用的住宅专项维修资金，对直接负责的主管人员和其他直接责任人员依法给予处分；构成犯罪的，依法追究刑事责任。

违规使用住宅专项维修资金购买国债的，应当承担以下法律责任。

(1) 直辖市、市、县人民政府建设(房地产)主管部门违反住宅专项维修资金投资规定的，由上一级人民政府建设(房地产)主管部门责令限期改正，对直接负责的主管人员和其他直接责任人员依法给予处分；造成损失的，依法赔偿；构成犯罪的，依法追究刑事责任。

(2) 直辖市、市、县人民政府财政部门违反住宅专项维修资金投资规定的，由上一级人民政府财政部门责令限期改正，对直接负责的主管人员和其他直接责任人员依法给予处分；造成损失的，依法赔偿；构成犯罪的，依法追究刑事责任。

(3) 业主大会违反住宅专项维修资金投资规定的，由直辖市、市、县人民政府建设(房地产)主管部门责令改正。

县级以上人民政府建设(房地产)主管部门、财政部门及其工作人员利用职务上的便利，收受他人财物或者其他好处，不依法履行监督管理职责，或者发现违法行为不予查处的，依法给予处分；构成犯罪的，依法追究刑事责任。

本 章 小 结

本章首先介绍了物业、物业管理的概念，阐述了物业管理的基本特性、物业管理的起源和发展，梳理了《物业管理条例》建立的7项基本制度；其次，在分析物业管理服务的基本内容的基础上,论述了物业管理服务标准和物业服务收费相关规定,重点论述了物业服务合同的相关知识,包括物业服务合同的属性、类型、内容、物业服务企业的义务和责任、物业服务合同的变更与解除等,并就物业的使用与维护相关规定进行了简单介绍;第三,根据物业管理在房地产开发、建设和使用过程中不同时期的地位、作用、特点及工作内容,按先后顺序分4个阶段介绍物业管理工作的主要阶段,论述了物业服务企业的设立和资质管理,重点分析了业主、业主大会及业主委员会的相关制度;此外,还阐述了物业管理的委托、招投标制度、物业承接查验制度和物业管理从业人员职业资格制度;最后,介绍了住宅专项维修资金制度。

习　题

一、填空题

1. 物业管理是指业主通过选聘物业服务企业,由业主和物业服务企业按照(　　)约定,对房屋及配套的设施设备和相关场地进行维修、养护、管理,维护相关区域内的环境卫生和秩序的活动。

2. 物业管理社会化有两个基本含义:一是物业的(　　)要到社会上去选聘物业服务企业;二是物业服务企业要到社会上去寻找可以代管的物业。

3. 物业管理服务的基本内容按服务的性质和提供的方式可分为(　　)、针对性的专项服务和委托性的特约服务三大类。

4. 根据《物业服务收费管理办法》,物业服务收费分为(　　)和市场调节价。

5. 物业服务企业因维修物业或者公共利益需要确需临时占用、挖掘道路、场地的,必须征得(　　)的同意,不得擅自施工。

6. 物业管理的前期准备阶段的工作包括物业服务企业内部机构的设置与人员编制的拟定、物业管理人员的选聘与培训、(　　)3个基本环节。

7. 房地产行政主管部门根据物业服务企业的资产、专业技术人员和物业管理业绩等,对设立的物业服务企业核定(　　)。未经主管部门进行资质评定并取得资质证书的,不得从事物业服务业务。

8. 业主大会由物业管理区域内(　　)组成,只有一个业主,或者业主人数较少且经全体业主同意,决定不成立业主大会的,由业主共同履行业主大会、业主委员会职责。

9. 住宅专项维修资金用于(　　)、共用设施设备保修期满后的维修和更新、改造的资金。

10. 房屋所有权转让时,业主应当向受让人说明住宅专项维修资金交存和结余情况并出具有效证明,该房屋分户账中结余的住宅专项维修资金随房屋所有权(　　)。

二、单项选择题(每题的备选答案中,只有一个最符合题意)

1. 下列关于物业的含义,说法错误的是(　　)。
   A. 从物业管理的角度来说,物业是指各类房屋及其附属的设备、设施和相关场地
   B. 同一宗物业,往往分属一个或多个产权所有者
   C. 物业也是单元房地产的称谓
   D. 同一宗物业,只能分属一个产权所有者

2. （　　）是物业管理最主要的特点。
   A. 市场化　　　　B. 社会化　　　　C. 专业化　　　　D. 综合化
3. （　　）是我国第一部系统规范物业管理制度的规范性文件。
   A.《城市新建住宅小区管理办法》
   B.《全国优秀管理住宅小区标准》
   C.《城市住宅小区物业管理服务收费暂行办法》
   D.《住宅室内装饰装修管理办法》
4. 在物业管理的策划阶段中，建设单位应与选聘的物业服务企业签订（　　）。
   A.《物业服务合同》　　　　　　　B.《前期物业服务合同》
   C.《物业管理合同》　　　　　　　D.《后期物业服务合同》
5. 建设单位通过招标方式选聘物业服务企业，新建现售商品房项目应当在现售前（　　）日完成。
   A. 30　　　　　B. 45　　　　　C. 60　　　　　D. 90
6. 下列不属于《物业管理条例》确立的基本制度的是（　　）。
   A. 业主大会制度　　　　　　　　B. 物业承接验收制度
   C. 物业管理议标制度　　　　　　D. 住宅专项维修资金制度
7. 业主选聘和解聘物业服务企业，需要经（　　）同意。
   A. 业主委员会
   B. 专有部分占建筑物总面积过半数的业主
   C. 占总人数过半数的业主
   D. 专有部分占建筑物总面积过半数的业主且占总人数过半数的业主
8. 业主大会议事规则由（　　）制定并修改。
   A. 业主大会　　　　　　　　　　B. 业主委员会
   C. 政府物业管理部门　　　　　　D. 业主和物业服务企业一同
9. 业主委员会应当与业主大会选聘的物业服务企业签订书面（　　）合同。
   A. 物业托管　　　B. 物业服务　　　C. 物业管理　　　D. 物业委托
10. 新建商品住宅小区的业主大会成立之前，住房维修资金（　　）。
    A. 由物业管理企业代管　　　　　B. 由房地产管理部门代管
    C. 由财政部门代管　　　　　　　D. 由业主自行管理
11. 某小区部分业主要求物业公司提供"小饭桌"服务，解决小学生吃饭问题，该服务属于（　　）。
    A. 公共性服务　　　　　　　　　B. 合同约定以外的服务
    C. 特约服务　　　　　　　　　　D. 公众代办性服务
12. 物业共用部位、共用设施设备的大修、中修和更新、改造费用（　　）。
    A. 应当通过专项维修资金予以列支
    B. 计入物业服务支出
    C. 计入物业服务成本
    D. 由业主筹集或从房改资金中提取
13. 已竣工但尚未出售或者尚未交给物业买受人的物业，物业服务费用由（　　）交纳。

A. 买受人 B. 建设单位
C. 双方协商 D. 建设单位申请暂缓

14. 因住宅室内装饰装修活动造成相邻住宅的管道堵塞、渗漏水、停水停电、物品损坏等，（　　）应当负责修复和赔偿。
A. 装修人 B. 相邻双方业主
C. 物业服务企业 D. 责任人

15. （　　）应当依法承担物业管理区域内相关管线和设施设备维修养护的责任。
A. 产权单位 B. 物业服务企业
C. 开发建设单位 D. 供水、供电、供气等单位

16. 业主形式的物业管理区域内重大事项的决策权通过参加（　　）实现。
A. 业主大会会议 B. 业主大会
C. 业主委员会 D. 业主委员会会议

17. 负责首次业主大会会议以后的定期会议和临时会议筹备和召集的是（　　）。
A. 业主委员会 B. 物业服务企业
C. 业主代表 D. 筹备小组

18. 管理规约对物业管理区域内的（　　）具有约束力。
A. 全体业主 B. 居民
C. 开发商 D. 物业服务企业

19. （　　）的建设单位应该通过招投标的方式选聘具有相应资质的物业管理企业。
A. 商业物业 B. 住宅物业
C. 商住物业 D. 普通住宅物业

20. 从事物业管理的人员应当按照国家有关规定取得（　　）证书。
A. 职业资格 B. 工程师
C. 备案登记 D. 岗位培训

21. 为维护物业管理活动的正常秩序，《物业管理条例》规定对物业管理区域内违反有关治安环保、物业装饰装修和使用等方面法律法规规定的行为，物业管理企业不需要履行的义务是（　　）。
A. 告知义务 B. 制止义务
C. 报告义务 D. 必要的执法义务

22. 商品住宅的专项维修资金由（　　）缴存。
A. 建设单位 B. 全体业主
C. 物业服务企业 D. 原产权单位

23. 业主首次缴存住宅专项维修资金的标准为当地住宅建筑安装工程造价的（　　）。
A. 2%～3% B. 3% C. 4%～5% D. 5%～8%

三、多项选择题（每题的备选答案中，有两个或两个以上符合题意）

1. 《物业管理条例》明确规定物业管理活动的内容是（　　）。
A. 对房屋及配套的设施设备和相关场地进行维修、养护、管理
B. 对写字楼、商场等收益性物业进行租赁经营
C. 维护相关区域内的公共安全

D. 提供公共代办性服务
E. 维护相关区域内的环境卫生和秩序的活动

2. 物业管理社会化的含义是（　　）。
   A. 物业的所有权人到社会上去选聘物业管理企业
   B. 后勤服务中心改为物业公司
   C. 物业管理企业到社会上寻找可以代管的物业
   D. 自己开发自己管理
   E. 分散管理变为行业系统管理

3. 《物业管理条例》中有关前期物业管理的规定是（　　）。
   A. 前期物业服务合同			B. 临时管理规约
   C. 物业承接验收手续			D. 物业管理企业资质
   E. 物业的保修责任

4. 物业管理服务合同约定的公共性服务的具体内容包括（　　）。
   A. 房屋共用部位的维修、养护、管理
   B. 物业装饰装修管理服务
   C. 物业管理区域内共用设施设备的维修、养护与管理
   D. 物业档案资料的管理
   E. 物业管理区域内的防疫、疾病防治

5. 《普通住宅小区物业管理服务等级标准（试行）》适用于（　　）。
   A. 普通商品房小区			B. 经济适用房小区
   C. 普通商业区				D. 普通商住小区
   E. 中低档住宅小区

6. 物业服务收费应当区分不同物业的性质和特点分别实行（　　）。
   A. 市场调节价				B. 政府定价
   C. 质价相符				D. 政府指导价
   E. 酬金制

7. 下列各项中，属于物业服务合同主要内容的有（　　）。
   A. 物业服务费用			B. 代收、代交公用事业费用
   C. 违约责任				D. 专项维修资金的管理与使用
   E. 物业管理资料的移交内容和程序规则

8. （　　）情况下可以不成立业主大会。
   A. 只有一个业主的			B. 物业规模较小
   C. 物业企业认为没有必要		D. 行政主管部门同意
   E. 业主人数较少且经全体业主一致同意

9. 下列关于物业管理企业责任的说法，不正确的有（　　）。
   A. 物业管理企业未能履行物业服务合同的约定，导致业主人身、财产安全受到损害的，应当承担相应的法定责任
   B. 物业管理企业未能履行物业服务合同的约定，导致业主人身、财产安全受到损害的，应当承担相应的法律责任
   C. 既然实施了物业管理，物业管理企业就应当保障业主的财产和人身安全，对业

主在物业管理区域内受到的人身和财产的损害,物业管理企业应当承担完全的法律责任

D. 如果物业管理企业完全遵守了法律法规的规定和物业服务合同的约定,则即使业主人身、财产在物业管理区域内受到损害,物业管理企业也不一定因此承担法律责任

E. 物业管理企业根本不履行合同义务和不完全履行合同义务,均需承担违约责任

10. 关于物业使用与维护的相关规定,下列说法正确的有(　　)。
 A. 公共建筑和共用设施规划用途不得擅自改变
 B. 公用事业单位应当依法履行相关管线和设施设备的维修养护责任
 C. 业主需要装饰装修房屋的,应当事先告知物业管理企业
 D. 利用物业共用部位、共用设施设备进行经营的,应当在征得相关业主、业主大会、物业管理企业的同意后,按照规定办理有关手续
 E. 物业存在安全隐患,危及公共利益及他人合法权益时,物业管理企业应及时维修养护

11. 应当按照国家有关规定缴纳专项维修资金的有(　　)。
 A. 住宅物业的业主　　　　　　B. 住宅小区内的非住宅物业的业主
 C. 非住宅物业的业主　　　　　　D. 商业物业的业主
 E. 与单幢住宅楼结构相连的非住宅物业的业主

12. 可用住宅专项维修资金进行维修的住宅共用部位有(　　)。
 A. 屋顶　　　　　　　　　　　　B. 户外墙面
 C. 基础　　　　　　　　　　　　D. 楼梯间
 E. 绿地

四、思考题

1. 什么是物业管理?
2. 如何提高物业管理服务水平?
3. 如何选择物业服务企业?
4. 业主在物业管理活动中享有什么权利?应履行什么义务?
5. 怎样成立业主大会?怎样成立业主委员会?
6. 业主大会应履行哪些职责?
7. 业主委员会应履行哪些职责?
8. 业主大会议事规则应当对哪些事项做出约定?
9. 在什么情况下,业主共同履行业主大会、业主委员会的职责?
10. 业主利用物业共用部位、共用设施设备进行经营的,应当征得谁的同意?
11. 国家对从事物业服务企业聘用物业服务人员是如何规定的?
12. 物业服务收费是指什么?《物业管理条例》对业主逾期不交纳物业服务费有何规定?
13. 业主委员会与物业服务企业签订的物业服务合同应约定哪些具体内容?
14. 《物业管理条例》对住房专项维修资金的权属和用途是如何规定的?
15. 专项维修基金是否可以由业主随意支配?业主转让房屋所有权时,结余的专项维修资金如何处理?

五、案例分析题

1. 案例：杭州市西湖区某小区共有业主160户，经召开业主大会表决决定该小区的物业管理实行业主自行管理，由小区业主委员会对小区进行物业管理服务。

2008年11月14日，该小区业主委员会召开全体业主大会，实际出席业主118户，表决通过并签字确认《业主大会关于小区物业服务费收费标准制订并通过的决议》（以下简称《收费决议》）。该小区内有一多层沿街商铺，产权人为杭州市某有限责任公司，房屋面积305.10m^2。其自2008年1月起至2009年10月杭州市某有限责任公司都未向小区的物业服务者即该小区的业主委员会支付物业服务费。小区业主委员会对于此业主欠缴物业服务费的事宜，曾上门进行过沟通。但该业主认为物业服务费的约定不合理。自己的房产是沿街商铺，是独立的，人员进出都不通过小区大门，业委会也并未向自己提供保安、保洁服务，故不应当向小区业主委员会支付物业服务费。

问题：业主不支付物业服务费，业主委员会能否起诉？请简单分析理由。

2. 案例：上海甲物业服务有限公司与上海市普陀区某小区的业主委员会签订《物业服务合同》，约定由上海甲物业服务有限公司为该小区提供物业管理服务。并且，合同中约定由该物业服务公司对上海市普陀区某小区内的交通和车辆停放次序行驶管理职责收取适当的停车费，并将收取的停车费纳入该小区的专项维修资金，用于道路养护、绿化补绿等用途。另上海甲物业服务有限公司在该小区机动车出入的大门口张贴了"保安承诺制度"，其中第二条规定：加强责任性，提高警惕性，认真做好人、物、汽车的登记制度。

该小区业主刘某，为上海乙有限公司的股东。2005年8月30日晚18时左右刘某驾驶上海乙有限公司所有的一辆牌照为沪BR1111黑色桑塔纳轿车回家。将车停临时停放在上海甲物业管理有限公司负责管理的该小区内。次日刘某准备取车上班之际发现该黑色桑塔纳轿车失窃，遂询问上海甲物业管理服务有限公司的当值保安，并向当地派出所报案。

问题：上海甲物业服务有限公司是否要承担赔偿责任？请简单分析理由。

第 9 章
房地产税费法律制度

> **教学目标**

"本、费、税、利"这 4 项是构成商品房价格的最根本的组成要素。近几年来,商品房价格的上升与成本的增加和利润空间的加大有着直接关系。税收虽然是房价的组成之一,但反过来税收能影响房价。国家对房地产设立税种、开征税收,无论是从国家行为的角度,还是从税收本身来看,其行为均非任意,均需通过严格的法律程序,使之法律化后,方得以实施。税费问题不仅涉及具体每一个市民的钱包,同时对整个产业将有立竿见影的影响。政府通过房地产税费的变动,来影响房地产市场的供求关系,并最终影响房地产的价格。那么在当今高企的房价中,有多少是交给政府的税费?换句话说,老百姓的买房钱,政府拿走了多少?这一定是许多人关心的问题。通过本章的学习,应达到以下目标。

(1) 了解我国房地产税收制度的基本要素,了解房地产费的主要内容。
(2) 理解我国现行房地产税收制度的主要内容。
(3) 重点掌握与商品房交易相关的主体税种的纳税人、征税对象和计税依据。

> **教学要求**

知识要点	能力要求	相关知识
房地产税收制度	(1) 了解税收的概念及特征 (2) 掌握税收制度及构成要素 (3) 熟悉我国现行房地产税的构成	(1) 税收的概念 (2) 税收制度构成要素
土地税法律制度	(1) 了解耕地占用税、城镇土地使用税和土地增值税的征税范围、纳税人和税率 (2) 掌握耕地占用税、城镇土地使用税和土地增值税的计税依据和应纳税额的计算 (3) 熟悉上述税种的减免税优惠	(1) 耕地占用税应纳税额的计算 (2) 城镇土地使用税的减免税优惠 (3) 土地增值税应纳税额的计算和减免税优惠
房产税法律制度	(1) 了解房产税、营业税、印花税、契税、城市维护建设税及教育费附加的征税范围、纳税人、税率和减免税优惠 (2) 掌握房产税、营业税、契税、个人所得税等税种的计税办法 (3) 熟悉国家、地方的房产税制度和政策	(1) 房产税、营业税、契税的概念 (2) 房产税、营业税、契税的计算和减免税优惠 (3) 个人所得税应纳税额的计算和减免税优惠
房地产费	(1) 了解房地产费的概念和特征 (2) 掌握房地产费常见的种类	房地产费与房地产税的区别

> **基本概念**

税收制度;营业税;契税;土地增值税;城镇土地使用税;耕地占用税;所得税;印花税;房产税;城市维护建设税;教育费附加;房地产费。

引言

税与法不可分离。"因法设税，依法治税"是税收法律化的基本要求。离开了法律的规定，税收这样一个社会财富再分配的活动便失去了其应有的基础和保障，也无法真实发挥其功能，实现其价值。作为专门用以调整房地产领域的房地产税收，当然也无法离开法律规定这一前提条件而任意行为。通过立法的规定，将有关房地产税收的种类、具体内容、法律责任等予以一一确认，使房地产税收的有关内容得以公布颁行，从而为房地产税收的开征、征收、管理、稽查等奠定法律基础，使房地产税收具有了普遍遵行的效力和依据并得以正常进行。国家对房地产设立税种、开征税收，无论是从国家行为的角度，还是从税收本身来看，其行为均非任意，均需通过严格的法律程序，使之法律化后，方得以实施。税收政策是国家的经济杠杆，用它可以来调剂国家、地方和企业之间的关系，通过一些税收优惠政策鼓励一些相关行业，通过提高税基、税率或改变纳税环节等来适当抑制一些行业的过度投资。目前中国的房地产市场问题，不仅在是发展模式、消费政策、信贷政策有问题，而且房地产税收政策也有问题。从国内房地产税征收情况来看，一方面是税种繁多、收费复杂、租费杂乱；另一方面不动产保有环节税负过轻而流转环节税收负担过重。

9.1 房地产税概述

房地产税收法律制度是指国家以法律规范的形式规定的税种设置及征税办法的总和。由于历史原因，我国对房屋和土地基本上是分别征税，所以，房地产税收实际上就是房产税和土地税的总称。

9.1.1 房地产税基本概念

1. 税收的概念及特征

税收是国家为满足社会公共需要，凭借公共权力，按照法律所规定的标准和程序，参与国民收入分配，强制取得财政收入的一种特定分配方式。它体现了国家与纳税人在征收、纳税的利益分配上的一种特殊关系，是一定社会制度下的一种特定分配关系。其本质是国家凭借政治权力，按照法律规定的标准，无偿地取得财政收入的一种手段。税收收入是国家财政收入最主要的来源。

税收与其他分配方式相比，具有强制性、无偿性和固定性的特征，习惯上称为税收的"三性"。税收三性是一个完整的统一体，它们相辅相成、缺一不可。其中，强制性是实现税收无偿征收的强有力保证，无偿性是税收本质的体现，固定性是强制性和无偿性的必然要求。

（1）强制性：国家以社会管理者的身份，对所有的纳税人强制性征税，纳税人不得以任何理由抗拒国家税收。强制性特征体现在两个方面，一方面税收分配关系的建立具有强制性，即税收征收完全是凭借国家拥有的政治权力；另一方面是税收的征收过程具有强制性，即如果出现了税务违法行为，国家可以依法进行处罚。

（2）无偿性：指国家通过征税，社会集团和社会成员的一部分收入转归国家所有，国家不向纳税人支付任何报酬或代价。无偿性体现在两个方面，一方面是指政府获得税收收入后无需向纳税人直接支付任何报酬；另一方面是指政府征得的税收收入不再直接返还给纳税人。税收无偿性是税收的本质体现，它反映的是一种社会产品所有权、支配权的单方面转移关系，而不是等价交换关系。税收的无偿性是区分税收收入和其他财政收入形式的重要特征。

（3）固定性：也称确定性，指税收是按照国家法令规定的标准征收的，即纳税人、课税对象、税目、税率、计价办法和期限等，都是税收法令预先规定了的，有一个比较稳定的试用期间，是一种固定的连续收入。对于税收预先规定的标准，征税和纳税双方都必须共同遵守，非经国家法令修订或调整，征纳双方都不得违背或改变这个固定的比例或数额以及其他制度规定。这是税收区别于其他财政收入形式的重要特征。

2. 房地产税的概念

房地产税收是指国家通过税务机关，或由税务机关委托房地产行政管理部门向负有房地产税缴纳义务的纳税义务人征收有关房地产赋税的国家行为。

房地产税收是税收概念体系中的一个范畴，是指以房地产或与房地产有关的经济行为为征税对象的税类，是房地产开发、经营、管理、消费的全过程中，房地产开发商与消费者要缴纳的各种税收的总称。房地产税收进入了房地产的各个环节，课税环节包括房地产和土地的开发、流转、取得和保有。

我国现行的房地产税收体系的基本框架是在1994年全面的分税制改革后逐步形成的，目前，房地产税收尚无统一的法律，主要以单行条例的形式出现，主要有《房产税暂行条例》、《契税暂行条例》、《营业税暂行条例》、《城市维护建设税暂行条例》、《土地增值税条例》和《实施细则》、《耕地占用税暂行条例》、《城镇土地使用税暂行条例》、《印花税暂行条例》、《城镇国有土地使用权出让和转让暂行条例》。我国房地产业涉及的税种共计11个（表9-1）。直接以房地产为课税对象的税种有5个：土地增值税、城镇土地使用税、耕地占用税、房产税、城市房地产税、契税。与房地产紧密相关的税种有6个：营业税、企业所得税、个人所得税、印花税、城市维护建设税及教育费附加。

表9-1 我国现行房地产税收一览表

征税环节	税种	纳税对象	计税依据	税率
开发流通环节	耕地占用税	占用耕地进行房地产建设或者从事其他非农业建设活动的单位和个人	实际占用耕地的面积	采用定额税率，具体分为四个档次：5～50元/m²
	土地增值税	凡有偿转让国有土地使用权、地上建筑物及其他附着物并取得收入的单位和个人	纳税人转让房地产所取得的收入减除规定扣除项目金额后的余额，为增值额	30%、40%、50%、60%（四级超率累进税率）
	企业所得税	中国境内从事生产、经营所得和其他所得的企业（除外商投资企业和外国企业外）	应纳税所得	33%

(续)

征税环节	税种	纳税对象	计税依据	税率
开发流通环节	个人所得税	在中国境内有住所，或者无住所而在境内居住满一年的个人，从中国境内和境外取得的所得	所得减除合理费用后的余额达到一定标准的，为应纳税所得额	20%
	印花税	在中国境内书立、领受规定凭证的单位和个人	房屋产权转移时双方当时签订的合同价格	万分之三
	契税	在中国境内转移土地、房屋权属，承受的单位和个人	房屋产权转移时双方当时签订的契约价格	3%～5%
	营业税	在中国境内提供应税劳务、转让无形资产或者销售不动产的单位和个人	营业额	5%
	城市维护建设税	从事工商经营，缴纳"三税"（增值税、消费税和营业税）的单位和个人	纳税人实际缴纳的"三税"之和	纳税人所在地在城市市区的，税率为7%；纳税人所在地在县城、建制镇的，税率为5%；纳税人所在地不在城市市区、县城、建制镇的，税率为1%
	教育土地使用税	和城市维护建设税一样，凡是缴纳"三税"的单位和个人，都应当缴纳教育费附加	纳税人实际缴纳的增值税、消费税、营业税的"三税"之和	3%
保有环节	城镇土地使用税	在城市、县城、建制镇、工矿区范围内使用土地的单位和个人	纳税人实际占用的土地面积	0.6～30元/m²/年
	房产税	房屋产权所有人（目前对自有居住用的房产免征，上海、重庆等地在试点，适时向全国推开）	房产原值一次减除10%至30%后的余值（房产出租的，以房产租金收入为房产税的计税依据）	依照房产余值计算缴纳的，税率为1.2%/年；依照房产租金收入计算缴纳的，税率为12%/年

可将房地产税按环节划分为四大类。

（1）与房地产开发有关的税种：契税、印花税、营业税、耕地占用税、城镇土地使用税、城市维护建设税、教育费附加。

（2）与房地产保有关的税种：房产税、城镇土地使用税。

（3）与房地产交易有关的税种：土地增值税、契税、营业税、印花税、城市维护建设税、教育费附加。

（4）与房地产所得有关的税种：企业所得税、个人所得税。

我国房地产税收情况按所属关系分类如图9.1所示。

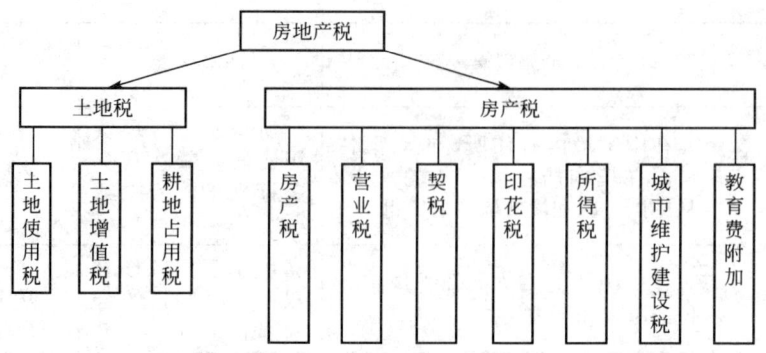

图 9.1 房地产税按所属关系分类图

3. 房地产税费种类

我国房地产税收种类较多，常见房地产经纪业务涉及的税费项目见表 9-2。

表 9-2 常见房地产经纪业务涉及的税费项目一览

房地产经纪业务	涉及的税费项目
销售房屋、转让土地使用权	契税、印花税、营业税、城市维护建设税、教育费附加、个人所得税、土地增值税、权证费、产权登记费、交易手续费
自营工程	个人所得税
销售期房	营业税、城市维护建设税、教育费附加、土地增值税、企业所得税、个人所得税、印花税
出租房屋或土地	营业税、城市维护建设税、教育费附加、企业所得税、个人所得税、房产税、土地使用税（费）、印花税
自用房屋或土地	房产税、土地使用税（费）
赠与房屋或土地	契税、印花税、公证费、权证费、产权登记费
对所建房屋兼营物业管理以及餐饮、娱乐等服务	营业税、城市维护建设税、教育费附加、企业所得税、个人所得税 注：营业税按"服务业"税目，适用相应的税率
房屋抵押贷款	印花税（以房抵债时按销售不动产纳税）

随着我国的经济体制从传统的计划经济向市场经济转型，房地产市场发展迅速，但房产税改革却表现出一定的滞后性。现行房地产税费制度存在的基本问题可以概括为：内外税制不统一，有悖公平竞争原则；收费项目过多过滥，且各地差别很大；税制设计不合理，存在明显的重复征税问题；一些税种的计税依据过于陈旧；税费征收流转环节重而保有环节轻；一些税只对企业不对个人，不利于对居民贫富差距的调节。总体而言，在房地产转让、租赁环节，我国房地产税税负较重，这不利于促进房地产交易；在房地产持有、

使用环节我国房地产税税负偏轻,这不利于促进合理配置房地产资源。"改革房地产税收制度,逐步建立起覆盖住房交易、保有等环节的房地产税制"是中国房地产健康发展的必经之路,但究竟应该先从哪里入手,则需要更多更深层次的考量。

9.1.2 房地产税构成要素

税收制度简称"税制",是国家以法律形式规定的各种税收法令和征收管理办法的总称。它是国家税务机关向纳税人征税的依据,也是纳税人履行纳税义务的准则。其基本内容包括纳税人、征税对象、税率等。广义的税收制度还包括税收管理制度和税收征收管理制度。

在任何一个国家里,不论采用什么样的税收制度,构成税种的要素都不外乎以下几项:纳税义务人(简称纳税人)、课税对象、税基、税率、附加、加成和减免、违章处理等。

1. 纳税人(课税主体)

纳税人是纳税义务人的简称,是税法规定直接负有纳税义务的单位和个人,也称纳税主体,是税款的直接承担者。在税款可以转嫁出去的情况下,纳税人与赋税人分离。赋税人是实际负担税款的单位和个人。不同的税种有不同的纳税人。

扣缴义务人是指税法规定的,在经营活动中负有代扣税款并向国库缴纳税款义务的单位和个人。税法中设置扣缴义务人的目的主要在于源泉控制,便于征管。代扣代缴义务人和代收代缴义务人与纳税人共同构成纳税主体。

2. 课税对象

课税对象又称征税对象,是指税收法律关系中主体双方权利义务所指向的物或行为,是征税的依据。每一种税都必须明确对什么征税,因而每种税的课税对象都不完全一样。课税对象是一种税区别于另一种税的标志。根据课税对象的性质不同,全部税种分为5大类:流转税、收益税、财产税、资源税和行为目的税。

课税对象随着社会经济的发展变化而变化,在自然经济中,土地和人是主要的课税对象。在商品经济中,商品流转额、企业利润、个人所得等均成为主要课税对象。

3. 税基

税基是课税基础的简称,是指建立某种或某一种税收制度的依据。它有两层含义:税基的质,即课税的具体对象,有实物量和价值量两类;税基的量,即课税对象中,有多少可以作为计算应课税的基数。

税基与课税对象是有区别的,如财产课税的课税对象是财产,但其税基是财产的价值或数量。它也不同于税源,税源总是以收入的形式存在,但税基却可能是支出。税基的选择包含两方面:一是以什么为税基,有的人认为应以收益和财产为税基,也有人认为应以支出为税基;二是税基的宽窄。税基宽,则税款多,应纳税的纳税人就多;税基窄则税款数量小,应纳税的纳税人就少。正确界定税基是保证税收充分发挥作用的必要条件。如果仅从税基宽窄的角度考虑税收问题,税基大体上相当于征税的范围,即征税广度。

4. 税率

税率是指应纳税额与征税对象数额之间的法定比例，是计算税额的尺度，体现着征税的强度。税率的设计直接反映着国家的有关经济政策，直接关系着国家的财政收入的多少和纳税人税收负担的高低，是税收制度的中心环节。

我国现行税率大致可分为以下3种。

(1) 比例税率：是对同一课税对象统一按一个比例征税。比例税率在具体运用上可分为行业比例税率、产品比例税率、地区差别比例税率、幅度比例税率。比例税率具有鼓励生产、计算简便、便于征管的优点，一般应用于商品课税。但是，比例税率不能体现能力大者多征、能力小者少征的原则。

(2) 定额税率：定额税率是税率的一种特殊形式。它不是按照课税对象规定征收比例，而是按照征税对象的计量单位规定固定税额，所以又称为固定税额，一般适用于从量计征的税种，如资源税、车船牌照税、消费税等。定额税率在计算上更为便利，而且由于采用从量计征办法，不受价格变动的影响，其缺点是税收负担不合理。

(3) 累进税率：按征税对象数额的大小，划分若干等级，每个等级由低到高规定相应的税率，征税对象数额越大税率越高，数额越小税率越低。累进税率因计算方法和依据的不同，又分以下几种：全额累进税率、全率累进税率、超额累进税率、超率累进税率。

5. 附加、加成和减免

纳税人负担的轻重，主要通过税率的高低来调节，但还可以通过附加、加成、减免措施来调节。

(1) 加重纳税人负担的措施主要有附加和加成。

附加是地方附加的简称，是地方政府在正税之外附加征收的一部分税款，如教育税及附加。通常把按国家税法规定的税率征收的税款称为正税，把正税以外征收的附加称为副税。

加成是加成征收的简称，是在依率计征税额的基础上，再征收一定成数量的税款。加成是对高收入的一种限制。加一成等于加正税的10%，加二成等于加正税的20%，依此类推。

加成与附加不同，加成只对特定的纳税人加征，附加对所有纳税人加征。加成一般是在收益课税中采用，以便有效地调节某些纳税人的收入，附加则不一定。

(2) 减轻纳税人负担的措施有减税、免税以及规定起征点和免征额。

减税就是减征部分税款，免税就是免交全部税款。减免税是国家根据一定时期的政治、经济、社会政策的要求而对某些特定的生产经营活动或某些特定的纳税人给予的优惠。

减税和免税的方法很多，除了直接规定减税和免税的项目和数额外，还可以规定起征点和免征额来进行减税和免税。所谓起征点，是征税对象达到一定数额开始征税的起点。没有达到起征点的情况下，不征税；达到起征点后，征税对象全额都按适用税率征税。所谓免征额，是在征税对象的全部数额中免予征税的数额。没有超过免征额的情况下，不征税；超过免征额时，只对超过的部分按适用税率征税。

6. 违章处理

违章处理是对有违反税法行为的纳税人采取的惩罚措施，包括批评教育、警告、强行扣款、加收滞纳金、罚款、没收、拘留等。违章处理是税收强制性在税收制度中的体现，纳税人必须按期足额地缴纳税款，凡有拖欠税款、逾期不缴税、偷税逃税等违反税法的行为的，都应受到制裁（包括法律制裁和行政处罚制裁等）。

纳税人的违章行为通常包括偷税、抗税、漏税、欠税等不同情况。偷税和抗税属于违法犯罪行为。漏税和欠税属一般违章行为，不构成犯罪。

9.2 土地税法律制度

土地税是以土地为征税对象，按照土地面积、等级、价格、收益或增值等征收的一类税。中国现行的土地税种有耕地占用税、城镇土地使用税、土地增值税等。

9.2.1 耕地占用税

耕地占用税是国家对占用耕地建房或者从事其他非农业建设的单位和个人，依据实际占用耕地面积，按照规定税额一次性征收的一种税。征收耕地占用税的法律依据是《中华人民共和国耕地占用税暂行条例》。现行《中华人民共和国耕地占用税暂行条例》是国务院 2007 年 12 月 1 日发布的，于 2008 年 1 月 1 日开始施行。

耕地占用税的课税对象是占用耕地建房或从事其他非农业建设的行为。构成这一行为，必须具备两个条件：一是占用耕地；二是建房或从事农业建设。开征耕地占用税的目的，一是促进土地资源的合理利用；二是加强土地管理；三是切实保护耕地。

依税收分类，耕地占用税属行为税、货币税、从量税和地方税范畴，由地方税务机关负责征收。土地管理部门在通知单位或者个人办理占用耕地手续时，应当同时通知耕地所在地同级地方税务机关。获准占用耕地的单位或者个人应当在收到土地管理部门的通知之日起 30 日内缴纳耕地占用税。土地管理部门凭耕地占用税完税凭证或者免税凭证和其他有关文件发放建设用地批准书。经批准占用耕地的，耕地占用税纳税义务发生时间为纳税人收到土地管理部门办理占用农用地手续通知的当天；未经批准占用耕地的，耕地占用税纳税义务发生时间为实际占用耕地的当天。

1. 征税范围

耕地占用税的征收范围包括用于建房或从事其他非农业建设征（占）用的国家和集体所有的耕地。所谓"耕地"是指种植农业作物的土地，包括菜地、园地。其中，园地包括花圃、苗圃、茶园、果园、桑园和其他种植经济林木的土地。

占用鱼塘及其他农用土地建房或从事其他非农业建设的，也视同占用耕地，必须依法征收耕地占用税。占用已开发从事种植、养殖的滩涂、草场、水面和林地等从事非农业建设，由省、自治区、直辖市本着有利于保护土地资源和生态平衡的原则，结合具体情况确定是否征收耕地占用税。

此外，在占用之前 3 年内属于上述范围的耕地或农用土地，也视为耕地。

2. 纳税人

耕地占用税的纳税人是所有在我国境内占用耕地建房或者从事非农业建设的单位和个

人。建房包括建设建筑物和构筑物。单位包括国有企业、集体企业、私营企业、股份制企业、外商投资企业、外国企业以及其他企业和事业单位、社会团体、国家机关、部队以及其他单位；个人包括个体工商户以及其他个人。

经申请批准占用耕地的，纳税人为农用地转用审批文件中标明的建设用地人；农用地转用审批文件中未标明建设用地人的，纳税人为用地申请人；未经批准占用耕地的，纳税人为实际用地人。

3. 计税依据

耕地占用税以纳税人实际占用的耕地面积为计税依据，按照规定的适用税额一次性征收。耕地占用税计税面积核定的主要依据是农用地转用审批文件，必要时应实地勘测。在实际征管中，耕地占用税的计税依据应按照批准面积和实际占地面积孰大的原则确定。即：纳税人实际占地面积（含受托代占地面积）大于批准占地面积的，按实际占地面积计税；实际占地面积小于批准占地面积的，按批准占地面积计税。

4. 税额计算

耕地占用税根据不同地区的人均耕地面积和经济发展水平实行有地区差别的幅度税额标准。国家统一规定单位幅度税额，各地区适用税额由省、自治区、直辖市人民政府在国家统一规定的幅度内核定。耕地占用税以县为单位，按人均面积确定单位税额。采用定额税率，具体分为4个档次。

（1）人均耕地不超过1亩的地区，每平方米为10～50元。

（2）人均耕地超过1亩但不超过2亩的地区，每平方米为8～40元。

（3）人均耕地超过2亩但不超过3亩的地区，每平方米为6～30元。

（4）人均耕地超过3亩的地区，每平方米为5～25元。

国务院财政、税务主管部门根据人均耕地面积和经济发展情况确定各省、自治区、直辖市的平均税额。经济特区、经济技术开发区和经济发达且人均耕地特别少的地区，适用税额可以适当提高，但是提高的部分最高不得超过规定税额的50%。

耕地占用税以纳税人实际占用的耕地面积为计税依据，以每平方米土地为计税单位，按适用的定额税率计税。其计算公式为

应纳税额＝实际占用耕地面积(m^2)×适用定额税率

5. 税收优惠

下列经批准征收的耕地，免征耕地占用税。

（1）军事设施占用耕地。

（2）学校、幼儿园、养老院、医院占用耕地。

下列经批准征收的耕地，减征耕地占用税。

（1）铁路线路、公路线路、飞机场跑道、停机坪、港口、航道占用耕地，减按每平方米2元的税额征收耕地占用税。

根据实际需要，国务院财政、税务主管部门向国务院有关部门并报国务院批准后，可以对前款规定的情形免征或者减征耕地占用税。

（2）农村居民占用耕地新建住宅的，按照当地适用税额减半征收耕地占用税。

农村烈士家属、残疾军人、鳏寡孤独以及革命老根据地、少数民族聚居区和边远贫困

山区生活困难的农村居民，在规定用地标准以内新建住宅缴纳耕地占用税确有困难的，经所在地乡（镇）人民政府审核，报经县级人民政府批准后，可以免征或者减征耕地占用税。

免征或者减征耕地占用税后，纳税人改变原占地用途，不再属于免征或者减征耕地占用税情形的，应当按照当地适用税额补缴耕地占用税。

（3）纳税人临时占用耕地，应当依照规定缴纳耕地占用税。纳税人在批准临时占用耕地的期限内恢复所占用耕地原状的，全额退还已经缴纳的耕地占用税。

（4）建设直接为农业生产服务的生产设施占用林地、牧草地、农田水利用地、养殖水面以及渔业水域滩涂等其他农用地的，不征收耕地占用税。

9.2.2 城镇土地使用税

城镇土地使用税是以开征范围的土地为征税对象，以实际占用的土地面积为计税标准，按规定税额对拥有土地使用权的单位和个人征收的一种行为税。城镇土地使用税是我国目前在土地保有环节征收的唯一税种，占用土地越多，缴纳的税越多，纳税人的税征压力就越大；相反，占用的土地越少，缴纳的税越少，纳税人的税征压力就小。征收耕地占用税的法律依据是《中华人民共和国城镇土地使用税暂行条例》。现行《中华人民共和国城镇土地使用税暂行条例》是国务院2006年12月31日修订发布的，于2007年1月1日起施行。

城镇土地使用税属行为税、货币税、从量税和地方税范畴。土地使用税按年计算、分期缴纳。缴纳期限由省、自治区、直辖市人民政府确定。由土地所在地的税务机关征收。土地管理机关应当向土地所在地的税务机关提供土地使用权属资料。

1. 征税范围

城镇土地使用税的征税范围：城市、县城、建制镇和工矿区的国家所有、集体所有的土地。而城市、县城、建制镇、工矿区的具体征税范围，由省级人民政府划定。从2007年7月1日起，外商投资企业、外国企业和在华机构的用地也要征收城镇土地使用税。

2. 纳税人

城镇土地使用税的纳税人包括在中国境内的城市、县城、建制镇和工矿区范围内使用土地的企业、行政单位、事业单位、军事单位、社会团体、其他单位、个体工商户和其他个人，具体如下。

（1）拥有土地使用权的单位和个人是纳税人。

（2）拥有土地使用权的单位和个人不在土地所在地的，其土地的实际使用人和代管人为纳税人。

（3）土地使用权未确定的或权属纠纷未解决的，其实际使用人为纳税人。

（4）土地使用权共有的，共有各方都是纳税人，由共有各方分别纳税。例如，几个单位共有一块土地使用权，一方占60%，另两方各占20%，如果算出的税额为100万，则分别按60万、20万、20万的数额负担土地使用税。

3. 计税依据

土地使用税以纳税人实际占用的土地面积为计税依据。纳税人实际占用的土地面积是指由省、自治区、直辖市人民政府确定的单位组织测定的土地面积。

4. 税额计算

土地使用税采用分类分级的幅度定额税率。其税率根据城市大小分为四个类别，每个类别每平方米年税额幅度如下。

(1) 大城市 1.5~30 元。
(2) 中等城市 1.2~24 元。
(3) 小城市 0.9~18 元。
(4) 县城、建制镇、工矿区 0.6~12 元。

省、自治区、直辖市人民政府，应当在规定的税额幅度内，根据市政建设状况、经济繁荣程度等条件，确定所辖地区的适用税额幅度。

市、县人民政府应当根据实际情况，将本地区土地划分为若干等级，在省、自治区、直辖市人民政府确定的税额幅度内，制定相应的适用税额标准，报省、自治区、直辖市人民政府批准执行。

经省、自治区、直辖市人民政府批准，经济落后地区土地使用税的适用税额标准可以适当降低，但降低额不得超过规定最低税额的 30%。经济发达地区土地使用税的适用税额标准可以适当提高，但须报经财政部批准。

应纳税额的计算公式为

应纳税额＝实际占用的土地面积×适用税额

【例 9-1】 武泰钢材进出口公司占用土地面积为 1500m²，每平方米年税额为 6 元；税务部门规定对城镇土地使用税在季末后 10 日内交纳，1 月 31 日计算本月份应交纳的税金。

【解析】 月应纳城镇土地使用税额＝(1500×6)/12＝9000/12＝750(元)

5. 税收优惠

1) 对于下列土地免缴土地使用税
(1) 国家机关、人民团体、军队自用的土地。
(2) 由国家财政部门拨付事业经费的单位自用的土地；企业办的学校、医院、托儿所、幼儿园，其用地能与企业其他用地明确区分的，可以比照由国家财政部门拨付事业经费的单位自用的土地，免征土地使用税。
(3) 宗教寺庙、公园、名胜古迹自用的土地。
(4) 市政街道、广场、绿化地带等公共用地。
(5) 直接用于农、林、牧、渔业的生产用地：指直接从事种植、养殖、饲养的专业用地，农副产品加工厂占地和从事农、林、牧、渔业生产单位的生活、办公用地不包括在内。
(6) 经批准开山填海整治的土地和改造的废弃土地，从使用的月份起免缴土地使用税 5~10 年；开山填海整治的土地是指纳税人经有关部门批准后自行填海整治的土地，不包括纳税人通过出让、转让、划拨等方式取得的已填海整治的土地。
(7) 由财政部另行规定免税的能源、交通、水利设施用地和其他用地。

【例 9-2】 杭州市某肉制品加工企业 2006 年占地 60000m²，其中办公占地 5000m²，生猪养殖基地占地 28000m²，肉制品加工车间占地 16000m²，企业内部道路及绿化占地 11000m²。企业所在地城镇使用税单位税额每平方米 0.8 元。

【疑惑】 该企业全年应缴纳城镇土地使用税为多少？

【解析】 本例考核土地使用税的免税规定。直接用于农、林、牧、渔业的生产用地免征土地使用税，但不包括农副产品加工场地和生活办公用地；对企业厂区以外的公共绿化用地暂免征收土地使用税，企业厂区以内的照章征税。

$$应纳土地使用税＝(60000－28000)×0.8＝25600(元)$$

2) 下列土地的征免税，由省、自治区、直辖市税务局确定
(1) 个人所有的居住房屋及院落用地。
(2) 房产管理部门在房租调整改革前经租的居民住房用地。
(3) 免税单位职工家属的宿舍用地。
(4) 民政部门举办的安置残疾人占一定比例的福利工厂用地。
(5) 集体和个人办的各类学校、医院、托儿所、幼儿园用地。

3) 下列土地可以暂免征收城镇土地使用税
(1) 各类危险品仓库、厂房所需的防火、防爆和防毒等安全防范用地，经过省级地方税务局批准的。
(2) 企业范围内的荒山、林地和湖泊等占地，没有利用的。
(3) 企业搬迁以后，原有场地不使用的。
(4) 铁路运输企业经国务院批准进行股份制改革成立的企业，由铁道部及其所属铁路运输企业与地方政府、企业和其他投资者共同出资成立的合资铁路运输企业自用的土地。

9.2.3 土地增值税

土地增值税是指对转让国有土地使用权、地上建筑物及其附着物并取得收入的单位和个人，就其所得的增值额计算征收的一种税。所谓土地增值，是指某一块土地因为周围环境的变化或者内在设施的完善，导致该土地在供求因素影响下发生地价上涨而形成的增值。征收土地增值税可以有效地抑制炒买炒卖"地皮"、"楼花"等获取暴利的投机行为，防止国家土地增值收益流失，保护正当房地产开发者的合法权益，防止国家土地增值收益流失。征收土地增值税的法律依据是《中华人民共和国土地增值税暂行条例》。土地增值税自 1994 年 1 月 1 日起在全国开征。

土地增值税属货币税、从价税、流转税和地方税范畴，由地方税务机关负责征收。在房地产转让环节按次征收，每发生一次转让行为，便根据每次取得的增值额征一次税。土地增值税的纳税人应于转让房地产合同签订之日起 7 日内，到房地产所在地的主管税务机关办理纳税申报，并向税务机关提交房屋及建筑物产权、土地使用权证书，土地转让、房产买卖合同，房地产评估报告及其他与转让房地产有关的资料。

1. 征税范围

土地增值税的征税范围包括国有土地、地上建筑物及其他附着物。转让房地产是指转让国有土地使用权、地上建筑物和其他附着物产权的行为，不包括通过继承、赠与等方式无偿转让房地产的行为。按以下 3 个标准来判断是否应计征土地增值税。

(1) 转让的土地使用权是否国家所有：①转让国有土地使用权，征土地增值税；②转

让集体所有制土地，应先在有关部门办理(或补办)土地使用或出让手续，使之变为国家所有才可转让，再纳入土地增值税的征税范围；③自行转让集体土地是一种违法行为。

（2）土地使用权、地上建筑物及其附着物是否发生产权转让：①转让土地使用权征税(二级市场)，出让土地使用权不征(一级市场)；②未转让土地使用权、房产产权不征。

（3）转让房地产是否取得收入：取得收入的应征，房地产产权虽变更但未取得收入的不征。

总之，无论是单独转让国有土地使用权，还是房屋产权与国有土地使用权一并转让的，只要取得收入，均属于土地增值税的征税范围。

2. 纳税人

凡有偿转让国有土地使用权、地上建筑物及其他附着物(以下简称转让房地产)并取得收入的单位和个人均为土地增值税的纳税人。这里的单位包括各类企业、事业单位、国家机关和社会团体及其他组织；个人包括个体经营者；同时包括外商投资企业、外国驻华机构、外国公民及海外华侨、港澳台同胞。

3. 计税依据

土地增值税的计税依据是纳税人转让房地产所取得的增值额，计算公式为

$$土地增值额 = 转让房地产收入 - 税法规定的扣除项目金额$$

纳税人转让房地产所取得的收入是指包括货币收入、实物收入和其他收入在内的全部价款及有关的经济利益，不允许从中减除任何成本费用。

扣除项目及其金额有以下几种。

（1）取得土地使用权所支付的金额：指纳税人为取得土地使用权所支付的地价款和按国家统一规定交纳的有关费用。凡通过行政划拨方式无偿取得土地使用权的企业和单位，则以转让土地使用权时按规定补交的出让金及有关费用，作为取得土地使用权所支付的金额。

（2）开发土地和新建房及配套设施的成本：指纳税人在房地产开发项目实际发生的成本。包括土地征用及拆迁补偿、前期工程费用、建筑安装工程费、基础设施费、公共配套设施费、开发间接费。

（3）开发土地和新建房及配套设施的费用：指与房地产开发项目有关的销售费用、管理费用和财务费用。

（4）旧房及建筑物的评估价格：指在转让已使用的房屋及建筑物时，由政府批准设立的房地产估价机构评定的重置成本价乘以成新度折扣率后的价格。评估价格须经当地税务机关确认。

（5）与转让房地产有关的税金：指在转让房地产时已缴纳的营业税、城市维护建设税、印花税。因转让房地产交纳的教育附加也可视同税金予以扣除。

（6）财政部规定的其他扣除项目：对从事房地产开发的纳税人可按取得土地使用权所支付的金额和开发土地和新建房及配套设施的成本两项规定计算的金额之和，加计20%的扣除。

所谓评估价格，是指由政府批准设立的房地产评估机构根据相同地段、同类房地产进行综合评定的价格。这种评估价格亦须经当地税务部确认。纳税人有下列情形之一者，按照房地产评估价格计算征收土地增值税：①隐瞒、虚报房地产价格的；②提供扣除项目金额不实的；③转让房地产的成交价格低于房地产评估价，又无正当理由的；④出售旧房及建筑物的。

4. 税额计算

土地增值税实行的是超率累进税率。所得多就多征税，所得少就少征税，无所得就不征税，按照4级超率累进税率进行征收(表9-3)。

表9-3 土地增值税率表

级数	计税依据	适用税率	速算扣除率
1	增值额未超过扣除项目金额50%的部分	30%	0
2	增值额超过扣除项目金额50%、未超过扣除项目金额100%的部分	40%	5%
3	增值额超过扣除项目金额100%、未超过扣除项目金额200%的部分	50%	15%
4	增值额超过扣除项目金额200%的部分	60%	35%

土地增值税征收计算方式有两种。

1) 核定征收

既没有评估价格，又不能提供购房发票的，实行核定征收。按照转让二手房交易价格全额的1%征收率征收。如成交价为50万元，土地增值税应为500000×1%＝5000元。

2) 收入额减去法定扣除项目金额后，按4级超率累进税率征收

其中又分两种情况，一是能够提供购房发票；二是不能够提供发票，但能够提供房地产评估机构的评估报告。

(1) 能够提供购房发票的，可减除以下项目金额：①取得房地产时有效发票所载的金额；②按发票所载金额从购买年度起至转让年度止每年加计5%的金额；③按国家规定统一交纳的与转让房地产有关税金；④取得房地产时所缴纳的契税。

(2) 不能够提供购房发票，但能够提供房地产评估机构按照重置成本评估法，评定的房屋及建筑物价格评估报告的，扣除项目金额按以下标准确认：①取得国有土地使用权时所支付的金额证明；②中介机构评定的房屋及建筑物价格(不包括土地评估价值)，需经地方主管税务机关对评定的房屋及建筑物价格进行确认；③按国家规定统一交纳的与转让房地产有关的税金和价格评估费用。

计算应纳土地增值税税额应按如下步骤展开。

步骤1：计算增值额

$$增值额＝收入额－扣除项目金额$$

步骤2：计算增值率

$$增值率＝增值额÷扣除项目金额$$

步骤3：依据增值率确定适用税率

步骤4：依据适用税率计算应纳税额

$$应纳税额＝增值额×适用税率－扣除项目金额×速算扣除系数$$

【例9-3】 假设张小平于2004年以50万元购买了一套房产，2010年12月将以70万来出售。

假设1，张先生不能提供购房发票证明，又不能提供房屋及建筑物价格评估报告的，

其以核定方式来缴纳，则需要缴纳的土地增值税按照转让二手房交易价格全额的1%征收率征收，即7000(700000×1%)元。

假设2，如果张先生能够提供购房发票，发票所载金额为50万，那么可扣除原值：500000元；加计金额：500000×5%+500000×(1+5%)×5%=51250(元)；税金：契税为7500(500000×1.5%)元，转让时缴纳的营业税为38500(700000×5.5%)元，个人所得税按核定方式缴纳为7000(700000×1%)元，印花税350元。

那么该套房屋的增值额为：700000－500000－51250－7500－38500－7000－350=95400(元)，未超过扣除项目金额的50%的，按照30%的税率计算。

土地增值税为：95400×30%=28620(元)。

5. 税收优惠

国家对以下行为减免征土地增值税。

（1）纳税人建造普通标准住宅出售，增值额未超过扣除项目金额20%的。

（2）因国家建设需要依法征用、收回的房地产。

（3）个人因工作调动或改善居住条件而转让原自用住房，经向税务机关申报核准，凡居住满5年或5年以上的，免予征收土地增值税；居住满3年未满5年的，减半征收土地增值税。居住未满3年的，按规定计征土地增值税。

（4）房产所有人、土地使用权所有人将房屋产权、土地使用权赠与直系亲属或承担直接赡养义务人的，不征收土地增值税。

（5）2008年11月1日起，对个人销售住房暂免征收土地增值税。

6. 土地增值税的清算

纳税人在项目全部竣工结算前转让房地产取得的收入，由于涉及成本确定或其他原因，而无法据实计算土地增值税的，可以预征土地增值税，待该项目全部竣工、办理结算后再进行清算，多退少补。

土地增值税以国家有关部门审批的房地产开发项目为单位进行清算，对于分期开发的项目，以分期项目为单位清算，对不同类型房地产分别计算增值额、增值率，缴纳土地增值税。土地增值税的清算条件：①房地产开发项目全部竣工、完成销售的；②整体转让未竣工决算房地产开发项目的；③直接转让土地使用权的。

对符合以下条件之一的，主管税务机关可要求纳税人进行土地增值税清算。

（1）已竣工验收的房地产开发项目，已转让的房地产建筑面积占整个项目可售建筑面积的比例在85%以上，或该比例虽未超过85%，但剩余的可售建筑面积已经出租或自用的。

（2）取得销售（预售）许可证满3年仍未销售完毕的。

（3）纳税人申请注销税务登记但未办理土地增值税清算手续的。

（4）省级税务机关规定的其他情况。

9.3 房产税法律制度

房产税的改革已经水落石出，在这房价居高不下的时期，人们对它的试点实施寄予很高的期望，希望它能对遏制高房价起到立竿见影的作用。然而，到底什么是房产税？

9.3.1 房产税

房产税是以房产为征税对象,按照房产的计税价值或房产租金收入向房产所有人或经营管理人等征收的一种税。房产税的征收有利于运用税收经济杠杆的作用、加强对房屋的管理,有利于配合住房制度的改革,有利于促进地方税收体系的建立完善,有利于调动地方政府的积极性,为地方政府提供一项较稳定的财政收入来源。现行房产税的设立始于1986年,1986年9月15日国务院发布《中华人民共和国房产税暂行条例》,于同年10月1日开始实施。

房产税属财产税、货币税、从价税和地方税范畴。房产税按年征收、分期缴纳。由地方税务机关负责征收。纳税义务发生时间:将原有房产用于生产经营的,从生产经营之月起,缴纳房产税;其余均从次月起缴纳。

1. 征税范围

房产税的征税对象是房产,它是有屋面和围护结构,能遮风避雨,可供人们生产、学习、工作、生活的场所。独立于房屋之外的建筑物(如围墙、暖房、水塔、烟囱、室外游泳池等)不属于房产,不征房产税。房地产开发企业建造的商品房,在出售之前不征收房产税;但对出售前房地产开发企业已经使用、出租、出借的商品房应当征收房产税。

房产税的征税范围为城市、县城、建制镇和工矿区的房屋。位于农村的房屋不属于房产税征税范围,不征收房产税。

2. 纳税人

房产税的纳税人是在我国城市、县城、建制镇和工矿区内拥有房屋产权的单位和个人,具体规定如下。

(1) 产权属于国家的,其经营管理的单位为纳税人;产权属于集体和个人的,集体单位和个人为纳税人。

(2) 产权出典的,承典人为纳税人。

(3) 产权所有人、承典人均不在房产所在地的,房产代管人或者使用人为纳税人。

(4) 产权未确定或者租典纠纷未解决的,房产代管人或者使用人为纳税人。

(5) 纳税单位和个人无租使用房产管理部门、免税单位及纳税单位的房产的,由使用人代为缴纳房产税。

3. 计税依据

房产税的征收方式分为从价计征和从租计征两种,其计税依据和税率也有所不同。

1) 从价计征——以房产余值为计税依据

房产税依照房产原值一次减除10%~30%后的余值计算缴纳。扣除比例由当地政府规定,计算公式为

$$房产余值 = 房产原值 \times (1 - 扣除比例)$$

房产原值是指纳税人会计账簿"固定资产"科目中记载的房屋原值(或原价)。自2009年1月1日起,对依照房产原值计税的房产,不论是否记载在会计账簿固定资产科目中,均应按照房屋原价计算缴纳房产税。

房产原值应包括与房屋不可分割的各种附属设备或一般不单独计算价值的配套设施的价值，主要有暖气、卫生、通风等。

纳税人对原有房屋进行改建、扩建的，要相应增加房屋的原值。

2）从租计征——以房屋出租取得的租金收入为计税依据

以劳务或其他形式为报酬抵付房租收入的，应根据当地同类房产的租金水平，确定一个标准租金额从租计征。

4. 税额计算

房产税计税依据、税率和应纳税额见表9-4。

表9-4 房产税计税依据、税率和应纳税额的计算

计税方法	计税依据	适用税率	税额计算公式
从价计征	房产余值	1.2%	全年应纳税额＝应税房产原值×(1－扣除比例)×1.2%
从租计征	房屋租金	12%	全年应纳税额＝租金收入×12%（或4%）

注：对个人按市场价格出租的居民住房，用于居住的，暂按4%的税率征收房产税。

税额计算的特殊规定如下。

（1）以房产投资联营，投资者参与投资利润分红、共担风险的，以房产余值作为计税依据计征房产税。

（2）以房产投资收取固定收入、不承担经营风险的，视同出租，以租金收入为计税依据计征房产税。

（3）对融资租赁的房屋，以房屋余值为计税依据计征房产税。

（4）居民住宅区内业主共有的经营性房产，由实际经营（包括自营和出租）的代管人或使用人缴纳房产税。其中自营的，依照房产原值减除10%～30%后的余值计征，没有房产原值或不能将业主共有房产与其他房产的原值准确划分开的，由房产所在地地方税务机关参照同类房产核定房产原值；出租的，依照租金收入计征。

【例9-4】 王某自有一处平房，共16间，其中用于个人开餐馆的有7间（房屋原值为20万元）。2009年1月1日，王某将4间出典给李某，取得出典价款收入12万元，将剩余的5间出租给某公司，每月收取租金1万元。已知该地区规定按照房产原值一次扣除20%后的余值计税，则王某2009年应纳房产税额为多少？

【解析】（1）开餐馆的房产应纳房产税＝20×(1－20%)×1.2%＝0.192（万元）

（2）房屋产权出典的，承典人为纳税人，王某作为出典人无需缴纳房产税

（3）出租房屋应纳房产税＝1×12×12%＝1.44（万元）

（4）3项合计，应纳房产税＝0.192＋1.44＝1.632（万元）

5. 税收优惠

国家对以下行为减免征房产税。

（1）国家机关、人民团体、军队自用的房产免征房产税。

（2）由国家财政部门拨付事业经费（全额或差额）的单位（学校、医疗卫生单位、托儿所、幼儿园、敬老院以及文化、体育、艺术类单位）所有的、本身业务范围内使用的房产免征房产税。

（3）宗教寺庙、公园、名胜古迹自用的房产免征房产税。

（4）个人所有非营业用的房产免征房产税。个人拥有的营业用房或者出租的房产不属于免税房产，应照章征税。

（5）对行使国家行政管理职能的中国人民银行总行（含国家外汇管理局）所属分支机构自用的房产，免征房产税。

（6）经财政部批准免税的其他房产。

① 损坏、不堪居住的房屋和危险房屋，经有关部门鉴定，在停止使用后，可免征房产税。

② 纳税人因房屋大修导致连续停用半年以上的，在房屋大修期间免征房产税。

③ 在基建工地为基建工地服务的各种工棚、材料棚、休息棚和办公室、食堂、茶炉房、汽车房等临时性房屋，施工期间一律免征房产税。但工程结束后，施工企业将这种临时性房屋交还或估价转让给基建单位的，应从基建单位接收的次月起，照章纳税。

④ 为鼓励利用地下人防设施，对地下人防设施暂不征收房产税。

⑤ 对房管部门经租的居民住房，在房租调整改革之前收取租金偏低的，可暂缓征收房产税。

⑥ 对高校后勤实体免征房产税。

⑦ 对非营利性医疗机构、疾病控制机构和妇幼保健机构等卫生机构自用的房产，免征房产税。

⑧ 老年服务机构自用的房产免征房产税。

⑨ 对按政府规定价格出租的公有住房和廉租住房，包括企业和自收自支事业单位向职工出租的单位自有住房，房管部门向居民出租的公有住房，落实私房政策中带户发还产权并以政府规定租金标准向居民出租的私有住房等，暂免征收房产税。

⑩ 向居民供热并向居民收取采暖费的供热企业暂免征收房产税。"供热企业"包括专业供热企业、兼营供热企业、单位自供热及为小区居民供热的物业公司等，不包括从事热力生产但不直接向居民供热的企业。

6. 房产税改革

20世纪80年代颁布现行房产税条例时，我国还没有进行住房市场化改革，人们普遍住的是公房，个人拥有住房的情况很少，收入也有限，所以对个人自住房给予免税。1998年，我国实施住房市场化改革，住房开始货币化，随着住房改革不断深化，我国的房地产市场也日趋活跃。在1998年我国住房制度改革之初，私人购房面积仅占城镇住房竣工面积的30%，而现在这个比例已达到70%。近年来，我国房地产市场发展迅速，房地产成为了新的经济增长点，而商品房本身除了居住功能以外，又被赋予了投资升值的功能，受投资者追捧，导致房价持续大幅攀升，全国各一二线城市都出现了购房难的问题，鉴于此，政府为了稳定持续疯长的房价而出台了一系列宏观调控政策，但是都收效甚微，阻挡不了房价的上涨，正是在这种背景下，房产税的改革横空出世，成为了政府制约高房价、打击炒房、遏制游资投机的"杀手锏"。

2010年1月，国务院办公厅发文，提出要加快研究完善住房税收政策；2010年4月，国务院发文，要求财政部、税务总局加快研究制定房产税收政策；2010年9月，有关部委出台调控措施，提出加快推进房产税改革试点工作，并逐步扩大到全国；2011年1月，重庆市确定开征高档商品房房产税，上海也正在为房产税试点做准备；2011年1月28日，重庆、上海正式启动改革试点，率先开征房产税。

9.3.2 契税

契税是在土地使用权或房屋所有权发生转移时,由承受人缴纳的一种税。办理有关土地、房屋的权属变更登记前必须完成契税的缴纳。现行的《中华人民共和国契税暂行条例》于1997年10月1日起施行。

契税属财产税、货币税、从价税和地方税范畴。契税在土地、房屋所在地的征收机关缴纳。契税的纳税义务发生时间是纳税人签订土地、房屋权属转移合同的当天,或者纳税人取得其他具有土地、房屋权属转移合同性质凭证的当天。纳税人办理纳税事宜后,征收机关应向纳税人开具契税完税凭证。纳税人持契税完税凭证和其他规定的文件材料,依法向土地管理部门、房产管理部门办理有关土地、房屋的权属变更登记手续。土地管理部门和房产管理部门应向契税征收机关提供有关资料,并协助契税征收机关依法征收契税。

1. 征税范围

在中华人民共和国境内转移土地、房屋权属,应当依照规定缴纳契税。

转移土地、房屋权属包括下列行为:①国有土地使用权出让;②土地使用权转让,包括出售、赠与和交换,不包括农村集体土地承包经营权的转移;③房屋买卖;④房屋赠与;⑤房屋交换。

对于《中华人民共和国继承法》规定的法定继承人,包括配偶、子女、父母、兄弟姐妹、祖父母、外祖父母,继承土地、房屋权属,不征收契税。

此外,房地产权利以下列方式转移的,视同土地使用权转让、房屋买卖或者房屋赠与,征收契税:①以房地产作价投资入股的;②以房地产抵债的;③以获奖方式承受房地产的;④以预购方式或者预付集资建房款方式承受房地产的。

2. 纳税人

契税的纳税人是房地产权利转移的承受人,包括土地使用权出让、转让的受让人,房屋的购买人、受赠人。

3. 计税依据

契税的计税依据为不动产的价格。由于土地、房屋权属转移方式不同,定价方法不同,因而具体计税依据视不同情况而决定。

(1) 国有土地使用权出让、土地使用权出售、房屋买卖的,契税计税依据为房地产的成交价格,若成交价格明显低于市场价格且无正当理由的,由征收机关参照市场价进行核定,以核定价作为计税依据。

(2) 土地使用权赠与、房屋赠与的,由征收机关参照土地使用权出售、房屋买卖的市场价格进行价格核定,以核定价作为契税计税依据。

(3) 土地使用权交换、房屋交换的,契税计税依据为所交换的土地使用权、房屋的价格的差额,所交换土地使用权、房屋的价格的差额明显不合理并且无正当理由的,由征收机关参照市场价格核定,以核定价作为计税依据。

(4) 以划拨方式取得土地使用权的,经批准转让房地产的,房地产转让者补缴契税的计税依据是补缴的土地使用权出让费用或者土地收益。

4. 税额计算

契税税率范围为3%～5%。契税采用比例税率。当计税依据确定以后,应纳税额的计算比较简单。应纳税额的计算公式为

$$契税应纳税额＝计税依据×税率$$

对个人购买90m² 以上、144m² 以下普通住房,且该住房属于家庭(成员包括购房人、配偶及未成年子女)唯一住房的,减半征收契税。对于个人购买90m² 及以下普通住房,且该住房属于家庭唯一住房的,减按1%税率征收契税。个人购买的普通住房,凡不符合上述规定的,不得享受上述优惠政策。

例如:某人以100万元价格购得一处面积为95m² 的普通住宅,且该住房属于家庭唯一住房的,住宅所在地的契税税率为3%,其契税应纳税额＝100×3%＝3万元。由于该居民购买的是普通住宅,符合个人购买普通住宅减半缴纳契税的规定,因此其实际应缴纳的契税为3×0.5＝1.5万元。

5. 税收优惠

减征、免征契税的项目主要有以下行为。

(1) 国家机关、事业单位、社会团体、军事单位承受土地、房屋用于办公、教学、医疗、科研和军事设施的,免征契税。

(2) 城镇职工按规定第一次购买公有住房的享受免征契税优惠;此外,财政部、国家税务总局规定:自2000年11月29日起,对各类公有制单位为解决职工住房而采取集资建房方式建成的普通住房,或由单位购买的普通商品住房,经当地县以上人民政府房改部门批准、按照国家房改政策出售给本单位职工的,如属职工首次购买住房,均可免征契税。

(3) 因不可抗力灭失住房而重新购买住房的,酌情准予减征或者免征。

(4) 土地、房屋被县级以上人民政府征用、占用后,重新承受土地、房屋权属的,是否减征或者免征契税,由省、自治区、直辖市人民政府确定。

(5) 纳税人承受荒山、荒沟、荒丘、荒滩土地使用权,用于农、林、牧、渔业生产的,免征契税。

(6) 土地使用权交换、房屋交换,交换价格相等的,免征契税。

经批准减征、免征契税的纳税人改变有关土地、房屋的用途,不再属于规定的减征、免征契税范围的,应当补缴已经减征、免征的税款。

9.3.3 营业税

营业税是对在我国境内提供应税劳务、转让无形资产或销售不动产的单位和个人,就其所取得的营业额征收的一种税。销售不动产营业税是在土地使用权转让和建筑物出售时,国家向土地使用权转让者和建筑物出售者征收的一种税。

营业税属于流转税制中的一个主要税种。营业税纳税地点:①纳税人转让土地使用权,应当向土地所在地主管税务机关申报纳税。纳税人转让其他无形资产,应当向其机构

所在地主管税务机关申报纳税；②纳税人销售不动产，应向不动产所在地主管税务机关申报纳税。

1. 征税范围

营业税的征税范围是在中华人民共和国境内提供应税劳务以及销售不动产转让无形资产的单位和个人，所谓应税劳务是指建筑业、交通运输业、邮电通讯业、文化体育业、金融保险业、娱乐业、服务业。从事上述业务就应该缴纳营业税，不同的税目税率会有差异，税率为3%～20%。

2. 纳税人

在中华人民共和国国境内提供规定的劳务、转让无形资产或者销售不动产的单位和个人，为营业税的纳税义务人。

3. 计税依据

计税依据为各种应税劳务收入的营业额、转让无形资产的转让额、销售不动产的销售额(三者统称为营业额)，税收收入不受成本、费用高低影响，收入比较稳定。

4. 税额计算

实行比例税率，销售不动产的营业税率规定为5%。应纳税额计算公式为

$$应纳税额＝营业额×税率应纳税额$$

转让二手房应按销售不动产缴纳营业税，具体分住房和非住房两种情况。

(1) 转让住房：按照相关政策，个人将购买不足5年的住房对外销售的，全额征收营业税；个人将购买超过5年(含5年)的非普通住房对外销售的，按照其销售收入减去购买房屋的价款后的差额征收营业税；个人购买超过5年(含5年)的普通住房对外销售的，免征营业税。个人购买住房以取得的房屋产权证或契税完税证明上注明的时间，按照"孰先"的原则确定购买房屋的时间。根据国家房改政策购买的公有住房，以购房合同的生效时间、房款收据的开具日期或房屋产权证上注明的时间，按照"孰先"的原则确定购买房屋的时间。

(2) 转让非住房：个人销售其购置的非住房，以全部收入减去购置原价后的余额为营业额。

5. 有关房地产的营业税政策规定

(1) 纳税人营业额未达到财政部规定的营业税起征点的，免征营业税。

(2) 对企业、行政事业单位按房改成本价、标准价出售住房的收入，暂免征收营业税。

(3) 对个人按市场价格出租的居民住房，用于居住的，按其取得的租金收入减按3%的税率征收营业税。

(4) 依据现行营业税暂行条例及其实施细则有关规定，单位或者个人将不动产或者土地使用权无偿赠送其他单位或者个人的，视同发生应税行为，原则上，赠与人是需要缴纳营业税的，缴纳营业税的税率是5%。

近亲属和具有抚养、赡养关系的人之间赠与房产，以及发生继承、遗赠取得房产的，免征营业税。个人无偿赠与不动产、土地使用权，属于下列情形之一的，暂免征收营业税：①离婚财产分割；②无偿赠与配偶、父母、子女、祖父母、外祖父母、孙子

女、外孙子女、兄弟姐妹；③无偿赠与对其承担直接抚养或者赡养义务的抚养人或者赡养人；④房屋产权所有人死亡，依法取得房屋产权的法定继承人、遗嘱继承人或者受遗赠人。

其他人之间的房产赠与行为，应依法缴纳营业税。但若其他人之间赠与的房产达到一定年限的，符合免征营业税条件的，仍可以免征营业税，比如，个人将购买满5年的住房对外赠与的，可免征收营业税。

（5）房地产开发企业及物业管理单位代收的住房专项维修基金，不征收营业税。

9.3.4 城市维护建设税和教育费附加

1. 城市维护建设税

城市维护建设税是对从事工商经营，缴纳增值税、消费税、营业税的单位和个人征收的一种税。城市维护建设税的征收、管理、纳税环节、奖罚等事项，比照产品税、增值税、营业税的有关规定办理，并与产品税，增值税，营业税同时缴纳。

（1）纳税人：缴纳产品税、增值税、营业税的单位和个人。
（2）征收范围：城市、县城、建制镇、工矿区。
（3）税率：纳税人所在地在市区的，税率为7%；纳税人所在地在县城、镇的，税率为5%；纳税人所在地不在市区、县城或镇的，税率为1%。
（4）计税依据：以纳税人实际缴纳的产品税、增值税、营业税税额为计税依据
（5）计算公式：应纳税额＝（实际缴纳的增值税、消费税、营业税税额）×适用税率。

2. 教育费附加

教育费附加是为发展教育事业而征收的一种专项资金。教育费附加由税务机关负责征收，其收入纳入财政预算管理，作为教育专项资金，由教育行政部门统筹安排，用于改善中小学教学设施和办学条件。纳费人申报缴纳增值税、消费税、营业税的同时，申报、缴纳教育费附加。

1) 纳费人

凡缴纳增值税、消费税、营业税的单位和个人，均为教育费附加的纳费义务人（简称纳费人）。凡代征增值税、消费税、营业税的单位和个人，亦为代征教育费附加的义务人。农业、乡镇企业，由乡镇人民政府征收农村教育事业附加，不再征收教育费附加。外商投资企业、外国企业和外籍人员适用于现行有效的城市维护建设税和教育费附加政策规定，凡是缴纳增值税、消费税和营业税的外商投资企业、外国企业和外籍人员纳税人均需按规定缴纳城市维护建设税和教育费附加。

2) 计征依据和附加率

教育费附加以纳税人缴纳的增值税、消费税、营业税税额为计征依据，附加费率为3%，与产品税、增值税、营业税同时缴纳。

3) 应纳税额的计算公式

教育费附加＝（实际缴纳的增值税、消费税、营业税税额）×附加率

9.3.5 印花税

印花税是对经济活动中签订的各种合同、产权转移书据、营业账簿、权利许可证照等应税凭证文件为对象所课征的税。它是一种兼有行为性质的凭证税，印花税具有征收范围广泛、税收负担轻及纳税人自行完成纳税义务等特点。

1. 印花税的一般规定

（1）纳税人：中华人民共和国境内书立、领受印花税暂行条例所列举凭证的单位和个人，都是印花税的纳税义务人。

（2）征税对象：有5类，经济合同，产权转移书据，营业账簿，权利、许可证照和经财政部确定征税的其他凭证。

（3）计税依据：印花税根据不同征税项目，分别实行从价计征和从量计征两种征收方式。

（4）税率：现行印花税采用比例税率和定额税率两种税率。

（5）应纳税额的计算。

（6）纳税环节和纳税地点：纳税环节应当在书立或领受时贴花。印花税一般实行就地纳税。

（7）缴纳方法：印花税实行由纳税人根据规定自行计算应纳税额，购买并一次贴足印花税票的缴纳办法。

2. 房地产经济活动中有关印花税的缴纳

1）房地产经济活动中印花税征税范围及纳税人

房地产经济活动中印花税的课税对象是房地产交易中的各种凭证，主要包括以下几种：①书立产权转移书据；②书立房屋租赁合同；③领受权利证书、许可证照。

纳税人是在我国境内书立、领受应税房地产凭证的单位和个人。房地产转让合同的纳税人是合同订立人，如果合同订立人未缴或少缴印花税的，合同的持有人应负责补缴。房屋租赁合同的纳税人是合同订立人，房地产权利许可证照的纳税人是领受人。

2）税率和计税方法

房地产权利证书的印花税是按件计收的；房地产产权转移书据印花税计税依据是书据所载明的房屋买卖价款金额；房屋租赁合同印花税计税依据是房屋租金数额。

我国的印花税实行比例税率和定额税率两种税率。比例税率适用于房地产产权转移书据，税率为万分之五，房屋租赁合同税率为千分之一。定额税率适用于房地产权利证书，包括房屋所有权证和土地使用证，其税率均为每件5元人民币。

3）减税、免税规定

房屋所有人将财产赠给政府、社会福利单位、学校所书立的书据，免纳印花税。

9.3.6 个人所得税

房地产所得税是对房地产在经营、交易过程中，就其所得或增值收益课征的税收。房地产所得税的课税对象是房地产转让所得、房地产租赁所得和房地产投资所得。

房地产所得税分两种方法征收个人所得税：一是"据实征收"，二是"核定征收"，其计税依据和税率也有所不同。

1. 核定征收（不能正确计算房屋原值）

若纳税人未提供完整、准确的房屋原值凭证，不能正确计算房屋原值和应纳税额的，按纳税人住房转让收入的一定比例核定应纳个人所得税额。具体比例由地税部门根据纳税人出售住房的所处区域、地理位置、建造时间、房屋类型、住房平均价格水平等因素，在住房转让收入1%～3%的幅度内确定。这主要是针对以往通过做低房价方式规避税收的做法。

"核定征收"就是按售房收入全额计征，计算公式为

$$个人所得税应纳税额 = 住房转让收入 \times (1\% \sim 3\%)$$

2. 据实征收（能够计算房屋原值）

"据实征收"就是：以一次转让房产收入额减除房产原值和合理费用后的余额，为应纳税所得额，按20%税率计算应纳税额，计算公式为

$$应纳税额 = 应纳税所得额（转让收入 - 房屋原值 - 转让住房过程中缴纳的税金及有关合理费用）\times 20\%$$

对住房转让所得征收个人所得税时，以实际成交价格为转让收入。纳税人申报的住房成交价格明显低于市场价格且无正当理由的，征收机关依法有权根据有关信息核定其转让收入，但必须保证各税种计税价格一致，并对商品房、自建住房、经济适用房、已购公有住房以及城镇拆迁安置住房5类房产的原值均有明确规定。

对转让住房收入计算个人所得税应纳税所得额时，纳税人可凭原购房合同、发票等有效凭证，经税务机关审核后，允许从其转让收入中减除房屋原值、转让住房过程中缴纳的税金及有关合理费用。

转让住房过程中缴纳的税金是指：纳税人在转让住房时实际缴纳的营业税、城市维护建设税、教育费附加、土地增值税、印花税等税金。

合理费用包括实际支付的住房装修费用、住房贷款利息、手续费、公证费等费用。其中支付的住房装修费用需要纳税人能提供实际支付装修费用的税务统一发票，并且发票上所列付款人姓名与转让房屋产权人一致。已购公有住房、经济适用房最高扣除限额为房屋原值的15%；商品房及其他住房最高扣除限额为房屋原值的10%。如果实际发生的扣除费用大于房屋原值的15%（或10%）时，按房屋原值的15%（或10%）来扣，等于或小于时，按实际发生数来扣。

但纳税人原购房为装修房，即合同注明房价款中含有装修费（铺装了地板，装配了洁具、厨具等）的，不得再重复扣除装修费用。

若出售的是以按揭贷款方式购置的住房，其向贷款银行实际支付的住房贷款利息，凭贷款银行出具的有效证明据实扣除。

此外，纳税人按照有关规定实际支付的手续费、公证费等，凭有关部门出具的有效证明据实扣除。

对于房地产原值具体分为以下几类。

（1）商品房：购置该房屋时实际支付的房价款及交纳的相关税费。

（2）自建住房：实际发生的建造费用及建造和取得产权时实际交纳的相关税费。

(3) 经济适用房：原购房人实际支付的房价款及相关税费，以及按规定交纳的土地出让金。

(4) 已购公有住房：原购公有住房标准面积按当地经济适用房价格计算的房价款，加上原购公有住房超标准面积实际支付的房价款以及按规定向财政部门或原产权单位交纳的所得收益及相关税费。

例如，上海市民郭某有一套面积为 100m² 的公有住房，其中 80m² 的标准面积，2000 元/m²，超过公有住房标准面积的 20m²，价格为 8000 元/m²，其向财政部门缴纳的相关税费为 2 万元，那么郭某的住房原值为 $100 \times 2000 + 20 \times 8000 + 20000 = 380000$ 元。

已购公有住房是指城镇职工根据国家和县级（含县级）以上人民政府有关城镇住房制度改革政策规定，按照成本价或标准价购买的公有住房。

经济适用房价格按县级以上（含县级）地方人民政府规定的标准确定。

(5) 城镇拆迁安置住房：根据有关规定，其原值的确定包括 4 种情形，分别如下。

① 房屋拆迁取得货币补偿后购置房屋的，为购置该房屋实际支付的房价款及交纳的相关税费。

② 房屋拆迁采取产权调换方式的，所调换房屋原值为《房屋拆迁补偿安置协议》注明的价款及交纳的相关税费。

③ 房屋拆迁采取产权调换方式，被拆迁人除取得所调换房屋，又取得部分货币补偿的，所调换房屋原值为《房屋拆迁补偿安置协议》注明的价款和交纳的相关税费，减去货币补偿后的余额。

④ 房屋拆迁采取产权调换方式，被拆迁人取得所调换房屋，又支付部分货币的，所调换房屋原值为《房屋拆迁补偿安置协议》注明的价款，加上所支付的货币及交纳的相关税费。

【例 9-5】 王先生于 2004 年 7 月 1 日在北京购买了一套建筑面积为 100m² 的二手商品房，共支付价款 80 万元，王先生是贷款买房，他当年首付 40 万元，其余 40 万元是以 20 年等额本息的商业贷款支付。当年利率为 6.12%，从 2004 年 7 月 1 日到今年 7 月 31 日所付利息为 48960 元。另外，购置商品房时缴纳印花税 400 元，契税 24000 元（假定契税税率为 3%），产权证书费 5 元，2004 年公证费 200 元，评估费 600 元。房产装修费用为 9 万元，且有装修费用的税务统一发票。假设 2006 年 8 月 5 日王先生决定将房屋以 100 万元的总价卖掉。

【疑惑】 王先生该缴纳多少个人所得税呢？

【解析】 计算如下。

(1) 王先生售房的费用扣除额计算。

王先生装修费用为 9 万元，根据《国家税务总局关于个人住房转让所得征收个人所得税有关问题的通知》规定，商品房转让前实际发生的装修费用，最高扣除限额为房屋原值的 10% 的扣除费用为 $800000 \times 10\% = 8$ 万元，王先生的装修费用 9 万元大于 8 万元，故按 8 万元装修费用计算个人所得税。交易过程中涉及的印花税为 $1000000 \times 0.05\% = 500$；营业税及其附加共计：$1000000 \times 5.5\% = 50000$。

(2) 个人所得税应纳税所得额 = 转让收入 - 房屋原值 - 转让住房过程中缴纳的税金 - 有关合理费用。

房屋原值＝原房价＋印花税＋契税＋产权证印花税＝800000＋400＋24000＋5＝804405(元)

转让住房过程中缴纳的税金＝印花税＋营业税＝500＋50000＝50500(元)

合理费用＝住房装修费用＋住房贷款利息＋手续费＋公证费等＝80000＋48960＋200＋600＝129760(元)

应缴纳的个人所得税＝(1000000－804405－50500－129760)×20％＝3067(元)

3. 税收优惠

对个人转让自用 5 年以上并且是家庭唯一生活用房取得的所得，免征个人所得税。

4. 房产赠与情况下个人所得征税标准

(1) 近亲属和具有抚养、赡养关系的人之间赠与房产，以及发生继承、遗赠取得房产的，免征个人所得税。

以下情形的房屋产权无偿赠与，对当事双方不征收个人所得税：①房屋产权所有人将房屋产权无偿赠与配偶、父母、子女、祖父母、外祖父母、孙子女、外孙子女、兄弟姐妹；②房屋产权所有人将房屋产权无偿赠与对其承担直接抚养或者赡养义务的抚养人或者赡养人；③房屋产权所有人死亡，依法取得房屋产权的法定继承人、遗嘱继承人或者受遗赠人。

(2) 其他人之间的赠与行为，应依法缴纳个人所得税。

房屋产权所有人将房屋产权无偿赠与他人的，受赠人因无偿受赠房屋取得的受赠所得，按照"经国务院财政部门确定征税的其他所得"项目缴纳个人所得税，税率为20％，但可以扣除办理房屋过户过程中的相关税费。

(3) 受赠人转让受赠房屋的，以其转让受赠房屋的收入减除原捐赠人取得该房屋的实际购置成本以及赠与和转让过程中受赠人支付的相关税费后的余额，为受赠人的应纳税所得额，依法计征个人所得税。

9.4 房地产费

房地产费是指在房地产市场活动中所产生的各种费用，它是国家机关为房地产方面提供某种服务(管理)或国家授予他方开发利用国家资源而取得的报酬，它也是国家在房地产方面取得财政收入的一种形式。

9.4.1 房地产费的概念

房地产费是指依据法律和法规，由有关行政机关、事业单位向房地产开发企业、房地产交易各方和房地产产权人等收取的各种管理费、服务费、补偿费等。

房地产费并不是基于国家权力，而是基于政府机构实行管理和提供服务而向被管理者或被服务人收取的成本。根据有关规定，现行的房地产费主要有 3 类：一是国家作为土地所有者在房地产一级市场向土地使用者收取的土地使用费，主要包括地租、国家对土地的开发成本、征用土地补偿费、安置补助费；二是房地产行政管理机关或其授权机关，履行行政管理职能管理房地产业所收取的费用即房地产行政性收费，主要包括登记费、勘丈费、权证费、手续费和房屋租凭登记费及其监证费;三是房地产行政管理机关或事业单位为社会或个人提供特定服务所收取的费用即房地产事业性收费,主要包括拆迁管理费、房屋估价收费等。

房地产费与房地产税不同。与房地产税相比,房地产费具有以下特征:第一,主体不同。房地产费可以由各有关国家行政机关、事业单位收缴;房地产税只能由国家税务机关或国家税务机关委托房地产机关征收。第二,目的不同。收取房地产费的目的是为了补充行政机关、事业单位的经费来源,因此所收取的费用一般由其自收自支,用于从事与其职能或义务相关的房地产管理、服务活动;而房地产税是为了调节社会关系、促进土地资源的合理配置和房地产的有效利用,同时也为了增加政府的财政收入,所以收取的税金必须全部上缴中央和地方财政,由政府统一支配。第三,依据不同。房地产费一般根据国家法律、政策而实施,有的还是根据收缴主体的自行规定而收取,效力较低;房地产税一般都是根据国家专门的税收法律实施,效力较高。

9.4.2 房地产收费项目

房地产费主要有房地产开发活动费、房地产交易费、房地产中介服务费、公正费等。

1. 房地产开发活动费

目前我国在房地产开发活动中发生的收费项目主要有以下几项。

1) 市政公用设施建设费

它包括:综合开发市政费,按商品房销售收入的15%计收;分散建设市政费,其中住宅建设项目按照建筑面积每平方米价格的15%计收,并于开工前一次缴清;分散建设生活服务配套设施建设费,按照建筑面积每平方米价格的15%计收。

2) 四源费

四源费是用来兴建自来水、污水、煤气、供热等服务设施的费用。由于能源价格低于成本,政府部门每年要补贴大量资金来维持此类公共事业单位的运行。政府向开发企业收取四源费,是为了缓解城市发展对能源的需求,筹建建设资金。

住宅(不包括附属设施)按实际建筑面积一次性计收:①自来水厂建设费每平方米9元;②煤气厂建设费每平方米22元;③供热厂建设费每平方米23元;④污水处理厂建设费每平方米8元。

3) 其他费用项目

在房地产开发活动过程中,除了上述两项费用之外,还会发生多种较小费用项目,如立项管理费、城建综合开发项目管理费、规划管理费、征地管理费、拆迁管理费、工程预算审核费、土地权属地籍调查测量费、划红线费、建设工程许可执照费、投标管理费、消防设施费、防洪费、绿化建设费等。

2. 房地产交易费

房地产交易费是指在房地产交易过程中发生的收费项目。在房地产交易过程中,除了向国家交纳契税和印花税外,还需要缴纳以下几种费用。

1) 登记费

登记费分为房屋登记费和房地产权登记费。凡办理房地产买卖、租赁登记的,交易双方都要分别按件数交登记费。另外,因买卖、赠与、交换、继承等发生房屋产权转移的,由房地产权利的承受人交付登记费。购房人交纳登记费的标准是:住宅 80 元/套。

2) 手续费

进行房屋交易时,双方办理房地产权属登记,应向房地产管理部门缴纳手续费;办理房地产买卖手续的,双方当事人按照实际成交价的 1‰ 缴纳手续费;办理房地产赠与、继承、分割等手续的,房屋的承受人应按照评估价格的 1‰ 缴纳手续费。

3) 权证费

在房地产交易中,领取房屋所有权证的,房屋所有权人应按件交权证费,领取房屋共有权证的也要按件交权证费。一本免费,每增加一本收 10 元。

3. 房地产中介服务费

房地产中介服务费是房地产交易市场重要的经营性服务收费。按照市场物价部门的规定,中介服务机构应当本着合理、公开、诚实信用的原则,严格执行收费原则和收费标准,切实提供质价相称的服务。此外,房地产中介服务收费实行明码标价制度,中介服务机构应当在其经营场所或交缴费用地点的醒目位置公布其收费项目、服务内容、计费方法、收费标准等事项。

1) 房地产经纪收费

房地产经纪收费是房地产专业经纪人接受委托、进行代理收取的佣金。房地产经纪收费根据代理项目的不同,实行不同的收费标准。

房屋租赁代理收费,无论成交的租赁期限长短,均按半月至一月成交租金标准,由双方协商议定一次性计收。

房屋买卖代理收费,按成交价格总额的 0.5%~2.5% 计收。

实行独家代理的,收费标准由委托方与房地产中介机构协商,可适当提高,但最高不超过成交价格的 3%。

土地使用权转让代理收费办法和标准另行规定。

房地产经纪费由房地产经纪机构向委托人收取。

2) 房地产咨询服务费

房地产中介服务机构可应委托人要求,提供有关房地产政策、法规、技术等咨询服务,收取房地产咨询费。

房地产咨询收费服务形式分为口头咨询费和书面咨询费两种。口头咨询费是指按照咨询服务所需时间结合咨询人员专业技术等级由双方协商议定收费标准。书面咨询费是指按照咨询报告的技术难度、工作繁简结合标的额大小计收。

实际成交收费标准,由委托方与中介机构协商议定。

3) 房地产价格评估费

房地产价格评估收费,由具备房地产估价资格并经房地产行政主管部门、物价主管部门确认的机构按规定的收费标准计收。房地产评估采用差额定律累进计费,即按房地产价格总额大小划分费用率档次,分档计算各档次的收费,各档收费额累计之和为收费总额。

以房产为主的房地产价格评估费,区别不同情况,具体收费标准见表 9-5。

表 9-5 以房产为主的房地产价格评估收费标准计算表

档次	地产价格总额(万元)	累进计费率(‰)
1	100 以下(含 100)	5
2	101 以上至 1000	2.5
3	1001 以上至 2000	1.5
4	2001 以上至 5000	0.8
5	5001 以上至 8000	0.4
6	8001 以上至 10000	0.2
7	10000(不含 10000)以上	0.1

土地价格评估的收费标准,按国家计委、国家土地局《关于土地价格评估收费的通知》的有关规定执行,具体收费标准见表 9-6、表 9-7。

表 9-6 基准地价评估收费标准计算表

档次	城镇面积(平方公里)	收费标准(万元)
1	5 以下(含 5)	4~8
2	5 以上至 20(含 20)	8~12
3	20 以上至 50(含 50)	12~30
4	50 以上	20~40

表 9-7 宗地评估收费标准计算表

档次	土地价格总额(万元)	累进计费率(‰)
1	100 以下(含 100)	4
2	101 以上至 1000	3
3	1001 以上至 2000	2
4	2001 以上至 5000	1.5
5	5001 以上至 8000	0.8
6	8001 以上至 10000	0.4
7	10000(不含 10000)以上	0.1

上述规定的房地产价格评估、房地产经纪收费为最高限标准。各省、自治区、直辖市物价、房地产行政主管部门可依据本通知制定当地具体执行的收费标准,报国家计委、建设部备案。对经济特区的收费标准可适当规定高一些,但最高不得超过上述收费标准的30%。

凡中介服务机构资格应经确认而未经确认、自立名目乱收费、擅自提高收费标准或越权制定、调整收费标准的,属于价格违法行为,由物价检查机构按有关法规予以处罚。

4. 公证费

公证是国家专门设立的公证机关根据当事人的申请依法证明法律行为、有法律意义的文书和事实的真实性、合法性的非诉讼活动,是国家为保护法律的正确实施,维护社会经济、民事流转程序,预防纠纷、减少诉讼,保护公民、法人和非法人组织的合法权益而建立的一种预防性的司法制度。

公证费收取:证明股票、房屋转让、买卖、土地使用权有偿转让的,按股票面额或房价的千分之三收费,但最低收费不得低于10元。

本 章 小 结

通过本章的学习要了解掌握房地产税收的概念,明确房地产税收应注意的问题;了解税收征收管理制度,重点掌握土地增值税、房产税、契税、城镇土地使用税等税种的征税范围、税率和减免税优惠等内容;熟悉个人所得税、土地增值税等税种应纳税额的计算;理解开征几种具体的房地产税的作用。同时通过教学使学生领会和掌握法学的思维方法,理论联系实际,弄清楚几种具体的房地产税的主要内容,至少对于买卖商品房屋除房屋自身的价格外,还要支付的税款和费用应当了解和掌握;从而解决各种现实中的房地产交易税费问题。

习 题

一、填空题

1. 税收与其他分配方式相比,具有(　　)、无偿性和固定性的特征,习惯上称为税收的"三性"。
2. 我国房地产业涉及的税种共计11个。直接以房地产为课税对象的税种有5个:土地增值税、(　　)、耕地占用税、房产税、城市房地产税、契税。
3. 在任何一个国家里,不论采用什么样的税收制度,构成税种的要素都不外乎以下几项:纳税义务人、课税对象、税基、税率、附加、(　　)、违章处理等。
4. 耕地占用税的课税对象是占用耕地建房或从事(　　)的行为。
5. 城镇土地使用税是以开征范围的土地为征税对象,以(　　)为计税标准,按规定税额对拥有土地使用权的单位和个人征收的一种行为税。
6. 凡有偿转让国有土地使用权、地上建筑物及其他附着物并取得收入的单位和个人均为土地增值税的(　　)。
7. 房产税的征收方式分为(　　)和从租计征两种,其计税依据和税率也有所不同。
8. 契税的(　　)是纳税人签订土地、房屋权属转移合同的当天,或者纳税人取得其他具有土地、房屋权属转移合同性质凭证的当天。
9. 城市维护建设税是对从事(　　),缴纳增值税、消费税、营业税的单位和个人征收的一种税。
10. 房地产费并不是基于(　　),而是基于政府机构实行管理和提供服务而向被管理者或被服务人收取的成本。

二、单项选择题(每题的备选答案中,只有一个最符合题意)

1. 某企业占用林地140万 m² 建造花园式厂房,所占耕地适用的定额税率为20元/m²。该企业应缴纳耕地占用税(　　)。
   A. 800万元　　　　B. 1400万元　　　　C. 2000万元　　　　D. 2800万元

2. 下列各项中,关于耕地占用税的说法正确的是(　　)。
   A. 占用菜地开发花圃属于耕地占用税征收范围
   B. 集体土地不属于耕地占用税征税范围
   C. 占用食品加工厂用地属于耕地占用税征税范围
   D. 占用鱼塘建房属于耕地占用税征税范围

3. 耕地占用税实行(　　)税率。
   A. 比例　　　　　B. 累进　　　　　C. 特殊　　　　　D. 定额

4. 某人民团体A、B两栋办公楼,A栋占地3000m²,B栋占地1000m²。2007年3月30日至12月31日该团体将B栋出租。当地城镇土地使用税的税率为每平方米15元,该团体2007年应缴纳城镇土地使用税(　　)。
   A. 15000元　　　B. 12500元　　　C. 11250元　　　D. 3750元

5. 某盐场2008年度占地200000m²,其中办公楼占地20000m²,盐场内部绿化占地50000m²,盐场附属幼儿园占地10000m²,盐滩占地120000m²。盐场所在地城镇土地使用税单位税额每平方米0.7元。该盐场2008年应缴纳的城镇土地使用税为(　　)。
   A. 14000元　　　B. 49000元　　　C. 56000元　　　D. 140000元

6. 2011年某民用机场占地100万 m²,其中飞行区用地90万 m²,场外道路用地7万 m²,场内道路用地0.5万 m²,工作区用地2.5万 m²,城镇土地使用税税率为5元/m²。2011年该机场应缴纳城镇土地使用税(　　)元。
   A. 500000　　　B. 475000　　　C. 150000　　　D. 125000

7. 根据土地增值税暂行条例规定,纳税人应当在(　　),向房地产所在地的主管税务机关办理纳税申报。
   A. 转让房地产合同签订后的10日内
   B. 转让房地产合同签订后的7日内
   C. 有关部门办理过户、登记手续之日起7日内
   D. 有关部门办理过户、登记手续之日起10日内

8. 下列项目中,属于土地增值税免税范围的有(　　)。
   A. 建造普通标准住宅出售,增值额超过扣除项目金额之和20%的
   B. 因国家建设需要而自行转让的房地产
   C. 非房地产开发企业对外投资(投资于房地产开发企业)的房产
   D. 企事业单位转让旧房

9. 某企业2010年有固定资产原值3000万元,其中房产原值为2000万元,已提折旧400万元;机器设备原值为1000万元,已提折旧240万元。已知当地政府规定的扣除比例为30%,该企业2010年度应纳房产税为(　　)万元。
   A. 16.8　　　　　B. 168　　　　　C. 24　　　　　D. 240

10. 某企业2009年度自有生产用房原值5000万元,账面已提折旧1000万元。已知房

产税税率为1.2%,当地政府规定计算房产余值的扣除比例为30%。该企业2009年度应缴纳的房产税税额为( )万元。

  A. 18   B. 33.6   C. 42   D. 48

11. 某企业有一处房产原值1000万元,2009年7月1日用于投资联营(收取固定收入,不承担联营风险),投资期为5年。已知该企业当年取得固定收入50万元,当地政府规定的扣除比例为20%。该企业2009年该房产应缴纳的房产税为( )。

  A. 6.0万元   B. 9.6万元   C. 10.8万元   D. 15.6万元

12. 纳税人出租的房屋,如承租人以劳务或者其他形式为报酬抵付房租收入的,应( )计征房产税。

  A. 根据出租房屋的原值减去10%～30%后的余值,实行从价计征
  B. 根据当地同类房产的租金水平确定一个租金标准,实行从租计征
  C. 根据税务机关的审核,实行从租计征
  D. 根据纳税人的申报,实行从租计征

13. 纳税人转让土地使用权或销售不动产,采取预收款方式的,其纳税义务的时间为( )。

  A. 所有权转移的当天
  B. 收到预收款的当天
  C. 收到全部价款的当天
  D. 所有权转移并收到全部款项的当天

14. 某学校将一栋闲置不用的房屋转让给临近的公司,房产价值400万元,当年学校以无偿划拨方式取得土地使用权。按规定下列说法中正确的是( )。

  A. 学校和公司各负担一半的契税
  B. 学校在转让时不缴纳契税
  C. 仅受让公司缴纳契税
  D. 学校补缴土地使用权的契税,公司缴纳房屋买卖的契税

15. 承受的房屋附属设施权属单独计价的,应该按照( )计征契税。

  A. 与房屋相同的契税税率   B. 当地确定的适用税率
  C. 固定的3%的税率   D. 固定的5%的税率

16. 2010年12月中国公民肖某首次购买家庭唯一普通住房,面积85m²,合同总价格54.4万元,其中含装修费8.4万元。肖某购买该住房应缴纳契税( )元。

  A. 4600   B. 5440   C. 6900   D. 8160

17. 某房地产开发公司本月取得销售现房收入3600万元;以预收款方式售房收入500万元;请计算该公司本月应纳税款( )。

  A. 应纳营业税180万元   B. 应纳营业税205万元
  C. 应纳营业税25万元   D. 应纳营业税20万元

三、多项选择题(每题的备选答案中,有两个或两个以上符合题意)

1. 税收的本质决定了它具有( )的特征。

  A. 强制性   B. 固定性   C. 无偿性   D. 有偿性
  E. 自愿性

2. 耕地占用税是( )征收的一种税。

A. 对占用耕地建房的单位和个人
B. 对占用耕地建房的单位，不包括个人
C. 对从事其他非农业建设的单位，不包括个人
D. 对从事其他非农业建设的单位和个人
E. 对从事其他非农业建设的个人，不包括单位

3. 下列各项中，按税法规定免征城镇土地使用税的有（　　）。
   A. 寺庙内宗教人员的宿舍用地
   B. 国家机关职工家属的宿舍用地
   C. 个人所有的居住房屋及院落用地
   D. 国有油田职工和家属居住的简易房屋用地
   E. 免税单位职工家属的宿舍用地

4. 下列各项中可以由税务机关按照房地产评估价格计算征收土地增值税的有（　　）。
   A. 隐瞒、虚报房地产成交价格的
   B. 提供扣除项目金额不实的
   C. 取得土地使用权未支付地价款或不能提供已支付地价款凭据的
   D. 转让房地产的成交价格低于房地产评估价格又无正当理由的
   E. 出售旧房及建筑物的

5. 根据《房产税暂行条例》的规定，下列各项中，符合房产税纳税人规定的是（　　）。
   A. 将房屋产权出典的，承典人为纳税人
   B. 将房屋产权出典的，产权所有人为纳税人
   C. 房屋产权未确定的，房产代管人或使用人为纳税人
   D. 产权所有人不在房产所在地的，房产代管人或使用人为纳税人
   E. 纳税单位和个人无租使用房产管理部门、免税单位及纳税单位的房产，由使用人代为缴纳房产税

6. 下列各项中，免于征收房产税的有（　　）。
   A. 企业内行政管理部门办公用房产
   B. 个人所有非营业用的房产
   C. 施工期间施工企业在基建工地搭建的临时办公用房屋
   D. 公园内供公共参观游览的房屋
   E. 因房屋大修导致连续停用半年以上的，在房屋大修期间

7. 某政府机关与甲公司共同使用一幢办公用房，房产价值6000万元，政府机关占用房产价值5000万元，甲公司占用房产价值1000万元。2010年3月1日政府机关将其使用房产的40%对外出租，当年取得租金收入150万元。2010年8月1日甲公司将其使用房产的30%对外投资，不承担生产经营风险，投资期限4年，当年取得固定利润分红8万元。已知该省统一规定计算房产余值时的减除幅度为20%。下列说法中正确的有（　　）。
   A. 政府机关免征房产税
   B. 政府机关应纳房产税18万元
   C. 甲公司应纳房产税9.36万元
   D. 甲公司应纳房产税7.68万元
   E. 该办公用房当年合计应缴纳房产税25.68万元

8. 下列各项中，按照契税的规定，表述正确的有（   ）。
   A. 第一次购买住房的个人应免征契税
   B. 契税由承受人纳税，即买方纳税
   C. 承受荒山、荒滩土地使用权的，免征契税
   D. 契税的纳税人也包括国有经济单位
   E. 高校购买的用于教学的房屋，免征契税

四、思考题

1. 税收有什么特征？
2. 税收制度由哪些基本要素构成？
3. 洪江县 2012 年按批次申请用地 1000 亩，其中耕地 800 亩，其他农用地 200 亩。因该批次用地尚未确定具体用地人，因此，由县国土部门代表政府统一办理了农用地转用批准文件。此时应如何认定纳税人？
4. 什么是耕地占用税？耕地占用税采用什么税率？
5. 什么是城镇土地使用税？如何正确掌握城镇土地使用税的征收范围？
6. 什么是土地增值税？其纳税义务人包括哪些？土地增值税税率为多少？
7. 土地增值税法定扣除项目包括哪些？土地增值税有哪些优惠政策？
8. 什么是房产税？我国现行房产税有哪些种类？
9. 个人转让二手房应缴纳哪些税费？
10. 个人购买住房应缴纳哪些税？
11. 什么是契税？
12. 个人无偿受赠房屋的个人所得税是如何规定的？
13. 购买住房转手交易，如何缴纳营业税？
14. 房地产税收与房地产收费有何不同？
15. 房地产交易手续费、中介服务费、产权登记费的区别有哪些？

五、案例分析题

案例：大自然房地产公司于 2011 年 10 月向新世纪商业企业出售一幢办公楼，售价为 2000 万元。同年 12 月，该房地产公司向奥康控股集团总公司出售另一幢办公楼，售价为 2500 万元。该房地产开发公司分别就以上两项房地产转让收入，按时向当地税务机关申报并纳税。2012 年 3 月税务检查中，引起了税务人员的注意。经过税务人员的实地观察，发现两幢楼大体相当。从该房地产开发公司的"开发产品"中看出，两幢接属同一期的开发产品，其开发成本基本相同。经房地产评估机构评估后认为，这两幢楼为 2500 万元。税务机关初步审查，大自然房地产公司与新世纪商业企业共同受民丰企业集团的控制。

问题：（1）本案表明了什么行为？
（2）大自然房地产公司违反了什么规定？
（3）应对本案做怎样的处理？

第 10 章
房地产纠纷处理法律制度

> **教学目标**

随着经济的快速发展、城市功能规划的调整升级以及城市建设规模的不断扩大，我国房地产纠纷诉讼呈"爆炸"式的增长趋势。房地产纠纷所牵扯的问题是复杂的，房地产纠纷所引起的矛盾又是巨大的，解决好房地产纠纷实属必要。通过本章的学习，应达到以下目标。

(1) 了解房地产纠纷的概念和特点；了解房地产纠纷的协商、调解和行政复议的相关规定。
(2) 掌握房地产纠纷的类型和处理途径。
(3) 重点理解和掌握房地产纠纷的仲裁制度，房地产纠纷的民事诉讼和行政诉讼制度。

> **教学要求**

知识要点	能力要求	相关知识
房地产纠纷概述	(1) 了解房地产纠纷的分类 (2) 掌握房地产纠纷的概念和特点 (3) 熟悉房地产纠纷的处理途径	(1) 土地纠纷、房屋纠纷 (2) 房地产物权纠纷、债权纠纷 (3) 房地产行政纠纷、民事纠纷
房地产纠纷的协商、调解和行政复议	(1) 了解房地产纠纷协商的概念、特征和性质，房地产纠纷调解的概念、调解书的性质 (2) 掌握房地产纠纷调解的种类、一般程序、优缺点，房地产行政复议的受案范围 (3) 熟悉行政调处、房地产行政复议的程序	(1) 和解协议 (2) 民间调解、法院调解、仲裁机构调解、行政调处 (3) 房地产行政复议的概念和特点
房地产纠纷仲裁	(1) 了解房地产纠纷仲裁的受案范围、撤销仲裁裁决的条件和理由 (2) 掌握房地产纠纷仲裁的概念、特征、基本原则，确立的基本制度 (3) 熟悉房地产纠纷仲裁程序	(1) 仲裁协议 (2) 协议仲裁制度、或裁或审制度、一裁终局制度 (3) 仲裁裁决撤销
房地产纠纷诉讼	(1) 了解房地产纠纷民事诉讼的概念、特征、原则和受理范围，关于诉讼时效的规定 (2) 掌握房地产纠纷民事诉讼的管辖、民事诉讼的程序、诉讼证据 (3) 熟悉房地产纠纷行政诉讼的相关规定	(1) 级别管辖、地域管辖、移送管辖、指定管辖 (2) 普通程序、简易程序、第二审程序 (3) 诉讼时效 (4) 举证责任倒置

基本概念

房地产纠纷；土地纠纷；房屋纠纷；房地产纠纷协商；房地产纠纷调解；行政调处；行政复议；房地产纠纷仲裁；房地产纠纷民事诉讼；诉讼时效；房地产纠纷行政诉讼。

引言

房产纠纷的发生相当普遍，但是很多人对于房地产纠纷怎么处理，毫无头绪。造成这一现象的原因有：规范房地产的法律法规尚不完善是导致纠纷发生的根本原因。随着我国市场经济的不断发展，居民的购买力提高，购房需求呈上升趋势，房地产市场交易日趋活跃，但由于房地产市场发展的历史不长，消费心理尚不成熟以及房地产法律规范的不健全，同时一些现有的法律法规与房地产市场的发展相比明显滞后，亟待完善改进。房地产开发商占据信息和卖方市场优势是导致纠纷增加的现实原因。我国目前的房地产业尚不发达，商品房供不应求，仍处于卖方市场阶段。消费者由于对房地产市场的不了解在与房产商进行交易时往往处于弱势，比如签订房产买卖合同时由于条款不完善，双方的责、权、利不清晰，常导致纠纷的发生。即使是精明、专业的消费者，明知合同中存在不合理条款，如果不接受开发商将拒售房屋，为了购房又不得不违心接受。房地产纠纷涉及的利益重大，是房地产纠纷增加的另一原因。在中国，一套商品房通常意味着消费者终身积蓄的投入和巨额债务的背负。产生争议后，消费者往往不会像对待小额商品一样息事宁人，而是提起诉讼，通过法律手段维护自身合法权益。另外由于牵涉利益主体广泛且争议的标的基本类似或者一致，众多分散的商品房买卖人为增强其维权的力量而联合起来维护自身合法权益，使本来分散的个体性商品房买卖纠纷汇聚，甚至形成群体性或集团性案件，也成为纠纷案件增多的主要原因。

10.1 房地产纠纷概述

由于业主维权无门和暴力事件频频发生，斥责中国楼市太"黑"和呼吁法律完善的声音日益高涨。目前房地产业已成为产生纠纷最多的行业。房地产纠纷案件主要包括房屋产权纠纷，城镇商品房屋买卖纠纷，房屋优先购买权纠纷，房屋租赁纠纷，房屋抵押、典当纠纷，房地产相邻关系纠纷等。

10.1.1 房地产纠纷的概念

实际上，房地产纠纷这个概念意义十分宽泛。从广义上讲，当事人因房地产引发的一切权益争议都属于房地产纠纷范畴。狭义上的房地产纠纷是指在房地产开发、经营和管理过程中，当事人之间因房地产权益而产生的争议。实际上也就是房产（房屋权益）纠纷和地产（土地权益）纠纷的总称。其当事人既可以是公民、法人和其他组织，也可以是房地产管理机关，其中的公民、法人和其他组织包括涉外房地产关系中的外国公民、法人及其他组织和港澳台的公民、法人和其他组织。

房地产纠纷和其他纠纷相比，具有自己独有的特点。

（1）房地产纠纷的不动产性。房地产是典型的不动产。与对一般财产处理不同，世界各国对涉及不动产的法律制度都有特殊规定。房地产纠纷当事人对于这些特殊规定应该有所了解，以免基于错误认识做出误判。

（2）房地产纠纷法律关系复杂。房地产是重要的生产和生活资料。房地产纠纷解决的后果不仅涉及当事人的重大利益，还往往牵涉第三人利益。房地产纠纷的处理需要多方面的专业知识，还往往涉及房地产行为的效力是否因违反有关法律、行政法规规定的程序或内容而受到影响的问题。国家关于房地产的政策具有时效性，在处理房地产纠纷的过程中，处理争议的政策性强。

（3）房地产纠纷解决往往旷日持久。房地产纠纷受各种因素影响，解决起来，相对于其他纠纷，往往旷日持久，当事人应有充分心理准备。

（4）房地产纠纷解决结果具有反复性。房地产是人们重要的生产、生活资料，其得失对于人们的生产、生活影响很大。所以，在房地产纠纷中，除非纠纷最终通过当事人自行协商或调解解决，各方对结果都满意，否则总有一方不惜代价，缠诉不休。

10.1.2 房地产纠纷的分类

按照不同的分类标准，可以将房地产纠纷分为不同的类型。

1. 纠纷涉及标的不同

按纠纷涉及标的不同，可分为土地纠纷和房屋纠纷。

1）土地纠纷

土地纠纷是指当事人因土地所有权和使用权以及其他有关土地的权利归属问题发生的争议。这类纠纷按其内容不同又分为土地确权纠纷、土地侵权纠纷和土地行政争议纠纷。

土地使用权纠纷：这类纠纷中最常见的是宅基地使用权纠纷。它一般涉及宅基地的取得，宅基地可否出租、转让、抵押等问题。

土地权属纠纷：指因土地所有权和土地使用权的归属问题而发生的争议。

土地侵权纠纷：因侵犯土地所有权、土地使用权引起的纠纷。

房地产相邻关系纠纷：这是一种经常发生的房地产纠纷，它是指相邻房地产的所有人或使用人因通行、采光、空间延伸、管线设置等问题而引起的纠纷。

2）房屋纠纷

房屋纠纷是指当事人基于房屋的权利义务所发生的纠纷，具体包括房屋产权纠纷、房屋转让纠纷、房屋租赁纠纷。

房屋产权纠纷：房屋产权就是指房屋的所有权。房屋产权是一切房屋纠纷的核心问题，几乎所有的房屋纠纷都直接或间接地涉及房屋产权问题。明确房屋产权是正确处理各类房屋纠纷的关键一步。

房屋买卖纠纷：它是指有关当事人在买卖房屋过程中发生的纠纷，目前，我国关于房屋买卖问题的政策法规主要是针对城市私房买卖的。

房屋继承纠纷：房屋经常是被继承人遗产中最有价值的财产，房屋继承纠纷通常是发生在被继承人的亲属之间。这类纠纷一般具有涉及当事人多、历时长久等特点，处理起来有一定的难度。

房屋租赁纠纷：房屋租赁纠纷一般发生在公房或私房的出租人和承租人之间。它通常涉及房屋租赁合同、租金，租赁房屋的养护维修，公房承租权等方面的法律问题。

房屋抵押、典当纠纷：房屋抵押、典当是房屋所有人为实现房屋的用益权而对房屋进行的重要的处分行为。这类纠纷当事人之间的法律关系比较复杂。

2. 纠纷的法律性质不同

按照纠纷的法律性质不同可分为房地产行政纠纷和房地产民事纠纷。

1) 房地产行政纠纷

房地产行政纠纷是指房地产行政管理机关在行使管理权过程中与管理对象发生的纠纷。这类纠纷又可以分为两种情况。

一是因房地产管理机关行使管理权而引起的争议，主要是因行政处罚引起的争议，例如行政机关认为被处罚人违反批准程序，非法占用、使用、处分土地而被处罚，被处罚人不服处罚而引起的争议；另一种是因房地产管理机关不作为而引起的争议，如当事人因房地产管理机关拒绝发给土地使用证、拒绝对房地产进行产权登记、对用地申请不予答复等引起纠纷。

2) 房地产民事纠纷

房地产民事纠纷是指平等主体的公民之间、法人之间以及公民与法人之间的有关房地产权利义务纠纷。在所有的房地产纠纷中，凡以财产权争议为主的纠纷主要属于民事纠纷，但处理纠纷的途径不限于民事诉讼，还包括行政调处和仲裁。

3. 纠纷所涉及的民事权利的性质不同

按照纠纷所涉及的民事权利的性质不同，可分为房地产物权纠纷和房地产债权纠纷。

1) 房地产物权纠纷

房地产物权纠纷是指当事人因房地产所有权及其相关的财产权发生的纠纷。其常见的纠纷形式为：土地使用权纠纷、房屋所有权纠纷、房地产他项权利纠纷、相邻权纠纷、建筑物区分所有权纠纷等。

2) 房地产债权纠纷

房地产债权纠纷是指公民、法人因房地产交易而产生的债权债务关系，如土地使用权出让合同纠纷、房屋买卖合同纠纷、房屋租赁合同纠纷等。

10.1.3 房地产纠纷的处理

解决房地产纠纷的合法途径解决房地产纠纷的合法途径包括以下 7 种。

（1）协商解决：也称和解，是指发生民事纠纷的当事人，通过直接协商、对话，化解矛盾，就争议事项的解决达成一致的纠纷解决方式。

（2）调解：俗称"斡旋"，是指发生民事纠纷的当事人，通过第三人居间调解化解矛盾，就争议事项的解决达成一致的纠纷解决方式。

（3）行政调处：实际是调解的一种特殊方式，多见于房地产纠纷解决的过程中，指发生民事纠纷的当事人，在政府有关职能部门主持下，通过直接协商、对话，化解矛盾，就争议事项的解决达成一致的纠纷解决方式。

（4）行政裁决：是指行政机关对公民、法人或者其他组织的民事争议按照法定程序做出的，对争议当事人具有法律拘束力的行政处理决定。

（5）行政诉讼：是指公民、法人或者其他组织对具有国家行政职权的机关和组织及其工作人员侵犯其合法权益的具体行政行为，向人民法院提起诉讼，人民法院对该行政机关的行政行为的合法性予以审查和裁判的诉讼活动。

（6）民事诉讼：是指人民法院受理公民、法人或者其他组织之间的民事争议，依法审理并做出裁判的诉讼活动。

（7）仲裁：也称公断，是指发生民事争议的当事人根据事前或事后达成的协议，共同将争议提交选定的特殊民间机构，由后者对争议事项进行审理并裁决的纠纷解决方式。

10.2 房地产纠纷的协商、调解和行政复议

房地产纠纷是民间纠纷的一种，可以通过协商、调解的形式加以妥善处理。在房地产纠纷中，如当事人双方各执己见，不能由双方对话协商解决问题时，就应该有一个调解人。调解房地产纠纷的过程中，还可邀请房地产管理部门、司法部门参加。随着我国经济社会全面发展和民主法治进程的加快，人民群众依法维权意识不断提高，行政复议已成为人民群众维护自身合法权益和监督政府的重要制度。越来越多的群众了解到行政复议具有效率高、周期短、不收费、能有效解决问题的优势，更多地选择行政复议作为解决行政争议的渠道。

10.2.1 房地产纠纷的协商

发生纠纷时，当事人出于本能更倾向于为自己利益考虑，更多地考虑对方的过错，但所谓"一个巴掌拍不响"，纠纷很少是由于一方过错所致。通过协商，当事各方有机会听取对方态度和理由，修正自己对纠纷的认识和要求。

1. 协商的概念

协商又称为谈判，是争议当事人在自愿互谅的基础上，按照有关法律和合同规定，直接进行磋商，自行达成协议，从而解决争议的一种方式。由于这种方式是通过协商或谈判达成和解，故这种方式又称为和解。协商是最常见的解决争议的方式，当事人协商达成的解决争议的协议实质上是成立一项新合同，当事人应当自觉履行，否则就构成违约。

2. 协商的特征

（1）协商是争议当事人在自愿、友好、互谅的基础上进行的，没有第三方的介入，一般不仅能使争议得到解决，而且有利于当事人合作关系的进一步发展。

（2）协商的方式和程序灵活，不必遵守严格的法律程序。

（3）协商能够节省时间和费用，使合同纠纷得到快速、经济的解决。

3. 和解协议的性质

和解协议除非是经过公证的具有债权性质的，没有强制执行效力。但是，基于双方真实、自愿，通过平等协商达成的不违反法律、行政法规强制性规定，不损害国家、社会公共利益和他人利益的和解协议具有法律效力，可通过诉讼经法院确认其效力而产生强制执行力。

10.2.2 房地产纠纷的调解

1. 房地产纠纷调解的概念

房地产纠纷调解是当事人自愿将争议提交第三者,并在第三者的主持和促使下,达成和解协议,从而公平、合理的解决房地产纠纷的一种方式。调解适用于所有行政争议性质以外的房地产纠纷。

调解这种方式的优越性主要体现以下3方面。

(1) 第三人处在公正的位置上,能够比较客观地看待双方当事人的分歧,容易判明是非,从而有助于促使纠纷的公正解决。

(2) 同当事人自行协商一样,调解方式也很灵活,不受时间限制,也不需要经过复杂的法律程序。

(3) 有利于当事人抓住时机,寻找适当的突破口,公正、合理地解决纠纷。

2. 调解的种类

1) 民间调解

处理各种民间纠纷的"人民调解委员会",设在城市居民委员会和企业、事业单位内,在基层人民政府和人民法院指导下进行工作。

人民调解委员会调解民间纠纷,应当遵守下列原则:①依据法律、法规、规章和政策进行调解,法律、法规、规章和政策没有明确规定的,依据社会主义道德进行调解;②在双方当事人自愿平等的基础上进行调解;③尊重当事人的诉讼权利,不得因未经调解或者调解不成而阻止当事人向人民法院起诉。

在人民调解活动中,纠纷当事人享有下列权利:①自主决定接受、不接受或者终止调解;②要求有关调解人员回避;③不受压制强迫,表达真实意愿,提出合理要求;④自愿达成调解协议。

2) 法院调解

这是人民法院对受理的民事案件、经济纠纷案件和轻微刑事案件进行的调解,是诉讼内调解。

3) 仲裁机构调解

仲裁调解是指在仲裁庭主持下,仲裁当事人在自愿协商、互谅互让的基础上达成协议,从而解决纠纷的一种制度。

4) 有关行政主管职能部门调解

发生纠纷的合同当事人将纠纷提交有关行政主管职能部门,由该机构进行的调解。

3. 调解书的性质

调解书是经一般第三人调解达成的和解协议书,除经公证的具有债权性质的,不具有任何强制执行效力,但仍可经法院确认后具有强制执行效力。

经人民调解委员会调解达成的和解协议书虽然同样不具有强制执行效力,但在诉讼中,除特别情形外,法院将直接确认其强制执行效力。当事人也可请求法院撤销或变更该调解书,但很难得到支持。经裁决机关、仲裁机构或法院调解达成的调解书具有强制执行效力。

4. 调解的一般程序

法律对调解程序不做专门规定。调解的一般程序如下。

(1) 一方或双方请求调解人居间调解，调解人同意主持调解，三方就调解的时间和地点达成一致，或约定由调解人居间传达双方意见。

(2) 调解人向双方了解纠纷情况，必要时组织并主持对质。

(3) 调解人向一方征求和解意见或方案；其间，调解人可表达自己对该意见或方案的观点，或直接提出建议。被征求意见的一方自主决定是否接受或部分接受调解人建议并修改己方和解方案。

(4) 调解人将一方意见或方案转达另一方并征求其意见；另一方同意对方解决方案，并提出修改意见，或者提出新的解决方案。调解人可以表达自己意见。被征求意见一方自主决定是否接受或部分接受调解人建议并修改己方解决方案。

(5) 双方最后未就争议事项达成一致，调解人宣布调解失败，或双方最后就争议事项达成一致或就部分事项达成一致，由调解人起草和解协议书并见证。

5. 调解方式解决房地产纠纷的优缺点

调解的优点：除具有和解同样的优点外，由于有调解人的主持，效率更高，成功率也相对更高。此外，由于有调解人的见证，即便一方后来没有自动履行和解协议，其法律效力也较一般和解协议更容易被法院确认。

调解的缺点：除具有和解同样的缺点外，调解效果还受调解人能力和道德水准影响，搞不好可能会加深双方矛盾。此外，由于调解人一般受双方信任，如调解人和一方串通，另一方更容易上当。

6. 行政调处

行政调处是按照有关法律规定，必须由法定机关和部门对特定的房地产纠纷先行调解和解决的方式。

行政调处不同于村民委员会或居民委员会的调解，也有别于人民法院所进行的调解。相对于村民委员会或居民委员会所进行的调解而言，由于是行政机关作为调解人，具有比较强的权威性；相对于人民法院的审判活动而言，由行政机关出面对当事人之间的民事纠纷依法进行调解处理，可以防止大量轻微的民事纠纷涌入法院，可以减轻人民法院的审判负担。

法律规定必须适用行政调处的房地产案件有：①《土地管理法》第 16 条规定：土地所有权和土地使用权争议，由当事人协商解决，协商不成的由人民政府处理；②《土地管理法实施条例》第 25 条第 3 款规定：对被征收土地补偿标准有争议的，由市县级以上地方人民政府协调，协调不成的，由批准征收土地的人民政府裁决。

行政调处的方式：一方或双方请求调处机关调处，调处机关同意主持调处。

行政调处和解协议书的性质：同调解协议书。

行政调处的程序：同调解程序。但调处过程中，调处机关可能提出自己的和解方案并自愿承担一定义务。

行政调处的优点：第一，行政调处的结果更容易被自动履行。行政调处并不是解决房地产纠纷的法定程序。但是，房地产的不动产特点决定了房地产权益的实现程度与行政主管机关的配合与否有相当大的关系。没有谁愿意和房地产行政主管机关交恶。有时，行政调处的结果比法院判决更可能被自动履行。第二，行政主管机关在行政调处中的态度在相当程度上会影响法院的判决结果。房地产纠纷涉及的技术和政策问题很多，法院会在相当程度上参考和尊重行政主管部门的意见。通过行政调处，当事人可以了解行政主管机关的态度和意见，准确预测诉讼前景，合理确定诉讼方案。第三，行政调处解决纠纷的方式更灵活。行政主管机关的特殊地位，使得行政主管机关发挥的作用往往大于一般调解人。它不仅能在一定程度上保证调处结果的履行，可能还会为纠纷的解决提供当事人双方不能自己实现的方案，从而实现"双赢"。

行政调处的缺点：第一，行政调处没有一定的程序和原则。行政调处的这种特点使得行政调处一方面没有期限限制，可能拖延日久；另一方面可能使行政调处被强势一方所控制。第二，行政调处终究没有强制执行效力。虽然行政调处结果更容易被当事人自动履行，但一旦当事人一方拒绝自动履行，也只能通过诉讼重新解决，而不能向法院直接申请强制执行。

10.2.3　房地产纠纷的行政复议

在社会主义市场经济体制下，政府拥有公共权力，掌握和控制着较多的公共资源，在经济社会发展中承担着重要职能。同时，这也意味着政府承担着重要的行政责任，违法或不当行政行为会造成资源配置和利益分配失衡，激化社会矛盾。行政复议，就是要通过对具体行政行为的审查，及时纠正违法或不当行政行为；就是要通过强化内部监督，督促行政机关依法履职；就是要及时发现问题，推动完善制度和提高管理水平。

1. 房地产行政复议的概念和特点

房地产纠纷案件的行政复议是指不服房地产行政机关的行政处罚或处理决定，依法向上一级房地产行政机关提出重新处理，上级机关依法重新对房地产纠纷案件进行复查、复审、复核、复验等活动。根据复议的情况，上级机关可以做出维持、变更或撤销、部分撤销原行政处罚或行政处理决定。行政复议是一种行政监督和补救性质的活动，是督促行政机关合法地行使职权并矫正违法或不当的行政行为的措施。

行政复议是公民、法人和其他组织认为行政机关的具体行政行为侵犯其合法权益，向有复议权的行政机关申请进行审查的制度。从制度设计看，它解决的是对具体行政行为的争议，申请人一般是具体行政行为的相对人。房地产行政复议具有以下特点。

①主体的一方是房地产行政管理机关，另一方是公民、法人或其他组织；②客体是房地产行政管理中发生的具体行政行为；③房地产行政复议是享有行政领导权的行政机关依据相对人的请求或自身决定，复查具体行政行为的一种行政措施；④复议机关审理复议案件不适用调解。

2. 房地产行政复议的受案范围

我国《行政复议条例》规定，公民、法人和其他组织对房地产行政管理机关下列具体行政行为不服时，可以向其上级机关申请复议：①认为符合颁布房屋所有权证、土地使用权证、建设工程规划许可证、房屋拆迁许可证的法定条件和有关规定，而房地产行政管理机关拒绝颁发或在规定期限内不予答复的；②认为房地产管理机关颁发的许可证内容不当，经申请补正，发证机关拒绝补正或者不予答复的；③认为房地产行政管理机关错误颁发或者注销、吊销上述权证，致使其合法权益受到侵害的；④认为房地产行政管理机关收取滞纳金或者做出罚款、没收非法所得的决定不当的。

3. 房地产行政复议的程序

（1）提起申请：公民、法人或其他组织认为自己的合法权益受到具体行政行为的损害，应当在具体行政行为做出之日起 60 日内，向有管辖权的房地产复议机关申请复议，递交复议申请书。因不可抗力或其他正当理由耽误法定申请期限的，申请期限自障碍消除之日起继续计算。

（2）复议申请的处理：房地产行政复议机关应当自收到复议申请之日起 5 日内，做出受理或不予受理的决定。复议机关在受理复议案件后日内应将复议申请书副本发送被申请人。被申请人应当在收到复议申请书副本 60 日内，向复议机关提交做出具体行政行为的有关材料或证据，并提出答辩状。特殊情况下，经行政复议机关负责人批准，可延长 30 日。

（3）复议案件的审理：行政复议实行书面复议制度，即复议机关不通过开庭的形式，而是通过对复议申请书、答辩状及原决定的案卷进行审理并做出复议决定。复议决定应在收到复议申请之日起两个月内做出，复议期间具体行政行为不停止执行。复议机关复议房地产案件，不受复议申请范围的限制。

（4）行政复议的决定：房地产行政复议机关可以根据案件情况，分别做出不同的复议决定。例如，对原具体行政行为决定维持、决定补正、决定被申请人履行职责，对原具体行政行为决定撤销、决定变更、责令重新做出或自己直接做出具体行政行为。做出复议决定应当制作复议决定书。

（5）复议申请人对复议决定不服的，可以在收到房地产行政复议决定书之日起 15 日内，向人民法院提起行政诉讼。逾期不起诉，又不履行复议决定，属于维持原具体行政行为的，由最初做出具体行政行为的房地产行政机关申请法院强制执行或依法强制执行；属于改变原具体行政行为的，由复议机关申请法院强制执行或者依法强制执行；被申请人拒绝履行复议决定的，复议机关可以直接或建议有关部门对其法定代表人给予行政处分。

4. 行政赔偿

行政赔偿是指行政主体违法实施行政行为，侵犯相对人合法权益造成损害时由国家承担的一种赔偿责任。

若被申请人做出的具体房地产行政行为侵犯申请人的合法权益造成损害，申请人请求赔偿的，复议机关可以责令被申请人按照有关法律、法规的规定负责赔偿。

10.3 房地产纠纷仲裁

面对一个多元复杂的社会，必须构建一个多元的纠纷解决机制。纠纷的多样性也催生了纠纷解决机制的多样性。单靠法院一家处理核聚变式的纠纷案件，有些勉为其难。仲裁是当今国际上公认并广泛采用的解决争议的重要方式之一。实行"一裁终局"的制度，一经仲裁庭做出，即发生法律效力，可以使纠纷迅速得以解决，避免漫长的诉讼。随着《仲裁法》的颁布实施，目前越来越多的人开始了解、熟悉并选择仲裁方式来解决房地产纠纷。

10.3.1 房地产纠纷仲裁概述

所谓"仲"，是居中、居间的意思；所谓"裁"，是剪、割和决断的意思。那么所谓"仲裁"，就是当事人双方发生民、商事纠纷后，根据其事先或者事后的协议约定，将纠纷交由双方认可的、公正的第三方予以裁断，并由国家强制力保障执行的一种民商事纠纷解决机制，是在法院诉讼之外通过非官方途径解决民、商事纠纷的重要方式。

1. 仲裁的概念

房地产纠纷仲裁是指房地产纠纷仲裁机关根据公民或法人的申请，依法对其发生的有关房地产所有权、使用权、买卖、赠与、交换、租赁及宅基地院落的使用等方面的争议或纠纷，做出具有法律约束力的裁决。

仲裁具有以下三要素：①仲裁是以双方当事人自愿协商为基础的争议解决制度和方式；②仲裁是由双方当事人自愿选择的中立第三者进行裁判的争议解决制度和方式；③经由当事人选择的中立第三者做出的裁决对双方当事人具有约束力。

房地产纠纷仲裁机构：国内仲裁机构是各地方设立的仲裁委员会；涉外仲裁机构，即中国国际商会设立的中国国际经济贸易仲裁委员会。

2. 仲裁的特征

根据仲裁的概念和《仲裁法》的规定，仲裁应该具有9个特征。

(1) 仲裁本质上的民间性。这是最基本、最核心、最主要的特征，其他特征都由此派生而来。

(2) 机构设置上的独立性。仲裁机构与权力机关、行政机关、司法机关都没有隶属关系，仲裁机构相互之间也没有隶属关系。

(3) 制度设计上的简易性。与行政制度和司法制度相比，仲裁制度相对比较简单。

(4) 仲裁服务上的有偿性。"有偿性"是仲裁的一个明显特征，也就是接受仲裁服务的民、商事争议当事人必须承担仲裁费用。

(5) 裁判方式上的灵活性。与行政裁决和司法裁判相比，仲裁的裁判方式具有很大的灵活性。

(6) 裁判程序上的便捷性。与严格、复杂的行政程序和司法程序相比，仲裁的程序具有既方便又快捷的特性。

(7) 裁判依据上的兼容性。仲裁中并非所有案件和每一事项都有法可依，因此在裁判依据适用上就具有兼容性，也就是除法律、法规规定和当事人的约定外，受惯例和传统影响，还要考虑日常生活中人们普遍遵守的社会行为准则和约定俗成的公序良俗（民间习惯法）。

(8) 当事人意愿上的自主性。当事人关于仲裁的自主约定，是启动仲裁程序的前提要件，没有"约定"就没有"仲裁"。

(9) 纠纷解决途径上的低成本性。它能够从一定程度上满足当事人对高效率和低成本的追求愿望,这也是仲裁的一大特征。

3. 仲裁的基本原则

所谓仲裁的基本原则,是指《仲裁法》规定的仲裁组织和仲裁参与人进行仲裁活动所必须遵守的基本的行为准则,具有概括性、基础性和指导性的特点。我国仲裁的基本原则主要有以下 3 个方面。

1) 自愿原则

自愿原则是仲裁制度基本原则中的根本,是仲裁制度赖以存在和发展的基石。没有当事人意思自治的仲裁不是真正意义上的仲裁。从仲裁这一解决纠纷方式的产生与发展来看,它之所以被民事经济纠纷当事人所普遍接受,正是由于它有着不同于诉讼的自主特征。归纳起来自愿原则主要体现在仲裁制度中的如下几个环节。

(1) 以仲裁的方式解决纠纷,出于当事人双方的共同意愿。

(2) 向哪个仲裁机构提请仲裁,由当事人双方协商选定。

(3) 组成仲裁庭的仲裁员由当事人在仲裁员名册中自主选定,也可以委托仲裁委员会主任代为指定,仲裁庭的组成形式也可以由当事人约定。

(4) 当事人可以约定交由仲裁解决的争议事项。

(5) 在开庭和裁决的程序中,当事人还可以约定审理方式、开庭形式等有关的程序事项。

2) 独立公正的原则

仲裁的独立公正主要表现为不受行政机关、社会团体和个人的干涉。从仲裁机构的设置到仲裁纠纷的整个过程,都具有依法的独立性,与行政机构脱钩。仲裁委员会独立于行政机关,与行政机关没有隶属关系。仲裁法体现仲裁独立原则的内容主要有以下几点。

(1) 仲裁与行政脱钩。《仲裁法》规定,仲裁依法独立进行,不受行政机关的干预,这表明行政机关不能对仲裁委员会和仲裁庭的仲裁活动实施干预,不能对案件的审理与裁决施加影响。《仲裁法》还规定,仲裁委员会独立于行政机关,与行政机关没有隶属关系。

(2) 仲裁庭对案件独立审理和裁决,仲裁委员会不能干预。

3) 以事实为根据以法律为准绳,公平合理解决纠纷的原则

此项原则是公正处理民事经济纠纷的根本保障,是解决当事人之间的纠纷所应当依据的基本准则。

(1) 根据事实,就是在仲裁审理过程中,要全面、深入、客观地查清与案件有关的事实情况,包括纠纷发生的原因、发生的过程、现实状况以及争议各方的争执所在,通过查明事实,分清是非曲直,为适用法律打下良好基础,以便正确确定当事人所应当享有的权利和承担的义务。

(2) 符合法律规定,即仲裁庭在查清事实的基础上,应当根据法律的有关规定确认当事人的权利和义务,确定承担赔偿责任的方式以及赔偿数额的大小。

(3) 公平合理,首先是仲裁庭处理纠纷应当公平、公正、不偏不倚。仲裁员应当处于公正地位,无论仲裁员是由哪一方当事人选定的,他都不代表任何一方当事人的利益,而是公平地对待双方当事人,公正地处理纠纷。其次,公平合理还意味着,在仲裁中所适用的法律对有关争议的处理未做明确规定的,可以参照在经济贸易活动中被人们所普遍接受的做法,即国际贸易惯例或者行业惯例来判别责任。

4. 仲裁的基本制度

确立什么样的仲裁制度直接关系仲裁的生存和发展，也直接关系到能否公正、及时、有效地解决当事人之间的争议，《仲裁法》在总结中国仲裁的经验、借鉴国外经验的基础上，提出了3项基本制度，即协议仲裁制度、或裁或审制度、一裁终局制度。

1) 协议仲裁制度

这是仲裁中当事人自愿原则的最根本体现，也是自愿原则在仲裁过程中得以实现的最基本的保证，仲裁法规定仲裁必须要有书面的仲裁协议，仲裁协议可以是合同中写明的仲裁条款，也可以是单独书写的仲裁协议书（包括可以确认的其他书面方式）。仲裁协议的内容应当包括请求仲裁的意思表示，约定的仲裁事项，以及选定的仲裁委员会。

2) 或裁或审制度

或裁或审是尊重当事人选择解决争议途径的制度。其含义是，当事人达成书面仲裁协议的，应当向仲裁机构申请仲裁，不能向法院起诉。人民法院也不受理有仲裁协议的起诉。如果一方当事人出于自身的利益或者其他原因，没有信守仲裁协议或者有意回避仲裁而将争议起诉到法院，那么被诉方当事人可以依据仲裁协议向法院提出管辖权异议，要求法院驳回起诉，法院按照《仲裁法》的规定，将对具有有效仲裁协议的起诉予以驳回并让当事人将争议交付仲裁。

3) 一裁终局制度

《仲裁法》第9条规定，仲裁实行一裁终局的制度，裁决做出后，当事人就同一纠纷再申请仲裁或者向人民法院起诉的，仲裁委员会不予受理。

一裁终局的基本含义在于，裁决做出后，即产生法律效力，即使当事人对裁决不服，也不能就同一案件向法院提出起诉。

所以一裁终局，不仅排除了中国沿用多年的一裁二审的可能性，同时也排除了一裁一复议和二裁终局的可能性。

10.3.2 房地产纠纷仲裁的受案范围

一般认为，凡是当事人有处分权的民事、经济争议，争议的双方当事人均可以将该争议提交仲裁。我国法律明确规定了可以提交仲裁的纠纷范围。根据《中华人民共和国仲裁法》第2条的规定，"平等主体的公民、法人和其他组织之间发生的合同纠纷和其他财产权益纠纷，可以仲裁。"该范围具体包括以下几类。

（1）各类合同纠纷：包括买卖、赠与、借款、租赁、委托、行纪、加工承揽、技术、建筑、房地产、产品质量、运输、仓储保管、金融、证券、保险、期货、投资、著作权、专利、商标、涉外经济贸易、海事海商等各类合同纠纷。

（2）其他财产权益纠纷：非合同的财产权益纠纷主要指侵权纠纷，包括消费者权益侵权纠纷、海事侵权纠纷和其他涉及财产权益的侵权纠纷等。

另外，我国法律也明示规定了不能按照《中华人民共和国仲裁法》所确定的制度提交仲裁的纠纷内容：①有关公民人身关系的民事纠纷，具体指婚姻、收养、监护、扶养、继承纠纷；②依法应当由行政机关处理的行政争议；③有关特殊领域的经济纠纷，国家目前安排了特殊的争议解决机制，具体指劳动争议和农业集体经济组织内部的农业承包合同纠纷。

为此，房地产纠纷仲裁机构不予受理的房地产争议案件：①人民法院已受理或审理办结的房地产纠纷；②涉及离婚、收养、监护、继承、析产、赠与的房地产纠纷；③涉及落实政策问题的房地产纠纷；④经过公证机关公证后发生争议的房地产纠纷；⑤依法应当由行政机关处理的房地产纠纷；⑥机关、团体、企业、事业单位内部分房的房屋纠纷。

10.3.3 房地产纠纷仲裁程序

房地产纠纷仲裁程序是指双方当事人将所发生的争议根据仲裁协议的规定提交仲裁时应办理的各项手续。

1. 申请和受理

当事人申请仲裁必须符合下列条件：①有仲裁协议；②有具体的仲裁请求和事实、理由；③属于仲裁委员会的受理范围。

1) 仲裁协议

仲裁协议的效力：①对当事人，签订后即有法律效力，当事人只能仲裁，失去向法院起诉的权利；②对法院，有效的仲裁协议排除法院的司法管辖权；③对仲裁机构，这是进行仲裁的前提条件。

仲裁协议内容：①请求仲裁的意思表示；②仲裁事项；③选定的仲裁委员会。

仲裁协议效力确认的方式：当事人对仲裁协议效力有异议的，应当在仲裁庭首次开庭前提出。当事人既可以请求仲裁委员会做出决定，也可以请求人民法院裁定。一方请求仲裁委员会做出决定，另一方请求人民法院做出裁定的，如果仲裁机构先于人民法院接受申请并已做出决定，人民法院不予受理；如果仲裁机构接受申请后尚未做出决定的，人民法院应予受理，同时通知仲裁机构中止仲裁。

仲裁协议无效的情形：①以口头方式订立的仲裁协议无效，必须以书面方式订立；②约定的仲裁事项超过法律规定的仲裁范围，婚姻、收养、监护、扶养、继承纠纷以及依法应当由行政机关处理的行政争议不能仲裁；③无民事行为能力人或者限制行为能力人订立的仲裁协议无效；④一方采取胁迫手段，迫使对方订立仲裁协议的，该仲裁协议无效；⑤仲裁协议对仲裁事项、仲裁委员会没有约定或者约定不明确，当事人对此又达不成补充协议的，仲裁协议无效。

2) 受理

仲裁程序是以当事人向仲裁机构申请仲裁为起始。仲裁委员会收到当事人提交的仲裁申请书后，认为符合受理条件的，在收到仲裁申请书之日起5日内向申请人发出受理通知书，同时向被申请人发出仲裁通知书及附件。双方当事人在收到受理通知书或仲裁通知书后，应当做好以下几项工作。

申请人须在规定的期限内预交仲裁费用，否则将视为申请人撤回仲裁申请；被申请人可在仲裁通知书规定的期限内向仲裁委员会提交书面答辩书；分别做好证据材料的核对及整理工作，必要时可提交补充证据；及时提交仲裁员选定书、法定代表人证明书、详细写明委托权限的授权委托书等有关材料；在被申请人下落不明的情况下，申请人应主动查找其下落，并向仲裁委员会提交被申请人的确切住所，否则将影响仲裁程序进行；被申请人若要提出仲裁反请求，则必须在仲裁规则规定的期限内提出。此外，双方当事人均有权向仲裁委员会申请财产保全和证据保全，有权委托律师和其他代理人进行仲裁活动。

2. 组庭

双方当事人应当在规定的期限内约定仲裁庭的组成方式和选定仲裁员。若当事人在规定的期限内未能约定仲裁庭的组成方式或者选定仲裁员的，由仲裁委员会主任指定。

仲裁庭有两种组成形式：一种为合议仲裁庭，是指由3名仲裁员组成的仲裁庭，其中1名为首席仲裁员；另一种为独任仲裁员，是指由1名仲裁员组成的仲裁庭。

仲裁庭组成后，仲裁委员会向双方当事人发出组庭通知书。当事人在收到组庭通知书后，对仲裁员的公正性有怀疑时，可以在首次开庭前提出回避申请，同时应当说明理由。若回避事由在首次开庭后知道的，可以在最后一次开庭终结前提出。因回避而重新选定或指定仲裁员后，当事人可以请求已进行的仲裁程序重新进行，是否准许，由仲裁庭决定。

3. 仲裁审理

1）仲裁审理的方式

开庭审理是指在仲裁庭的主持下，在双方当事人和其他仲裁参与人的参加下，按照法定程序，对案件进行审理并做出裁决的方式。开庭审理是仲裁审理的主要方式。开庭审理不公开进行，当事人协议公开的，可以公开进行，但涉及国家秘密的除外。

书面审理是指在双方当事人及其他仲裁参与人不到庭参加审理的情况下，仲裁庭根据当事人提供的仲裁申请书、答辩书以及其他书面材料做出裁决的过程。书面审理是开庭审理的必要补充。

2）和解

仲裁和解是指仲裁当事人通过协商，自行解决已提交仲裁的争议事项的行为。①形成和解协议，可撤回仲裁申请，也可以根据和解协议做出裁决书；②反悔的可以根据原和解协议再申请仲裁。

当事人申请仲裁后，有自行和解的权利。达成和解协议的，可以请求仲裁庭根据和解协议做出裁决书，也可撤回仲裁申请。

3）调解

仲裁调解是指在仲裁庭的主持下，达成协议。①形成调解书，经双方签收后产生法律效力；②调解书签收后反悔的，应做出裁决。

在庭审过程中，若双方当事人自愿调解的，可在仲裁庭主持下先行调解。调解成功的，仲裁庭依据已达成的调解协议书制作调解书，当事人可以要求仲裁庭根据调解协议制作裁决书。调解不成的，则由仲裁庭及时做出裁决。

4）开庭审理的相关规定

仲裁委员会应当在仲裁规则规定的期限内将开庭日期通知双方当事人。当事人在收到开庭通知书后，应当注意以下几个问题。

（1）当事人若确有困难，不能在所定的开庭日期到庭，则可以在仲裁规则规定的期限内向仲裁庭提出延期开庭请求，是否准许：由仲裁庭决定。申请人经书面通知，无正当理由不到庭或未经仲裁庭许可中途退庭的，视为撤回仲裁申请。被申请人经书面通知，无正当理由不到庭或者未经仲裁庭许可中途退庭的，仲裁庭可以缺席裁决。

(2) 在庭审过程中，当事人享有进行辩论和表述最后意见的权利。
(3) 双方当事人应当严格遵守开庭纪律。

仲裁庭对专门性问题认为需要鉴定的，可以交由当事人共同约定的鉴定部门鉴定，也可以由仲裁庭指定的鉴定部门鉴定，鉴定费用由当事人预交。

4. 裁决

仲裁庭在将争议事实调查清楚、宣布闭庭后，应进行仲裁庭评议，并按照评议中的多数仲裁员的意见做出裁决。若仲裁庭不能形成多数意见时，则按照首席仲裁员的意见做出裁决。在裁决阶段，双方当事人享有以下几项权利。

(1) 有权根据实际情况，要求仲裁庭就事实已经清楚的部分先行裁决。
(2) 在收到裁决书后的 30 日内，当事人有权对裁决书中的文字、计算错误或者遗漏的事项申请仲裁庭补正。

5. 仲裁的执行

双方当事人在收到裁决书后，应当自觉履行仲裁裁决。

(1) 自愿执行：由于仲裁是双方当事人共同选择的解决纠纷的方式，所以仲裁裁决也较诉讼法律文件容易被双方当事人接受。大部分仲裁裁决书由当事人自愿执行。
(2) 仲裁裁决的强制执行：通常情况下，仲裁裁决由当事人自愿执行，但由于种种原因，败诉方不自动履行仲裁裁决的情况也不少见。

10.3.4　房地产纠纷仲裁裁决的撤销

仲裁裁决撤销是指对符合法定应予撤销情形的仲裁裁决，当事人申请，人民法院裁定撤销仲裁裁决的行为。仲裁实行一裁终局制，仲裁没有内部监督机制，只能由法院进行外部监督。

1. 撤销仲裁裁决的条件

按照我国《仲裁法》的规定，申请撤销仲裁裁决必须符合下列条件。
(1) 提出撤销仲裁裁决申请的主体必须是仲裁当事人。

由于仲裁当事人与仲裁裁决的结果有直接的利害关系，仲裁裁决也决定着当事人的合法权益是否得到了保护或者受到了侵害。因此，法律规定提出申请撤销仲裁裁决的主体是当事人，包括仲裁申请人和被申请人。

(2) 必须向有管辖权的人民法院提出撤销申请。

当事人申请撤销仲裁裁决，必须向仲裁委员会所在地的中级人民法院提出。向其他人民法院提出的，人民法院不予受理。

(3) 必须在法定的期限内提出撤销仲裁裁决的申请。

我国《仲裁法》规定，当事人申请撤销仲裁裁决的，应当自收到裁决书之日起 6 个月内提出。

如果当事人在规定的期限内没有提出撤销仲裁裁决的申请，则表明他放弃了此项权利，双方当事人都应自觉履行裁决书中规定的各自的义务，否则，权利方当事人可以申请执行。

(4) 必须有证据证明仲裁裁决有法律规定的应予撤销的情形。

仲裁当事人提出申请撤销仲裁裁决时必须有证据对该仲裁裁决具有法律规定的应予撤销的情形加以证明。没有证据，人民法院不予受理；当事人所提供的证据能否证明，则需要人民法院审查认定。

2. 撤销仲裁裁决的理由

《仲裁法》第 58 条规定，当事人提出证据证明裁决有下列情形之一的，可以向仲裁委员会所在地的中级人民法院申请撤销裁决。

(1) 没有仲裁协议的。
(2) 裁决的事项不属于仲裁协议的范围或者仲裁委员会无权仲裁的。
(3) 仲裁庭的组成或者仲裁的程序违反法定程序的。
(4) 裁决所根据的证据是伪造的。
(5) 对方当事人隐瞒了足以影响公正裁决的证据的。
(6) 仲裁员在仲裁该案时有索贿受贿、徇私舞弊、枉法裁决行为的。

3. 人民法院裁定撤销或不执行仲裁裁决的后续处理

当人民法院裁定撤销或不执行仲裁裁决时，当事人有以下两个选择。
(1) 重新达成新仲裁协议申请仲裁。
(2) 起诉：注意，不能再依原仲裁协议去申请仲裁。

10.4 房地产纠纷诉讼

当您在社会生活中与他人产生房地产纠纷或争议时，解决问题的方式首先是双方协商或由第三人调解。当双方不能达成协议时，选择诉讼由法院裁决将是解决问题的捷径。而诉讼，用老百姓的话说就是"打官司"，常有人说："冤死不告状"。这是个错误观念。当您决定要打官司的时候，就应该先了解最基本的诉讼知识。

10.4.1 房地产纠纷民事诉讼概述

在生活中，您随时可能遇到这样或那样的房地产纠纷，当您的合法权益受到侵犯时，诉诸法律、寻求正义就是最好的选择。如果您不主动寻求法律的保护，那么法律也很难给予您及时的帮助，因为大部分房地产纠纷均属于民事纠纷，而民事诉讼实行"不告不理"的原则。没有当事人的起诉，法院不会主动启动民事诉讼程序。

1. 房地产纠纷民事诉讼的概念

民事诉讼是指人民法院在双方当事人和其他诉讼参与人的参加下，以审理、判决、执行等方式解决民事纠纷的活动，以及由这些活动产生的各种诉讼关系的总和。民事诉讼动态地表现为法院、当事人及其他诉讼参与人进行的各种诉讼活动，静态地表现为在诉讼活动中产生的诉讼关系。

房地产纠纷民事诉讼是指人民法院在当事人和其他诉讼人的参与下，依法审理房地产纠纷所进行的司法活动，是一种具有最高权威的解决房地产纠纷的方法。

2. 房地产纠纷民事诉讼的特征

房地产纠纷民事诉讼具有以下特征。

(1) 民事诉讼的诉讼标的是发生争议的民事法律关系。

民事法律关系是法律确认的权利主体对人或物的关系，这种关系的内容为民事权利和民事义务。民事义务的不履行或者不适当履行，必然引起争议，发生纠纷，当一方当事人把它诉诸司法解决，就成了民事诉讼。而民事诉讼要解决的，正是发生争议的民事法律关系是否存在以及权利义务如何的问题，从这个意义上讲，发生争议的民事法律关系是民事诉讼的诉讼标的。这一特点是民事诉讼区别于行政诉讼和形式诉讼的显著标志。

(2) 民事诉讼的诉讼主体具有多元性。

所谓诉讼主体，是指其诉讼行为能够导致民事诉讼程序发生、变更和消灭的那些主体。在我国民事诉讼中，当事人、人民法院、人民检察院都是这样的主体。

(3) 民事诉讼是分阶段、按顺序进行的。

民事诉讼是一个连续进行的活动过程。我国民事诉讼法把这个活动过程分成起诉和受理、庭前的准备、开庭审理、裁判、上诉和执行6个阶段。每个阶段都有自己的任务，而且上一个阶段的任务完成了，才能开始下一阶段的工作。但这并不是说每一个民事案件都要经历这6个过程。

(4) 民事诉讼活动必须严格依法进行。

民事诉讼活动是一种司法活动，有法定的形式和程序。人民法院、人民检察院、当事人和其他诉讼参与人进行诉讼活动，必须严格遵守法律规定。违法的诉讼活动没有任何法律效力。违法诉讼活动如果是人民法院进行的，当事人可以通过行使上诉权和再审申请权要求撤销。

(5) 民事诉讼实行公开审判。

3. 房地产纠纷民事诉讼的原则

(1) 民事诉讼当事人有平等的诉讼权利。

(2) 人民法院审理民事案件，应当根据自愿和合法的原则进行调解，调解不成的，应当及时判决。

(3) 人民法院审理民事案件时，当事人有权进行辩论。

(4) 当事人有权在法律规定的范围内处分自己的民事权利和诉讼权利。

4. 房地产纠纷民事诉讼受理范围

诉讼受理范围也就是说哪些房产案件可向人民法院提起起诉。房产纠纷一般来说大多构成民事案件，属于人民法院民事案件受理范围，少数属于行政案件的受理范围。但并不是所有房产纠纷都属于人民法院受理范围，有的由其他部门来受理。因此，在提起诉讼前，首先应对自己的房产纠纷性质有所了解，弄清楚它是否属于人民法院的受理范围。

(1) 凡以房产为标的买卖、租赁、典当、建筑承包（包括勘察、设计、建筑）以及合建、代理、居间、使用、转让、确权等民事行为发生的纠纷，均可向人民法院提起民事诉讼。

(2) 因单位内部分配公房使用权及集资房而产生的纠纷，如果是单位职工对单位分房或集资决定有意见的，不属于人民法院的受理范围，不能向人民法院起诉。

（3）单位分配给职工住房使用权，职工本人原因而离职、辞职，或被单位除名、开除的，单位根据合同要求收回公房使用权的，可以向人民法院提起民事诉讼。

（4）单位之间因行政调拨等原因引起的房屋纠纷，不属于人民法院的受理范围，当事人应向有关主管部门申请解决。

（5）因违章建筑引起的房产纠纷，因违章建筑的认定、拆除引起的纠纷，应由行政机关受理，行政机关不依法处理或处理不当，当事人不服的，应当提起行政诉讼。

（6）以违章建筑为标的发生的买卖、租赁、抵押等民事纠纷以及违章建筑妨碍他人通风、采光等引起的邻里纠纷可作为民事案件向人民法院起诉。

（7）因为有关部门审批建筑执照不当，影响他人通风、采光引起的纠纷，可以向人民法院提起行政诉讼。

10.4.2 房地产纠纷民事诉讼的管辖

民事诉讼中的管辖是指各级法院之间和同级法院之间受理第一审民事案件的分工和权限。它是在法院内部具体确定特定的民事案件由哪个法院行使民事审判权的一项制度。

1. 级别管辖

1）基层法院管辖的第一审民事案件

《民事诉讼法》第 17 条规定：基层人民法院管辖第一审民事案件，但本法另有规定的除外。由于民事诉讼法规定由其他各级法院管辖的案件为数较少，所以这一规定实际上把大多数民事案件都划归基层法院管辖。将大多数民事案件划归基层法院管辖是有充分理由的，基层法院是我国法院系统中最低一级的法院，它们数量多、分布广，遍布各个基层行政区域，当事人的住所地、争议财产所在地、纠纷发生地，一般都处在特定的基层法院的辖区之内。由基层法院管辖一审民事案件，既便于当事人参与诉讼，又便于法院审理案件。

2）中级法院管辖的第一审民事案件

依据《民事诉讼法》第 18 条的规定，中级法院管辖的一审民事案件有 3 类。

（1）重大的涉外案件：涉外案件是指具有涉外因素的民事案件。重大涉外案件是指争议标的额大，或者案情复杂，或者居住在国外的当事人人数众多的涉外案件。

（2）在本辖区有重大影响的案件：这是指案件的影响超出了基层法院的辖区，在中级法院辖区内产生了重大影响。

（3）最高法院确定由中级人民法院管辖的案件：这是指最高法院根据审判工作的需要，将某些案件确定由中级法院作为一审法院。

3）高级人民法院管辖的第一审民事案件

高级法院的主要任务是对本辖区内中级法院和基层法院的审判活动进行指导和监督，审理不服中级法院判决、裁定的上诉案件。因此，高级法院管辖一审案件的数量是相当少的。从当前的情况看，各地一般都是把诉讼标的额大的民事案件作为在本辖区内有重大影响的案件，具体数额则是由各高级法院根据本地的情况做出规定后报最高法院批准。

4）最高人民法院管辖的第一审民事案件

最高法院管辖的第一审民事案件有两类：一类是在全国有重大影响的案件；另一类是认为应当由本院审理的案件。

2. 地域管辖

地域管辖是指按照各法院的辖区和民事案件的隶属关系来划分诉讼管辖。

1）一般地域管辖

一般地域管辖：又称普通管辖，是指以被告住所地为标准来确定受诉法院。我国民事诉讼法是以被告所在地管辖为原则，原告所在地为例外来确定一般地域管辖。

（1）对公民提起的民事诉讼，由被告住所地人民法院管辖；被告住所地与经常居住地不一致的，由经常居住地人民法院管辖。

对在离婚案件中同时分割夫妻共有房产的，一般应向被告住所地人民法院起诉；如果被告住所地与经常居住地不一致的，应向经常居住地人民法院起诉。为了方便原告起诉，《民事诉讼法》第22条规定，下列民事诉讼，由原告住所地人民法院管辖；原告住所地与经常居住地不一致的，由原告经常居住地人民法院管辖：①对不在中华人民共和国领域内居住的人提起的有关身份关系的诉讼；②对下落不明或者宣告失踪的人提起的有关身份关系的诉讼；③对被采取强制性教育措施的人提起的诉讼；④对被监禁的人提起的诉讼。

（2）对法人或者其他组织提起的民事诉讼，由被告住所地人民法院管辖。

（3）同一诉讼的几个被告住所地、经常居住地在两个以上人民法院辖区的，各人民法院都有管辖权。

2）特殊地域管辖

特殊地域管辖又称特别地域管辖，是指以被告住所地、诉讼标的所在地、法律事实所在地为标准确定的管辖。在特殊地域管辖中至少有两个以上的法院都有管辖权，且当事人可以选择其中一个法院进行起诉。

我国《民事诉讼法》确定的特殊地域管辖主要有：①因合同纠纷提起的诉讼，由被告住所地或者合同履行地人民法院管辖；②因保险合同纠纷提起的诉讼，由被告住所地或者保险标的物所在地人民法院管辖；③因票据纠纷提起的诉讼，由票据支付地或者被告住所地人民法院管辖。

3）专属管辖

专属管辖指根据诉讼标的或案件的其他特性，由法律规定的特定法院实施的审判管辖。专属管辖具有排他性，既排除一般管辖和特殊管辖，也排除当事人的协议管辖。

根据《民事诉讼法》规定，房地产诉讼属于不动产诉讼，是专属管辖的一种。而不动产纠纷案件由不动产所在地的人民法院管辖。所谓不动产是指不能移动或者移动后使用价值受到影响的财产，例如土地、房屋、水利设施、桥梁等。因此，当事人因房地产买卖合同纠纷、商品房出售合同纠纷、房屋租赁合同纠纷、物业纠纷、相邻关系纠纷等涉及不动产的纠纷，应当向该房地产所在地的人民法院起诉。

值得注意的是，因房产继承纠纷提起的诉讼，应向被继承人死亡时住所地或者主要遗产地法院提起诉讼，也并非要在房产住所地法院提起诉讼。

4）协议管辖

合同的双方当事人可以在书面合同中协议选择被告住所地、合同履行地、合同签订地、原告住所地、标的物所在地人民法院管辖,但不得违反《民事诉讼法》对级别管辖和专属管辖的规定。

3. 移送管辖

移送管辖是指人民法院受理案件后,发现本法院对该案无管辖权,依照法律规定将案件移送给有管辖权的人民法院审理。移送管辖就其实质而言,是对案件的移送,而不是对案件管辖权的移送。它是对管辖发生错误所采用的一种纠正措施。移送管辖通常发生在同级人民法院之间,但也不排除在上、下级人民法院之间适用。

根据《民事诉讼法》第36条的规定,移送管辖必须同时具备以下3个条件:①法院已受理了案件;②移送的法院对案件没有管辖权;③受移送的法院对案件有管辖权。

法院对符合上述3个条件的案件应当移送,但在下列3种情况下不得移送。

(1) 受移送的法院即使认为本院对移送来的案件并无管辖权,也不得自行将案件移送到其他法院,而只能报请上级法院指定管辖。

(2) 有管辖权的法院受理案件后,根据管辖恒定的原则,其管辖权不受行政区域变更、当事人住所地或居所地变更的影响,因此不得以上述理由移送案件。这表明确定管辖的时间标准为原告向法院提起诉讼之时。

(3) 两个以上法院对案件都有管辖权时,应当由先立案的法院具体行使管辖权,先立案的法院不得将案件移送至另一有管辖权的法院。

4. 指定管辖

指定管辖是指上级人民法院以裁定方式,指定下级人民法院对某一案件行使管辖权。指定管辖的实质,是法律赋予上级人民法院在特殊情况下变更和确定案件管辖法院的权力,以适应审判实践的需要,保证案件及时正确地裁判。

依据《民事诉讼法》第36条、37条的规定,指定管辖适用于以下3种情形。

(1) 受移送的法院认为自己对移送来的案件无管辖权。

(2) 有管辖权的法院由于特殊原因不能行使管辖权。特殊原因从理论上说可能包括两种情形:一是法院的全体法官均需回避;二是有管辖权法院所在地发生了严重的自然灾害。但在实践中,整个法院的全体法官均需要回避的情形是极少发生的。

(3) 通过协商未能解决管辖争议。管辖权争议可分为积极争议和消极争议两种情况,前者指两个或两个以上法院均认为自己对某一案件有管辖权,争着受理这一案件,后者指两个或两个以上法院认为自己对某一案件无管辖权,均不愿受理这一案件。

10.4.3 房地产纠纷民事诉讼的程序

民事诉讼程序是法律所规定的法院审理民事案件所适用的操作规范,包括审理的方法、步骤,审判组织的分工、权限,当事人在诉讼中的权利、义务、审理期限等内容。房地产纠纷案件要提起诉讼程序首先应当明确双方存在仲裁协议或仲裁条款。如果双方订立了以仲裁方式解决纠纷的合同条款或达成了将争议交由仲裁机构仲裁的协议,且对仲裁机构和事项等做出了明确约定,符合《仲裁法》第16条规定的仲裁协议生效条件,当事人应据此向相应的仲裁机构申请仲裁,人民法院也不受理此类案件。

1. 普通程序

普通程序是法院审理民事案件通常所适用的最基本的程序。①普通程序是最完整的民事程序审判程序；②普通程序是民事诉讼审判中的基础程序；③普通程序在适用中具有独立性和广泛性。

民事诉讼第一审普通程序一般包括以下几个阶段。

1) 起诉

起诉必须符合下列条件：①原告是与本案有直接利害关系的公民、法人和其他组织；②有明确的被告；③有具体的诉讼请求和事实、理由；④属于人民法院受理民事诉讼的范围和受诉人民法院管辖。

如果房地产纠纷双方订立的仲裁条款无效，或者双方明确约定以诉讼方式解决纠纷，就应按《民事诉讼法》第34条的专属管辖规定，向不动产所在的人民法院提起诉讼。

2) 受理

人民法院收到起诉状或者口头起诉，经审查，认为符合起诉条件的，应当在7日内立案，并通知当事人；认为不符合起诉条件的，应当在7日内裁定不予受理；原告对裁定不服的，可以提起上诉。

3) 审理前的准备

①人民法院应当在立案之日起5日内将起诉状副本发送给被告，被告在收到之日起15日内提出答辩状；②被告提出答辩状的，人民法院应当在收到之日起5日内将答辩状副本发送原告。被告不提出答辩状的，不影响人民法院审理；③人民法院对决定受理的案件，应当在受理案件通知书和应诉通知书中向当事人告知有关的诉讼权利义务，或者口头告知；④合议庭组成人员确定后，应当在3日内告知当事人。

4) 开庭审理

①核实双方当事人身份；②告知当事人诉讼权利及义务；③询问当事人是否申请回避；④开始法庭调查(先由原告陈述诉讼请求、案件事实及理由，再由被告进行答辩，然后进行举证质证)；⑤举证质证(举证应说明己方证据的来源及证明对象，质证主要是对对方的证据的真实性、关联性、合法性进行质辩)；⑥法官询问(如果法官认为通过前述程序案件还有不清楚的地方，法官会询问双方当事人)；⑦法庭辩论(双方当事人就法律依据和事实争议进行辩论)；⑧陈述最后意见(当事人发表对案件处理的最后意见)；⑨法庭调解(在法庭的主持下由双方当事人协商解决，如果达成协议由法庭制作调解书，未达成的则宣布调解无效)；⑩宣判(调解无效后，法官会宣布休庭，然后经合议后当庭宣判或择日宣判)。

5) 判决

法庭辩论终结，应当依法做出判决。判决前能够调解的，还可以进行调解，调解不成的，应当及时判决。

人民法院适用普通程序审理的案件，应当在立案之日起6个月内审结。有特殊情况需要延长的，由本院院长批准，可以延长6个月；还需要延长的，报请上级人民法院批准。

2. 简易程序

民事诉讼的简易程序是基层人民法院和它的派出法庭审理事实清楚、权利义务关系明确、争议不大的简单民事案件所适用的审判程序。

1）简易程序的适用范围
（1）适用简易程序的法院：基层人民法院及其派出的法庭。
（2）适用简易程序的案件：①结婚时间短，对婚前财产、共同财产双方当事人意见比较一致，争议不大的离婚案件；结婚时间不长，当事人婚前患有法律规定不准结婚的疾病的离婚案件；②权利义务关系明确，双方无大争议，只是各自坚持己见，在给付金额多少和何时给付上有争议的追索赡养费、扶养费和抚育费的案件；③确认或变更收养、抚养关系，双方争议不大的案件；④借贷关系明确、证据充分和金额不大的债务案件；⑤遗产和继承人范围明确、遗产数额不大的案件；⑥事实清楚、责任明确、赔偿金额不大的损害赔偿案件；⑦事实清楚、情节简单、是非明确、争议焦点集中、争议金额不大的其他案件。

基层人民法院适用第一审普通程序审理的民事案件，当事人各方自愿选择适用简易程序，经人民法院审查同意的，可以适用简易程序进行审理。

2）简易程序的特点
①起诉方式简便；②受理案件的程序简便；③传唤或通知当事人、其他诉讼参与人的方式简便；④审判组织简便；⑤开庭审理程序简便；⑥审理期限简短。

3. 第二审程序

第二审程序是指由于民事诉讼的当事人不服地方各级人民法院生效的第一审裁判而在法定期间内向上一级人民法院提起上诉而引起的诉讼程序，是第二审级的人民法院审理上诉案件所适用的程序。由于我国实行两审终审制，当事人不服一审法院做出的裁判，可以向一审法院的上一级法院提起上诉，经上一级法院审理并做出裁判后，诉讼便告终结。所以第二审又称上诉审，第二审程序又称上诉审程序。同时，一个案件经过二审程序审理并做出裁判后，诉讼即告终结，二审做出的判决立即发生法律效力，因此，二审程序又称为终审程序。

（1）提起上诉：①当事人不服地方人民法院第一审判决的，有权在判决书送达之日起15日内向上一级人民法院提起上诉。②当事人不服地方人民法院第一审裁定的，有权在裁定书送达之日起10日内向上一级人民法院提起上诉。

（2）二审人民法院对上诉案件，经过审理，按照下列情形，分别处理：①原判决认定事实清楚，适用法律正确的，判决驳回上诉，维持原判决；②原判决适用法律错误的，依法改判；③原判决认定事实错误，或者原判决认定事实不清、证据不足的，裁定撤销原判决，发回原审人民法院重审，或者查清事实后改判；④原判决违反法定程序，可能影响案件正确判决的，裁定撤销原判决，发回原审人民法院重审。

二审的审理期限：①人民法院审理对判决的上诉案件，应当在第二审立案之日起3个月内审结。有特殊情况需要延长的，由本院院长批准；②人民法院审理对裁定的上诉案件，应当在第二审立案之日起30日内做出终审裁定。

4. 申请执行

人民法院的裁判文书生效后，如果一方当事人未主动履行裁判文书确定的义务，另一方则可以向一审人民法院申请强制执行。申请执行时，还需要预交执行申请费。申请强制执行的期限，自然人为裁判文书确定的履行期限届满后一年内，法人和其他组织为裁判文书确定的履行期限届满后6个月内。

10.4.4 房地产纠纷民事诉讼的诉讼证据

俗话说,"打官司就是打证据",可见证据对于诉讼案件来说是何等重要。在房地产诉讼实践中,证据的作用更是举足轻重。有不少建筑工程案及房产案明显有理的一方,最终却要接受败诉的事实,输就输在证据上。

1. 当事人的举证责任

根据"谁主张、谁举证"的原则,当事人必须围绕请求事项向人民法院提交有效证据。如果不能提供证据或所提供的证据不足以证实自己的主张,则可能承担不利的法律风险。也就是说如果案件事实不能通过证据加以证实的,对该事实负有举证责任的一方就应当承担举证不能的法律后果,即其所主张的事实不能为法院认可。因此,收集提交案件证据,对自己的主张成立与否有着决定性的影响。根据法律规定,当事人对自己提出的主张有责任提供证据,因案件的不同需要提交的证据也有所不同。下面列举常见房地产纠纷需要注意的证据供读者参考使用。

1) 合作建房纠纷

(1) 提供合作建房的书面合同及补充协议等证明材料。

(2) 出地一方的合作者应提供土地使用权证书、建设工程规划许可证、土地使用权转让合同等证明材料。

(3) 出资一方应提供出资数额、资金到位时间等证明材料。

(4) 提供房屋建设情况及资金使用情况等证明材料,房屋已建成并出售的,应提供收回资金数额及由谁占有和利润分配等证明材料。

(5) 违约一方的违约事实及应承担违约责任的证明材料。

2) 商品房合同纠纷

(1) 提供商品房预售合同或销售合同。

(2) 预售方应提供以出让方式取得的土地使用权证书,建设工程规划许可证、商品房预售许可证和从事房地产开发经营的营业执照。

(3) 提供预售房建设情况及预购方预付房款数额等证明材料。

(4) 违约一方的违约事实及应承担违约责任的证明材料。

3) 土地使用权有偿出让、转让合同纠纷

(1) 提供土地使用权有偿出让或转让合同书。

(2) 提供土地使用权出让金或转让金数额、交付时间的证明材料,如收款收据等。

(3) 转让土地使用权的,应提供有偿出让取得土地使用权证书和经主管部门批准转让土地使用权的证明材料。

(4) 提供有偿取得土地使用权证书。

(5) 违约一方的违约事实和应承担违约责任的证明材料。

2. 人民法院调取证据

根据现行法律规定只有在特定情况下人民法院才能调查搜集证据。当事人及其诉讼代理人申请人民法院调查搜集证据,应当提交书面申请。申请书应当载明被调查人的姓名或者单位名称、住所地等基本情况,所要调查收集的证据的内容,需要由人民法院调查搜集证据的原因及其要证明的事实。

1) 依职权调取的证据

(1) 涉及可能有损国家利益、社会公共利益或者他人合法权益的事实。

(2) 涉及依职权追加当事人、中止诉讼、终结诉讼、回避等与实体争议无关的程序事项。

2) 依申请调取的证据

(1) 申请调查收集的证据属于国家有关部门保存并须人民法院依职权调取的档案材料。

(2) 涉及国家秘密、商业秘密、个人隐私的材料。

(3) 当事人及其诉讼代理人确因客观原因不能自行收集的其他材料。

10.4.5 关于诉讼时效的规定

诉讼时效是指民事权利受到侵害的权利人在法定的时效期间不行使权利，当时效期间届满时，人民法院对权利人的权利不再进行保护的制度。在法律规定的诉讼时效期间内，权利人提出请求的，人民法院就强制义务人履行所承担的义务。而在法定的诉讼时效期间届满之后，权利人行使请求权的，人民法院就不再予以保护。诉讼时效届满后，义务人虽可拒绝履行其义务，权利人请求权的行使仅发生障碍，权利本身及请求权并不消灭。当事人超过诉讼时效后起诉的，人民法院应当受理。受理后查明无中止、中断、延长事由的，判决驳回其诉讼请求。

1. 一般诉讼时效

普通诉讼时效：两年（除法律另有规定诉讼时效的案件，其他案件均适用普通时效）；自权利人知道或应当知道其权利被侵害之日起计算。但是，从权利被侵害之日起超过 20 年的，人民法院不予保护。有特殊情况的，人民法院可以延长诉讼时效期间。对于超过诉讼时效期间，当事人自愿履行的，不受诉讼时效限制。房产诉讼适用普通诉讼时效，即两年。

2. 特殊诉讼时效

1) 短期诉讼时效

《民法通则》第 136 条规定："下列诉讼时效为一年：身体受到伤害要求赔偿的；出售质量不合规格的商品未声明的；延付或拒付租金的；寄存财物被丢失或者损坏的。"

2) 长期诉讼时效

长期诉讼时效是指诉讼时效在两年以上 20 年以下的诉讼时效。

3) 最长诉讼时效

最长诉讼时效为 20 年。

3. 诉讼时效的中断

诉讼时效的中断是指在诉讼时效期间进行中，因发生一定的法定事由，致使已经经过的时效期间统归无效，待时效中断的事由消除后，诉讼时效期间重新起算。

4. 诉讼时效中止

诉讼时效中止的条件如下。

(1) 诉讼时效的中止必须是因法定事由发生。

(2) 法定事由发生在诉讼时效期间的最后 6 个月内，始产生中止诉讼时效的效力。

(3) 诉讼时效中止之前已经经过的期间与中止时效的事由消失之后继续进行的期间合并计算。

在房产诉讼中，诉讼时效特别重要，但是又非常容易被人忽略。许多当事人因为错过诉讼时效权利受到侵害而得不到法律的保护。由于诉讼时效直接影响到权利主体的胜诉权，在此建议在合同对方出现违约行为时，应及时行使权利，在对方拒绝主动承担责任时，及时诉至人民法院，寻求司法救济；或者采取其他能够引起诉讼时效中断的措施，并保留相关证据。如通过向对方发函或签署协议的方式，向对方主张权利等。

10.4.6 房地产纠纷行政诉讼

1. 房地产纠纷行政诉讼的概念

房地产纠纷行政诉讼是指在房地产管理中，公民、法人或其他组织认为房地产行政机关和行政机关工作人员的具体行政行为侵犯其合法权益，依法向人民法院提起的诉讼，俗称"民告官"。行政诉讼的方式为普通程序，没有简易程序。

2. 房地产纠纷行政诉讼的法律特征

(1) 房地产行政诉讼的发生，必须是在房地产管理活动中，被管理的相对人（公民、法人或其他组织）认为房地产管理机关的管理行为侵犯其合法权益而向人民法院提起的诉讼。

(2) 房地产行政诉讼当事人的被告方必须是国家行政机关。

(3) 房地产行政诉讼的管辖不是以被告所在地为依据，而是以被管理的房地产地产所属地区为依据。

① 行政案件由最初做出具体行政行为的行政机关所在地人民法院管辖。经复议的案件，复议机关改变原具体行政行为的，也可以由复议机关所在地人民法院管辖。

② 因不动产提起的行政诉讼，由不动产所在地人民法院管辖。

3. 房地产纠纷行政诉讼的特别规定

1) 举证责任倒置

所谓举证责任倒置，是指基于法律规定，将通常情形下本应由提出主张的一方当事人（一般是原告）就某种事由不负担举证责任，而由他方当事人（一般是被告）就某种事实存在或不存在承担举证责任，如果该方当事人不能就此举证证明，则推定原告的事实主张成立的一种举证责任分配制度。在一般证据规则中，"谁主张谁举证"是举证责任分配的一般原则，而举证责任的倒置则是这一原则的例外。房地产行政诉讼中作为被告的行政机关负有举证责任，应提供具体行政行为的根据和规范性文件。

2) 诉讼期间原行政行为不停止执行

所谓行政诉讼期间不停止具体行政行为的执行，是指行政机关不因当事人提起行政诉讼而暂时停止行政处罚决定的执行。《行政诉讼法》第44条规定："诉讼期间，不停止具体行政行为的执行。"

3) 房地产行政诉讼不适用调解

我国《行政诉讼法》第50条规定："人民法院审理行政案件，不适用调解。"我国在行政诉讼中排除调解，是因为在行政诉讼案件中被告是依法行使国家行政职权的行政机关,其做出的具体行政行为是法律赋予的权利,是代表国家行使职权。因此,作为被告的行政机关应当依法行政,没有随意处分的权力。

4) 审查具体行政行为合法性

我国《行政诉讼法》第 5 条规定:"人民法院审理行政案件对具体行政行为是否合法进行审查。"根据现行法律和司法解释的理解,具体行政行为合法应当主要用以下标准来衡量,行政主体认定事实清楚,证据确凿充分,符合法定程序,适用法律法规正确。

4. 房地产纠纷行政诉讼提起的条件

根据我国《行政诉讼法》的规定,房地产行政纠纷能够提起诉讼的,主要有以下几情况。

(1) 相对人不服房地产管理部门罚款、吊销报废证照的,没收房地产的。

(2) 公民、法人或其他组织认为房地产行政管理机关人员侵犯其房地产企业经营自主权的。

(3) 公民、法人或其他组织认为符合法定条件,申请行政机关颁发许可证和执照,行政机关拒绝颁发或者不予答复的。

(4) 公民、法人或其他组织向房地产部门申请保护人身权、财产权的法定职责,行政机关拒绝履行或者不予答复的。

(5) 公民、法人或其他组织认为房地产管理机关机关违法要求履行义务的。

不属于房地产行政诉讼受理范围的主要包括以下几种情况。

(1) 房地产行政管理部门内部行政行为,如对机关内部工作人员的奖惩、任免等决定。

(2) 房地产抽象行政行为,指有关房地产的行政法律、法规、规章或具有普遍约束力的决定、命令等。

(3) 法律规定由房地产行政管理机关最终裁决的房地产具体行政行为。

5. 人民法院对房地产行政案件的审理

人民法院审理房地产行政诉讼案件的审查内容主要包括以下两方面。

(1) 被诉的房地产行政管理机关是否依法享有与被诉具体行政行为相关的行政管理职权。

(2) 审查具体行政行为的内容是否合法。

人民法院对行政诉讼案件做出的判决类型有以下两种。

(1) 房地产行政管理机关做出的具体行政行为所依据的事实清楚,证据充足,适用法律正确,符合法定程序的,判决维持被告的行政行为。

(2) 房地产行政管理机关作出的具体行政行若有如下情形之一的,判决撤销或部分撤销该具体行政行为:①具体行政行为证据不足。房地产行政管理机关未能提供充分证据证明其具体行政行为的合法性;②适用法律错误;③违反法定程序;④超越职权;⑤滥用职权。

(3) 房地产行政管理机部门不履行或拖延履行其法定职责的,判决其在一定期限内履行。

(4) 房地产行政管理部门所做的行政处罚显失公平的,人民法院可以判决变更。

一审判决做出后:①当事人不服人民法院一审判决的,有权在判决书送达之日起 15

日内(裁定书送达之日起 10 日内)向上一级人民法院提起上诉;②法定期限内不提起上诉的,一审判决生效。

本 章 小 结

本章节首先阐述了房地产纠纷的概念、特点和种类,并对房地产纠纷的处理途径进行了概括介绍;其次,分别阐述了房地产纠纷协商的概念、特征和性质,以及房地产纠纷调解的概念、调解书的性质、种类、一般程序、优缺点等知识,重点分析了行政调处、房地产行政复议的受理范围、房地产行政复议的程序;第三,介绍了房地产纠纷仲裁的受理范围、撤销仲裁裁决的条件和理由;论述了房地产纠纷仲裁的概念、特征、基本原则,确立的基本制度,分析了房地产纠纷仲裁程序;最后,阐述了房地产纠纷民事诉讼的概念、特征、原则和受理范围,关于诉讼时效的规定;介绍了房地产纠纷民事诉讼的管辖、民事诉讼的程序、诉讼证据;对房地产纠纷行政诉讼的相关规定进行了梳理。

习 题

一、填空题

1. 土地纠纷是指当事人因土地所有权和使用权以及其他有关土地的(　　)问题发生的争议。

2. 协商又称为谈判,是(　　)在自愿互谅的基础上,按照有关法律和合同规定,直接进行磋商,自行达成协议,从而解决争议的一种方式。

3. 调解书是经一般第三人调解达成的和解协议书,除经公证的具有债权性质的外,不具有任何强制执行效力,但仍可经(　　)后具有强制执行效力。

4. 公民、法人或其他组织认为自己的合法权益受到具体行政行为的损害时,应当在具体行政行为做出之日起(　　)内,向有管辖权的房地产复议机关申请复议,递交复议申请书。

5. 仲裁实行(　　)的制度,裁决做出后,当事人就同一纠纷再申请仲裁或者向人民法院起诉的,仲裁委员会不予受理。

6. 仲裁协议效力确认的方式:当事人对仲裁协议效力有异议的,应当在仲裁庭首次开庭前提出。当事人既可以请求仲裁委员会做出决定,也可以请求(　　)裁定。

7. 仲裁庭在将争议事实调查清楚、宣布闭庭后,应进行仲裁庭评议,并按照评议中的多数仲裁员的意见做出裁决。若仲裁庭不能形成多数意见时,则按照(　　)的意见做出裁决。

8. 专属管辖,指根据(　　)或案件的其他特性,由法律规定的特定法院实施的审判管辖。

9. 民事诉讼的简易程序是(　　)和它的派出法庭审理事实清楚、权利义务关系明确、争议不大的简单民事案件时所适用的审判程序。

10. 房地产行政诉讼当事人的被告方，必须是(　　)。

二、单项选择题(每题的备选答案中，只有一个最符合题意)
1. 解决房地产纠纷的法律方式严格地说不包括(　　)。
   A. 民事诉讼　　　　　　　　　　B. 行政处理
   C. 协商　　　　　　　　　　　　D. 调解
2. 民事性质的房地产纠纷不包括(　　)。
   A. 公民与行政机关之间的房地产纠纷
   B. 公民与其他组织之间的土地权属纠纷
   C. 法人之间的房屋买卖纠纷
   D. 公民之间的土地权属纠纷
3. 张某与李某产生相邻权纠纷，张某将李某打伤。为解决赔偿问题，双方同意由人民调解委员会进行调解。经调解员黄某调解，双方达成赔偿协议。关于该纠纷的处理，下列说法正确的是(　　)。
   A. 张某如反悔不履行协议，李某可就协议向法院提起诉讼
   B. 张某如反悔不履行协议，李某可向法院提起人身损害赔偿诉讼
   C. 张某如反悔不履行协议，李某可向法院申请强制执行调解协议
   D. 张某可以调解委员会未组成合议庭调解为由，向法院申请撤销调解协议
4. 甲、乙因遗产继承发生纠纷，双方书面约定由某仲裁委员会仲裁。后甲反悔，向遗产所在地法院起诉。法院受理后，乙向法院声明双方签订了仲裁协议。关于法院的做法，下列说法正确的是(　　)。
   A. 裁定驳回起诉
   B. 裁定将案件移送某仲裁委员会审理
   C. 裁定驳回诉讼请求
   D. 法院裁定仲裁协议无效，对案件继续审理
5. 某市甲与某市乙房地产公司因商品房买卖合同发生纠纷后，此案依据双方事后达成的仲裁协议由深圳市的仲裁委员会做出了裁决。根据乙房地产公司的申请，深圳市中级人民法院裁定撤销了该裁决。对此案，双方当事人可选择(　　)做进一步处理。
   A. 根据原仲裁条款，申请深圳市的仲裁委员会重新仲裁
   B. 向有管辖权的人民法院起诉
   C. 重新达成仲裁协议并申请仲裁
   D. 无需达成新的仲裁协议，即可申请对方所在地的仲裁委员会仲裁
6. 当事人申请撤销仲裁裁决，有管辖权的为仲裁委员会所在地的(　　)。
   A. 基层人民法院　　　　　　　　B. 中级人民法院
   C. 高级人民法院　　　　　　　　D. 地方各级人民检察院
7. 关于民事案件的级别管辖，下列选项正确的是(　　)。
   A. 第一审民事案件原则上由基层法院管辖
   B. 涉外案件的管辖权全部属于中级法院
   C. 高级法院管辖的一审民事案件包括在本辖区内有重大影响的民事案件和它认为应当由自己审理的案件

D. 最高法院仅管辖在全国有重大影响的民事案件

8. 甲县居民刘某与乙县大江房地产公司在丙县售房处签订了房屋买卖合同，购买大江公司在丁县所建住房1套。双方约定合同发生纠纷后，可以向甲县法院或者丙县法院起诉。后因房屋面积发生争议，刘某欲向法院起诉。下列关于管辖权的说法是正确的是（ ）。
  A. 甲县和丙县法院有管辖权   B. 只有丁县法院有管辖权
  C. 乙县和丁县法院有管辖权   D. 丙县和丁县法院有管辖权

9. 甲区基层法院因装修办公大楼，与所在区的向阳建筑公司签订了装修合同。工程竣工后，双方就工程款的决算产生了纠纷，在协商无果的情况下，向阳建筑公司就该纠纷向甲区基层法院提起了民事诉讼，要求甲区基层法院支付尚未支付的工程款。鉴于本案的特殊情况，下列选项正确的是（ ）。
  A. 本案为合同纠纷，应适用特殊地域管辖的规定
  B. 本案情况特殊，应由上级法院指定管辖
  C. 本案情况特殊，应适用移送管辖制度
  D. 本案涉及不动产，应适用专属管辖的规定

10. 甲与乙因借款合同发生纠纷，甲向某区法院提起诉讼，法院受理案件后，准备适用普通程序进行审理。甲为了能够尽快结案，建议法院适用简易程序对案件进行审理，乙也同意适用简易程序。下列选项正确的是（ ）。
  A. 普通程序审理的案件不能适用简易程序，因此，法院不可同意适用简易程序
  B. 法院有权将普通程序审理转为简易程序，因此，甲、乙的意见无意义
  C. 甲、乙可以自愿协商选择适用简易程序，无须经法院同意
  D. 甲、乙有权自愿选择适用简易程序，但须经法院同意

11. 对一审法院判决不服的，自一审判决书送达之日起（ ）日内提出上诉。
  A. 10   B. 15   C. 5   D. 7

12. 根据《行政诉讼法》的规定，我国行政诉讼的举证责任由（ ）承担。
  A. 被告   B. 原告   C. 原告、被告共同   D. 人民法院

13. 公民、法人和其他组织认为行政机关的具体行政行为侵犯其已经取得的土地使用权的，应当先申请行政复议，对行政复议决定不服的，可以向人民法院提起（ ）。
  A. 民事诉讼   B. 刑事诉讼
  C. 行政诉讼   D. 违宪诉讼

三、多项选择题（每题的备选答案中，有两个或两个以上符合题意）

1. 房地产纠纷依其法律性质可以分为（ ）。
  A. 民事性质的房地产纠纷   B. 刑事性质的房地产纠纷
  C. 行政性质的房地产纠纷   D. 商事性质的房地产纠纷
  E. 物权性质的房地产纠纷

2. 刘某对市辖区土地局依据省国土资源厅的规定做出的一项行政处理决定不服提起行政复议，同时要求审查该规定的合法性。在此情况下，下列说法正确的是（ ）。
  A. 市政府作为复议机关无权对省国土资源厅的规定进行处理
  B. 区政府作为复议机关应当将省国土资源厅的规定转送市政府处理
  C. 省政府有权对该规定进行处理

D. 市土地局作为复议机关应当将审查省国土资源厅规定的请求转送省国土资源厅处理
E. 以上说法均正确

3. 关于仲裁调解,下列表述正确的是(　　)。
   A. 仲裁调解达成协议的,仲裁庭应当根据协议制作调解书或根据协议结果制作裁决书
   B. 对于事实清楚的案件,仲裁庭可依职权进行调解
   C. 仲裁调解达成协议的,经当事人、仲裁员在协议上签字后即发生效力
   D. 对于仲裁庭依职权调解的案件,即使事实不清楚也可以调解
   E. 仲裁庭在做出裁决前可先行调解

4. 李某在甲市 A 区新购一套住房,并请甲市 B 区的装修公司对其新房进行装修。在装修过程中,装修工人不慎将水管弄破,导致楼下住户的家具被淹毁。李某与该装修公司就赔偿问题交涉未果,遂向甲市 B 区法院起诉。B 区法院认为该案应由 A 区法院审理,于是裁定将该案移送至 A 区法院,A 区法院认为该案应由 B 区法院审理,不接受移送,又将案件退回 B 区法院。关于本案的管辖,下列选项正确的是(　　)。
   A. 甲市 A 区、B 区法院对该案都有管辖权
   B. 李某有权向甲市 B 区法院起诉
   C. 甲市 B 区法院移送管辖是错误的
   D. 甲市 B 区法院移送管辖是正确的
   E. A 区法院不接受移送,将案件退回 B 区法院是错误的

四、思考题

1. 试述我国房地产纠纷的特点。
2. 试述我国房地产纠纷的种类。
3. 房地产纠纷的处理方式有哪几种?各种处理方式有何特点?
4. 房地产纠纷调解有哪几种具体类型?
5. 试述房地产纠纷案件的行政复议的受理范围。
6. 简述房地产纠纷仲裁的主要程序是什么?
7. 简述调解和仲裁的区别。
8. 房地产纠纷民事诉讼的管辖有何规定?

参考文献

[1] 潘安平. 农民建房法律指南 [M]. 北京：中国建筑工业出版社，2007.
[2] 王照雯，寿金宝. 房地产法规 [M]. 北京：机械工业出版社，2007.
[3] 王跃国. 房地产法规与案例分析 [M]. 北京：机械工业出版社，2012.
[4] 杨立新. 物权法 [M]. 北京：高等教育出版社，2007.
[5] 刘薇. 房地产基本制度与政策 [M]. 北京：化学工业出版社，2011.
[6] 杨秀朝，张红. 建筑法实例说 [M]. 长沙：湖南人民出版社，2004.
[7] 康耀江. 房地产法律与制度 [M]. 北京：清华大学出版社，2012.
[8] 英忠，王迎光. 房地产法规 [M]. 大连：大连理工大学出版社，2011.
[9] 佘立中. 建设法律制度及实例精选 [M]. 广州：华南理工大学出版社，2002.
[10] 陈信勇. 房地产法原理 [M]. 杭州：浙江大学出版社，2002.
[11] 何伯洲. 工程建设法规与案例 [M]. 北京：中国建筑工业出版社，2004.
[12] 田杰芳. 建设与房地产法规 [M]. 北京：清华大学出版社，北京交通大学出版社，2012.
[13] 王俊. 相邻关系纠纷案件审判要旨 [M]. 北京：人民法院出版社，2005.
[14] 彭后生. 房地产法规 [M]. 北京：中国建筑工业出版社，2006.
[15] 张培忠，隋卫东. 建筑与招投标法规教程 [M]. 济南：山东人民出版社，2005.
[16] 孙晓丽. 房地产政策与法规 [M]. 北京：化学工业出版社，2010.
[17] 皮纯协. 新土地管理法理论与适用 [M]. 北京：中国法制出版社，1999.
[18] 孙翠兰. 土地与房地产管理法案例解析 [M]. 北京：中国检察出版社，2004.
[19] 张庆华. 中国土地法操作实务 [M]. 北京：法律出版社，2004.
[20] 王明，宋才发. 耕地宅基地 [M]. 北京：人民法院出版社，2005.
[21] 罗水平，王锡财. 房地产法实例说 [M]. 长沙：湖南人民出版社，2003.
[22] 李永泉. 建筑法与房地产法概论 [M]. 成都：西南交通大学出版社，2004.
[23] 李大伟，江学平. 房地产法典型案例 [M]. 北京：中国人民大学出版社，2004.
[24] 全先银. 法律保护你：土地房屋及其他 [M]. 北京：中国审计出版社，1999.
[25] 王伯庭. 房地产疑难问题法律解析 [M]. 长春：吉林人民出版社，2002.
[26] 李延荣. 房地产管理法 [M]. 北京：中国人民大学出版社，2002.
[27] 张燕强，郭力群. 房地产法原理与实务 [M]. 上海：上海交通大学出版社，2002.
[28] 李显东. 房地产纠纷法律解决指南 [M]. 北京：机械工业出版社，2003.
[29] 温世扬，宁立志. 房地产法教程 [M]. 武汉：武汉大学出版社，1996.
[30] 中华人民共和国建设部房地产业司，中国房地产产权产籍研究会. 房地产产权及权属登记 [M]. 太原：山西经济出版社，1996.
[31] 罗思荣. 房屋政策法律理论与实务 [M]. 长春：长春出版社，1994.
[32] 杨小利. 房地产纠纷索赔 [M]. 北京：中国检察出版社，2005.
[33] 金绍达. 房地产权属登记 [M]. 北京：中国物价出版社，2000.
[34] 陈冠任. 如何保护私有财产 [M]. 北京：现代出版社，2002.
[35] 安建. 中华人民共和国城乡规划法释义 [M]. 北京：法律出版社，2009.
[36] 隋卫东，王淑华，李军. 城乡规划法 [M]. 济南：山东大学出版社，2009.
[37] 国务院法制办公室. 中华人民共和国城乡规划法注解与配套 [M]. 北京：中国法制出版社，2011.
[38] 冯俊. 城乡规划与建设法规知识读本 [M]. 北京：知识产权出版社，2002.